U0606500

本著作系桂林电子科技大学环境与资源保护法学学术创新团队"环境权与地方环境治理"系列专著之一，得到第 5 批中国博士后科学基金特别资助项目（2012T50758）和桂林电子科技大学创新团队资助出版。

行的。在此大纲中,地方自治的兴办分为两个阶段。第一个阶段为初级阶段,即在训政时期的地方自治开办时期,其内容包括开办调查人口、测量土地、办理警察和卫生、修筑道路,以及训练人民行使四权等庶务。第二阶段为高级阶段,即训政结束后地方自治全面兴办时期,其主要内容是人民可以行使四权,包括:选举县长,执行一县之政事;选举议员,议立一县之法令;直接行使罢免官员之权和直接创制及复决法律之权。在这一时期,标志一县完全性自治已经实现,如果一省所有的县都实现了完全自治之后,则为宪政开始之时,国民就可以选举省长,作为一省自治之监督。

但事实上,孙中山先生的地方自治构想并未顺利地实施。军政结束,训政开启,地方自治作为训政通向宪政的基石而获得大力推动,但成效仍然甚微。正当训政时限已到,国民呼吁迎接宪政之时,日本侵华事发,宪政搁浅,地方自治再次上升为民国地方政治的主要事业。但此时的地方自治是作为动员民众的基础,即是抗战的基础而获得大力推进的。于是,各省开始建立地方自治筹备处或委员会,以实施地方自治作为保证抗战胜利的前提。其理由是:地方自治推行后,国家民族的事业就转移到每个国民的肩上,使之痛痒相关、休戚与共,人民就不能漠视政治事件,而一切政令,无不通畅贯彻。所以,抗战虽在一定程度上影响了地方自治的进程,但地方自治作为抗战的力量源泉仍艰难、顽强地在各地推行着。不过,这已经不再是孙中山先生原旨意义上的地方自治了。

广西虽是中国西南部一个边疆省份,但在现代地方自治制度的建设当中颇有地位。在清朝末期的全国地方自治运动中,两广地区的地方自治就一直处于先进的行列。在民国时期,广西的地方自治颇具特色。1934 年制定的《广西建设纲领》是广西地方自治开展的总方案,在其基本认识部分的第 4 条明确提出了"扶植人民自治能力造成民主政治之基础"的方针。这一方针,在广西能够获得切实的贯彻,经过数年的实施,地方自治已有稳固的基础。抗战爆发后,1938 年省政府通过了《广西各县自治实行办法大纲》,将桂省自治划分为两个阶段:第一阶段为自治开始时期,即所谓"官督民治"时期,第二阶段为自治完成时期即所谓"宪政时期"。这两个阶段的区分,主要是人民享有地方自治的公权不同,其主要标志是后一阶段成立了各级民意机构,将地方事务的议决权归还于民。1939 年广西省又制定了

# 序

在中国,现代意义上的地方自治肇始于清朝末季,萌生于外患迭乘、危机日迫之际。1906 年 9 月清廷颁布上谕筹备立宪,地方自治作为立宪的重要筹备事项以七年为创办之期,遂有城镇乡、府州县和京师地方自治章程及选举章程等法律的制定。在朝廷的敦促之下,各省地方自治由各地督抚直接负责,并以"运动"的方式次第举办。

民国宣告成立,全国尚未统一,各省都督仍沿袭前清旧制,继续兴办地方自治,但因受革命风潮的冲击,地方自治的成效日趋低下。民国统一之后,中央对地方自治亦无统一的部署,各地的地方自治大多流于形式,遂有1914 年 2 月中央下令停办自治的命令。同年 12 月,民国政府公布了《地方自治试行条例》及其《实施细则》,试图重新开启地方自治,并将地方自治分为三期进行,即调查整理期、提倡期和实行期。与前清不同的是,地方自治的举办重心移至各县,在县下分区自治。由于政局动荡,该地方自治多在调查整理期内便告夭折。其后,1917 年和 1918 年民国政府重新公布了地方自治制度和《县自治法施行细则》,对民初自治制度实行改革,以县自治团体为法人,试图实现县的完全自治。1921 年中央政府再次公布《自治制度》和《乡自治制》,废除城镇之名而改称为市,遂改前期的城镇乡自治为市乡自治,以市乡为法人,较之县自治团体的职权更为广泛。正当此时,遂有"联省自治运动"的爆发,民国的众多省份宣告自治。一些省制定省宪,而另一些省则制定省自治根本法或省自治章程,大多逾越中央的地方自治制度,各行自治之事。这一局面,直至北伐后全国再度统一而结束。

北伐成功之后,南京国民政府成立,地方自治便以一种新的面目再次启动。该时期的地方自治是按照孙中山先生《建国大纲》中的自治方略而进

# 民国时期
# 广西地方自治实施研究

Research on Implementation of Local Government in Kwangsi
During the Age of the Republic of China

民国时期广西虽然僻处边远，山荒地瘠，但地方自治实施得格外富有特色，尤其是新桂系军事建设和苦干实干、团结进取的广西精神在当时为世人瞩目。回顾民国时期广西地方自治的实施过程，仍有许多可借鉴之处。

余 俊 著

人民出版社

《广西省县临时参议会章程》，依据此章程，各县皆成立了临时议会，各项自治工作的开展较为顺利。

与其他省份的地方自治开展不同，自抗战以来广西的地方自治并不注重标语口号，而注重具体的行动。据当时学者的评论说：广西的地方自治"并未标举地方自治之口号，而实则一切设施，无不朝着发展自治方向进行，一切作法，实事求是，自卑而高，由浅深入，由近及远，进行着扶植与培养自治的工作"（邱昌渭）。当然，民国时期广西地方自治制度的实践也存在着诸多缺失。有的缺失可能是民国各地共同存在问题，例如自治形式重于自治内容的问题；有的缺失可能是广西特有的，例如更多将自治事业作为军政的工具，在很大程度上，是将地方自治义务化而不是权利化。

以上粗浅文字，皆为阅读余俊教授所著《民国时期广西地方自治实施研究》的定稿之后有感而发。是著的特色在于立足一个区域或地方去描述和探索全国规模中地方自治制度实施的变迁，而难能可贵的是它以历史的态度重建这一变迁过去的现实，并以社会法学的方法创新性地对民国时期广西地方自治这一复杂的社会工程进行了实质构成要件的解释，这对我国法学理论学科建设和法治实践探索都是具有重要意义的。

是为序。

汪太贤

2015 年 1 月 5 日

# 目　　录

绪　论 ………………………………………………………… 1

　第一节　问题的提出与研究意义 ……………………………… 1

　第二节　地方自治的含义 ……………………………………… 4

　第三节　地方自治的目标导向 ………………………………… 10

　第四节　研究思路 …………………………………………… 16

第一章　民国初期广西地方自治的摸索 ……………………… 19

　第一节　民国广西地方自治的缘起 ………………………… 19

　　一、清末广西地方自治思潮的泛起 ……………………… 19

　　二、清末广西地方自治组织的筹办 ……………………… 26

　　三、辛亥革命对广西地方自治的影响 …………………… 31

　第二节　民国广西军政府临时约法的出台 ………………… 35

　　一、民国广西军政府临时约法的法律属性 ……………… 35

　　二、与民国临时政府组织大纲的关系 …………………… 39

　　三、与中华民国临时约法的关系 ………………………… 44

　第三节　中央集权与地方分权的初步博弈 ………………… 48

　　一、民国广西军政府临时约法的效力 …………………… 48

　　二、都督选举与任命：自治权限的斗争 ………………… 52

　　三、迁省纠纷：省议会由盛及衰的标志 ………………… 58

第二章　地方实力派对广西自治的影响 ……………………… 63

　第一节　护国护法时期地方自治的再度论争 ……………… 63

　　一、省制立法的争议 ……………………………………… 63

　　二、广西省议会宣布自主 ………………………………… 68

三、地方自治的权力来源争议 ································ 72

第二节　旧桂系军阀对地方自治的抵制 ················ 76

一、桂系据粤的由来 ································ 76

二、旧桂系对广东自主的破坏 ················ 79

三、有名无实的广西地方自治 ················ 82

第三节　南北对峙中自主与法统的博弈 ················ 85

一、旧桂系军阀"取消自主" ················ 85

二、北洋政府"恢复法统" ················ 88

三、贿选宪法中的地方自治制度 ················ 91

第三章　联省自治在广西的命运 ················ 96

第一节　联省自治运动概述 ················ 96

一、联省自治运动的兴起 ················ 97

二、全国八团体国是会议 ················ 100

三、广西省自治联合会的成立与取消 ················ 105

第二节　联省自治对广西的影响 ················ 108

一、湖南省自治与广西政局变动的关联 ················ 109

二、广东省自治运动对广西的影响 ················ 114

三、孙中山出巡广西的影响 ················ 117

第三节　新桂系拒绝联省自治的原因 ················ 122

一、广西统一前的自治乱象 ················ 122

二、北京政府善后会议的不果而终 ················ 126

三、两广统一北伐战略的确立 ················ 130

第四章　训政时期广西的地方自治模式 ················ 135

第一节　广西地方自治的基本纲领 ················ 135

一、广西建设纲领出台的背景 ················ 135

二、广西建设纲领的基本认识 ················ 141

三、广西建设纲领的总原则 ················ 146

第二节　广西建设的基本内容 ················ 152

一、政治建设的基本内容 ················ 152

二、经济建设的基本内容 ················ 155

　　　　三、文化建设的基本内容 ……………………………… 159

　　　　四、军事建设的基本内容 ……………………………… 162

　　第三节　广西地方自治的模式特征 …………………………… 164

　　　　一、地方政府的半独立局面 …………………………… 164

　　　　二、三位一体的广西建设 ……………………………… 168

　　　　三、与山西地方自治的比较 …………………………… 172

　　第四节　广西地方自治模式的评价 …………………………… 178

　　　　一、从变乱到军省 ……………………………………… 179

　　　　二、外界评价的模范省 ………………………………… 183

　　　　三、特种教育的得失 …………………………………… 188

第五章　抗战时期广西地方自治的模式转变 ……………………… 194

　　第一节　地方自治建设要项的转变 …………………………… 194

　　　　一、经济建设要项的转变 ……………………………… 195

　　　　二、政治建设要项的转变 ……………………………… 201

　　　　三、军事建设要项的转变 ……………………………… 205

　　　　四、文化建设要项的转变 ……………………………… 209

　　第二节　地方自治层次结构的改善 …………………………… 214

　　　　一、村街民大会制度 …………………………………… 215

　　　　二、乡镇民代表会制度 ………………………………… 218

　　　　三、县临时参议会制度 ………………………………… 220

　　　　四、省临时参议会制度 ………………………………… 224

　　第三节　抗战时期广西地方自治的特色 ……………………… 228

　　　　一、宪政运动对地方自治的影响 ……………………… 228

　　　　二、文化建设政策相对开明 …………………………… 233

　　　　三、地方经济建设成为关注点 ………………………… 236

第六章　民国广西地方自治的得失 ………………………………… 242

　　第一节　民国广西地方自治之"得" ………………………… 242

　　　　一、制宪各方关于地方自治的争论 …………………… 243

　　　　二、中华民国宪法中地方自治制度的建构 …………… 247

　　　　三、广西在民国地方自治中的重要地位 ……………… 250

第二节　民国广西地方自治之"失" ·························· 255

一、省参议会选票纠纷的症结 ·························· 255

二、行宪与戡乱的悖论 ·································· 259

三、新桂系政权的覆灭 ·································· 263

第三节　民国广西地方自治的反思 ························ 266

一、地方自治的构成要素 ······························ 267

二、民国广西地方自治的经验 ·························· 272

三、民国广西地方自治之检讨 ·························· 275

四、地方自治与当代地方治理的关联 ·················· 279

结　语 ······················································· 284

附　录 ······················································· 287

一、民国广西军政府临时约法 ·························· 287

二、广西建设纲领 ···································· 290

三、广西建设计划大纲 ·································· 293

参考文献 ····················································· 301

后　记 ······················································· 311

# 绪　　论

作为一种制度的地方自治,建立自治的法则是尤为重要的。尽管法律、法规的权威直接来源于国家,但它们的最终权威来自它们所保障的社会利益,而不是国家武力的制裁。因此,地方自治应该被认为是一种过程而不是法律规则的堆积。法律的生命在于它的适用和公众的普遍遵守,地方自治就是这样一种社会工程,尽管人们对它的目标导向孜孜以求,但社会效果和各种社会利益的衡平总影响着对它的优劣评价。

## 第一节　问题的提出与研究意义

地方自治一词,导源于英国。英国人素有自治思想,认为凡公共事务之与人民有利害关系者,并不由国家专任官吏之支配,而由人民亲自处理,或由其代表出面参加者,谓之地方自治。❶ 在西方,地方自治的观念由来,其形成和发展受到启蒙运动思想家的深刻影响。伴随着市场经济的出现和市民社会的兴起,在资本主义萌芽时期商业比较发达的地区就出现过城市共同体。在近现代社会,随着资本主义民主政治的发展,地方自治逐渐成为发达国家地方制度的主要形式。日本宪法学者杉原泰雄说:"无论对任何一种宪法体制来说,都需要把地方自治和地方分权问题作为民主国家不可或缺的内容,予以明确定位。"❷ 现在西方的主要国家,不管是联邦制国家(如美国、德国等),还是单一制国家(如英国、日本、法国等),都实行地方自治。

❶　管欧:《地方自治》,(中国台湾)三民书局1995年版,第2页。
❷　[日]杉原泰雄:《宪法的历史》,社会科学文献出版社2000年版,第187页。

　　19世纪以来地方自治就已经成为一种世界潮流,可以说已形成一种地方分权和地方自治的宪法文化。因此,在近代中国,"地方自治"也是一种极为普及的政治思潮,无论是晚清的立宪派还是革命党,也无论是民初的进步党还是国民党,都对"地方自治"怀有浓厚的兴趣。康有为的《公民自治篇》认为:欧美列强所以能够"横行大地,翦灭东方",日本所以能够在明治维新后"骤强",俄国所以能够与中国同为专制政体而"强弱异",都是因为实行地方自治的缘故。中国的"大病"就在于"官代民治而不听民自治","救之之道"正在于"听地方自治而已"。❶ 改良派代表人物梁启超说:"以地方自治为立国之本,可谓深通政术之大原,最切中国当今之急务"。❷ 革命党领袖孙中山则谓:"地方自治者,国之础石也,础不坚,则国不固。"

　　尽管清末以来西方的"地方自治"理念和路径模式对近代中国的宪政发展产生了深远的影响,然而民国建立以后一段时期内,出现的林林总总的"独立""自主""省自治""联省自治""县自治""乡村建设"等地方自治理论和实践始终是在国家与地方权益博弈的处境中求生存,在东西方两种文化冲突和交融中寻对策。最终由于地方自治制度是在国家权力架构之外建立的,体制异化成为其难以克服的障碍。就地方自治的本义而言,固在于造福于"地方",但这并非其根本之归宿,在其之上还悬有造就"完全之国家"这一绝大目标。然而,民国时期的地方自治总与"独立""自主"或"地方主义"纠结在一起,地方自治似乎成为了国家统一的障碍。在中央与地方的关系处理中,要么一统就死,要么一分就乱。

　　民国初创时期,广西因环境及历史的关系,和别省社会的情形不无大同小异之处,但也有些特殊之处。就经济说,广西僻处边远,山荒地瘠,交通困难,生产技术简陋,人口分布不均,兼受变乱影响,以致农产不丰,工商不振,物质上特感窘迫,经济状况较为贫乏。政治方面,因广西在昔被视为苗蛮之地,叛乱无常,每加征讨,则兵祸连年,一经平复,又必厉加压制,政治窳陋,自属难免。自清末以入民国,亦复战争频仍,虽于政治制度有所改革,然社会秩序常呈紊乱状态。教育方面,基础教育缺失,一般民众知识低下,少与

---

❶ 张枏、王忍之编:《辛亥革命前十年间时论选集》第一卷(上),三联书店1960年版,第183页。

❷ 梁启超:《公民自治篇·按语》,《新民丛报》1902年5月,第6页。

外界接触,社会思想较为封建,进步迟缓,文化略低。唯广西民性的强毅团结,足为中华民族命运所系。因自秦代以来移民广西的居民多为戍边武士,军人性质,悍勇为尚,遗族繁殖,相传成风;复以地僻人稀,苗汉各异,团结意识,较为强固;自清代末叶,此种民性反映在政治方面的,随处可证。❶ 民国以来,广西新、旧桂系集团的迅速崛起,就是广西富于团结的民性精神之体现。这股地方势力派,尤其是新桂系,虽然他们把持的地方自治明显具有地方本位的官治色彩,但也为"建设广西、复兴中国"取得了一些成绩。不管结果怎样,当时他们对广西的治理成为广西发展的一段历史文化,对当今广西的地方治理仍有影响。虽然历史是脆弱和琢磨不定的,它不是没有同一性,它之所以能认识,是因为它的所有部分不是同时变的,它经历的变化潜在它之中。它的原则是延续的原则;权威散布在过去、现在和未来之间;散布在老的、新的和将来的东西之间。它是稳定的,虽然它运动,它不是完全运动;虽然它静止,它不是完全静止。属于它的东西不会完全消失;我们总是会转回去,从它甚至最久远的因素中再次发现某些东西,并使它成为当下关注的问题。❷

　　20世纪70年代末,在广西河池宜州一个偏远的三县交界的少数民族山区,诞生了新中国"中国村民自治第一村"——合寨村。这本是一个偏远、穷困、自然环境恶劣的壮族村寨,改革开放后,农民分田到户获得了自由,然而,随之而来的是社会治安急剧恶化,各种村民纠纷的矛盾增多。为维护社会治安,合寨村在这里进行了新中国农村基层自治的第一次民主试验,选举产生了"村民委员会",管理村里的治安、修路、吃水、集体森林的年底分配等公益事务。此举受到广西壮族自治区党委、政府的高度重视,并将有关调查材料上报中央。时任全国人大常委会委员长、中央政法委书记的彭真认为,村民委员会是广西农民群众的伟大创造,他立即指示全国人大常委会法制委员会和民政部派人调查研究,总结推广。1982年8月28日,中共中央转发《全国政法工作会议纪要》,正式提出在农村要有计划地进行建立村民(或乡民)委员会的试点工作,发动群众制定乡规民约。1982年12

❶　黄旭初:《我记忆中的旧日广西风貌》,《春秋》杂志1969年总第293期。
❷　转引自张汝伦:《欧克肖特和中国自由主义》,《云南大学学报(社会科学版)》2002年第1期。

月,五届人大第五次会议通过的《中华人民共和国宪法》第一百一十一条规定:"城市和农村按居民居住地区设立的居民委员会或者村民委员会是基层群众性自治组织。居民委员会、村民委员会的主任、副主任和委员由居民选举。居民委员会、村民委员会同基层政权的相互关系由法律规定。"至此,村民委员会及村民自治写入宪法。❶ 村民委员会组织之所以最开始在广西产生,不能说纯是偶然,这与广西历史上民性富于团结与实干精神有一定的关联。

　　中国历史是中国人民、中华民族坚持不懈的创业史和发展史,蕴涵着十分丰富的治国理政的历史经验和宝贵的思想文化遗产,其中包含着许多涉及对国家、社会、民族及个人的成与败、兴与衰、安与危、正与邪、荣与辱、义与利、廉与贪等等方面的经验与教训。❷ 民国时期,广西曾被外媒称为地方自治的"模范省",就是因为广西民众虽处于自然资源禀赋缺乏的地方,却能团结合作、苦干实干,为此作出了一番自治业绩,形成了村街民大会制度等富有广西地方特色的地方自治制度。追溯民国时期广西建设的地方自治历史,吸取一些可以为今人所用的经验和教训,具有重要理论价值和现实意义。当今广西,虽然是少数民族区域自治地方,但还是欠发达地区,面临着全球化、经济发展方式转变、五型社会建设等重大社会转型问题,如何在转型过程中实施民族区域自治制度,处理地方与中央之间的关系,加强地方治理体系和治理能力的现代化,是一个重要的法学理论和实践问题。因此,本书拟对民国时期广西地方自治的实施进行研究,探讨民国时期广西地方自治的的经验与教训,思索地方自治的构成要素和过程,为当今中国地方政权建设提供一点历史借鉴资料。

## 第二节　地方自治的含义

　　不同的国家、不同的学者在"地方自治"一词的使用上,都存在明显的差

---

❶ 王布衣:《壮族农民创造的历史——记中国第一个村民委员会的诞生》,《中国民族报》2008 年 12 月 5 日。

❷ 《习近平:领导干部要读点历史——在中央党校 2011 年秋季学期开学典礼上的讲话》,中国共产党新闻网,2011 年 10 月 30 日。

别,地方自治在英文中为 local self-government 或 local autonomy,在法文中为
autonomie locale,在德文中为 selbstverwaltung,在意文中为 amministrazione,其
含义在各国不尽相同。有地方政府(local government)、地方行政(local ad-
ministration)、地方自治(local self-government)、地方自治团体(local self-gov-
erning body)等称谓。❶ 在我国,学者们一般认为最先将西方地方自治制度
介绍到中国的是美国教士高理文(Elijah C.Bridgman)。他在道光十八年
(1838)出版的《美理哥国志略》一文中叙述了美国的地方自治制度,后为我
国开明士大夫接受并主张中国实施地方自治制度。1861 年,冯桂芬
(1809—1874)最先主张效仿西洋地方自治之意,并融合古代的乡官制度。
光绪十六年(1890)陈虬在《治平通议》中也提出在各州县设立议政院的方
案。❷ 经过对直隶地方自治试行的评估和检讨,清政府在光绪三十四年
(1908)颁布了两项地方自治的法令——《城镇乡地方自治章程》和《城镇乡
地方自治选举章程》,❸这是中国历史上政府颁布的最早的地方自治法令。
次年又颁布《府厅州县自治章程》,在全国实行两级地方自治。城镇乡级自
治为下级自治,府厅州县自治为上级自治,分别予以推进。

　　每一个特定的法律都有特定的时间度、空间度和与之相关的事实度。
民国地方自治作为一种制度事实,就需要在中国语境下进行阐释。何谓中
国语境下的"地方自治"? 辛亥革命时期独立省份的自治,护国护法时期的
自主,联省自治运动中的"省自治",训政、抗战建国、宪政运动都与地方自
治理论与实践密不可分。因此,要理解中国语境中地方自治的含义,就必须
理解独立、自治、联省自治、地方政府等相关的法律概念,或者说中国语境中
的地方自治外延界定是很广泛的,国人常常就将独立、自主等纳入其中。

### 一、独立、自主与自治

　　独立,英文为 Independence,作为一种法律概念首先出现在 1776 年《美
国独立宣言》(United States Declaration of Independence)中。该文件为北美

❶ 《云五社会科学大辞典》第三册《政治学》,(中国台湾)商务印书馆 1971 年版,第 110 页。
❷ 汪太贤:《从治民到民治:清末地方自治思潮的萌生与变迁》,法律出版社 2009 年版,第
　51、63 页。
❸ 居伯均主编:《中国选举法规辑览》(第 1 辑),台北"中央"选举委员会出版,1984 年。

洲十三个英属殖民地宣告自大不列颠王国独立,并宣明此举正当性之文告。

所谓自主(Autonomy, Self-determination),出自康德哲学,就是指"自己做主,不受别人支配"。❶ 民国时期,自主也是护法时期地方实力派对抗中央的一种做法。

自治,其字面意思为"自己管理自己",或"自己治理自己"。❷ 中国春秋时期诸子百家中,老子就有过天下人自治的思想。他最著名的观点"无为而治"是对朝廷说的。既然主张朝廷"无为而治",那么天下怎么办呢?与此相应的另一面就是天下自治。自治者,自己管理自己也,地区、民族、团体,莫不如此。它们除了隶属于某一国家,受某一级政府领导之外,还发挥自己的主人翁精神组织起来管理自己的事务,这不是挺好的一幅蓝图吗?以至于《三国志·魏志·毛玠传》中记载:"太祖叹曰:使天下人自治,吾复何为哉!"而从现代法律层面解释,自治与"他治"相对。❸ 所谓自治,是主体(个人、集体或地方人民、民族)在法律授予的自由范围内,凭借自己的意志自己管理自己,无须别的主体直接控制的一种治理过程。

纵观民国时期自主与自治思想的变化,我们发现,独立、自主和自治是关系比较密切的几个法学范畴,有学者认为自主就是独立,也有学者认为自主与自治是同一的,自主权是自治的当然内容。"自治"在《布莱克维尔政治学百科全书》中被解释为:"某个人或集体管理其自身事务,并且单独对其行为和命运负责的一种状态。"❹这些解释都将自主与自治混同。笔者认为,在辛亥革命时期,独立意味着摆脱清政府统治的意义,是自主与自治的前提。自主是一种前法律的状态,民国护国、护法时期的"自主"就是一种无"约法"情形下的特殊社会状态;自治则是一种法治状态,是在法律秩序下行使自主权。

## 二、地方自治与地方政府的区别

中华民国训政时期省、县为地方自治单位,只设作为行政机关的"政

---

❶ 《辞海》,上海辞书出版社 1999 年版,第 5362 页。

❷ [美]乔·萨托利:《民主新论》,东方出版社 1998 年版,第 73 页。

❸ 曾景忠:《孙中山地方自治思想论述》,载中国孙中山研究学会编:《孙中山和他的时代》,中华书局 1989 年版,第 1100 页。

❹ 《布莱克维尔政治学百科全书》,中国政法大学出版社 1993 年版,第 693 页。

府"管理地方事务,中国地方行政机关被称为"地方政府"始于这个时候。西方国家普遍实行地方自治,很少有人使用"地方政府"一词。例如,在英美国家,地方政府的本意也是地方自治。在英文语义中,英文"local"的本意是"当地的、本地的、地方的",强调的是"本地、当地";地方自治就是本地的自我管理。日本法律上将都道府县和市町村称作"地方公共团体",日常生活中则称为"自治体"。当时的统治阶级只是将地方自治体作为实施行政业务的组织,而不是履行行政管理的政治权力机构。后日本学者大力强调地方居民的参政功能,指出,既然地方自治体的省长和议员均由居民直接选举产生,因而地方自治体可称为"政府"。如果从狭义上理解地方自治,那么,自治就是与"官治"或"政府"相对的非"他治"。地方自治并不是由宪法,或者说由国家所给予的,而应当是作为民主主义的内在要素所固有的东西而存在的。日本学者阿部齐等人认为,"自治"与"统治"是分别位于两个极端的概念,它的本来含义是自己的事由自己负责处理。我国清末讨论地方自治问题时,就多从狭义的角度理解地方自治的。如梁启超从政体结构说明自治与官治的关系,认为"集权与自治二者,相依相辅,相维相系,然后一国之政体乃完"。❶ 当时的留学生也对二者之间的关系展开讨论,认为"官府为国家直接行政机关,以直接维持国权之目的","自治体为国家间接之行政机关,以地方之人,治地方之事,而间接以达国家行政之目的",故"自治之制,盖所以补官治之不足,而与官治相辅而行"。❷

　　但是,民国时期也有许多学者认为,地方自治就是地方政府,这种观点在国民党训政时期还成为主导思想。例如,雷殷认为,"所谓地方自治,就是地方政府"。❸ 现在我国大部分学者认为地方政府和地方自治是一个硬币的正反面,二者相互关联但还是有所区别,我国语境中的地方政府就是地方政权组织机构,一般包括地方议决机构和执行机构。因此,"地方政府代表一种组织,地方自治代表一种制度;而地方政府的存在未必都是以实现地方自治为目的的,地方政府也不完全是实现地方自治的政府,或属于地方自

❶　梁启超:《商会议》,载何天柱:《饮冰室文集之四》,上海广智局 1990 年版。
❷　马小泉:《清末筹备立宪时期地方自治探略》,载中华书局编辑部:《辛亥革命与近代中国》,中华书局 1994 年版,第 617 页。
❸　雷殷:《地方自治》,中央训练委员会内政部 1939 年版,第 1 页。

己的政府"。❶

### 三、地方政府与中央政府的界分

还有学者指出,地方政府是中央政府的对称。汉语中的"地方"原意是指"处所、地域",但多衍生指与"中央"的对应,是局部与全局、下级与上级的关系。可是,西方在说地方政府时,一般指涉的是"地方当局"或"当地政府",也就是我们所说的基层政府。❷ 持这种观点的学者一般认为,在单一制国家中,中央政府之下的各级政府都是地方政府;在联邦制国家中,构成联邦的州则不能称为地方政府,州以下的区域性政府才被视为地方政府。

对地方政府的不同理解,根源于各国持有不同的地方自治理论和实践观点。在单一制国家,"地方"一词与中央相对,地方政府是由中央政府按照行政区划设置的,属于中央政府的分支机构,与中央政府之间形成上下级关系。例如,英国《简明不列颠百科全书》这样定义地方自治(Local autonomy 或 local self-government),即由中央或地方政府授予其下级政治单位的有限自主权或自治权。"多民族帝国或国家所经验的一种普遍特点,对地方的活动予以一定的承认,并给予相当的自治权,但要求地方居民在政治上必须效忠于中央政府。"❸日本法学博士织田万称地方自治为"被治者自为政治之意","不烦政府之官吏,由人民代表选出而执行一切公务,即所谓人民自治之观念"。❹ 在美国、德国等联邦制国家,学界一般认为,联邦政府与联邦成员政府之间不存在上下级关系,不是中央与地方的关系,联邦成员政府不属于地方政府,州以下的区域性政府才被视为地方政府。例如,德国法学家格奈莱斯托认为地方政府是"遵国家之法律,以地方税支付费用,而以名誉职员办理地方之行政"。❺ 美国多数认为,Homerule 是"地方政府

---

❶　任进:《中欧地方制度比较研究》,国家行政学院出版社 2007 年版,第 7 页。
❷　胡盛仪:《地方政府原理》,中国文联出版社 2003 年版,第 3 页。
❸　狄德罗主编,集体编定:《不列颠百科全书》,中国大百科全书出版社 1999 年版,第 137 页。
❹　曾景忠:《孙中山地方自治思想论述》,《孙中山和他的时代》,中华书局 1989 年版,第 1116 页。
❺　曾景忠:《孙中山地方自治思想论述》,《孙中山和他的时代》,中华书局 1989 年版,第 1116 页。

在州政府的监督下管理自己事务的法律能力",或者"地方自治是通过州向地方政府发布特许状(charter),允许地方政府在执行自己活动中拥有处理权和灵活性(flexibility)的一种法律安排"。❶

　　民国时期,我国许多学者将联邦制和联省自治混同起来,从而使"省是否是地方自治的主体"这一命题争论不休。例如,梁启超说:"故各省政府,譬则小房也;联邦政府,譬则大楼也。各省政府之发生,远在联邦政府以前。虽联邦政府亡,而各省还其本来面目,复为数多之小独立自治共和国,而可以自存。"梁启超的观点就将美国联邦制等同于我国的"联省自治",可在我国语境中,省作为中央的下级行政机构思想根深蒂固,这就使得西方的地方自治理论移植到中国后总难以适应。

### 四、地方自治的释义

　　《中国大百科全书》1992年初版的《政治学》分卷对地方自治定义为:"在一定的领土单位之内,全体居民组成法人团体(地方自治团体),在宪法和法律规定的范围内,并在国家监督之下,按照自己的意志组织地方自治机关,利用本地区的财力,处理本区域内公共事务的一种地方政治制度。"❷其基本特征是:一是地方自治团体具有独立的法律地位和法人人格,是一个依据国家法律组成的公法人;二是地方自治团体依据法律赋予的权限,在规定的自治事务和地域范围内,代表当地居民的利益和意愿处理地方公共事务,独立行使职权;三是地方自治团体必须接受中央政府及上级政府的监督;四是地方自治团体拥有独立的财政来源和法定的某些征税权力,以筹措自治所需的资金。但是该定义只是静态地对地方自治的构成要素进行了描述,并不能反映民国时期的地方自治的动态性发展过程。

　　从民国法律界定看,何为在民国时期的"地方自治"?孙中山先生所书《建国大纲》第十八条提出:"县为自治单位,省立于中央与县之间,以收联络之效。"因此,县自治及乡镇自治是"地方自治"这是无疑的,问题就出在省是否是地方自治主体,因为《建国大纲》并没有明确省政府是否为地方行

---

❶　Bowman,Pkearney,*State and Local Government*,Wadsworth Publishing Co Inc,2010,p.44.
❷　《中国大百科全书》,中国大百科全书出版社1992年版,第56页。

政机关,抑或为中央行政机关之派出机关或分机关。民国创立以来,省制问题一直是各方争论的焦点。据《建国大纲》第十八条,似乎省的地位不能为自治体,只能居于县与中央之间而为一个联络机关。因之即有人主张前述"中央与省"之"省",是一个代表全省各县之总名,所谓"划归地方"之"地方"。也不是指省的本身,是指全省各县之县地方。换言之,即前述"中央与省之权限,采均权主义",乃系中央与各省之县地方,其权限采均权主义,而不是与省的本身采均权主义。如此则系否认省自治体,而只能认省为代表中央处理全省中央政务监督各县地方自治之机关矣。但《建国大纲》第十六项"凡一省全数之县,皆达完全自治者……国民代表会得选举省长,为本省自治之监督。"国民党一大宣言对内政策第二项"各省人民得自定宪法,自举省长"。每省既应有国民代表会,又可自选省长,自定宪法,是又以省认为自治体矣。❶ 省之地位,究竟如何,成为了民国地方自治的谜团。

由此可见,在中国语境中,联邦制与联省自治是否是同一概念的争论,不仅是语义上的区别,更蕴含着文化的差异。所以笔者认为,地方自治是一个动态的过程,其自治主体、自治权限、自治范围和自治监督等构成要素和实施模式在不同时间度、空间度中都是不同的,民国时期的地方自治实际上是辛亥革命后中央与地方在独立、自主、训政、抗战建国和宪政运动中的分权博弈过程。

## 第三节　地方自治的目标导向

地方自治的目标定位究竟何在? 这一问题成为地方自治研究必须加以解决的法理问题,也是有效把握这一核心概念的基本要求。下面,笔者以地方自治的目标导向为标准,简要介绍几种中华民国时期比较流行的地方自治学说。

### 一、人权保障说

人权保障说是民国初期比较流行的一种地方自治学说,主张自治是天

---

❶ 张知本讲述、陈秀凤记:《中国立宪故事》,(中国台湾)大中国图书公司 1966 年版,第71—72 页。

赋人权或固有的权利,立宪派、联省自治派一般都持这种观点,其理论渊源可追溯到西方国家的自然法学派。所谓自然法学派,是以英国洛克,法国孟德斯鸠、卢梭,德国康德等为代表的古典自由主义思想家,他们认为人的自由、平等、生存权等自然权利权利属于天赋,为人民所固有,先于国家而存在,国家不能干涉人民固有的自治权利。古典自由主义者洛克指出,自由的本意是自立和自主,人的社会自由是一种不受另一个人的反复无常的、事前不知道的和武断的意志支配的自由,它不受绝对的、任意的权力约束。这一自由对于一个人的自我保护是如此必要,以致人们不能丧失它。但是,人们享有的这种自然权利在自然状态下是不安全的,随时都会遭到破坏。正是这一情况促使人们相互协议,自愿放弃为了保护自己和别人的自然权利而单独执行自然法的权力,而把这部分权力交给社会,由社会委托给立法机关或指定的专门人员按照社会的全体成员的共同意志来执行,称为"人民自治"。康德也说:"人最适合于服从他给自己规定的法律——或者是给他单独规定的,或者是给他与别人共同规定的法律。"

卢梭、孟德斯鸠认为"人民自治"制度只能在小国寡民的国度推行,杰斐逊反对这个观点。他认为在美国这样广土众民的大国照样可以实行"人民自治"。不过,在他看来,为了保障人民的自由和权利,为了真正实现共和制度,中央集权是不行的,必须实行地方层层分权制。他举出许多理由痛陈中央集权的害处,他写道:"当国内外一切政务,事无巨细,均集中到作为一切权力中心的华盛顿的话,它将使一个政府部门对于另一个政府部门的牵制成为无力的了,并且变为和我们与之分离的那个政府(指英国政府)同样腐败和暴虐的了。""把一切州权都集中到全国政府手中,就会增加盗窃、投机、掠劫、冗员及钻营官职的机会。"因此,他建议把国家的权力分散到地方各级政府,实行层层分权的地方自治。❶ 英美法系国家的地方自治观念多与杰斐逊的观点相似。据此理论,1871 年密歇根州最高法院的法官托马斯·库雷提出了地方自治固有权力的学说,根据这种学说,地方政府的结构和功能可以由人民根据民主的形式决定。该理论在制度上表现出自己的特

---

❶　帕特森(Patterson):《杰斐逊的宪法原则》(The Constitutional Principles of Thomas Jefferson),P.Smith,1967,第 106—107 页。

点,英美国家的地方自治机关行使由法律确认的自治权时,中央政府一般不加过问。地方自治机关形式上独立于中央政府之外,自治机关的成员直接或间接由当地居民选举产生,他们只具有地方官员的身份,中央政府不得撤换他们。中央政府对地方自治机关的监督以立法监督为主,一般避免对其发布强制性指示。如果地方自治机关逾越法定权限,中央政府可诉请司法机关加以制止。

## 二、法人团体利益需要说

该学说强调国家的存在对地方自治的意义,认为地方自治是由法人团体利益需要而产生的,因国家的承认合法化。此说最早产生于 19 世纪后半叶的德国团体人格说,为德国学者祁克(Gierke)所倡导。他认为,在个人意思之外,有团体意思;在个人生活之外,有社会生活;在自然有机体之外,有社会有机体。对具备团体意思之社会的有机体,赋予法律的人格,使之为权利义务之主体,即所谓法人。该理论认为,法人团体可独立承担社会价值,有适于具有权利能力的社会价值。法人团体说反映了现代社会中各类经营主体已不是单纯追逐自身利益的现实,他们的存在既对社会经济的发展起着重要的推动作用,也对社会负有越来越多的责任。法律上确认这些社会团体的地位,不仅有助于极大地发挥法人组织的积极作用,而且也有助于从法律责任上确认法人的社会责任。大陆法系国家的地方自治就源于团体自治的理论和实践。在德国,地方政府是独立法人,是法人团体,有自己的法规,单独的预算和自己的官员、职员。

“法人团体利益需要说”是实证主义法学的产物,该学说强调社会是一个有机体,合作是社会秩序稳定和进步的基础,因此地方自治是团体自治而不是个人自治。但是该观点在很大程度上削弱个人权利实现的程度。德国的卡尔·斯密特提出的制度保障说补充了团体自治理论的不足,该说强调的地方自治重点在于制度保障,只有依法的团体自治,人权才能得到有效的保障。在我国,宪政主义代表人物张君劢也积极推崇团体精神,他可以称得上是一位将中国儒家文化和德国法哲学家的国家观念媒介起来的一位冰人。

### 三、权力分立制衡说

根据杰弗逊等人创立的西方民主论,不仅中央政府的立法、司法、行政等权力要实行"分立",日本的一些政治行政学者也认为,地方自治是"通过保持地方政府与中央政府间的政治性紧张关系来维持民主政治结构的重要装置"。所以,要实现这一目标,中央地方之间必须是对等关系而不是上下关系。❶ 在较多国家的政治和法制实践中,地方自治的权力被看作是中央政府或联邦制国家的成员政府授予的。"地方权力让与说"认为:地方自治之所以存在,是国家为实现其统治和管理的目的,主动让出一部分权力给地方政府的结果。中央政府可以通过立法授予地方政府在自治方面的职权,也可以通过立法收回这方面的一部分职权。如在日本,地方政府在地方自治方面的权力是由国会制定的地方自治法授予的;在美国,地方政府的地方自治权是由州的宪法和法律授予的。❷

根据我国台湾著名政治学学者杨幼炯研究,"地方自治"一词出现于维多利亚时代法学家史密斯(Joshua Toulmin Smith)所著的《违法与为虐之委员政治》(1849年)一书。1851年,英国法学家史密斯在其专著《地方自治与中央集权》一书中提出应该同时考虑中央集权和地方分权,而不能顾此失彼,这就是所谓的"史密斯主义"。托克维尔在《论美国民主》中对地方自治总结道:"我认为地方分权制度对于所有国家都是有益的,但没有一个国家会比民主制国家的人民更需要它。"❸从这句话可以看出,托克维尔认为地方自治是民主国家非常需要的制度安排,之所以会这样,主要是因为"地方政府是实现个人自由和分散过分中央集权危险的方式"。❹

权力分立制衡说对地方自治坚持的是一种工具论理论,是民国时期的一种主流地方自治学说,与中国传统的实用主义哲学可谓异工同曲。该学说认为所谓的人权保障、法人团体利益需要等规范性价值都是虚幻的,地方自治实质是地方利益集团与中央利益集团之间力量相互博弈的结果。具体应该设计怎样的地方自治制度,是一场集体行动的博弈过程。公共选择的

---

❶ 郑贤君:《地方自治理论评析》,《首都师范大学学报》2001年第2期。
❷ 陈晓原:《地方自治:域外理论与中国实践》,《中国社会科学文摘》2013年第5期。
❸ [法]托克维尔:《论美国民主》,社会科学出版社2007年版,第205页。
❹ [法]托克维尔:《旧制度与大革命》,商务印书馆1992年版,第23页。

领军人物詹姆斯·布坎南说:"只要有适当的法律与制度的框架,个人追逐他们自己利益的行动可以无意识地产生有利于整个社会利益的结果。"❶根据这一理论,地方自治制度可以被说成是这样一种中央与地方关系构建中的权力博弈过程,在这个过程中,具有不同利益的权力主体,包括中央与地方、地方议决机构与执行机构,为了获得对合作努力的各自估价的利益而相互作用。

## 四、自救说

梁漱溟认为,地方自治在民主政治国家中的含义是中央尊重地方的意愿,让出一部分权力给地方,让地方有权去做他自己的事,不必由中央行政来管理地方的事情。而在当时中国地方自治含义是"团体组织实现团体生活"。什么是团体? 就是许多人合起来,有一共同的目标,有秩序的去进行,以求达其目标,就是团体组织了。❷ 因而"地方自治"的反义词是"官治"(中央统治)或中央集权。地方自治是在与国家概念相对的意义上展开的。有学者认为,"地方自治是相对于中央政府对于全国的绝对控制而言的,它是对集中制的突破"。❸ 地方政府是实现个人自由和分散过分中央集权危险的方式,说的就是这个意思。因此,从这层意义上讲,中国过去没有"自治",只有"官治"。梁漱溟还说:"由于中国过去的政治生活是无为放任消极的,经济生活是自给自足不相关联的,社会风尚是违反团体共同生活的,种种条件凑合成了中国社会的散漫性。因此地方自治的成功,需要具备的要素是:第一,合乎中国固有的文化精神,养成公民的新组织习惯和新组织能力;第二是地方自治应注意政治与经济天然要合一;第三是无论地方还是国家政教天然要合一,要重视公民的道德道德、技术、纪律性等教化;第四,中国地方自治,不是普通的地方自治,而是特别的地方自救。由于中国此刻最高唯一的国家权力尚未树立起来,国家尚处于武力不统一,政权变更频繁阶段,所以地方自治无法由上推演,而须从下往上生长。地方二字非对

---

❶　詹姆斯·布坎南:《自由、市场和国家:20 世纪 80 年代的政治经济学》,北京经济学院出版社 1988 年版,第 23—24 页。

❷　梁漱溟:《中国之地方自治问题》,山东乡村建设研究院,民国二十四年出版,第 7 页。

❸　许崇德:《各国地方制度》,中国检察出版社 1994 年版,第 2 页。

待中央,乃小范围之意,自治二字,实是自救二字。"❶

　　笔者认为,梁漱溟的"自救说"反映了清末以来中国实施地方自治的现状。满清末年,在内忧外患交迫下,清政府为了振衰起敝,推动宪政改革以图强,并将地方自治作为立宪的基础。光绪三十二年(1906),清廷以奉天、直隶两省作为地方自治的试点。直隶在袁世凯的推动下,以天津县为试点办理地方自治,采用普选,选出了县议事会,天津县成为当时全国地方自治的模范。光绪三十四年,清廷颁布了第一部全国性的地方自治制度,预计至宣统五年陆续成立全国地方自治机构。清末、民国时期地方自治作为一种外来制度的引进,在中国仅仅停留在立法场域的权力博弈过程中,虽然在曹锟宪法、中华民国宪法形式上出现了规范性的地方自治制度,但价值目标根本没有得到落实。在南京国民政府统治时期,梁漱溟等人试图通过乡村建设寻求中华民族自救之路,但也没有成功。

### 五、孙中山的民权保障说

　　与西方国家以人权为理论基础寻找地方自治的依据不同,孙中山认为中国的地方自治应以民权保障为本质。他认为,"中国人自由太多,是一片散沙,是一种放荡不羁的自由",所以他坚决反对把民权当作自由的等同物,不再强调个人的人权,而是特别强调集体的民权。他说,"以人民管理政事,便叫做民权"。❷ 对于权力分立制衡说,孙中山也不完全赞同,他认为中国应采均权制度,既不偏于中央集权,也不偏于地方分权。

　　同时,孙中山的民权说也始终与民族、民生联系在一起。为此,吴经熊说:"从前欧美的人,他们争自由,是以个人为出发点。我们现在争自由,是以团体为出发点。我们所争的自由,是国家的、民族的自由。中国现在的情形,和欧美人民争自由的时候,大不相同。当时欧美的人民,喘息于封建制度或专制主义之下,和我们现在的情形不同。欧美人民的大问题,是怎样救自己。我们今天的大问题,是怎样救国家、救民族。我们的国家,我们的民

---

❶　梁漱溟:《中国之地方自治问题》,山东乡村建设研究院,民国二十四年出版,第32—70页。

❷　《孙中山全集》第9卷,中华书局1986年版,第282页。

族,早就陷于被压迫蹂躏之下。眼前的情形,较前更坏。我们要救国家,救民族,则不得不要求个人极力牺牲他所有的自由,以求团体的自由。"❶因此,吴经熊认为孙中山的民权说比较真实地体现了民国时期地方自治的本质和特征。

如果说梁漱溟是一位集中国传统文化之大成者的儒学大家,吴经熊则是一位融贯中西法学的通才。吴经熊1920年于东吴大学法科毕业后,远赴美国留学。始入读美国密歇根大学法学院,获法律博士学位。又在法国巴黎大学、德国柏林大学等欧洲著名学府从事哲学和法学的研究,先后师从过美国的实用主义法学家霍姆斯、新康德主义者施塔姆勒,两位思想者立场针锋相对,但吴经熊将他们的观点综合,提出了"法律的三度论",即时间度、空间度、事实度,为五权宪法中的地方制度的构建提供了法理论证。

笔者认为,民国时期的政治家、法学家很多是学贯中西的一些人物,关于地方自治的主张和学说流派也就很多。有主张按照西方地方自治改造中国的立宪派、联省自治派、宪政主义者,也有主张地方自治本土化的乡村建设派、法社会学派等。但由于中国实际问题的复杂性,不同时期地方自治的目标导向也不同,这些政治家、法学家思想也多变,更多的人是综合法学派。

## 第四节 研究思路

关于民国广西地方自治,国内外有不少研究成果,我国学者的研究成果主要有:台湾著名学者朱浤源的著作《从变乱到军省》,广西师范大学万仲文教授的著作《桂系见闻谈》,广西师范大学钟文典教授的著作《二十世纪三十年代的广西》,广西师范大学谭肇毅教授的著作《新桂系政权研究》,华中师范大学杨乃良教授的博士论文《民国时期新桂系的广西经济建设研究(1925—1949)》,广西民族师范学院教师王晓军的论文《集团内斗与博弈:1946年广西省参议会议长选举纠纷原因分析》等。国外学者的研究成果主要有:美国《纽约时报》远东特约记者亚奔特(Abend)和皮林汉丁

---

❶ 陈夏红:《吴经熊的学术及人生》,《百年中国法律人剪影》,中国法制出版社2006年版,第116页。

（Billingham）1936 年合著的《中国的命运》（*Can China Survive*）一书，其中专门有一章称赞中国的模范省——广西；国外的戴安娜·拉里（Diana Lary）的专著《地方和国家：中国政坛上的桂系》（*Region and Nation：The Kwangsi Clique in Chinese Politics 1925-1937*）；芝加哥大学学者赖维奇教授所著《国民党中国的广西模式：一九三一～一九三九》等。

广西还留下了李宗仁、白崇禧、黄旭初、雷殷等桂系政治要人的演讲、回忆录等历史文献。李宗仁等著的《广西之建设》，黄旭初的回忆录《春秋》，雷殷 1939 年在桂林建设书店出版的《地方自治》，陈柏心在广西建设研究会出版的《中国的地方制度及其改革》等，这些资料从当事人的视角记载了民国广西时期的地方自治实践活动和思想观点。

抗战时期，桂林成为"文化陪都"，《广西日报》、《大公报》、《救亡日报》、生活出版社出版的图书等文献记载了大量名人的墨宝，这些文献可以帮助我们从多学科角度考察当时广西地方自治的实施情况。但是，国内外这些成果多从历史学、政治学叙事的角度介绍新桂系广西地方自治的成效，研究视角和领域有限，还鲜有学者从国家宪政与地方自治互动的角度系统分析民国时期广西地方当局，尤其是新桂系地方自治思想和制度出台的背景、意义、内容、特色和社会影响，而后者恰恰是当代中国地方政权建设研究和实践所亟需的。

对民国时期全国性的地方自治研究，我国学术界的成果比较丰富，例如历史学者张朋园、胡春惠、丁中江、汪朝光、杨天石等人整理了不少地方自治的史料。可如果将地方自治研究领域局限到某一地区，如何将中央政府的策划与地方的实施情形结合起来研究就比较难了。对民国广西地方自治的实施进行研究，常面临着一些问题。一方面，收集资料困难，同时还要将民国广西地方自治从历史学叙事转化为法律描述，如何寻找课题研究的突破口，无疑是一个难题。另一方面，由于民国时期与当代社会历时性差距，地方自治的社会环境发生了重大变革，研究者的主观倾向影响课题研究的主题提炼在所难免，客观还原当时广西地方自治实施情形困难很大，这就需要在理论研究的范式上有所突破。

美国法社会学家庞德开辟了一个法制史研究的新思路，庞德在分析、批判历史法学派关于法律史解释的观点的基础上，提出了具有创造性的"社会工程解释"。庞德认为这种解释应当关注以下四个要素:第一,那些探寻并调适法律材料的人;第二,他们所处理的法律材料;第三,他们工作时的各种情势;第四,他们为之工作的各种目的。庞德把法理学当作一门社会工程科学,他说,社会工程应被看作是一个过程,一种活动,而不只是被视为一种知识体系或一种固定的建筑程序。工程人员应根据他的工作来评判,其工作应根据它是否符合该工作的目的来加以评价,而不是根据它是否符合传统方法的某些理想形式来进行。❶ 根据法社会学者的观点,法律的生命不是条文而是经验。因此,地方自治作为一种过程,不能仅仅从静态的权责分配结构来分析,还应该结合具体问题,例如案例分析,人物活动,从法律文献的运行过程来分析地方自治的运行。

　　地方自治场域中的制度配置,不仅仅是从静态的权责分配结构来界定中央与地方的关系,以及地方制度的设计等,还应扩展到地方自治的实施方面。在这方面我国法学研究成果不多,还没有专门从法社会学角度分析民国广西地方自治的实施的研究成果。为此,本书创新性地运用法社会学理论,以民国时期广西地方自治的实施过程为研究对象,以民国时期广西地方自治与中央宪政变革的互动关系为研究重点,对广西地方自治运行的社会背景、文献资料、人物活动进行了案例分析,论证了民国宪政发展与广西地方自治的互动关系。本书还以解析地方自治的构成要素和过程为线索,从清末以来中央与地方法律关系演变的角度分析民国时期广西地方当局的权力形成背景,以及这种变化对地方自治制度形成的影响;比较广西新桂系与旧桂系对待地方自治的态度异同和地方政权建设的选择途径,分析《广西军政府临时约法》《广西建设纲领》《广西建设计划大纲》等重要法律文献出台的社会背景和实施效果;总结新桂系实施地方自治制度的经验与教训,思考民国时期地方自治制度成为国家权力架构外异化体制的原因等问题,从而揭示地方自治的构成要素。

　　治史求实,经世致用,是学术前辈研究法制史所达到的境界。作为一个法律学人,不敢奢求过高,只是试图通过探讨民国时期广西地方自治的实践经验和教训,获得一两点新时期加强地方政府治理体系和治理能力现代化的启迪。

---

❶　张宏生、谷春德主编:《西方法律思想史》,北京大学出版社 1990 年版,第 408 页。

# 第一章　民国初期广西地方自治的摸索

　　在风雨飘摇的清末,地方自治作为一种救国救民的良策为国人所膜拜,不论改良派还是革命派,都试图寻找地方自治在中国的进路。立宪派将开设议院、制定宪法视为地方自治的具体实施的基石,而革命派则以独立来诠释地方自治,他们之间的分歧和斗争,显示了清末民初时期中国摸索实施地方自治的艰难样态。清末政府为了挽救时局,曾试图推行立宪派所主张的地方自治,1908年颁布了《各省咨议局章程》《咨议局议员选举章程》《城镇乡地方自治章程》《城镇乡地方自治选举章程》,1909年又颁布了《府厅州县地方自治章程》。这些自治法规规定了地方自治的自治范围、议决机关、执行机关和监督机关,并开始筹办地方自治事项,但是腐朽的清政府推行的地方自治制度并没有能挽救其命运,很快辛亥革命就将地方自治推到了一个新的时代。

## 第一节　民国广西地方自治的缘起

　　地方自治思想在广西的萌生,源自于康有为等立宪派在广西的办报、办学等思想传播,后来孙中山等革命派的地方自治思想也在广西兴起,并逐步占据上风,这场思想交锋的过程影响了民国初期广西的地方自治制度的建构。

### 一、清末广西地方自治思潮的泛起

　　地方自治作为一种政治思潮,清末在广西就得以萌生与传播。从学术思潮分,主要派别有康梁立宪派和孙中山等革命党派。

　　甲午之后,西方地方自治的思想和实践对中国的影响很大。进步士绅将启民智、兴民权、开设议院视为地方自治的基础,美国、日本等国家的强盛主要是因为它们实现了地方自治。梁启超说:"就天下万国比较之,大抵其地方自治之力愈厚者,则其国基愈巩固,而民愈文明。"❶例如,美国"无论村乡城镇,皆有下议院也",日本府县议会之法,"意至美也",持这一学派观点的我们现在一般称为立宪派。如严复在《原强》一文中指出,"民智、民力、民德"是国家"富强之本",各地实现地方自治、设立议院是促进民智、民力、民德的最好途径。张謇在 1901 年著的《变法评议》一书中,主张成立地方议会,以开民智,进而实现地方自治。❷

　　在清光绪二十年(1894)冬,康有为在广州万木草堂开馆讲授新学时期,恰逢广西桂林人龙泽厚由四川回桂,路过广州,因钦佩康的学问,力邀康到桂林讲学。康在龙泽厚的陪同下由梧州乘船到桂林讲学。当时拜康门受业的,梧州有陈太龙、林绎和梁廷栋,桂林有王浚中、况仕任、龙焕纶、龙朝辅、黎文瀚等知名人士。康以《春秋公羊传》《荀子·非十二子》为讲学内容,并撰了《桂学答问》,鼓吹孔子改制。❸ 光绪二十三年(1897)初康在京"公车上书"后,再次经梧州到桂林,在广西讲学达半年之久。此时康因提倡新学而名声大噪,地方绅士周璜、唐景崧、岑春煊均与他有来往。康有为提议发起组织圣学会,并创办广西圣学会的机关报,设立广仁学堂。桂省诸君子之所以组成圣学会,蔡希邠在《圣学会序》中说道:"泰西一切学术庶业,皆由会出。意人以三千金之遍环球之大地也;英人以二十万金之商会,而灭万里之印度……且夫小人有会而君子无会,开宴有会而讲学无会,外国有会而中国无会,亲鬼神有会而孔子无会,此于国势政教盛衰所关,非细故也。"❹康有为还认为"桂林僻远,尚无报馆,何以开耳目而增识见",应该开设报馆,"有日报以言学",使"将来风气日开,见识日广"。开报馆可以"专

❶　梁启超:《商会议》,《清议报》(第 10 册),1898 年 4 月 1 日。
❷　汪太贤:《从治民到民治:清末地方自治思潮的萌生与变迁》,法律出版社 2009 年版,第124—129 页。
❸　康有为:《桂学答问》第二页,广州双门全经阁刊本清光绪二十年(1894)。中华书局 1988年 3 月,与《长兴学记》《万木草堂口说》合刊出版。
❹　朱浤源:《从变乱到军省——广西的初期现代化,1860—1937》,台北"中研院"近代史研究所 1995 年版,第 166 页。

以讲明孔道,表彰实学,次级各省新闻,各国政学,而善堂美举,会中事务附焉"。❶

康有为的提议得到当时辞职归隐桂林的唐景崧、岑春煊两人的赞同。唐景崧(1841—1903),广西灌阳人,曾入越参加抗法斗争,后被朝廷任命为福建台湾布政使、署理台湾巡抚等职。1895 年清朝割弃台湾,台湾军民成立民主国,推唐为大总统领导抗日。当日军登陆台北,唐便携款内渡,颇受时论指责。此后回桂林闲居,不再出仕。岑春煊(1861—1933),壮族,广西西林人,出身官宦世家,其父岑毓英曾任云贵总督,他曾一度为慈禧太后的宠臣,在广西地方有很大影响。他俩都曾经历过中日甲午战争,深知敌我双方"人强我弱,人智我愚,人勇我怯,败兆头已伏"的处境,为国家的前途深感不安,经常考虑挽救国家危亡的办法。康有为来到桂林后,彼此晤谈,提出办报纸的想法,即志同道合。广西巡抚史念祖、按察使蔡希邠对此也表示欢迎。于是,巡抚部拨款万金,唐景崧、岑春煊捐出巨资,支持康有为在广西办学堂、办报。1897 年,岑春煊、唐景崧等在桂林与康有为共同筹建了广西有史以来第一个学会圣学会,创办了第一所学校广仁学堂和第一份报纸《广仁报》。报馆设依仁坊的彭公祠,由康有为的弟子广东南海人曹硕,湖南武陵人赵廷飑,桂林人况仕任、龙应中、龙朝辅负责编辑、出版、发行事务。《广仁报》是桂林也是广西出版最早的具有近代报纸特征的报纸。这个报纸,是在资产阶级改良派领袖康有为的影响和亲自参与下,并得到了当时广西清政府的支持而创办的。于是,《广仁报》就成为桂林以至广西鼓吹维新变法的舆论工具。

从《广仁报》的内容来看,有许多关于地方自治的思想介绍和宣传。在汤作仁写的《重民始足以立国说》一文中,宣传了维新派"能兴民权者,国无可亡之理"的思想,提倡民权。在马平(即今柳州)王浚中写的《上恭亲王请开设各省下议院书》一文中,除了提出效法西方建议设立议院,以"清议所宗",作为议论国家大事的场所。作者认为"西人之强,首在议院,议院之本,首在学校,学校未立,而议院万不可开,学校即兴,而议院万不可缓"。为什么把开设议院与开办学校联系起来说呢? 作者认为学校是人才最多的

❶　徐新平:《康有为的新闻思想》,《新闻三昧》2006 年第 7 期,第 55 页。

场所,设立学校培养了人才才好议论国家大事;没有人才而去议论国家的大事,那时妄加议论;有了人才而不去议论国家大事,那又何必去设立学校,所以很强调培植人才。作者谈到桂林人士创立圣学书局,就是"专以提倡风气,培植人才为宗",但是财力单薄,独木难支,孤掌难鸣,望设法"筹拨巨款"成全此事。这样不仅桂林人士,而且天下人士都会额手相庆。1898 年戊戌变法失败之后,康有为逃亡国外,《广仁报》也就跟着停刊了。《广仁报》是桂林近代史中在广西出版最早的也是唯一的一种报纸。它的存在仅一年多的时间,但对广西地方自治的思想影响极大。

康有为在广西开报馆、开新学堂,宣传地方自治,这对梧州、桂林、南宁和柳州等一些大中城市的开明士绅的影响很大。康有为在梧州传经书院(今文化路小学)激情澎湃的讲学,使得陈太龙、林绎和梁廷栋等人深受鼓舞,他们赞同康有为的变法主张,成为了康有为的学生,君主立宪派开始成为梧州一支重要的政治力量。作为年轻一辈的秀才,1907 年,陈太龙、林绎曾被爱才的梧州知府庄蕴宽推选到日本留学。回国后,陈太龙积极宣传立宪思想,在梧州与甘德蕃、蒙经、林绎创办了《广西新报》并任主笔,在报上刊登奕劻等宣统二年(1910 年)《地方自治讲义录》,逐渐成为立宪派的骨干人物。❶

不同于维新派的地方自治思想,革命派的地方自治思想也在广西得到了传播与宣传。从理论渊源看,法国思想家卢梭社会契约论构成了法国大革命的理论基础,其理论对中国近代革命思想的产生也起了很大影响。卢梭认为,地方自治就是人民通过社会契约寻找到的一种结合形式,由于这一结合使每一个与全体相联合的个人又只不过是在服从自己本人,并且仍然像以往一样自由。根据社会契约而产生的国家是为着实现公意而实行统治的,那么当执政者违背契约,破坏公意,损害人民的公共利益时,特别是当人民的自由、财产被暴力夺去时,人民就有权取消契约,用暴力将自由与财产夺回来。近代意义上的"革命"一词,是孙中山先生最早倡用的。1895 年10 月,兴中会在广州运送军械,准备起义,不慎走漏风声,陆皓东等七十余人被清军逮捕。不久,孙中山、陈少白、郑弼臣(士良)三人被迫东渡日本。

---

❶ 陈晓雯:《辛亥革命与百年商埠》,《梧州日报》2011 年 9 月 13 日。

11月初经过神户时,三人买了一份日本报纸,看见上面登有一则新闻《支那革命党首领孙逸仙抵日》。孙中山阅完对陈少白说:"'革命'二字,出于(易经)'汤武革命,顺乎天而应乎人'一语。日人称吾党为'革命党',意义甚佳,吾党以后即可称革命党。"从此,中国的革命志士自来地把自己的行动称作"革命"。❶

立宪派与革命派都是赞成地方自治的,不过在地方自治的过程和构成要件上观点不一致。立宪派认为,流血与破坏为不祥之物,通过立宪可以达到救中国的目的。而革命派则认为,中国的政治已经败坏到了极点,不彻底革新,不足以有为。彻底革新,则必须推翻误我生民二百余年的清朝政权。❷ 1905年,在孙中山领导下的中国同盟会于日本东京成立。1906年秋冬,孙中山亲自主持,与黄兴、章太炎等制定了指导全国武装起义的纲领性文件——《中国同盟会革命方略》,指出革命措施:"第一期为军法之治。义师既起,各地反正,土地人民新脱满洲之羁绊,其临敌者宜同仇敌忾,内辑族人,外御寇仇,军队与人民同受治于军法之下。""第二期为约法之治。每一县既解军法之后,军政府以地方自治权归之其地之人民,地方议会议员及地方行政官皆由人民选举。"❸

同盟会成立时,广西青年留学生马君武、邓家彦、卢汝翼、蓝德中、曾龙章、谭鸾翰、朱金钟、曾彦、欧冕等人就参加了,成为最早的同盟会员。马君武还被推选为同盟会机关报《民报》的主笔,称为宣传革命党人观点的一名旗手。马君武在成为革命党之前师从过康有为,做过万木草堂的弟子。康有为到桂林讲学期间,马君武曾听过他的讲座,并对他产生了极大的影响。1900年,马君武在广西体用学堂就读期间,因为在日记中评论朝政得失,颂扬戊戌变法英雄,被视为"犯上违禁",开除了学籍。这一年,马君武和同学邓家彦、秦嗣宗等人乘船东下梧州,转赴香港。很快,马君武又前往新加坡,拜谒了流亡在那里的康有为。在康有为的推荐下,马君武成为了立宪派刊物《新民丛报》的撰稿人之一。万木草堂的大弟子、改良派旗手梁启超对他

❶ 王宁:《"革命"一词的由来》,《咬文嚼字》1995年第10期。
❷ 参见张朋园:《梁启超与清季革命》,《"中研院"近代史研究所专刊》1999年版,第152页。
❸ 孙中山:《中国同盟会革命方略》,《孙中山全集》第1卷,中华书局1981年版,第297、298页。

也非常倚重,1902 年春梁启超离日赴美时,曾将《新民丛报》交他署理。梁启超开始时对革命思想有所赞同,曾多次撰文推介、评论具有革命思想的卢梭学说。可与康有为交谈后就变了。而马君武与孙中山交流后,则转为了革命派。1903 年《新民丛报》上赫然出现梁任公的《政治学大家伯伦知理之学说》,主张以伯伦知理来反对卢梭:"从卢梭之言,则革命终无个止之时"。然而,火一旦盗来,蔓延之势却非始作俑者所能预料。为了再度唤起人们对《民约论》的注意,也为了纠正原有的"讹谬不能读"的中文译本,马君武以法文原著与英文 H.J.Tozer 译本互证,花了八十天时间,把这部"为法兰西革命之最大原动力,历二百年不废"的世界名著之一译成中文,以《足本卢骚民约论》为题,由中华书局 1918 年初版。❶

　　广西民气强悍,从 1902 年起多次爆发以游勇、会党为主力的群众武装起义,与清政府为难十余年而清政府未能平之,引起了革命党人的关注,孙中山还据此提出了以两广作为武装起义起点的战略思想。1903 年至 1904 年间,同盟会核心人物胡汉民曾在梧州西学堂、广西第一所私立国民学堂教书,发展了一批革命党人,刘崛、黄宏宪、蒙经就是其中的佼佼者。刘崛(1878—1964),广西容县人,1904 年到日本法政学院留学,后来入早稻田大学。然而,革命活动改变了他的人生。刘崛经友人胡汉民、邓家彦介绍,由孙中山主盟,于 1906 年 5 月 31 日加入组织,并受孙中山指派为同盟会广西分会长兼主盟人发动会员和华侨募捐,创办广西第一个海外发行的进步刊物《粤广》月刊,又名《粤西》杂志,先后出版 3 期,部分传回国内在桂东南一带散发。1907 年起,孙中山派刘崛等人回广西联络会党筹划武装起义。从 1907 年到 1908 年间,孙中山以会党为主力在广西发起了钦州防城之役、镇南关之役、钦廉上思之役。在起义失败后,孙中山对会党的认识逐渐深入,开始认识到运动新军的重要性。1906 年,同盟会元老黄兴化名张守政,秘密从香港到广西会见同盟会会员布置工作。就是这次黄兴来访,促成了梧州革命党人甘绍相、区笠翁后来创办《梧江日报》,极力宣传孙中山的民主革命思想,为革命营造了舆论氛围。1911 年 10 月 10 日,武昌新军首义之后,全国规模的辛亥革命风起云涌。1911 年 10 月 30 日,梧州同盟会负责

────────────────
❶　刘悠扬:《〈社会契约论〉"东渐"小史》,《深圳商报》2007 年 7 月 10 日。

人区家彦、甘绍相在其主办的《梧江日报》上抢发香港传来"京陷帝崩"的假新闻后，引起全城骚动，激励和加速了梧州独立。黄兴的桂林之行，将赵声、郭人漳、胡毅生、雷殷、雷飚、杨尊任、杨祖时、卢慈佛、林荫清等人发展为同盟会会员，成立桂林分会。在同盟会成员中，林荫清还在黄兴的建议下改了名。黄兴认为"荫清"二字，从字义来看，与同盟会反清主张相悖，便对林说："你有虎相，不如改为'林虎'，'荫清'取其谐音，改号隐青，如何？"林荫清欣然接受，林虎由此得名。

广西留日同盟会学生也纷纷回到广西，鼓动革命。同盟会成员雷殷，广西邕宁县南晓乡人，16岁入南宁府中学堂，清光绪三十二年毕业。宣统元年入桂林地方自治研究所，为研究员。后入省立桂林政法专门学校，1907年由黄兴介绍加入同盟会。卢汝翼（1879—1919），东渡日本，改读于东京政法大学。在日期间，与马君武、蒙民伟等一道加入同盟会。回国后，与刘崛同为同盟会广西分会主盟人。1910年，卢汝翼到桂林任广西自治讲习所教员，是当时桂林同盟会支部的活动分子，参与了以省咨议局议长黄宏宪为首的促成广西独立的活动。广西独立后，卢汝翼任咨议局议员，军政府法制局局长。民国初年任国会议员，宣统元年（1909）在桂林入地方自治研究所工作，继入广西法政学堂就读。辛亥革命爆发后，发动学生和军人力促广西独立。❶ 蒙民伟，又号经（1870—1943），广西藤县人，光绪二十七年中举，三十一年春到日本留学，并加入同盟会。马君武、蒙经、卢汝翼、万武等在桂林发刊《漓江潮》《独秀峰》两种报纸，各地来桂的同盟会员还决定组建了同盟会广西支部，耿毅为支部长，成员主要分布在陆军干部学堂、陆军小学、学兵营等几个单位，刘建藩为学兵营分部长，杨明远为干部学堂分部长，梁史为陆军小学分部长，蒙经为咨议局分部长，后来商会、法政和师范学堂也都成立了分部。❷ 同盟会广西支部成立后，前期主要任务是筹款和组织武装起义，后期把主要任务放在策动新军及创办报刊鼓吹革命的活动上。

宣统二年（1910）8月，同盟会广西支部出版《南报》（后改名《南风报》），这份报刊是同盟会广西支部的机关报。编辑兼发行人署侯声，是该

---

❶ 雷殷：《地方自治》，中央训练委员会内政部1939年出版，广西师范大学图书馆藏。

❷ 曾度洪、覃树冠、魏华龄：《桂林简史》，广西人民出版社1984年3月版，第161—162页。

支部的秘书长赵正平的化名,他是《南报》实际上的主笔。支部长耿毅、总
参议何遂,及其下属各分部长梁史、刘建藩、蒙经等,都曾用笔名为《南报》
撰稿,其中以何遂写稿最多。报纸的爱国革命言论受到当地警方的注意,补
办注册手续迟未获批,故只出三期即停刊。为了宣传革命,广西同盟会创办
《南风报》,雷沛鸿(同盟会员)担任过该报编辑。《南风报》的内容有社论、
纪事、译述、文艺、传记等。其宗旨为:宣传反清反帝,鼓吹革命;灌输世界知
识,发扬军国精神。该报强调"民风"和革命舆论的重要性;有军事刊物的
一些特点,如主张"军事救国""全国皆兵";每期均刊有"外患之部",揭露
列强对我国的侵略和蚕食。广西独立后停刊。❶

## 二、清末广西地方自治组织的筹办

光绪二十六年(1900),八国联军攻占北京,慈禧与光绪出逃,光绪二十
九年返京。经过这番折腾,迫于内外压力,清政府于光绪二十七年(1901)
开始推行一系列"新政",成立资政院作为议会成立前资助政府工作的咨询
机构,企图仿效西方君主立宪制进行立宪。1904年,日俄战争在中国的国
土上爆发。国人在亲眼目睹了东瀛小国将老牌的沙俄帝国打败这个出人意
料的结果后,不免又勾起了关于甲午之役痛苦的回忆。战争甫一结束,素有
清议之名的《大公报》便立刻发文称:"日,立宪国也;俄,专制国也。专制国
与立宪国战,立宪国无不胜,专制国无不败。"❷在《大公报》的带动下,国内
报刊的舆论情绪极度高涨,纷纷利用自己的渠道不遗余力地鼓吹立宪胜于
专制。1904年两广总督岑春煊、直隶总督袁世凯、两广总督张之洞等人屡
屡上书条陈变法事宜,请求立宪,对清末改制影响较大。1905年7月,清廷
下发谕旨,遣派载泽、戴鸿慈、徐世昌、端方等,随带人员,分赴东西洋各国考
求一切政治,以期择善而从。1906年9月1日,由瞿鸿机起草的预备立宪
的上谕正式发布,内称:仿行宪政,大权统于朝廷,庶政公诸舆论,以立国家
万年有道之基。❸

---

❶ 《南风报》第1—8期,广西壮族自治区博物馆馆藏文物。
❷ 吕峥:《时不我待的清末宪政改革 百年前议会的遐想》,《文史参考》2010年第21期。
❸ 吕峥:《晚清宪政改革夭折始末:曾计划于宣统五年设议院》,《法制时报》2011年4月15
日。

1906 年 10 月 26 日,郑孝胥、张謇领衔为在上海设立预备立宪公会向民政部申请备案,宣称该会的设立,"愿为中国立宪国民之前导"。❶ 12 月16 日,预备立宪公会正式召开成立大会,郑孝胥报告开会宗旨时首先说明,该会根据朝廷预备立宪上谕所称"使绅民明晰国政以预备立宪",故定名为"预备立宪公会"。❷ 预备立宪公会的酝酿与成立,曾经得到时任两广总督的岑春煊的积极支持,他曾资助该会开办费 1 万元(两),并允诺为之筹措常年经费每年 1000 元。❸ 福建籍的郑孝胥能够担任该会会长,便与岑春煊的支持分不开。1907 年,湖南乡绅熊范舆公然上书朝廷请求速开国会。光绪三十四年(1908)五月,预备立宪公会副会长张謇以预备立宪公会名义,致函湖南宪政公会、湖北宪政筹备会、广东自治会及河南、直隶、山西、安徽、四川、贵州等省立宪派头面人物,商约齐集北京,恳请清政府速开国会。六月初,预备立宪公会会长郑孝胥、副会长张謇、汤寿潜等又两次发出请开国会电,谓"今日时局,外忧内患,乘机并发,必有旋乾转坤之举,使举国人心思耳目,皆受摄以归于一途,则忧患可以潜弥,富强可以徐图……决开国会,以两年为限"。从此揭开大规模速开国会请愿活动序幕。

国家层面立宪法、开国会,地方层面也应有自治章程和议会,一些地方官员不失时机地向朝廷提出地方试办自治的方案。1907 年 11 月,署理广西提学使李翰芬上奏,指出:"臣查天津、上海等处,今年举行自治,设参事、董事等会,为立法、行法之权舆,颇著成效。此外开通州县,间有拟办章程者,或议之而未行,行之而未效,良以所订规则,未见合宜。自治虽国民职任,而成都幼稚时代,必籍官吏为之提倡,拟请由民政部速妥定地方自治章程,颁行天下,以地方之贫富,风气之开闭,分省为数等。一省中之府州县,复以地方之贫富,风气之开闭,分为数级。虽下等之县,下级之州县,而城邑所在,必另设立自治议会,至高等之省与高级之州县,并宜由城而市,由市而乡,层累推广,要必使地方先有一自治模范,则四乡不难摹仿举行。各省所

---

❶　中国第二历史档案馆:《郑孝胥张謇等为在上海设预备立宪公会致民政部禀》,载《中华民国史档案资料汇编》第 1 辑,凤凰出版传媒集团 1991 年版,第 100 页。
❷　浙江省辛亥革命史研究会编:《预备立宪公会郑孝胥第一次开会报告词》,载《辛亥革命浙江史料选辑》,浙江人民出版社 1981 年版,第 203 页。
❸　劳祖德:《郑孝胥日记》第 2 册,中华书局 1993 年版,第 1065 页。

设之法政学堂,陆续毕业,及此次遵办之宪法研究所,合力讲求,必不乏人才,堪以派充自治师资之选。又查各州县城乡,多有公所局,类皆假办理事务之名,肆鱼肉乡民之欲,若绳以文明规律,使变为自治局所,则除害即以兴利,一举而两善得焉。惟应请旨饬各省大吏,以地方自治之发达,为州县之考试,庶责任专而效验易期耳。"❶至于李翰芬提及四乡摹仿的"自治模范",就是地方自治模式。当时,国际社会地方自治模式主要有两种:一种是英国、美国的议会主导地方自治模式;另一种则是德国、日本的行政主导地方自治模式。议会主导的地方自治模式是,"其自治体之决议,而官吏有不能不执行之义务,亦如其国会之决议,而君主有不能不执行之义务也"。❷而行政主导的地方自治模式是,"(德国)自治制,是专为行政而不涉及百般之事项,如其立法也,地方议会之议决,按能行与否,皆听官吏之制裁,而裁判之权,且为人民所万不能干预。"❸

　　清廷迫于形势,宣布预备立宪。1908 年夏天,朝廷连续颁发了《各省咨议局章程》《咨议局议员选举章程》、《钦定宪法大纲》和《逐年筹备事宜清单》等一系列文件,主要是按照日本的宪政和地方自治模式来办理的。按照清政府的设计,在中央设立资政院,在各省成立咨议局,作为民意机关,筹办地方自治。根据光绪三十四年清政府颁布的《各省咨议局章程》的规定,咨议局在本省的职任权限、应办事件为:议决应兴应革事件;议决财政预算、决算、税法、公债、担任义务之增加,单行章程规则之增删修改和权利之存废事件;选举资政院议员等。另外,还可呈请督抚批答有疑问的行政事件和查办官绅纳贿及违法事件,呈请资政院核办督抚侵夺咨议局权限或违背法律的事件。

　　满清朝廷在光绪三十四年六月二十四日,谕令各省地方官切实筹备设立咨议局,作为人民练习议政的场所。光绪三十四年六月清政府颁布了各省咨议局章程及议员选举章程,其中规定广西省咨议局议员名额为 57 名。广西巡抚张鸣岐于接到宪政编查馆的筹备咨文时,直是束手无策,然张氏曾

---

❶　《署广西提学使李敬陈管见折》,载《清末筹备立宪档案史料》(上),文海出版社 1981 年版,第 303 页。
❷　鸿飞:《劝告亟行地方自治理由书》,载《河南》第 6 期,1908 年 5 月 1 日。
❸　鸿飞:《劝告亟行地方自治理由书》,载《河南》第 6 期,1908 年 5 月 1 日。

充当岑春煊幕僚,并得岑的举荐官至巡抚,向以开明进步自诩,接到朝廷咨文后,不敢不立即因应。为了筹办地方自治,张鸣岐于1908年设立自治局,随后在各地开办自治研究所,并设立地方自治筹办公所。并且函请负有盛名的广西籍御史赵炳麟推介人才。赵推荐陈树勋、唐尚光两编修及蒋继伊佥事回桂筹办广西省咨议局。

　　咨议局是地方自治的议决机构,议员是百姓公举,非官府私派。清廷以一省的百姓众多,不能个个来议事;国民办识力很弱,为不致茫无头绪,采取间接选举的方式。依据1908年的清政府的《咨议局章程》,选举议员用两段选举法,又名间接选举,就是说第一次所选举的并非咨议局议员,却仍是选举议员的选举人,再由被选的若干人选出议员。咨议局的选民和候选人都有严格的条件限制。按照章程规定,有下列资格之一者,拥有选举咨议局议员的权利,即可以成为选民:"曾在本省地方办理学务及其他公益事务满三年以上著有成绩者;曾在本国或外国中学堂及与中学堂同等或中学以上之学堂毕业的有文凭者;有举贡生元以上之出身者;曾任实缺职官文七品武五品以上未被参革者;在本省地方有五千元以上之营业资本或不动产者;非本省籍男子年满25岁,寄居在本省满10年以上,在寄居地方有一万元以上之营业资本或不动产者",而且咨议局议员的候选人,必须是具备上述条件之一且年满30岁的男性才具有选民资格。而在乡镇一级的自治机构中,有无选举权和被选举权也取决于财产或所纳捐税的数额。仅此一项,就足以将绝大多数底层民众的选举权与被选举权剥夺掉。❶

　　因此,咨议局的民主自治性有其时代局限性,咨议局主要成为了"学绅""士绅""商绅"或"新知识分子"利益表达的机构,"五千元以上之营业资本或不动产"这条红线,毕竟将绝大多数的底层民众的选举权与被选举权剥夺掉了。陈树勋为前清进士,翰林院编修;唐尚光,广西全州人,光绪三十年(1904)进士,授翰林院庶吉士,后前往日本法政大学补修科。蒋继伊,全州内建乡青龙山(今安和乡青龙村)人。后随父(蒋春浦,字德发,建安乡名医)迁居永安村(今安和乡政府所在地)。光绪二十九年(1903)中癸卯科

---

❶　张朋园:《中国民主政治的困境:1909—1949——晚清以来历届议会选举述论》,上海三联书店2013年版,第53—54页。

举人。1905 年,经广西布政使张鸣岐选派留学日本。入法政大学专攻财政。他们三人集"学绅"和"士绅"于一身,是清政府所属意的人选。

当年的《申报》曾公开刊文解释:"中国咨议局既采取外国制度,用选举法举出议员,为什么要采用复选办法呢?据政府的意见说人民程度不到。这句话亦早已听习惯了。倘程度不到,骤然行直接选举,人家说有两种弊病:一则受人运动;一则选举不当。这两句话列位相信不相信呢?依在下想起来,如第一说列位是断不犯的。古人说得好:君子自重。列位要做君子,哪有受人运动的道理。况被选的人为公众尽义务,自己毫无权利。这运动二字岂不白费工夫么?如第二说,中国教育未普及,智识缺乏,固无须为列位隐瞒。即在下自问也怕有这种缺点,然事前能预备预备,放开眼光,仔细地认真了一回。"❶

全国省咨议局在中国开始建立,这是开天辟地以来所没有的,是辛亥革命时期活跃于中国政治舞台上一支重要的社会力量。宣统元年七月(1909年 8 月),选出唐尚光等 57 人为广西省咨议局议员。经过筹备、咨议局议员选举以及议长选举,宣统元年九月一日(1909 年 10 月 14 日)广西省咨议局在省城桂林王城内举行开局式,宣告广西省咨议局成立。陈树勋当选广西省咨议局议长,唐尚光当选广西省咨议局副议长。在开局议事开幕式上,议员代表致辞说:"吾人渴望于立宪政体,不能不渴望于国会构成,即不能不渴望于地方自治,而省之咨议局实当斯二者之枢机。"❷宣统元年(1909)九月初十日至十月二十一日,广西咨议局举行第二次全体会议,选出新议长甘德蕃。会上议员指责巡抚张鸣岐没有执行第一次会议提出的禁烟案,全体辞职,轰动全国。经资政院请旨批准,仍按原议案执行,议员始回局复会。在全国性的国会请愿运动中,广西咨议局也表现出异乎寻常的积极性。1909 年江苏咨议局议长张謇,乘机倡议,"合奉、黑、吉、直、东、浙、闽、粤、桂、皖、赣、湘、鄂十四省咨议局,请速开国会"❸。广西咨议局立刻响应,推派议员吴赐龄为代表,赶赴上海参加各省咨议局联合会议。会议决定:派代

---

❶ 《敬告咨议局初选选举人》(续),《申报》宣统元年二月初四日。
❷ 桑兵主编:《广西咨议局第一次报告书》下编《议案》宣统元年版,载《清代稿钞本》,广东人民出版社 2009 年版,第 53 页。
❸ 张謇:《啬翁自订年谱》卷下,宣统元年八月三十日。

表进京请愿,要求缩短为期九年的预备立宪期限,速开国会,国会请愿运动进入高潮。

### 三、辛亥革命对广西地方自治的影响

法国学者托克维尔有部名著,叫《旧制度与大革命》,他在书中声称,法国大革命并非在情况最为糟糕的时刻爆发,而是在旧制度力图通过不断改革使情况逐步转好的时刻突然爆发。清末筹办地方自治,可却爆发了辛亥革命,这似乎非常吻合托克维尔对革命的论断。辛亥革命究竟对地方自治产生了什么影响,便成为我们必须厘清的一个难题。

清末的时候,朝廷布满着昏贪诈暴的王公大臣,内政是乌烟瘴气,外交是辱国丧权。对于满清政府所谓“预备立宪”,革命者认为只是欺骗民众。因此,不管满清政府对于孙中山所领导的革命党员如何“格杀勿论”,对于革命党的言论如何“严厉禁止”,民心倾向于革命党而叛离了满清王朝的,虽然口头上不敢有愤慨言词,心窝里已潜伏着反抗的意识。[1] 1911 年武昌起义后,各省纷纷宣布独立,民主革命成为中国发展的必然趋向,不仅同盟会员,许多立宪党人也参与到这场革命洪流中来。在辛亥革命爆发前,立宪派人士是反对革命的,但是当革命爆发后,很多立宪派转而参与了革命,应该说,辛亥革命是革命党人和立宪派合力促进的结果,它使清末地方自治发生了根本的转型。

在广西,辛亥革命爆发前,一些立宪派人士也常称革命者为“烂仔”、会党为“乡匪”等。刘崛后来也回忆说,“独立前梁廷栋对我有意见,但不敢公然攻击我”。康有为的两次讲学,再加上《广仁报》《广西新报》的大力宣扬,广西立宪派保皇党人数众多,基础牢固,他们拿捏时局的能力非常强大,这也导致了广西辛亥革命后仍然许多方面沿袭了清末地方自治的体制。[2] 当辛亥革命爆发时,立宪派也加入了革命的洪流,例如梧州立宪派在梧州起义时也站了出来,其代表人物林绎与陈太龙等率数十人闯入道署。林绎身怀炸弹,逼迫道台沈林一交出印信,沈林一面对急风暴雨式的辛亥革命汹涌浪

---

[1]　李任仁:《以接受历史的教训纪念双十》,转引自魏华龄:《李任仁在辛亥革命前后》,《桂林日报》2012 年 2 月 2 日。

[2]　车欣欣:《立宪派登上政治舞台》,《南国早报》2011 年 7 月 29 日。

潮,一时不知所措,被迫交出印信。士绅周之济这时也出面与同盟会商议,决定召开会议,宣布独立。10 月 31 日梧州兵不血刃成为两广第一个独立城市。11 月 4 日,即梧州宣布独立的第五天,沈林一、宋安枢等旧官吏,钟鄂、周之济等乡绅以及梁廷栋、林绎等保皇派代表,纠集附近各县乡绅,于文昌宫集会,谋划成立梧州保安公所,实行所谓"自保"。在梧州保安公所"投票选举"的总务、财务、团务等职位人选中,力主保皇的林绎因"革命有功",被推举为所长,保安公所实际上是梧州独立后诞生的立宪派掌控的临时政权机构。

但是,辛亥革命的中坚力量还是同盟会成员。对照广西咨议局 57 名议员姓名,虽然只发现甘德蕃、黄宏宪、蒙经三人为同盟会员,但他们却在咨议局里发挥了巨大的影响力,取得了很大一部分领导权。甘德蕃是广西咨议局首届副议长,1910 年升任第二届议长。黄宏宪、蒙经,分别同时担任副议长和常驻议员。❶ 梧州起义后广西省咨议局议长甘德蕃集合一百余人谒见巡抚沈秉堃,和平请愿,以"战火一起,糜烂地方"为由,请宣布广西独立。巡抚沈秉堃以"勿负清廷"推诿,足见封建地方官僚对地方自治的民主思想并没有深刻认识,将地方自治看作清廷的恩赐。是时,广西的二把手、布政使王芝祥掌握桂林巡防队兵权,实权在握。广西咨议局副议长、同盟会会员黄宏宪等,也会见王芝祥,进行劝说。更有广西同盟会支部长耿毅,身携炸弹,手持短枪,来见王芝祥,提出"广西独立,新军北伐"的主张。封濯吾在《广西宣布独立的促成》一文中对广西独立过程有以下记载:副议长黄宏宪率领一些咨议局议员到藩台衙门去向王芝祥请愿,要求响应独立。去见王芝祥既有同盟会成员蒙经、谭鸾翰等,也有康梁的党徒陈太龙等人。王芝祥说:"你们这次假游山玩水之名,搞革命活动之实,情况我全都知道了。你们这样乱搞,我王某讲交情,我的大刀是不讲交情的。"黄宏宪说:"我们这次来,不是讲私情,而是讲大义,谈国家治安。"接着各人纷纷发言。有的说,汉人做满清的奴隶,是毫无意义的;有的说,广西是协饷省份,湖北、湖南已经独立,广西想替满清出力也不容易办了。到会的人以黄宏宪、蒙经、陈

---

❶ 广西壮族自治区政协文史和学习委员会编辑:《辛亥革命在广西》上册,广西人民出版社 2011 年版,第 197 页。

太龙讲话最多、最有力,驳倒了王芝祥。直到下午,王芝祥才表示愿意接受各人的意见去和沈秉堃商量。李任仁在《同盟会在桂林、平乐的活动和广西宣布独立的回忆》一文中,也有与此相近的记载:"有一次,咨议局的议长、议员和各机关学校及商会代表百余人,同去见沈秉堃、王芝祥。先由黄宏宪发言分析大局情况后,各代表纷纷发言。有的说汉人做满人的奴隶是不值得的;有的说别省无协饷补助广西,纵想替满人出力也不可能维持下去;有的说民心思变,反对满清政府到处皆是,各处都在举动,倘不宣布独立,糜烂即在眼前。说得沈秉堃、王芝祥无言以对。王芝祥的姊夫刘人熙也从中劝说,做了不少工作;同盟会员刘洪基、薛家骏当时为王芝祥所重用,在王芝祥衙门办事,也对王做了工作。同时,外间风传革命军结集在湘、桂交界的章镇和黔、桂交界的鸿马有数千人之多。并且各处不稳的消息不断传来,如:怀远知县屠杀示威群众,民军蜂起;玉林兵变罢课罢市;浔州、梧州、怀集都有起义军出现,驻扎柳州的陈朝政部六营见清廷大势已去,和革命党联络改为国民军;等等。沈秉堃、王芝祥权衡利害,最后才同意广西宣布独立。"❶

1911 年 11 月 8 日,广西宣布独立,推举沈秉堃为都督,王芝祥、陆荣廷为副都督。在宣布广西独立大会上,沈秉堃在演说中提出:"所有一切法制,概由议院议决施行。""目前权宜办法,仍望议院议定法制,俾共遵守。"❷之后,王芝祥挟兵自重,架空了都督沈秉堃。沈秉堃本就无心独立,各地又掀起一股地方自治热潮,广西也推行"桂人治桂",便以带兵援鄂为名离开桂林,到南京谒见黄兴,被任命为南京留守府高等顾问和国民捐督办。沈秉堃走后,王芝祥即用副都督代都督的名义,维持社会治安。省议院又重讨论广西都督的人选问题,有人举荐副都督王芝祥,但因已有专电在前,加上很多议员对王芝祥在当年右江兵备道和广西臬司任内,镇压会党,杀人过多,而陆荣廷当年以抚为主的策略给人们留下的深刻印象,两相比较,陆荣廷人望更高,更何况,他手握重兵。不过,这还不是最主要的。当时

❶ 蒋钦挥主编:《我们没有忘记——辛亥革命广西百年祭》,广西师范大学出版社 2011 年版,第 237—238 页。

❷ 郭孝成:《广西光复记》,载中国史学会主编:《中国近代史资料丛刊〈辛亥革命〉(七)》,上海人民出版社 1957 年版,第 221—223 页。

在武昌起义后,宣布独立的省份都在提倡省人治省,地方自治,广西也不例外。广西省议院议员、地方官僚士绅及立宪派人物都赞成"桂人治桂",这也是造成沈秉堃不安其位的原因。既然是"桂人治桂",原籍北京通县的王芝祥自然也排除在外,更无力与陆荣廷争斗了。于是,王芝祥在民国元年(1912)元月以北伐为名,率巡防6大队北上援鄂,实为一走了之。

辛亥革命中立宪派虽然参与了革命,然而这并不表示立宪派赞同革命派的"军法之治"的独立思想,而是想进一步沿袭清末地方自治的模式,推进其部署。在合力推翻清政府的统治后,立宪派和革命派因对国体和地方自治的目标导向不一致而再次分裂。例如梧州独立后,梧州绅、商界代表开会,成立梧州临时军政分府,沈林一任总管,原知府、知县、统兵等一概留用,机关行政均按旧制。梧州独立后的政权落入了旧官吏及立宪派手中。面对如此局面,同盟会员和会党积极起来抗争,同盟会广西分会会长刘崛潜回梧州抓紧工作,组织绿林武装控制浔江、西江,并发动苍梧、藤县的会党进逼梧州。11月18日,广东民军首领王和顺应梧州革命派之邀,派手下大将巫其祥带民军200多人,由广东都城乘轮船、鱼雷艇溯西江而上声援梧州革命,民军船队驶至梧州城南门外书院码头时,遭广西军阀陆荣廷密令新军标统任福黎派兵伏击截杀,当场打死民军80余人,俘虏40余人,巫其祥率残部退回广东。12月18日,广西都督陆荣廷到梧州,沿途扫荡民军,捕杀同盟会员、革命志士。陆荣廷还制定颁布了《应行照办者十四条》《应行禁止者六条》《应行改革者十条》等一些地方行政法规,这些法规对稳定地方政局起了一定作用,但也成为地方军阀和立宪派镇压会党和民众起义的工具。

近些年来许多学者开始对辛亥革命进行反思。台湾的张朋园教授、中山大学的袁伟时教授、中国人民大学的张鸣教授认为,从效果上来看,清末新政的功劳是很大的,仓促的革命打断了晚清的温和的政改之路。❶ 美国学者任达20世纪70年代写了一本书叫《新政革命与日本》,他认为清末新政,对中国社会变革影响远远超过辛亥革命。❷ 笔者认为,这种观点对辛亥革命的评价有失偏颇。辛亥革命虽然打断了清末的地方自治新政,却开启

---

❶ 袁伟时:《袁伟时谈辛亥革命》,腾讯历史,2011年10月4日。

❷ [美]任达:《新政革命与日本(中国,1898—1912)》,李仲贤译,江苏人民出版社2006年版,第4页。

了民国地方自治的新纪元。以"独立"释"自治",进而主张以"省"为界,谋求自立自强,自有其合理性,却也毋庸置疑。"桂人治桂""新广西"之类的口号,表达的皆是一种以自立自治以求自存的信念,虽是典型的地方主义话语,但确乎也是对一个崭新民主国家的追求。曾经对孙中山不无成见的张謇饱含深情地感叹:"起而革命者,代不乏人,然不过一朝一姓之变革而已,不足为异。孙中山之革命,则为国体之改革,与一朝一姓之变革迥然不同。所以孙中山不但为首创民国之元勋,且为中国及东亚历史上之一大人物。"[1]

## 第二节 民国广西军政府临时约法的出台

1911 年武昌起义发生,各省纷纷独立后构建中央政府的情形,颇类似于北美十三州独立而合组美利坚联邦的情形。不少独立省份公开主张以联邦主义构筑国家结构,甚至以此载入省约法并构成了组建南京临时政府的法律基础。可是,《中华民国临时约法》却对省的法律地位采取了沉默的态度,并没有在约法中对省制进行规定,这反映了美国等国家的联邦制度和地方自治理论在中国适用时的"水土不服"。

### 一、民国广西军政府临时约法的法律属性

1912 年 2 月 25 日,广西军政府制订并以第一号命令公布《民国广西军政府临时约法》,此为广西根本法。[2] 这部约法借鉴《中华民国鄂州临时约法》,形成了省临时议会、都督和司法机构三权制约的组织体制。不过与《中华民国鄂州约法》的"国宪"定位不同,《民国广西军政府临时约法》应该是一部关乎广西省独立的基本自治法。

首先,《民国广西军政府临时约法》与《中华民国鄂州约法》一样,都宣告了本省对清政府的独立地位。独立,英文为 independent,这里指脱离清政府统治而进行自治的意思。约法,有二重含义,一种含义指人民之间的契

---

❶ 民国书刊《张季子九录·文录》,中华书局 1932 年版。

❷ 关于《民国广西军政府临时约法》拟定时间不明,但早于 1912 年 2 月 25 日就开始施行了。

约,另一种含义指简约之法。概括而言,约法就是通过社会契约达成的人民简约立法。因此,《民国广西军政府临时约法》《中华民国鄂州约法》都借鉴美国《独立宣言》的做法,宣告了"人民的权利"和"独立"的法理依据,不同之处是《民国广西军政府临时约法》《中华民国鄂州约法》还是依照社会契约而建构的组织法。

在总纲部分,《民国广西军政府临时约法》规定:在中华民国宪法未实施以前,本约法为广西根本法,都督及全体官员共守之(第1条);其他第二、三、四、五、六、七章,《民国广西军政府临时约法》与《中华民国鄂州约法》内容大致相同,参照美国三权分立体制设置了都督、议会和法院的组织框架。在"人民"一章规定人民享有的民主权利与应尽的义务;在"都督"一章规定都督由民选产生,任期不超过2届(6年)。两部约法都在首要位置设立了"人民"一章并详尽规定了本省人民的权利与义务,体现了独立省份对将来中华民国"主权在民"的国体原则的追求。❶

其次,《民国广西军政府临时约法》与《中华民国鄂州约法》不同之处是,前者是"地方性的"约法,后者具有"国宪"地位。

武昌首义后,1911年10月28日至11月13日间,时宋教仁、居正由沪来鄂,刘公、孙武、张知本等因相与集议,决定制定一部鄂州约法,以为各省倡。1911年12月间,《民立报》刊载了《鄂州临时约法草案》。❷ 在《民立报》的主要撰稿人中,有宋教仁、马君武、章士钊等,《鄂州临时约法草案》很可能是宋教仁离开武汉到上海后发表的。湖北军政府也于11月14日将《中华民国鄂州约法》(草案)对外进行了公布,以征求各界人士的意见。❸由于武昌首义的特殊地位,鄂州约法虽然没有正式颁布,但它对独立各省的影响较大,为各独立军政府提供了制定军政府约法的法律蓝本。《民国广西军政府临时约法》与《中华民国鄂州约法》比较,内容基本相同。《民国广西军政府临时约法》共7章,分别为总纲、人民、都督、政务司、议会、法院、

---

❶ 臧运祜:《辛亥独立各省军政府的约法之研析》,载中国社会科学院近代史研究所民国史研究室、四川师范大学历史文化学院编:《一九一○年代的中国》,社会科学文献出版社2007年版,第41—49页。

❷ 参见迟云飞:《宋教仁与中国民主宪政》,湖南师范大学出版社1997年版,第114页。

❸ 参见辛亥革命武昌起义纪念馆、政协湖北省委员会文史资料研究委员会:《湖北军政府文献资料汇编》,武汉大学出版社1986年版,第40—44页。

附则,共 58 条;《中华民国鄂州约法》有 7 章 60 条,仅仅多了 2 条。

在总纲部分,《民国广西军政府临时约法》规定:"广西依旧有土地为其境域,统属于中华民国组织广西政府统辖之"(第二条);广西政府(广义的)以都督及其任命之政务司与议会、法院构成之(第三条)。而《中华民国鄂州约法》"总纲"第一条规定:"中华鄂州人民,以已取得之鄂州土地为境域,组织鄂州政府统治之。将来取得之土地,在鄂州域内者,同受鄂州政府之统治;若在他州域内者,亦暂受鄂州政府之统治,俟中华民国成立时,另定区划。"第三条规定:"中华民国完全成立后,此约法即取消,应从中华民国宪法之规定;但鄂州人民关于鄂州统治域内,从中华民国之承认自定鄂州宪法。"由于这两法律条文含有以武昌为首府的联邦制色彩,唯恐被人误认为主张联邦制,故没有将整部《中华民国鄂州约法》颁布实施。《民国广西军政府临时约法》与《中华民国鄂州约法》不同之处是,《中华民国鄂州约法》作为首义省份的"宪法",其设计的制度具有"国宪"地位,而《民国广西军政府临时约法》则是局限于一定时期一定区域的"省自治法"。

黎元洪急于制定《中华民国鄂州约法》有着深思熟虑的打算,除了用以巩固他的鄂督地位,更大的意图是用它为将来组织临时政府提供法律依据。当时的湖北都督黎元洪深切了解联邦制符合独立各省的意愿,曾向各省发电文:"建立联邦国家,作为对外之交涉。"广西独立时,沈秉堃提出办法八条及制定约法,明显收到了黎元洪电文的影响。其八条即说:"联合各省军政府,警告各省督抚,促令同时独立,共谋组织联邦政府,以对外人。"❶而广西之所以自觉以《中华民国鄂州约法》为参照蓝本,则反映了一个独立省份对一个"统一的中华民国"的追求夙愿。但与《中华民国鄂州约法》定位不同,《民国广西军政府临时约法》始终将其定位为一部地方性的基本法。

第三,《民国广西军政府临时约法》在联邦制与单一制之间摇摆,并没有明确广西省一级行政单位的法律地位。独立性的自治,与中央授权下的地方自治模式是不一样的。从《民国广西军政府临时约法》来看,广西的都督、省议会、法院的权力来源并不是中央而是人民,因此该约法授予了广西

---

❶ 《黎元洪皓电》,载许师慎:《国父当选临时大总统实录》(上),台北"国史"丛编社 1967 年版,第 4 页。

独立自治的地位,但是广西并没有像美国宪法那样明确宣告独立各州的邦国地位,也没有明确广西作为省一级行政单位的地方政府性质,因此这部约法的法律属性摇摆于"省宪"或"省自治法"之间。

所谓"省宪"或"省自治法",有人认为两者之间没有区别,但大部分人认为这实质就是联邦制与单一制的区别。在联邦制国家,联邦政府(全国性政府)与联邦成员政府之间不存在上下隶属关系,不是中央与地方的关系,联邦宪法与州宪法是并存的。而在单一制国家中,中央政府(全国性政府)行使国家的最高权力,中央以下的地域性政府都属于地方政府,他们之间是上下级关系,地方只能制定"自治法"而不是"宪法"。

一方面,《民国广西军政府临时约法》具有"省宪"的法律属性。1912年2月陆荣廷就职后,就提出"以桂人办桂事","凡属桂人,应勿分党派,并应协力分担职责","不分新旧"的主张。都督府成立不久公布的《文官任用暂行规程》规定:"在外国或本国大学专门学校三年以上毕业者,可任各司长、法院长、局员。"根据《民国广西军政府临时约法》第30条、第34条规定:都督得议会之同意,可依法律任命政务司各司长及高等法院、典试院、法官惩戒院、审议院、行政审判院院长。陆荣廷按照约法程序任命,委任张仁普为司法处长,陈炳焜为军政司司长,而这两个部门在一个主权国家宪法框架内一般都是由中央机关掌管的,不属于地方自治的范围。

另一方面,《民国广西军政府临时约法》具有"省自治法"的法律属性。清末广西是协饷的省份,独立后也不得不自治。民国之初,国家宪法未立,《民国广西军政府临时约法》确立了一种保境安民、桂人治桂的法律体制,虽有许多事项超出省权限范围,但在当时的情况下也可理解,而这也是地方自治的特殊表现。军政府成立后,财政窘迫,陆荣廷在民政干才陈树勋、林绍斐、李开侁、崔肇琳、苏绍章等帮助下疏理全省民政,经济上全面清赋,实行包税、开征烟赌税,稳定了广西政局,经济状况有所好转。陆荣廷的民政班子制订出《清赋章程》十六条,改按田产征收为按收益征收,规定"此次清赋,在使全省人民负担平均,且矫正向来有田无粮,有粮无田诸弊";"废止向来按亩征收之制改用收益课税法,以业主收获之谷物为赋课之标准";"田亩无论自耕佃耕,均以最近三年所产之谷石平均计算为应课之额"。经过清赋,全省田赋有了大幅度增加。为了扩大财政收入来源,广西开设了烟赌税,虽是灰色收入,但对于广西这样资源贫乏的独立省份却是雪中送炭,这种收入几占广西财政收入的大半。后来李宗仁、白崇禧的新桂系统治广西时期,也延续发展博彩业,每年征收的赌捐竟达二千余万元。陆荣廷还在全国率先开设省银行,发行广西纸币。都督府下设财政司,直接管理广西银行,并进行改制,发行纸币。在陆荣廷主政广西之前,清光绪三十四年(1908)颁布中国第一部银行法《大清银行则例》,1912 年中华民国成立后,各地大清银行相继停业,但给地方银行的设立创造了机会。由于政局不稳,在广西,甚至全中国,老百姓都使用银两、银元、铜元、制钱等重金属货币,而这与大范围、大规模的商业交易不适应。陆荣廷发行广西纸币且能为老百姓受用,可见在他治桂期间,社会秩序还算稳定。1914 年 2 月 8 日,《国币条例》公布,中国银行是该条例的主要执行者,发挥中央银行作用,阻止发行各地方发行货币,委托各地中行会同交行回收旧银币改铸"袁大头"银元。但陆荣廷以"预算不敷"为由,于 1914 年 3 月还是发行了大量纸币,以支持地方财政开支。

综上所述,《民国广西军政府临时约法》在法律属性上虽然是军政府时期的临时约法,但构成了民国初期广西保持社会稳定,参与国家政治架构谋划,进而实施地方自治的法律依据。由于当时"中华民国"与独立省份的权限划分还处于不稳定的状态,决定了《民国广西军政府临时约法》的法律属性定位不明确,摇摆于联邦制与省自治之间,但其历史价值是不能低估的。

## 二、与民国临时政府组织大纲的关系

尽管《民国广西军政府临时约法》对未来国家结构采取"联邦制"或"单一制"是沉默态度,但该约法奠定了广西作为独立省份而自治的法律依据,使其在参与制定《中华民国临时组织大纲》工作中发挥了重要作用,参与构建了中华民国的全国性政府框架。

继武昌首义后,其他省先后起义,就地成立临时政府,各自制定军政府约法,互不统属。于是一些有识之士遂倡导组织联合机关,以谋军事上及外交上之统一,其主张分为两派。倡导联邦制者,以为我国幅员广大,民情风俗不一,为顾全国家利益及各省独立之局面,以采取联邦制为宜。

倡单一制者,则以为我国数千年来,一向自称为大一统,当此治乱兴替之际,合则治,分则乱,因此反对美国之联邦制,而主张力求统一,以求事功。❶

1911 年 11 月 7 日,湖北军政府都督黎元洪就向各地军政府发出了组建联邦制政府的征求意见电。电云:"现在义军四应,大局略定,惟未建设政府,各国不能承认交战团体。敝处再四筹度,如已起义各省共同组织政府,势近于偏安,且尚多阻滞之处;若各省分建政府,外国断不能于一国之内,承认无数之交战团。兹事关系全局甚大,如何之处,乞贵军政府会议赐教。"❷11 月 11 日,独立后的江苏都督程德全、浙江都督汤寿潜和上海都督陈其美也提议各省咨议局各举本省的代表一人,组织"各省都督府代表联合会",作为组织中华民国临时政府的立法机关,到上海商谈建国事宜。❸为此,湖北军政府和江浙军政府之间开始为联合会所在地发生争议。但无论湖北方面还是上海方面,他们都以承认现有独立各省的法律地位为前提,呼吁建立类似于美国联邦制的全国性政府。

最后,黎元洪还是争到了在武昌组织临时政府的权力。11 月底到 12 月初,广西、湖北、湖南、福建、江苏、安徽、直隶、河南、浙江、四川等十二个省的二十三名代表到达武汉。关于赴鄂的代表,说法有所不一,有记载广西代表为张其锽,也有记载为马君武的。马君武作为"各省都督府代表联合会"的成员,由于其在上海《民立报》工作,应该不是广西都督推荐的代表,而是上海的代表。❹ 这从广西独立之后对待组建全国性政府的态度中可以证明,因此当时广西军政府是主张联邦制的,而马君武是主张单一制国家结构的。11 月 8 日广西独立时致电泸军政府说:"上海军政府鉴:治内以宣布独立为要图,对外以组织联邦为要务。广西军政府要求已于今日宣布独立,敢请各省督抚一律宣布独立,化除畛域,无分满汉,共谋组织联邦政治,专事对外。或取法于美,定武昌为临时政府,暂行公认一人为大统领,或取法于德,

---

❶ 张知本讲述,陈秀凤记:《中国立宪故事》,(中国台湾)大中国图书公司 1966 年版,第 15 页。

❷ 《黎元洪关于如何组织政府致苏州程都督电》,《民立报》1911 年 11 月 15 日。

❸ 吴景濂编:《组织临时政府各省代表会纪事》,1913 年铅印本;刘星楠:《辛亥各省代表会日志》,《辛亥革命回忆录》第 6 集,文史资料出版社 1982 年版。

❹ 参见张玉法:《民国初年的国会》,台湾《近代史研究所集刊》1984 年第 13 期。

定北京为普鲁士,亦公认一人为内阁总理大臣。"❶而在此期间,马君武多次在《民立报》中发表社论并提出了成立单一制国家结构的全国性政府建议。11 月 12 日社论,他在文章中指出,"今者民国光复,群望共和,当由各省各府县之志士,发起共和政党,组织一大势力,将来之新共和国乃能长久扶持"。同时,他建议:"将来之新国都,必设于武昌,因其居中国之中点,且陆路、水路具交通便利也。且此次之大革命起点于武昌,尤宜于此设新国都,以为永久之纪念。而国都所在之地,即国会所在之地。"❷他坚决反对与袁世凯北方政府的妥协,提出"当以武汉为主体,由共和党(即前此之所谓革命党)推举临时总统,由总统自组织临时内阁"。他说:"共和党人数十年惨淡经营,捐身命,弃财产,以争自由,谋共和。今尚战争方酣,大局未定,临时总统其党人首领最负人望者为之,乃能收拾人心,平定全局。今其党人大半萃于武汉,故组织临时政府一事,当以武汉决之,而各省民政府赞认之,此为唯一之正当安全办法。至于由全国公意选举总统,决定宪法,此皆大局平定后之事也。"社论还呼吁"已独立之各省,勿忘武汉为此次革命之主体,万事取公,同之行动,以免他日分崩离析之祸"。❸ 从马君武的言论可以看出,他反对联邦制,主张建立统一的单一制国家,这是与当时广西军政府的观点不同的。他说:"国人革命覆满之大目的,在合全中国及各民族合建一大共和国。质而言之,乃所以谋全国之统一于一良政府之下也。前日广东人民宣布独立,外论已然忧之,谓将起中国分离之兆。虽然,独立者,对于满政府之宣言者;独立以后,自必联合各省,同统属于共和政体之下,非欲独建一国也。"❹因此,在各独立省份筹办全国性政府期间,马君武还不是广西军政府的代表。

　　11 月 30 日,各省代表到鄂后便借汉口英租界顺昌洋行为会场召开联

❶ 《桂林电》,《民立报》1911 年 11 月 14 日。转引自张继才:《中国近代的联邦主义研究》,中国社会科学文献出版社 2012 年版,第 53 页。
❷ 马君武:《论新共和当速建设国会》,《民立报》1911 年 11 月 12 日。转引自莫世祥:《马君武集》,华中师范大学出版社 2011 年版,第 216 页。
❸ 马君武:《组织临时政府问题之解决》,《民立报》1911 年 11 月 15 日。转引自莫世祥:《马君武集》,华中师范大学出版社 2011 年版,第 230 页。
❹ 马君武:《论各省自举总统之谬》,载莫世祥:《马君武集》(1900—1919),华中师范大学出版社 1991 年版,第 240—241 页。

合会首次会议,议决在临时中央政府成立前,以湖北军政府代行中央军政府职权,以鄂军都督黎元洪执行中央政务。❶ 1911 年 12 月 3 日直隶、山东、江苏、浙江、福建、河南、湖北、湖南、安徽及广西十省代表共二十二人议决由江苏代表雷奋(立宪派人)、马君武(同盟会员)及湖北代表王正廷(同盟会员,耶鲁大学研究院毕业)起草《中华民国临时政府组织大纲》。同日,"各省代表会"议决《中华民国临时政府组织大纲》(简称《组织大纲》)21 条,即行宣布。❷《中华民国临时政府组织大纲》是南京临时政府制定的第一部宪法文件,是中国资产阶级共和国的第一个宪法性文件,并成为 1912 年 3 月 11 日制定《中华民国临时约法》的基础。中华民国临时政府实行三权分立的原则,即由临时大总统及行政各部、参议院、临时中央审判所构成。12 月 3 日,各省都督府代表联合会通过了《中华民国临时政府组织大纲》。但是代表们分析形势,大都认为应该将北方纳入全国政府框架,便接受了袁世凯与黎元洪议和停战的协议,并议决如袁世凯反正,将推举袁世凯担任临时大总统。

对清帝退位后袁世凯做民国首任总统的决议,同盟会方面难以接受。1911 年 12 月 4 日,都督陈其美、程德全、汤寿潜邀各省留沪代表开会,暂时定南京为临时政府所在地,选黄兴为假定大元帅,黎元洪为假定副元帅,推举大元帅负责组织临时政府。12 月 8 日,在鄂代表赴南京,留沪代表陆续到南京,未参加汉口会议的几个省的代表也到了南京。到 12 月下旬,到达南京的有江苏、浙江、湖北、湖南、四川、广西、安徽、福建、直隶、山东、河南、江西、山西、陕西、广东、奉天、云南等十七个省四十四名代表。12 月 14 日,先期到达南京的十五个省的代表召开会议,推浙江代表汤尔和任议长,广东代表王宠惠任副议长,决定 12 月 16 日选举临时大总统。但 12 月 15 日会议又决议暂缓选举临时大总统,承认上海会议推举的大元帅、副元帅,并在《中华民国临时政府组织大纲》中追加写入"临时大总统未举定以前,其职权由大元帅暂任之。大元帅不能在临时政府所在地时,以副元帅代行其职权"。以黎元洪为首的湖北军政府反对该决议,江苏、浙江军界反对黄兴任

❶ 参见范福潮:《袁世凯当选大总统前的南北博弈》,《南方周末》2008 年 9 月 5 日。

❷ 黄旭初:《记桂籍的参议员与众议院》,载黄旭初:《八桂忆往录》(三十二),《春秋》杂志总第 201 期(1966 年),第 15—17 页。

大元帅。12 月 17 日,联合会改推举黎元洪为大元帅,黄兴为副元帅,由黄兴组织临时政府。

孙中山恰在此时回国,黄兴、陈其美等人 12 月 26 日借上海哈同花园公宴总理。"席次,克强、英士、遯初(宋教仁)密商举总理为大总统,分途向各代表示意,计已定。马君武公言于《民立报》,唤起舆论。晚间复集总理寓所,会商政府组织方案。"❶20 日,《民立报》发表马君武撰写的社论《记孙文之最近运动及其人之价值》,先为孙中山为筹款而滞国外作了解释,接着便称颂道:"孙君具一种魔力,能使欧美人士,无论其居何等地位,一接谈之后,即倾倒、赞美之。故欧人前此惟知中国有李鸿章,李死惟知有袁世凯,今者有孙逸仙,而袁世凯次之。外人之敬重孙君,非为其为革命党首领之故也,以为有孙君之热忱、忍耐、博学、远谋、至诚、勇敢及爱国心,而复可以为革命党首领。""孙君虽非军事专门家,然其最近十年间所专研究者为战术学,又屡起举行革命,富于经验。至财政及外交问题,则吾敢断言,通计中国人才,非孙君莫能解决矣。孙君之真价值,如此日人宫崎至谓其为亚洲第一人。"❷12 月 29 日,各省代表在南京召开选举临时大总统会。临时大总统根据临时政府组织大纲第一条("临时大总统,由各省都督代表选举之;以得票满总数三分之二以上者为当选。代表投票权,每省以一票为限")选出,参加选举的有直隶、奉天、山东、山西、河南、陕西、湖北、湖南、江西、安徽、江苏、浙江、福建、广东、广西、云南、四川等十七省代表四十三人。广西选举临时大总统的代表是马君武、章勤士。章勤士为湖南省善化县人,他是章士钊的弟弟,1904 年到日本留学,早稻田大学政治经济科毕业,获法学士学位。1911 年武昌起义爆发后,他回国,和马君武任各省都督府代表联合会广西代表。大总统候选人为孙中山、黎元洪、黄兴。孙中山获得十七张有效票中的十六票,当选为中华民国第一任临时大总统。从总统选举方式来看,各省约法确立的"省制"构成了中央政府成立的基础,广西作为一个独立省份,在其中也发挥了重要作用。同时,为了便于安置黎元洪和各派头面人物,各省代表会改选赵士北、马君武为正副议长,修正临时政府组织大纲,

---

❶　《居正文集》(上),华中师范大学出版社 1989 年版,第 71—72 页。

❷　马君武:《记孙文之最近运动及其人之价值》,《民立报》1911 年 12 月 20 日。转引自莫世祥:《马君武集》,华中师范大学出版社 2011 年版,第 230 页。

取消内阁制,增设临时副总统,并把原来五个部分增加为九个部分,并且规定《临时政府组织大纲》施行期限,以中华民国宪法成立之日为止,从而为中国民国临时政府的设立定下轮廓,同时也为民国建立后中央与地方权限界定的埋下了伏笔。从《临时政府组织大纲》第七条"参议院以各都督府派遣之众议员组织之"看来,各省约法确立的"省制"构成了民国初期临时中央政府成立的法理基础,也反映出民国初期从下至上构造的国家结构的逻辑关系。但中央政府成立后,各省约法是否仍有效力以及各省的法律地位如何界定则成了一个问题。以广西为例,其军政府临时约法的有效性随着中央政府的成立而凸显出来。

### 三、与中华民国临时约法的关系

孙中山当选临时大总统,袁世凯极为不满,1912 年 1 月 1 日致电北方议和代表唐绍仪,不承认南京方面的临时大总统选举。唐绍仪当即电请辞职。1 月 2 日,袁世凯准唐绍仪辞去议和代表,并电告伍廷芳,否认伍、唐所订条款,嗣后应商之事,直接与伍廷芳电商。孙中山当即致电袁世凯解释情由:"文前日抵沪,诸同志皆以组织临时政府之责相属。问其理由,盖以东南诸省久缺统一之机关,行动非常困难,故以组织临时政府为生存之必要条件。文既审艰虞,义不容辞,只得暂担任。公方以旋转乾坤自任,即知亿兆属望,而目前之地位尚不能不引嫌自避;故文虽暂承乏,而虚位以待之心,终可大白于将来。望早定大计,以慰四万万人之渴望。"❶

随着孙中山让位袁世凯的趋向予以明显,需要一个宪法性的文件,以便把袁世凯的行动约束在法治之内。在这种情况下,起草并通过一部较完善的临时宪法的工作势在必行。鉴于《临时政府组织大纲》有不少缺陷,尤其是它仅为政府之规制而非为民国之规制,因而孙中山提出应另制新法。1912 年元月五日,"鄂赣闽滇粤桂六省代表提出修改临时政府组织大纲案,湘翰浙滇秦五省代表提出临时政府组织大纲应加入人民权利义务一章案"。❷ 这些修正的要求显然超越了《组织大纲》的范围,是为《组织大纲》

---

❶　《孙中山全集》第 1 卷,中华书局 1980 年版,第 576 页。
❷　苏亦工:《中华民国临时约法起草人辨正》,《历史研究》1983 年第 3 期。

演变成为《临时约法》的肇端。元月五日的各省代表会议决,将上述两个提案"先付审查后即由审查员拟具修正案。举定审查员五人如左:景耀月、张一鹏、吕志伊、王有兰、马君武"。❶

　　根据《修正中华民国临时政府组织大纲》的规定:"参议院以各省都督府所派之参议员组织之","参议员每省以三人为限,其派选方法,由各省都督自定之"。所以各省代表会议在选出孙中山为临时大总统后,即致电各省都督:"即请速派参议员三人,付以正式委任状,克日来宁。参议员未至之前,每省暂留代表一人以至三人,驻宁代理其职权。"❷1912年1月28日第一次临时参议院在南京成立,到会十七省三十八名代表,议长为林森,副议长为王正廷。广西选派的参议员有两种说法,一说为邓家彦、曾彦、刘崛,另一说为邓家彦、曾彦、朱文邵。笔者认为,前一种说法较为合理,至于朱文邵,可能是后来湖北议会发起临时国会后通过民选追加的。因为诸多史料证明了邓家彦、曾彦、刘崛在参议会的活动,而朱文邵的记载较少。邓家彦原为南京参议院"派送",后为"民选"的参议员。曾彦与陆荣廷过往甚密,向得陆器重。刘崛担任中国同盟会广西分会会长兼主盟人,为陆荣廷"荣送"入京。至于马君武,则由于出任实业部常务次长而退出参政院。❸

　　临时参议院成立后,孙中山曾将法制局局长宋教仁呈拟《中华民国临时组织法草案》五十五条"咨送贵院,以资参叙"。❹但是参议院第二天即"将原案退回",并郑重其事地议决了回复政府的咨文。该咨文措辞颇为严正地指出:"宪法提案权应属国会特权。而在国会召集前,本院为唯一立法机关。因此,该法当由本院制订。现在,法制局预为编订该草案是为越权。所谓'以资参叙',亦非本院必需。"参议院决议改临时政府组织法为中华民国临时约法,并推马君武、景耀月等另行起草。❺自2月7日起,召集临时约法起草会议,名为编辑委员会,着手起草临时约法,并推选李肇甫为审议长。编辑委员会最初拟具的约法条文,是继续采取总统制。2月7日至3

❶　大中华民国临时约法草案,《申报》1912年2月1日至2日,载莫世祥:《马君武集》,华中师范大学出版社2011年版,第230页。

❷　《民立报》1911年12月31日。

❸　胡绳武:《民元南京参议院风波》,《近代史研究》1989年第5期。

❹　《南京临时政府公报》第三号(元月三十一日)。

❺　参见刘绍唐:《民国大事日志》(第一册),传记文学出版社1978年版,第6页。

月 8 日参议院制定并通过了《中华民国临时约法》,其第五十六条规定:"本约法自公布之日施行。临时政府组织大纲于本约法施行之日废止。"《临时约法》分为总纲、人民、参议院、临时大总统副总统、国务员、法院、附则七章,共 56 条。虽然没有对中央与地方权限进行划分,也没有规定地方制度,但其第十八条规定:"参议员每行省、内蒙古、外蒙古、西藏各选派五人;青海选派一人。其选派方法由各地方自定之。"参议员选举办法由地方自定,这是对业已形成的地方自治格局的承认,因此《民国广西军政府临时约法》等独立省份的约法构成了《中华民国临时约法》产生的法律基础。

由于临时大总统已易人,革命党人为防范袁世凯大权独揽,"临时约法"采责任内阁制。❶ 可是,黎元洪等发起的设立临时国会纠纷案,对《中华民国临时约法》的合法性提出了质疑。南京临时参议院议员中,大多是由独立省份根据军政府约法推选的代表,其中同盟会会员居绝大多数,例如广西代表邓家彦、曾彦、刘崛都是最早的同盟会员。因此,湖北省议会质疑南京参议院议员资格,3 月 14 日,湖北省议会发通电:以南京参议院是由各省军政府委员组成,不能作为人民的代表机关,要求各省议会在 3 月底之前,另行选出参议员,组织临时中央议会。为此,南京参议院致电湖北议会,批驳其另立国会的主张:"现公布之《中华民国临时约法》,亦载明 10 个月内召集国会,当此参议院既成立之后,国会未成立之先,乃以一省议会名议,辄召集临时国会,不知何所依据?若不承认,临时政府皆将无效,民国之基础于以动摇。且今日以一省议会反对参议院而召集临时国会,他日将又有一省议会反对临时国会而召集第二临时国会,起覆纷纭,事权不一,民国前途,将何以赖?方今国基初肇,所赖以维持培植者,端在守法,参议院为法定机关,万不可任意破坏。至于参议员本应依约法选派,规定选派方法,权在各省,或民选或公派,一惟各省自定,万不能执民选二字反对参议员,因以反对参议院。且全国各地未设省议会或咨议局者有之,即现时省议会,亦多因仓卒成立,并未经正式选举。贵会所提断不能完全实行,非徒无益,实生纷纠,本院公认此举当然无效。"❷3 月 20 日,参议院又通电各省,指出湖北临时

---

❶ 参见吴玉章:《武昌起义前后到二次革命》,中国人民政治协商会议全国委员会文史资料研究委员会:《辛亥革命回忆录》卷一,中华书局 2010 年版,第 120 页。

❷ 《鄂、苏二省关于组织中央议会之往来电文摘要》,《时报》1912 年 3 月 18 日。

议会发起的临时国会,为不正当之举动,并认为若谓都督选派之议员不是代表人民,"尽可按照《中华民国临时约法》第十八条规定选派五人之数,尽由民选,选定后,即可陆续来院与该省前派之参议员实行交替。《中华民国临时约法》规定选派方由各省自定之"。"各省如何选派,其权皆在各省。各省主张民选,应依约法选举参议院之议员,方不失为正当。参议院为行使立法权之机关,若不承认,则根本破坏中华民国,前途不堪设想,恐非真心爱国者所以出此。"据此,广西参议员邓家彦、刘崛、曾彦电请广西陆都督暨临时省议会按参议院意见办事。电文如下:

> 广西行营陆都督暨临时省议会鉴
>
> 鄂议会发起临时国会,我省不表赞同,仰见高明,维持大局,无任钦佩。参议院皓、哿两电计达钧览,参议院之组织根据临时政府组织大纲,实国民根本的机关,关系甚大,稍有变动,立见危险,万不可不维持。至参议院应由民选,当然改易,吾省额派五人,请即选举迅速来院,俾相代转,至盼。
>
> 邓家彦、刘崛、曾彦叩。漾
>
> 1912 年 3 月 26 日

湖北省议会与江苏省议会还否认南京参议院所制定的《中华民国临时约法》,居然说该院"已不足法定人数,断难开会,即令该院违背法律,任意开会,撰之法律决难发生效力,勿论该院所决《中华民国临时约法》为何项性质,人民决不承认,本议会除电恳袁大总统主持外,相应咨请贵军政府通电袁大总统及各省都督、督抚,不以该院决定之《中华民国临时约法》为有效"。❶ 可否定约法也就否定了袁世凯和黎元洪的总统、副总统的合法性,袁世凯和黎元洪为维护他们自身的合法地位,不支持湖北、江苏两省另立临时国会的活动,广西等省份也通过改选参议员维护《中华民国临时约法》,湖北、江苏所掀起的这场否认南京参议院的风波也就平息了。《中华民国临时约法》虽得以维持,但各独立军政府所制定的"约法"是否有效,由于《中华民国临时约法》没有确立"省制",各军政府制定的"约法"的效力问题也就成为一个有争议的问题。

---

❶　《民立报》,1912 年 3 月 24 日,第 3 页。

### 第三节　中央集权与地方分权的初步博弈

学者胡春惠说:"辛亥革命后的各省,不但多有省约法之制定,而且在各省之设官分职上,也都俨然具有独立国之形象,有军务、民政、外交、司法、财政等各部。"❶而中国传统"大一统"观念不仅在旧官僚、民众中根深蒂固,也在受到西方地方自治思想影响的中国知识分子中有很大影响,因此,民国初创,就开始了中央集权和地方分权的博弈。

#### 一、民国广西军政府临时约法的效力

关于《民国广西军政府临时约法》的时间效力,有两种说法。第一种观点认为:1912 年 6 月 4 日临时参议院以《中华民国临时约法》早经颁布,议决各省不得自行订定约法,10 日,国务院通电各省遵照。因此《中华民国临时约法》颁布之日,也就是《民国广西军政府临时约法》失效之日。第二种观点认为:《民国广西军政府临时约法》是民国初民意机构的产物,其效力应以省议会存废的时间为标准。总统袁世凯民国三年一月十日令解散国会,二月二日令停办各地方自治,二月二十八日令解散省议会,一时全国上下的民意机关全归消灭,因此,《民国广西军政府临时约法》的失效时间应与民国省议会的设立与废止同步。

第一种观点的理由是,《民国广西军政府临时约法》第一条规定:"在中华民国宪法未实施以前,本约法为广西根本法,都督及全体官员共守之。"同时,《民国广西军政府临时约法》确立的是都督制,省临时议会的权力有限,而《中华民国临时约法》确立的是议会制,民选议员的产生就意味着各省军政府临时约法在失却效力。因此,《中华民国临时约法》与《民国广西军政府临时约法》的立法精神背离,《中华民国临时约法》颁布后《民国广西军政府临时约法》当然失去效力。但是,笔者认为这一观点是不正确的,由于民国初期政局不稳,围绕国家结构体制中中央与地方的关系,各利益集团

❶　胡春惠:《戴季陶先生与民初的联邦主义》,载朱江淼:《戴传贤与现代中国》,台北"国史馆"1989 年版,第 102 页。

展开了博弈,国家正式宪法迟迟没有出台,从而为辛亥革命独立时期各独立省份制定的约法继续发挥法律效力留下了空间。

因此,笔者赞同第二种观点。因为各独立省的军政府约法构成了《中华民国临时约法》产生的基础,两者的存在并不矛盾,而是相辅相成,若各省军政府约法废除,则《中华民国临时约法》也就失去了存在的合法性。"皮之不存,毛将焉附。"因此,不能因《中华民国临时约法》的颁布实施而使各省的约法失效,只有正式国会成立,正式宪法颁布后才能议决是否废除各省的"约法"。主张联邦主义的人士更是认为,各军政府的"约法"性质相当于"省宪",除非与联邦宪法矛盾,其自然有效。

民国初年,议会政治兴盛,以张謇等原立宪派人为主体的共和党赞成先成立国会后办地方自治观点,间接地支持了对各地军政府临时约法持"效力失去说"的观点,这也无形之中助长了袁世凯中央集权的做法。例如,1912 年 2 月,南北和议告成。2 月 14 日,临时参议院召集会议,专门审议定都一事。会议一读会投票表决结果,居然通过建都北京之案,与孙中山辞职咨文的条件背道而驰。到会的大总统孙中山立即站了起来,对决议中"首都设北京"这一条提出了强烈的反对意见,并以临时大总统的名义,向参议院依法提出复议这一表决结果。此时,参议院议长林森发言说,由于大总统的异议,本院决定将在次日进行复议,复议的结果起了根本性的变化,多数参议员主张定都南京。最后,参议院通过决议,仍以南京为民国首都所在地,纠正了前次决议。2 月 21 日,中华民国联合会、民社、国民协会、《民立报》、《神州日报》、《时报》、《时势新报》、《大共和日报》八个社团,联名致电江苏都督庄蕴宽,并要求他转黎元洪、各省都督、咨议局,认为临时参议院通过定都南京,是"立法为行政所侵,不能保其独立,民国开此恶例,尤为寒心"。袁世凯更是通过制造北京兵变为由,拒绝南下。❶ 定都一事折射了民国初期议会对自身力量的过分自信,忽视了通过辛亥革命后独立的地方军政府牵制袁世凯的革命举措。

在同盟会内部,以宋教仁为代表也主张用内阁制和议会来钳制袁世凯,先集中国权而后再实施地方自治。宋教仁说:"弟尝潜观宇内大势,默筹治

---

❶　参见刘小宁:《一九一二年的民国定都之争》,《世纪》2011 年 9 月 10 日。

国方策,窃以为廿世纪之中国,非统一国家、集权政府不足以图存于世界。"❶因此,宋教仁实际上也认为军政府临时约法也失去了效力,改变了他所主持起草鄂州约法时的观点。胡汉民等则主张以地方分权来平衡袁世凯集权的野心,他们对军政府临时约法持"效力肯定说"。担任赣督的李烈钧更明白指出"总统如属项城,则鄙见以为须联邦制的主张"。❷ 而按照美国联邦制,各州宪法是联邦宪法的基础,联邦宪法生效并不导致州宪法失效。因此,按美国联邦制法理,各军政府临时约法必然仍有效。马君武甚至怀疑宋教仁倒向袁世凯,对宋"言语讨伐"。宋按捺不住性子,打了马君武一耳光,马君武"奋起还击",重伤宋教仁左眼。❸ 南京临时参议院一直力图保持这种独立性,为此曾经受到部分革命党人指责。胡汉民认为"参议院议员以同盟会占大多数,故狃于三权分立之说,好持异议"。❹ 正是因为如此,地方分权制度就没有明确规定在约法中,定都一案也为袁世凯方面胜利。1912 年 3 月 10 日,袁世凯在北京就临时大总统职,但袁世凯也不得已任命黄克强为南京留守。

革命党人在国权和地方制度上分歧暴露出革命党人思想理论准备的不足和思想、政治、组织上混乱,从而使袁世凯个人专制得以一步步实现。南京临时政府迁至北京后,经改选后的参议院在北京开院。5 月 1 日,举行正、副议长选举。同盟会与共和党争执甚烈,选举结果,温和派的统一共和党党魁吴景濂当选为议长,共和党的汤化龙为副议长。原先任正、副议长的同盟会员林森与王正廷或落选,或辞职,预示同盟会在党争中已出现严峻局面。为扭转局势,在宋教仁主持下,同盟会降低政纲,磨削了自己的激进性,先后与全国联合会、统一共和党、国民公党、国民共进会、共和实进会等党派联合,于 1912 年 8 月 25 日成立国民党,孙中山为理事长(宋教仁代理),国民党这才在国会和省议会选举中获得多数席位。60 名宪草委员中,国民党势力最强,占 28 人。委员长汤漪为国民党员。进步党员 19 人。其余属于

❶ 宋教仁:《与〈亚细亚日报〉记者之谈话》,载陈旭麓:《宋教仁集》下册,中华书局 1981 年版,第 390 页。
❷ 胡春惠:《民初的地方主义与联省自治》,中国社会科学出版社 2001 年版,第 82 页。
❸ 参见马君武:《拳打宋教仁 受到孙中山的呵斥》,《人民政协报》2009 年 5 月 14 日。
❹ 胡汉民:《胡汉民自传》,《近代史资料》1982 年第 2 期,第 57 页。

各小政团。委员会推选出 4 名委员起草宪法大纲(即宪法的指导性原则),他们是张耀曾(国民党)、汪荣宝(进步党)、孙钟(政友会)、李庆芳(公民党)。接着又推选出 5 名委员为宪法条文起草员,其成员除以上 4 人外,又加上黄云鹏(共和党)。议会在天坛祈年殿起草了中华民国第一部宪法《中华民国宪法草案》,又称《天坛宪法草案》,共计 11 章 113 条,宪法规定政府组织采用内阁制,以限制总统权力。在制定《天坛宪草》的过程中,国会开始时决定到宪法大纲讨论完毕后再讨论地方制度。而在其后的几次会议中,委员们对地方制度及中央与地方权限的问题入宪一拖再拖,最后吴宗慈表示地方制度可以单行法规定,不必拘泥于形式,获得大家赞同,至此《天坛宪草》将该问题搁置未议。这就使得袁世凯后来根据一些单行法逐步将各地军政府临时约法确立的地方制度进行改造,树立了北洋军阀的中央集权统治制度。

根据《中华民国临时约法》,中央政府实行责任内阁制,是为了利用议会牵制袁世凯的权力。然而,袁世凯通过合法非法手段,不断侵蚀议会权力。为与议会争夺宪法公布权,袁世凯唆使美国人古德诺、日本人贺长雄撰文攻击汤漪主修的《天坛宪法草案》。10 月 25 日袁世凯恼羞成怒指使各省都督、民政长通电反对《天坛宪法草案》,谓宪草为汤漪等国民党议员操纵。袁世凯聘请的日本法律顾问有贺长雄以"资深政治家"的身份在《观弈闲评》一文中提出了"国权授受说",认为"中华民国并非纯因民意而立,实系清帝让与统治权而成",提出的一系列剥夺了人民的普选权,扩张总统的权力,限制国会议会权力的意见。他批驳《中华民国临时约法》所谓的"主权在民""立法权在民"都不能成立,必须重修一部"主权在国"的约法。而"主权在民""立法权在民",恰恰是中华民国"共和"的基础,否定了这两条,则民国无"民",共和不"和",政体只能转向集权与独裁。1913 年 10 月 30 日他又在《申报》发表《共和宪法持久策》,矛头直指"天坛宪草"一读稿,为将内阁制改为总统制做最后努力。当时哥伦比亚大学法学院院长古德诺发表文章《共和与君主论》,也公然为袁世凯中央集权辩护:"中国如用君主制,较共和制为宜,此殆无可疑者也。"❶袁世凯并派施愚出席宪法起草委员

---

❶ 李琴:《试析民初废省之争》,《贵州文史丛刊》2005 年第 4 期。

会干涉制宪,当即被委员长汤漪拒绝。汤漪,江西泰和人,清光绪七年(1881)出生于南溪乡曲江村一个书香之家。汤漪幼承家学,读书刻苦,尤精律学,志在以法治国。清光绪二十九年(1903)汤漪参加南昌乡试中举人,自此名显于乡,因科举废除,西学日兴,汤漪受时代风气影响,东渡日本求学。在日本留学期间,汤漪参加了同盟会,因其勇于革命,在留学生中威望显著。10月31日汤漪强行宣布宪法起草委员会议决通过《天坛宪法草案》,并向参议院弹劾袁世凯。于是,袁世凯不顾《国会组织法》中对国会议员的保障条款,派出军警肆意逮捕甚至杀害国民党议员,使议会组织中央到地方都陷入瘫痪。宪法起草委员会因汤漪被捕群龙无首,也被迫宣布解散。

在广西,临时省议会是民国初年根据《民国广西军政府临时约法》建立的立法和监督机关,由于议会中国民党成员居多,始终保持着革命派地方自治观念,维持了军政府临时约法在一段时间的有效性。从议会开展的一些活动来看,《民国广西军政府临时约法》并没有因《中华民国临时约法》的颁布而失效。具有宪法性质的《中华民国临时约法》因省制未定,还不能据此废除《广西临时约法》。同时,民国初期袁世凯忙于与国会争夺宪法公布权,一时也没有顾及省制问题,《民国广西军政府临时约法》在一段时间还在发挥作用。因此,笔者认为,《民国广西军政府临时约法》的终止应是袁世凯废除都督制、取消省议会组织之后,但其事实效力延伸于护国护法运动中。

## 二、都督选举与任命:自治权限的斗争

1911年武昌起义后,在广西革命势力的推动下,广西宣布独立,陆荣廷被广西议会推为广西都督。1912年2月8日,陆荣廷在桂林通电就任广西都督职。都督,是汉末三国时形成的军事职称,其后发展成为地方军事长官,明以后成为中央军事长官。民国初期,独立各省实施都督制,为地方最高军政长官,掌握军政、民政等大权。

陆荣廷,1859年生于广西武鸣一个壮族的破茅寮,1882年加入反清的会党三点会,凭借着胆识和枪法,很快成为首领。陆荣廷在中法战争期间,投靠唐景崧部当兵,之后他在中越边境打击法国侵略者。1894年,率从接受广西提督苏元春的招安,逐步成为边防主力,深受两广总督岑春煊的倚

重。1906 年 7 月,岑春煊派陆荣廷到日本考察学习军事,他与很多同盟会人结识,和同乡的同盟会会员曾汝璟、曾彦父子更是过从甚密。1911 年武昌"双十"起义成功的消息传到广西,革命党人雷沛鸿等通过陆的大女婿、武鸣马头人苏希询、秘书麦焕章的帮助,策动陆荣廷独立。苏、麦都是桂林法政学堂的学生,雷办《南风报》和他们相识。11 月 9 日,南宁数千军民汇集北较场召开独立大会。南宁从此结束几千年封建帝制的统治,走向共和。当时桂林局势不稳,陆荣廷认为掌权时机已到,一反过去的消极观望。11 月 11 日,指使边道陈昭常、龙标标统陈炳焜等致电广西议院,推举自己为广西都督,迫使沈秉堃辞职。同日,又有人用广西军外商学界名义,向全国通电推举陆荣廷为广西都督。12 日,省议院公举陆荣廷为都督。陆荣廷发表正式通电接受广西都督职,还假意自谦道:"全省政、学、商、农各界,不以荣廷为不肖,推举继任。荣廷一介武夫,智虑短浅,何足肩此重任,惟迫于大义,不敢固辞,现拟即日诣省受事……满虏之残暴,民贼之欺弱,已二百余年……目前最先最急者,推倒满清政府也。"❶之后,他就在南宁接受都督一职了。

　　广西咨议局和桂林商会,屡次致电陆荣廷,催其来省会桂林坐镇。陆荣廷在清末虽做过广西提督、广西边防督办,镇守边关,但当时广西边境和平无事,他的部下兵丁实际仅有 2000 多人。陆荣廷分析形势,认为王芝祥原统有巡防营 6 个大队,近来又经招募补充,实力已与自己差不多,未必能听自己约束。如果远去桂林,率兵不多,反成了虎落平阳,必为王芝祥所挟制;纵将所有的兵全数带去,也不见得比王芝祥实力强,而龙州亦不能不置一兵;招练收编,又不是一朝一夕就能办到的。所以总是回电敷衍,迟迟不去。陆荣廷 20 日召开广西军民联席会议,会议按照"广西者广西人之广西"的基调,推定自己为广西大都督。会议还决定"军政府由党人组织;征集省内民军以靖地方;陆自率兵北伐;由革命党通电促王芝祥离桂"。过了不久,王芝祥见风势不好,在 1911 年 11 月间借出师援鄂之名,离开广西到南京去了,陆荣廷才到桂林宣誓就任中华民国广西都督。

---

❶　龚寿昌:《辛亥革命在广西》,载广西壮族自治区政协文史资料委员会:《老桂系纪实》,广西人民出版社 2003 年版,第 36—38 页。

　　王芝祥走后,全国局势也发生了很大变化。1912 年 2 月 15 日,南京参议院正式选举袁世凯为临时大总统。不久,南京临时参议院就通过了《中华民国接收北方各省统治权办法》,规定东三省、直隶、河南、山东、甘肃和新疆等未独立各省,须将原有督抚撤除,另由各该省临时议会公举都督。❶王芝祥是直隶通县(今属北京通县)人,总理唐绍仪组阁时与国民党协议,推王芝祥为直隶都督。但袁世凯认为这样势必动摇他对北方的控制,拒绝实行。他先令上述各省督抚改称都督,"职权仍旧"❷,然后宣布"南方都督为革命时代所推戴,北方都督乃从前督抚之改称","沿革不同",军民"心理亦不同",故都督民选问题"非军政民政分析之后,无从解决"。❸他抢先造成既成事实,于 1912 年 3 月 15 日任其亲信张锡銮署理直隶都督,23 日改任张镇芳署理河南都督,28 日任周自齐为山东都督(到任前由余树达署理)。当南京临时参议院要求新任内阁总理唐绍仪同意撤换直隶、河南、山东三省都督时,袁世凯竟蛮横表示:"三省都督,业由本总统委定,决无更改之理。""都督是由地方上公开选举,还是由中央任命,这是要等将来正式国会开会以后决定的问题,但北方三省都督已经任命了,绝对没有更换的道理,如果参议院一定要强迫本总统撤销已经发布的命令,那么,就先取消我的总统职位好了。"❹

　　王芝祥任直隶都督,原是唐绍仪南下组阁时与同盟会达成的协议,并得到了袁世凯的同意。当时,顺直咨议局也发电要求以王芝祥督直,反对袁世凯任命张锡銮。但袁的许诺,不过是权宜之计,目的是为了早登总统大位,其实根本没将南北和谈协议和约法放在眼里。因此,当 5 月 26 日王芝祥到京,冯国璋、王占元等十余人便于 27 日联名上书袁世凯,声称直隶各路军队对委任王芝祥督直"绝不承认","且极愤懑"。他们说非有"声威兼著,在直隶有年,感情甚孚,及军界素所仰望者,难资镇慑"。❺1912 年 8 月,顺直临时省议会议决,对都督张锡銮提出弹劾,弹劾的主要原因是张锡銮侵犯省议

❶《议决北省公举都督条件》,《正宗爱国报》1912 年 3 月 24 日。
❷《临时大总统令》(1912 年 3 月 15 日),《正宗爱国报》1912 年 3 月 17 日。
❸《袁大总统复国民共进会函》,《正宗爱国报》1912 年 3 月 28 日。
❹《袁总统以去就争自举都督》,《申报》1912 年 4 月 13 日。
❺《京津泰晤士报》(Peking&Tientsin Times)1912 年 6 月 19 日。

会的权限,以行政权代替立法权,独断专行。袁世凯习性大权独揽,对唐绍仪推行责任内阁制,"事事咸恪遵约法"甚为不满。1912 年 9 月 8 日袁世凯不经唐绍仪副署,改任冯国璋为直隶都督,冯国璋上任后,也再三宣称"维持现状",凡事拒不提交省议会讨论。直隶省临时议会要求冯国璋:都督府各官一律更换;任用司道须得省议会同意;各州县知事考试录用;财政由省议会举人掌理。他都置之不理。❶ 袁世凯对此积极支持,袁致电直隶省临时议会说:"任免官吏之权自应归之都督,议会不得干涉。"❷王芝祥督直事件最终导致了唐绍仪与袁世凯分道扬镳。唐绍仪见《中华临时约法》已遭到破坏,彻悟袁之种种行为,存心欺骗民党,遂于 6 月 15 日愤而提出辞呈,时任总理不足三个月。

唐绍仪出走后,袁世凯更是置约法于不顾,独掌地方大员的任命权。根据《民国广西军政府临时约法》第二十二条规定:"都督由人民公举,任期三年,续举得连任。但连任以一次为限。"袁世凯认为自举都督这件事,是万万行不得的,若如此,国家的大局将遭到破坏。于是,他重新任命南方的都督。1912 年 7 月 12 日,陆荣廷被中华民国政府正式任命为广西都督。是年,袁世凯政府就省制问题先后向临时参议院提出三个草案。第一个草案将省长简任或民选问题,提交参议院讨论。这个问题和国民党对袁世凯的政治斗争交织在一起,因此参议院各党派争论不休,僵持不下。袁世凯恐民选省长的主张占上风,妨碍他的集权计划,便将提案撤回,讨论遂中断。其后,国务院法制局局长施愚拟定了一个折中方案,即仿照普鲁士的办法,将地方政权分为自治机关和官治机关两种:省长执行官治,故由中央简任;议会总董执行自治,故由各省选任。"官治与自治既然化分为二,故省长既不得解散议会,议会亦不得弹劾省长。"❸这是第二次草案,这种情况可以成为双轨制地方政府权力结构,袁世凯也没采纳。为了防止省级政府的势力过大,袁世凯邀集旧日任督抚之沈秉堃、孙宝琦等人与总统府秘书长梁士诒一起研究拟定了第三草案。该草案提出了两种具体办法:第一种办法是"废省存道,以道辖县"。道一面为国家行政区划,又一面为自治团体。设道总

❶ 参见《异哉直省会之要求条件》,《申报》1912 年 11 月 1 日。
❷ 《申报》1912 年 12 月 1 日。
❸ 于鸣超:《中国省制问题研究》,《战略与管理》1998 年第 4 期。

监为行政长官,直隶于内务部。设道会、道董事会、道总董为自治机关。县为下一级国家行政区划,并为自治团体。设县知事为县行政机关,设县会、县董事为县自治机关。每县辖镇若干,乡若干。镇乡纯为自治团体。第二种办法是采取虚三级制。该办法是保留省区,作为中央代表监督各道,不是自治团体,无省议会等自治机关。道、县的组织结构与第一种方法相同,为自治团体与行政区划双轨制。❶ 袁世凯决定采用所谓"虚三级制",即省道县三级,"存虚省而设实道"。此项办法经国务会议通过,法制局遂起草了道官制和道自治草案。因当时准备国会选举,议员多离京外出竞选,参议院不能开会,袁政府遂借口无从交议,于12月直接以命令发表了《道官制道自治条例》。

接着,1913年1月8日袁世凯公布《划一现行各省地方行政官厅组织令》,各省地方行政始统称为行政公署,设民政长一人,由大总统任命,总理全省政务;置总务处及内务、财政、教育、实业四司。同时颁布的《划一现行各县地方行政官厅组织令》第七条规定:各县知事,由该省行政长官呈由国务总理、内务总长荐请任命。科长、科员、技士,由该省行政长官委任之。4月,袁世凯下令实行军民分治,改都督为督军,陆荣廷被袁世凯特任为广西督军兼民政长。民国以来,地方武官系统比较紊乱,除都督外,还有都统、护军使、镇守使等。各省都督的权力极为广泛,实际上总揽军政民政,是一省的最高统治者。袁世凯裁撤都督,就是想加强中央对地方的控制。"二次革命"中蒋翊武在广西被杀一案就反映了陆荣廷在这次省制改变中的态度。《桂林文史资料》中记述:当时蒋翊武知道陆荣廷和袁世凯是貌合神离,他想由桂林再往南宁,向陆荣廷作反袁游说。1913年8月12日他从湖北经湖南到广西预备转来广东,有所活动。谁知一过黄沙河,便给驻桂林统领秦步衢的侦缉知道。侦缉一路从全县经兴安、吴川跟踪到桂林,在桂林北门外将蒋翊武逮捕。秦步衢不请示陆荣廷,迳电北京袁世凯。当时的全州知事万武一心要营救蒋翊武,连夜赶到桂林,去见和他有深交且同情国民党的陈炳焜。陈炳焜对他作了解释:秦步衢抓获蒋翊武后,除电报师部外,同

---

❶ 参见马平安:《民国初年袁世凯对中央与地方关系的处理》,《袁世凯与北洋军阀》,上海人民出版社2006年版。

时电京报功,只能等候处理。果然袁世凯立即升秦步衢为中将衔的陆军少将,并赏给二等文虎章,命将蒋就地正法。于是蒋翊武在桂林丽泽门外殉难了。这事当然瞒不过陆荣廷,但陆无奈秦步衢何,遂将恨秦之焦点,移向侦缉身上。第一步先打电话向秦步衢致贺;第二步奖给那个侦缉一笔奖金;第三步命那个侦缉做件无关痛痒的小事情,又去电嘉奖,调到柳州做个小主管;做了两三个月,再调到南宁。不到一个星期,找点"风流罪过",将那个侦缉枪决在都督府外照墙旁边。❶

　　1913年7月31日,中华民国总统袁世凯任命进步党领袖熊希龄为国务总理,组织内阁。1913年8月26日,熊希龄就任国务总理,11月13日宣布由司法总长梁启超起草、国务会议讨论通过的《政府大政方针宣言》。《宣言》指出:"行政区域太大,政难下逮,且监督官层级太多,则亲民之官愈无从举其职。元、明、清之治所以不及前代,职此之由。今拟略仿汉、宋之制,改定地方行政为两级,以道为第一级,以县为第二级。县分三等,道署设诸司,在府中分曹佐治,县署诸科略如道制,且于繁剧边远之县,酌设承尉分驻县四境。中央则以时设巡抚使按察诸道,举劾贤否,不以为常官也。其有大政,合数道乃克举者,亦为置使以管之,如是则臂指之用显,而治具略张矣。"该行政区划改革方案受到各省军政长官的反对,袁世凯也不赞同废省,而主张改为监察区,设巡按使综理一省的政务。而早在1913年10月,袁世凯派张鸣岐出任广西民政长,会办广西军务。随之,1914年3月17日,北京政府任命张鸣岐为广西巡按使会办广西军务。1914年5月间,与中央军政机构改组的同时,袁政府也制定了地方官制草案,经政治会议讨论后,由袁世凯亲自删改定稿,于5月23日公布实行《省官制》,改行政公署为巡按使署,行政长官称巡按使。由大总统任命巡按使一人,管辖全省民政官吏及巡防、警备队等,并受政府特别委任,监督财政和司法行政及其他特别官署的行政事务。设政务厅,置厅长一人,由巡按使荐请内政部转呈大总统简任(须回避本籍),辅佐巡按使掌理全省事务;厅内设总务、内务、教育、实业四科,分掌政务。6月30日,袁世凯下令裁撤各省都督,设将军诸名

---

❶ 参见韩锋:《陆荣廷与秦步衢》,载广州市政协学习和文史资料委员会主编:《广州文史存稿选编》(第五辑),中国文史出版社2008年版。

号,从而将军事权集中到中央。新成立的将军府,为"军事之最高顾问机关",直隶大总统。按其组织法规定,有上将一人,将军二十六人,参军二十五人。袁世凯任命陆荣廷为宁武将军,督理广西军务。至此,《民国广西军政府临时约法》所确立的都督制度为袁世凯中央集权制替代。

### 三、迁省纠纷:省议会由盛及衰的标志

民元初,广西临时省议会因迁省议案发生了一场纠纷,导致省议会分裂,出现了桂林省议会和南宁省议会对峙的格局,典型地反映了中央与地方政府间法律关系没有理顺的情况下地方自治的无秩序现象。

广西省会设在桂林,是在明代开始的,到了清代,仍沿其旧,没有改变。但在明以前,广西省会不是桂林,而是南宁。南宁在唐朝时已成为省级治所,以节度使驻邕州。元朝末期,设广西等处行中书省,是广西建制"省"的开始。到了明代,由于广西土司制度发展到了最鼎盛的时期,桂西尚少流官,当时各土司本属羁縻,且视同化外,为一时权宜,乃以桂林为省会。清大体上沿用明的区划。至清光绪三十二年(1906),两广总督岑春煊会同桂抚林绍年奏请朝廷南宁建设省会,以便控制改土归流的地区。然而,桂林以数百年省会所在地,一旦迁移,殊为不利,当时在朝京官,桂派最占势力,暗中阻挠,疏遂留中不报。及宣统元年(1909),咨议局成立于桂林,各府、州、县议员依据岑西林奏议,将迁省南宁列入议案,重行提出,经得多数赞同;唯桂林少数议员,极端反对,在议场上曾发生最激烈之抗议。当时广西巡抚张鸣岐亦以迁省为非,极不主张,事遂中梗。

辛亥革命后,广西根据《民国广西军政府临时约法》成立了临时省议会。广西独立后,咨议局改为临时省议会,而原来的咨议局议员就有新旧两派。新派议员多数加了入同盟会,以蒙经、卢汝翼为代表,从地域上划分,又以浔州(治今桂平)、梧州、郁林(今玉林)、南宁地方人氏为主;而旧派议员多是主张立宪分子,多是桂林、平乐、柳州人,其首领在桂林方面为秦步衢,在平乐方面为萧晋荣。广西军政府成立后,发表六司四局人选名单,旧派分子得不到位置,非常愤恨,求计于秦步衢。秦是临桂人,在桂林团局(民兵组织)盘踞日久,党羽甚众。宣统二年九月十日(1910年10月12日)在桂林召开省议会第二次会议,由于现任议长陈树勋、副议长唐尚光(均为翰林

院编修)于宣统二年十月十八日会议期间均以回京供职为由提出辞职,经全体议员审查同意辞职,本次会议经投票互选,递补副议长甘德蕃为议长,选出秦步衢、黄宏宪为副议长。独立后,巡警道改为警察厅,王芝祥用秦步衢为其干将,委任他做警察厅长,陆荣廷就职后,又任命秦步衢为巡防营统领。秦步衢身兼三职,又拥有军警、乡团武装势力,气势嚣张,遂唆使党羽,以卢汝翼、蒙经把持军政府为借口(卢、蒙二人分别为军政府法制局、铨述局局长),煽动驱逐卢、蒙的风潮。

　　临时省议会大多数议员感到桂林潜伏着巨大的反动势力,难于推行民主政治,遂主张把省治迁往南宁。卢汝翼是浔州人,清末贡生。他于 1904年东赴日本留学,入法政大学速成科。1905 年在东京出席同盟会的筹备会和成立大会,是首批同盟会员,曾任同盟会广西分会(同盟会曾设广西支部、广西分会两个组织,两个组织分头开展秘密反清工作,互不统属)会长,1911 年补选为广西咨议局议员,参加策动广西独立,任广西军政府法制局长。1912 年 4 月,卢汝翼联合龚政、雷殷、蒙民伟等一批桂南议员,提出迁省议案,遭到旧派议员萧晋荣等反对。萧晋荣,广西富川富阳镇阳寿街人,清末进士,民国元年(1912)与桂林咨议局副议长秦步衢组织共和建设讨论会(后因参与国会议员之需要并入民主党),被举为临时省议员兼民主党桂林支部长。双方辩论到最激烈时,萧竟手擎茶碗,猛向卢汝翼头上掷去。萧晋荣在议会上暴力攻击卢汝翼,触犯了众怒,会场顿时秩序大乱,各府议员纷纷退席,相约赴邕集会,遂各自离桂林而去。❶

　　1912 年 4 月 9 日这一天,除桂林府议员外,南、太、泗、镇、柳、庆、思、浔、梧、郁、平、上、百、归共十四府议员七十八人在南宁集合开会,依据《民国广西军政府临时约法》第四十七条"议员自行集合开会"之文,成立广西临时省议会,推举苍梧林绎为正议长,邕宁雷殷、百色杨煊为副议长,通电中央及省内外,报告成立,并电召桂林议员来邕,共议大计。他们认为,秦步衢、萧晋荣等逮捕议员,蹂躏议场,违背了《民国广西军政府临时约法》关于议员在会内之发言、表决、提议,在会外不负责任的法律保障规定,而萧晋荣等居然在会期中,非法殴打议员,法律失其效力。现在,广西议员总额九十

---

❶　参见孙鹏远:《"省会桂林"谢幕》,《南国早报》2011 年 7 月 15 日。

六名,除桂林一府外,十四府议员集合南宁者已达七十八人,既过五分四之数;乃根据广西临时约法成立广西临时省议会当属合法。而桂林议员亦于是月十九日,成立广西临时省议会于桂林,以对抗南宁的广西临时省议会。通电报告成立,亦如邕议员所为。

　　一省之内出现两个议会,到底哪个合法? 桂林议会认为,"今临时议会,即系前咨议局改组成立,本属正式,省之当迁与否,必须由正式议会提出议案,经正式表决,呈请中央政府公布施行,方为合法,今议员到邕集合,成立议会,当属非法,宜立即解散"。而南宁议会则认为,"议员自行集合开会,临时约法所有,且共和法律,以少数服从多数,一视民意从违为依归;今邕议会由十四府议员集合成立,民意机关所在,即法律所在,当兹共和造始,南京临时政府及一切机关成立,均同此办法。如以民意机关,任意推翻,则今日何者不可以推翻? 今在桂议会,以省论,只属一府;以议员论,不满十人;而冒称省会,事实既乖,显系私人议会,当然不能成立"。

　　当是时,民国初立,自治机构的权力来源和结构安排尚有很大争议。议会至上者认为,《中华民国临时约法》第二条规定"中华民国之主权属于国民全体",这是对人民主权原则的确认。根据人民主权学说,主权属于全体人民,不可分割,应由经选举产生对人民负责的机关集中行使所授予的权力。因此,省会纠纷应由议会解决;而当议会发生分裂时,应少数服从多数,或由都督决定和法院裁决。由于当时广西都督陆荣廷是民选的,一方面他不便与议会直接做对,另一方面他是南宁武缘(今武鸣)县人,为避免议员指责偏袒,也就采取回避态度,对议会的分歧并不敢轻易作出裁决。可随着时局愈闹愈坏,已呈显种种危机,广西将陷于无政府状态,最后他只好于6月间电达中央,向总统府请示,"拟以南宁为行省,都督居之,议会及铨叙法制两局,先行建设;桂为旧地,六司暂驻,以维市面而安人心"。电文大意略谓:"因于前月二十日,将所拟办法,电呈大总统暨国务院参议院,请予解决,又经两次电催,久未奉复。各议员迫不及待,立请宣布执行,经布全省粮税,省邕则纳,省桂则抗之议。以广西财政万窘,险象日生之地,如此涌潮,必生大变,尤恐陷于无政府地位。廷德薄才鲜,劝之不能,迫之不可,告退又不忍,一旦决裂,居此重咎,上何以对我大总统,下何以对我同胞!"中央接电后,复电云:南宁都督钧鉴,准国务院真电,文曰,"奉大总统令,号电悉。

前电宣布都督议会暨法制铨叙两局,随同建设,六司居桂。是为调停桂邕内讧起见,自应切实遵行,以免再有争执,该都督以民政财政最关重要,电饬该两司长亲到会场,宣布政见。余司仅令派员赴会,既使政府议会得联络之益,又不背原电六司居桂之旨,办理妥协,无任欣慰。希抱定宗旨,力予维持,以后关于各司应迁应留,一听议会公决。如有妄肆蜚言,淆惑观听者,应由该都督依法办理",云云。❶ 陆荣廷接到此电,立即转电桂林军政府转知桂议员到邕开议。至是邕桂两议会纠纷,乃得调解。

广西迁省纠纷中议会的分裂,为袁世凯北洋政府主张中央集权提供了口实。借口为了尽早规范各地省议会的选举和职权行使,1912 年 7 月袁世凯向国会提出省议会议员选举草案,1912 年 9 月 4 日北京临时参议院议决《省议会议员选举法》并公布实施。9 月 25 日北京政府公布《各省第一届省议会议员名额表》,定广西 76 名,议长 1 名,副议长 2 名,均由议员互选。议长、副议长、议员任期都是 3 年,省议会议员不得同时为国会议员。省议会设于行政长官所驻地。省议会会期分有常年会和临时会两种。前者以 60 天为限,必要时最多能延长 20 天;后者以 30 天为限,不能延长。常年会每年召开一次,由省行政长官召集。临时会因特别紧要事件发生由行政长官或议员半数以上请求时召开,由省行政长官召集。1913 年 2 月广西省议会召开首届第一次会议,公布《广西省议会暂行办法》,选举议员 76 名。推举浔州人姚健生为议长,平乐人张一气、雒容人何英彦为副议长。并选举国会参、众议员。3 月,北京政府公布国会参、众议院议员名单。广西马君武等10 人为参议院议员,蒙经等 19 人为众议院议员。次年 4 月京政府又公布了《省议会暂行法》,确立省议会的职权主要有:(一)审议权:(1)本省单行条例;(2)本省预算及决算;(3)省税及使用费、规费之征收;(4)省债之募集及省库有负担之契约之订立;(5)本省财产及营造物之处分及买入;(6)本省公产及营造物之管理方法;(7)其他依法令应由省议会议决之事件。(二)建议权:省议会对于本省行政及其他事件的意见,可以向省行政长官提出建议。(三)质询权:这项权力由议员以其议员资格行使,议员 10 人以

<hr>

❶ 莫士祖:《广西省会迁移经过》,载广西壮族自治区政协文史资料委员会编:《老桂系纪实》,广西人民出版社 2003 年版,第 65—66 页。

上对于本省行政事项有疑义时,可以联名向省行政长官提出质问书,限期答复,如对答复不满意时可以要求省行政长官亲自派员到会答辩。(四)纠弹权:省议会发现省行政长官有违法行为时,可以以议员三分之二以上的多数同意通过纠弹案于内务部提请国务会议惩办,其他省行政官吏有违法纳贿等情事时,也可以咨请省行政长官查办。(五)受理本省人民关于本省之请愿。与《民国广西军政府临时约法》相比,省议会议决事情应由法律确定,职权范围明显减少了。

民国初期议会制度的由盛及衰,似乎印证了托克维尔的预见,"不仅仅民主的人们会按照自己的兴趣而促使政府走向集权化,所有管理者对集权的热衷也会不断地敦促政府朝同一方向走"。❶ 1913 年 11 月 4 日袁世凯下令解散国民党,派兵追缴国民党籍国会议员证书及徽章,宣布取消各省议会国民党籍议员资格,国会 400 余名国民党议员资格被剥夺,参众两院不足法定人数因而陷于停顿。广西籍国民党国会议员蒙经 1913 年 10 月 16 日出席北平的国会选举总统,谢绝袁世凯十万贿金,拒不投票,愤然奔至津沪撰文揭露袁世凯的行径。卢汝翼返回家乡从事地方教育工作,马君武也被迫再度赴德入柏林大学学习。12 月 15 日袁世凯成立政治会议以取代国会;民国三年(1914)1 月 10 日又下令停止两院现有议员职务。1914 年 1 月 10 日,袁世凯又下令对滞留在北京的国会议员予以遣散,"给资回籍"。民国 2 月 28 日又下令将各省议会亦予解散,将来是否组织别种议事机构,等确定地方制度后再定。陆荣廷也就按照袁世凯的命令解散了广西国民党机关和省议会,并追缴国民党党籍议员姚健生、张一气等 25 人的议员证书。民国三年(1914)5 月 1 日由中华民国总统袁世凯公布《中华民国约法》(又名袁记约法),取代了《中华民国临时约法》,其虽没有明确规定地方制度,但根据各地军政府约法形成的地方体制实际上已为袁世凯出台的单行法律剥夺精光,至此已无发挥效力的法理基础。

---

❶ G.Srarling, *Managing the Public Sector*, Fort Worth:Harcourt Brace College Publishers,1998.

# 第二章　地方实力派对广西自治的影响

地方实力派是中国近代史上具有相当力量和社会影响的重要军事政治集团,他们多控制者一省、几省或部分地区,具有自己独立的军事、政治和相当的经济力量。❶ 地方实力派的产生,使得中国的地方自治摸索更加复杂化。在多元化的利益博弈中,在经济和政治上处于弱势的群体,他们的偏好几乎得不到有效的表达,地方自治变异为占优势地位的地方实力派的意志的体现。

## 第一节　护国护法时期地方自治的再度论争

护国护法运动与地方自治思想在中国的深入发展有很大的关系,护国、护法都是以地方自治为法理依据而开展的,反映了西方地方自治思想在中国的发展。然而,在此期间,地方实力派主张在约法破坏的情形下的省"自主",却使得西方地方自治的模式在中国变形,从而进一步发展自己的势力,形成了桂系、滇系等地方军阀割据的现象。

### 一、省制立法的争议

袁世凯窃取了中央政权后,1915 年 12 月 12 日竟然宣布复辟封建帝制,倒行逆施。护国运动在全国范围内轰轰烈烈地开展起来。1915 年 12 月 25 日,唐继尧和蔡锷等通电全国,宣布云南独立,"拥护共和,反对帝制"。1915 年 12 月 31 日唐、蔡致各省将军巡按使等电,以地方自治为法理

---

❶　汪涵清:《关于地方实力派的界定问题》,《思想·理论·教育》1995 年第 1 期。

依据,阐述了护国运动的合法性。电文说:"义师之兴,誓以四事:一曰与全国民戮力拥护共和国体,使帝制永不发生;二曰划定中央地方权限,图各省民力之自由发展;三曰建设名实相符之立宪政治,以适应世界大势;四曰以诚意巩固邦交,增进国际团体上之资格。"❶由此可见,护国运动的发端与辛亥革命各省军政府的独立有所不同,省是作为地方政府而倡导共和国体的。

民国五年(1916)1 月 27 日,贵州护军使刘显世宣布贵州独立。贵州宣布独立后,袁世凯一面命令龙觐光假道广西进攻云南,一面命令陆荣廷进攻贵州,云、贵护国军腹背受敌,面临两线作战的态势,形势非常严峻。从当时的情况看,陆荣廷对形势的发展起着至关重要的作用。民国建立后,原有的统治秩序已经解体,袁世凯的北洋势力强大起来。为自身利益考虑,陆荣廷曾追随过袁世凯镇压革命党人的反袁活动。随着革命党人的失势,各地方实力派与袁世凯的矛盾日益显露出来。袁世凯要加强中央集权,削弱各地方实力派的势力,这就与各地方实力派巩固和扩大地盘的企图发生冲突。陆荣廷与袁世凯的矛盾主要有以下方面:一是陆荣廷对袁世凯在镇压了"二次革命"后的论"功"行赏表示不满;二是对其爱子陆裕勋在武汉暴死心存疑忌;三是对袁派心腹王祖同到广西监视颇为不快。特别值得一提的是,过去与陆荣廷并没有直接联系的梁启超,也致书陆荣廷,"反复申大义,剖利害",劝其加入反袁行列。由于各派力量的争取,终于促使陆荣廷走上了反袁的道路,1916 年 3 月 15 日,陆军上将、耀武上将军、广西军阀陆荣廷宣布广西独立。❷ 广西独立后最主要的工作是促成广东独立,两广唇齿相依,如果广东与广西背道而驰,对广西是不利的。于是梁启超便前往广州,在龙济光的大本营观音山一番唇枪舌剑,终于迫使龙济光答应广东独立。1916 年 4 月 6 日,广东都督兼民政长龙济光宣布广东独立。为了便于集中领导护国战争,两广护国军于 5 月 1 日在广东肇庆设立都司令部,推岑春煊为两广护国军都司令,国民政府司法总长梁启超和云南陆军第二师师长兼国民军总统李根源分别任正、副都参议,原讨袁军秘书长章士钊任都秘书长。

---

❶ 蔡锷:《声讨袁逆并宣布政见之通电》,载蔡端:《蔡锷集》,文史资料出版社 1982 年版,第 169 页。

❷ 卓锦湖口述:《陆荣廷讨袁的内幕》,载广西壮族自治区政协文史资料委员会:《老桂系纪实》,广西人民出版社 2003 年版,第 241 页。

两广都司令部成立后,梁启超提出建立一个与袁世凯的国务院相对立的临时政府。经过多方的活动,滇(云南)、黔(贵州)、桂(广西)、粤(广东)四省的护国军代表于 5 月 8 日在肇庆举行联席会议,决定由四省都督合组护国军政府,定名为军务院。军务院是护国军的最高机关,会议推唐继尧为抚军长,岑春煊为抚军副长,梁启超为政务委员长兼抚军,陆荣廷、蔡锷、李烈钧、刘显世、陈炳焜、龙济光等为抚军。由于袁世凯叛国,失去大总统资格,依约法当由黎元洪继任。所以军务院宣称直隶大总统,统筹全国军机,对内对外皆以军务院名义进行。护国军政府的指导思想体现在它连续发表的五次宣言中。第一号宣言是宣布袁世凯的叛国罪行,并进行讨伐,将来捕获,交法庭审判。第二号宣言是依照约法,袁世凯叛国失去大总统资格,黎元洪为合法的继任者。第三号宣言是以军务院代替国务院,军务院直隶大总统,指挥全国军事,筹办善后庶政。第四号宣言是颁布军务院的组织条例、职权范围,并声明,等到国务院正式成立,军务院便撤销。第五号宣言是宣布军务院的所在地暂定广东,并公布军务院的人事安排。❶ 总的来看,这五次宣言,一方面指出袁氏政府的非法性,从根本上否定了袁的独裁统治;另一方面又强调本身的合法性和崇高理想。陆荣廷主张护国后,便率领两广护国军立即北伐进入湖南,解了蔡锷之围,军事形势马上朝着有利于护国军这方面变化,进一步给袁世凯以沉重的打击。

5 月中旬,陆荣廷部进入湖南,下旬到达衡阳。袁世凯的亲信、湖南都督汤芗铭为大势所迫,亦宣布湖南独立,接着乘船北遁。湖南独立,使重病的袁世凯怨愤交加,于 6 月 6 日死去。1916 年 7 月,黎元洪就任大总统。29日,黎元洪正式宣布遵行《中华民国临时约法》,恢复国会,任命段祺瑞为国务总理。1916 年 7 月 6 日,黎元洪下令废止一批袁记法令及划一各省军民长官职称。黎元洪总统命令,各省督理军务长官改为督军,巡按使改为省长。是日,任陆荣廷为广东督军,陈炳焜为广西督军,罗佩金为广西省长。设省长公署,下设政务厅、财政厅、清赋局。陆荣廷暂时署理湖南督军。8日,任陆荣廷兼署湖南省长。陆未赴任。7 月 14 日,抚军唐继尧、岑春煊等

---

❶ 《大公报》1916 年 5 月 26 日。转引自来新夏:《北洋军阀史》,东方出版中心 2011 年版,第405 页。

13 人联名通电全国,正式宣布撤销中华民国军务院和两广都司令部,"护国战争"宣告结束。

国会恢复后,参议员马君武等人即提出恢复地方议会的议案。他说:"近世闻名各国,莫不以自治机关为政治基础。各国元首虽有解散国会之权,而绝无摧残地方自治机关之权。惟强国征服异族,乃不许其地方自治……直至民国三年袁世凯解散国会以后,因地方自治机关于官吏不便,亦令解散,所有地方自治机关财产,通行没收。国人敢怒而不敢言。其后,以命令定立地方自治章程,所许权利,不及前清所许者远甚,即经自毙。共和复活,即应立时恢复地方自治机关。"❶1916 年 10 月 1 日广西省议会恢复。

省议会恢复后地方制度采取何种体制,从护国的动机来看,陆荣廷等西南地方实力派与梁启超等还存在不同之处。梁启超主张以中央集权精神的"天坛宪草"为蓝本规划省制;陆荣廷等主张以民国初的约法尝试整合国体。1916 年 6 月 7 日,梁启超致电独立各省说:"收拾北方,惟段是赖,南省似宜力予援助,毋令势孤,更不可怀彼我成见,致生恶感。"❷6 月 12 日,陆荣廷曾致独立各省一电,指斥段祺瑞拒绝恢复旧约法是"包藏祸心",但梁却认为这样用词"太激烈"了,有必要"再电劝之"。❸ 他给陆荣廷、陈炳焜的电报中说:"军院宜谋速撤。"❹

1916 年 8 月 1 日,国会开会。9 月 5 日,参、众召开宪法会议,围绕解决省的地位问题,出现了"宪法研究会"与"宪政商榷会"的两种思想交锋。"宪政商榷会"是国民党籍的稳健激进两派谋成的一大政党,1916 年 9 月 9 日由国民党国会议员林森、居正、谷钟秀、孙洪伊等在北京成立。而这一团体中又因背景与政见不同分为三派:(1)客庐派:以谷钟秀、张耀曾、王正廷等为首。拥有群众二百六十余人,多为前国民党稳健分子,为"商榷会"中之主力。(2)丙辰俱乐部:以林森、居正、马君武等为首。多为前国民党激进派,后来加入"中华革命党"者。(3)韬园派:多为前反袁之旧进步党人。

---

❶ 马君武:《恢复地方自治机关议案》,载《申报》1916 年 11 月 25 日。转引自莫世祥:《马君武集》,华中师范大学出版社 2011 年版,第 230 页。

❷ 《梁启超致独立各省电(1916 年 6 月 7 日)》,《中华新报》1916 年 6 月 9 日。

❸ 李希泌、曾业英、徐辉琪:《护国运动资料选编》,中华书局 1984 年版,第 680 页。

❹ 李希泌、曾业英、徐辉琪:《护国运动资料选编》,中华书局 1984 年版,第 734 页。

但"宪政商榷会"很快又再次分裂,其中张继、吴景濂为代表的"客庐"系改组为"益友社",成为与研究系对抗的主要力量。❶ 未几谷钟秀、张耀曾二人因加入段祺瑞内阁的关系,乃率众脱离"宪政商榷会"并于是年十一月十九日自组一政党,名之曰"政学会"。1916 年 9 月 13 日,梁启超、汤化龙等组织"宪法研究会"。该派源于进步党。该党是民元国会中仅次于国民党的第二大党,以黎元洪、熊希龄、梁启超为首领。坚持宪政治国,反对袁世凯称帝。1916 年袁世凯死后,国会重开,该党分为三派:以梁启超为首(实际以王家襄、陈国祥为首)的宪法研究同志会,以汤化龙为首的宪法案研究会,以亲国民党的孙洪伊为首组成的韬园系(宪政商榷会),梁、汤两派合并为宪法研究会,即研究系。

在逐条审议《天坛宪法草案》中,省制问题,主要是如何处理、划分中央和地方的权限,国会中的研究系和商榷会争论激烈。商榷系主张省制写入宪法,省长民选,以确定省权。商榷会中丙辰俱乐部组织者马君武说,"省制加入宪法,亦为本俱乐部所极端主张"。研究系议员则反对,研究系议员汤化龙认为,省制入宪会引发争端,"不但省制加入宪法一层成问题,且会累及宪法难成"。研究系也有的议员据此主张以单行法律规定省制,比如孙润宇即认为行省制度是"政治上一种暗礁",省制的争论至少要费时三五个月不能议决,如果因为省制的争论而延迟宪法,实在有负国民希望。因此,"本员系反对省制加入宪法,而主张别以单行法律规定省宪者"。❷ 研究系之所以不主张省入宪,因为研究系成员大多入阁,他们急于早日制定宪法,使其执政合法化,他们的思想也就走上了中央集权的老路。对此,研究系和商榷系相互反驳。1916 年 12 月 8 日,宪法审议会讨论地方制度,双方针锋相对,为此发生了有名的议会斗殴案。❸ 为打破僵局,已是政学会议员的韩玉辰就省制问题提出:"除省长任免问题无庸规定外,地方制度大纲加入宪法;宪法公布后,以制宪手续制定地方制度"。政学会代表还积极联络其他政团,提出 3 点解决办法:严守中立;院内冲突之际,应由院内依法解决;两院常会及宪法审议会宜维持开会。由于政学会的调解,各政团代表开

---

❶　谢振民:《中华民国立法史》,中国政法大学出版社 2000 年版,第 122 页。

❷　吴宗慈:《中华民国宪法史前编》,文海出版社 1988 年版,第 290—291 页。

❸　刘景泉、林绪武:《政学会与北京政府的政治变迁》,《天津社会科学》2007 年第 6 期。

始协商省制大纲。1917 年 1 月,政学会还与其他政团协商拟出地方制度的十六条草案。十六条规定:省为"地方最大行政区域","省设省长一人,由大总统任命之"。"省长依法令执行国家行政并监督地方自治。"❶但政学会主张的妥协方案也没有被各方接受,每当宪法会议审议时,反对派议员不断提出修正案,争论主要围绕原提案中"省设省长一人执行国家行政并监督地方自治。省长由省议会选举三人,呈请大总统择一任命之"一条展开。张善与、吕志伊、尹承福等人先后提出不同的修正案,但都未能通过审议,致使地方制度的具体内容没有获得通过。这样,省制问题前后共经过 9 次讨论,最终仅以标题形式"第×章××地方制度"列入宪法。即使如此,由于段祺瑞与黎元洪的府院之争,国会被解散,该草案也就被搁浅。

### 二、广西省议会宣布自主

所谓自主,就是指"自己做主,不受别人支配"。❷ 马克斯·韦伯说:"一个团体可能是:①自治的或他治的;②自主的或不自主的,自治意味着不像他治那样,由外人制定团体的章程,而是由团体的成员按其本质制定章程(而且不管它是如何进行的)。"❸有学者认为,"自主"是作为"自治"的下位概念而存在的,上下位的差别主要体现在"自我决断"(Self-determination)的程度上。❹ 但笔者认为,马克斯·韦伯是将自主与自治并列而言的,因此,自主不是自治的下位概念,两者其实具有不同的含义。自主是一种决策方式,自治则是一种法治状态,但两者有很大关联。在民国时期,二者不存在上下位的差别,而是法律秩序状态的区别。

袁世凯死后,黎元洪任总统,段祺瑞出任总理,恢复"约法",旧国会亦恢复。不久,因中国是否向德国宣战,段祺瑞主张参战,而黎元洪及国会有所保留,发生府院之争。段想利用督军团的联合声势威胁黎,嗣后不得再阻挠内阁关于外交问题的决定。督军团,正式名称是"各省区联合会",是1916 年夏至 1918 年间北洋系督军为干政和镇压民主革命力量而组织的团

---

❶ 吴宗慈:《中华民国宪法史前编》,文海出版社 1988 年版,第 279—280 页。
❷ 《辞海》,上海辞书出版社 1999 年版,第 5362 页。
❸ 方铮:《公司章程法律问题研究》,《杭州商学院学报》2003 年第 6 期。
❹ 郑毅:《在自治与自主之间》,《法学论坛》2012 年第 5 期。

体。1916年9月22日,山东、奉天、吉林、黑龙江、河南、直隶、浙江、江苏、湖北、江西、绥远、察哈尔、热河十三省督军代表集会于徐州,由张勋、倪嗣冲领衔宣布成立"各省区联合会",通电抨击"暴乱分子"(指国民党议员)及政府阁员借故扰乱国家政务,诋毁国会制定的宪法草案将导致"暴民专政"。1917年5月,对德宣战案提交到国会表决,宪法研究会(研究系)决定同意政府对德宣战的政策,益友社反对无条件地对德宣战,政学系反对和赞成的两派旗鼓相当,表决时反对派仅多获数票勉强超过半数。❶

黎元洪见此机会,乃于1917年5月23日下令免段祺瑞的国务总理兼陆军总长职,特任伍廷芳暂代国务总理。段祺瑞离开北京赴天津,并指出根据《中华民国临时约法》,大总统无权撤销国务总理职务,故不承认黎元洪下达的免职令。段祺瑞到天津后,联合各省督军共同反对黎元洪,通电发出《各督军呈大总统请解散国会文》,称"今日之国会,既不为国家计,是已自绝于人民代表资格,当然不能存在",要求黎元洪"即将参众两院即日解散,另行组织"。应黎元洪的召令到北京调停府院之争的张勋也以武力迫使黎元洪屈从。黎元洪乃于1917年6月12日发布了解散国会令,宣布"本大总统俯顺舆情,深维国本,应即准如该督军等所请,将参众两院即日解散,克期另行选举,以维法治"。数日后张勋复辟满清帝制,黎元洪引咎辞职。段祺瑞"再造共和"重新执政,冯国璋代总统。段祺瑞拒绝恢复国会,与梁启超等组织临时参议院,成立新政府。

在护国时期梁启超虽然倡议和坚持过恢复《临时约法》和旧国会,但纯属不得已的应付,并非出于对资产阶级民主共和国象征的《临时约法》和旧国会的真正重视。这是梁启超自己也坦率地承认过的。1916年6月27日,他致电刘显世等人说:"约法复旧之议,导源于四省推黄陂(黎元洪)继任之宣言,元首地位既从旧法来,旧法安得不复?法复而国会自随之,此舆论所由共趋于此也。"❷梁启超于6月29日致电蔡说:"约法、国会复旧,已成舆论,不宜撄其锋。"并促其迅电各处取消前议,以免引起国人不满。❸当梁氏1917年夏与段祺瑞合作,荡平张勋的帝制复辟后,即明确表示拒绝恢

❶ 丁中江:《北洋军阀史话(二)》,商务印书馆2012年版,第372页。
❷ 李希泌、曾业英、徐辉琪:《护国运动资料选编》,中华书局1984年版,第709页。
❸ 李希泌、曾业英、徐辉琪:《护国运动资料选编》,中华书局1984年版,第711页。

复被张勋解散的国会和被废除的《临时约法》。其理由如下:"中华民国已为张勋复辟灭之,今国家新造,应依照第一次革命先例,召集临时参议院,重定国会组织法及选举法后,再行召集新国会。"❶

段祺瑞第二次组阁后,一心要完成他武力统一中国的美梦,他派一个自己的亲信而又是湖南人傅良佐去做湖南督军。在傅良佐督湘命令发布后,谭延闿乃向陆荣廷飞电告急,陆即电请冯收回成命,并主张划湖南为南北两军之间缓冲地带,维持湖南现状,以保和平。可是冯已难于作答。因为他已经把湖南和四川与段交换了江苏和江西,因此只得把陆这个电报交给了段作答,8月14日段以国务院名义答复陆说:"谭省长清亮淑慎,勤政爱民,惟军旅非所素娴,故以民事专畀。今日文人不能将兵,已为各国通例。为军事计,为湘省计,为组安(谭号)计,皆以专民事为宜。湘俗强悍,诚如尊论,善用之则为劲旅,以卫国家;否则逾越恒轨,以资扰害,尤非知方通变之才,不能控制统驭。湘省易帅,良非得已,以傅易谭,盖亦几经审慎。傅本湘人,感情素通,断不至因更调而生携贰。明令早颁,势难反汉。远承注念,感何可言。希以此意转告西南群帅为荷。"❷

段祺瑞企图武力统一中国,引起西南实力派的反感和恐惧。民国六年(1917)6月16日陆荣廷致电孙中山,表示拥护共和。20日广东督军陈炳焜与广西督军谭浩明在陆荣廷授意下联合致电黎元洪、冯国璋及各省,"请即恢复国会或克期重组新国会,在国会未恢复前,所有两广地方军民政务,暂由两省自主","遇有重大事件,径行秉承大总统训示,不受非法内阁干涉"。❸ 25日广西省议会通电护法讨逆。所谓自主,与独立有所区别,是一种半独立状态。自主时期,两广不受北京段祺瑞内阁的干涉,但遇有重大问题,仍可直接请命总统。桂系所搞的自主,完全是一种投机手段,他们认为自主是半独立,在半独立情形下,他们采取联冯倒段的策略。因为是半独立,对于北京政府的命令便根据自己的利益来决定应付办法。桂系提出两广自主,只是反段不反黎元洪、冯国璋,目的是稳固地方割据,但客观上也为

---

❶ 孟世杰:《中国近百年史》,百城书局1931年版,第82页。

❷ 丁中江:《北洋军阀史话(二)》,商务印书馆2012年版,第489页;陶菊隐:《北洋军阀统治时期史话(中)》,山西人民出版社2013年版,第89—91页。

❸ 来新夏:《北洋军阀史》,东方出版中心2011年版,第482页。

孙中山南下开展护法运动提供了有利条件。

段祺瑞在宪法研究会的鼓噪下,顽固地拒绝恢复《临时约法》和召集国会,孙中山对此极为愤怒,在这种情况下,孙中山抵达广州,明确提出护法主张。不久滇系军阀唐继尧也表示与两广取一致行动。这样,两广和云贵四省遂成为护法基地。1917 年 7 月,吴景濂、王正廷等响应孙中山护法号召,率领 130 多名议员南下广州。8 月 25 日,在广州召开召开国会非常会议,组织军政府,开始了护法战争。

1918 年,段祺瑞为抵制孙中山在广州的国会非常会议,决定重选国会议员,在北京成立以徐树铮、王揖唐为首的安福俱乐部,贿买选票,包办选举。安福系在新国会中占有绝大多数席位,时称"安福国会"。1918 年 7 月,安福系继续操纵全国各地正在进行的国会代表选举。选举结果全部揭晓,除广东、广西、四川、云南、贵州护法五省外及川边一特区抵制选举外,总计共选出参议员 147 名(总额为 168 名),众议员 325 名(总额为 406 名)。两院合得 472 名,其中属于安福系的议员总数为 384 名,占 80% 强,成为国会的唯一支配者。研究系只得 20 余名,遭到惨败。8 月 20 日众议院议员 406 名,选举安福系领袖王揖唐为众议院议长,刘恩格为副议长。22 日参议院议员 168 名,选举旧交通系领袖梁士诒为参议院议长,朱启钤为副议长。安福国会正式选举徐世昌任中华民国总统,接替了代总统冯国璋。

检讨民国初年民主政治的失败,必然要深度检讨梁氏。国民党提倡"平民政治",进步党就宣称"平民政治"乃"众愚政治",提倡"国权主义"反对"民权主义";国民党提倡地方分权,进步党就提倡中央集权;国民党坚持由国会搞责任内阁制,进步党就支持袁世凯搞总统制。与梁启超关系密切,但并非进步党党员的张东荪,很早就预见到了这种均衡被打破后的危险。"二次革命"被镇压后,梁启超等进步党人兴奋异常,大有彻底扫除国民党"乱暴势力"的成就感;张东荪却忧心忡忡,撰文直接指出"国不亡于暴民,而必将亡于官僚"。❶ 辛亥革命建立了共和政体,接着有国民与进步两大政党的出现,从外观上看,似乎这是一个好的征兆。孙中山和梁任公,是当时最具世界知识的两党领袖,恐怕杰弗逊和汉密尔顿都难望其项背。但杰弗

---

❶　梁启超:《外交欤内政欤》,载《饮冰室合集》文集之三十七,第 59 页。

逊和汉密尔顿能奠定美国两党政治的基础,中山和任公却难于使其政党政治理想实现。盖两党政治之不果,实由康梁派与同盟会自清末以来,久远的居于对抗地位,因此任公与中山先生也就难免于恩怨关系。这一个是发人深思的。❶

### 三、地方自治的权力来源争议

1916 年 8 月,孙中山在宁波各界欢迎会上说:"盖政治与社会,互有关系,而政治之良必导于社会,盖欲社会进步,必行地方自治。"❷1918 年 7 月孙中山在上海与李宗黄谈话时,要求其注意考察日本的地方自治制度,但他认为中国地方自治的实施应是在军政府推翻军阀政治之后。关于地方自治的权力来源,孙中山先生坚持人民主权观点,但认为地方自治的权利不是天赋的,而是通过革命获得的。

为了挽救共和制,孙中山邀请原国会议员到达广州,在南方发起护法战争。孙中山希望依赖西南军阀陆荣廷、唐继尧等人的军事实力护法,陆、唐等人则仅希望借助孙的声势与护法这面政治大旗与北方段祺瑞的"武力统一"政策相对抗,他们通电自主,提出迎接黎元洪复职、恢复国会、罢免段祺瑞、撤回傅良佐四项主张,并称自《约法》失效,国会解散之日起,一切命令无所根据,应视为无效,亦不承认发布命令之北京政府。在孙中山的号召下,国会议员纷纷南下参加护法。至 8 月中旬,到达广州的议员达 130 余人。由于不足法定人数,孙中山遂于 25 日召集国会非常会议。《国会非常会议组织大纲》于 1917 年 8 月 29 日在广州议决公布,规定国会非常会议,以现任国务议员组织之;国会非常会议之议事,以参众两院议员会合行之;国会非常会议至内乱戡定,《临时约法》之效力完全恢复时为止。8 月 31 日非常国会通过《中华民国军政府组织大纲》。"大纲"规定组织军政府的目的是"勘定叛乱,恢复临时约法",并宣布约法未完全恢复以前,中华民国行政权由大元帅行使;大元帅对外代表中华民国。9 月 1 日,国会非常会议选举孙中山为大元帅,唐继尧和陆荣廷为元帅(唐、陆均未就职),负责行使军

❶ 张朋园:《梁启超与民国政治》,食货出版社有限公司民国六七年版,第 42 页。
❷ 《孙中山全集》第 3 卷,中华书局 1984 年版,第 349 页。

政府职权。10 日，孙中山宣誓就职，表示要尽全力攘除段祺瑞等民国叛逆，恢复《临时约法》。

　　然而，护法政府并未得到西南军人的支持，云南唐继尧不理不睬，而桂系陆荣廷更为冷淡。在非常国会选出陆荣廷为元帅的当天，陆致电非常国会表示自己的政见，反对另组政府，主张黎元洪总统复职。桂系还借《临时约法》，追究军政府成立之不合法。陈炳焜在非常国会选举大元帅的当日，即发出通电，声明："凡此举动，无论是否合法"，"无论发生何种问题，炳焜盖不负责"。9 月 4 日，陆荣廷和谭浩明致电非常国会，公开表示，应该由黎元洪复职，重组北洋政府，而不是由孙中山出任军政府大元帅。电文称："方今国难初定，应以总统复职为先务之急。总统存在，自无另设政府之必要。元帅名称，尤滋疑义，易淆视听。"随后，陈炳焜对广东报界发表谈话说："粤之自主，以护法为宗旨，其合中华民国约法者则承认之，其违反约法者则抗拒之。""南方日以护法为揭橥，今于约法之外，而另有组织军政府大纲；于总统存在之时，而另行选举元帅，稍有常识者，均知其不尽适法。"❶至于在广州组织军政府问题，他说："我不能表示赞成的态度，也不愿采取干涉的态度，但是广东人民不能担负军政府和非常国会的经费开支。"❷不仅如此，陈炳焜在对某外国人的谈话中，进一步表示："余元年来主张拥护共和和维持约法之人，对于段内阁之非法成立，在理与势余固不能不反对也。然对于此间非常国会之举动，亦不能妄表赞成。"❸由于地方实力派不支持，故广州大元帅府并无一兵一卒可以调动，元帅府中诸人"无事可为"。

　　有学者认为，桂系的用心虽是反对以孙中山为大元帅制的军政府，但征诸孙中山在民国元年主持制定并公布的《中华民国临时约法》条文，组织大元帅制的军政府确实有悖约法条文。《临时约法》规定："临时大总统统帅全国海陆军。"孙中山等中华革命党人反对段祺瑞解散国会、破坏约法所举出的旗号既是"护法"，那么就表示遵照约法，承认黎元洪继续任总统，全国海陆军应由黎统帅，海陆军大元帅也只由黎可以担任。因此，就约法条文而

---

❶ 《粤督军之真主张》，《中华新报》1917 年 9 月 17 日。
❷ 丁中江：《北洋军阀史话（二）》，商务印书馆 2012 年版，第 485 页。
❸ 《陈督军宣布宗旨》，《民国日报》1917 年 9 月 16 日。

论,成立大元帅制的军政府违反了约法条文。曾以代理国务总理资格坚决拒绝副署解散国会令的伍廷芳,就因对组织孙中山任大元帅制军政府的合法性和可行性一度持保留意见,虽列名军政府,而未立即到职。政学系和益友社一般也持上述观点。但是,孙中山等中华革命党人所倡导的护法,是要打倒北洋军阀独裁统治的假共和,依照《临时约法》恢复真共和,重建资产阶级民主共和政权,真正实现约法所规定的"中华民国之主权属于国民全体"。孙中山等中华革命党人把约法和国会视为实现革命目标的政治斗争工具,这就不可避免地受到约法条文的制约,陷于矛盾之中。桂系军阀因而钻约法的空子,反对军政府的成立。在这种情况下,孙中山当选军政府大元帅后,还电邀黎元洪南下组织政府。❶ 因此,政学系和益友社都属于稳健派,他们都认为"自主"就是一种在约法破坏情况下的特殊自治行为,并不主张将自主推向革命,而是主张待约法恢复后就取消"自主",实施法律秩序下的地方自治。

1918 年 1 月 15 日,陆荣廷、唐继尧、汤漪以"西南各省同为自主之主体,同为独立之政府,地位处于平等,责任期于同负,因无设军政府之必要",发起成立西南各省联合会与孙中山领导的护法军政府分庭抗礼。1 月 20 日汤漪起草了《护法各省联合会议条例》,1918 年 1 月 15 日至 28 日,护法各省联合会召开,推岑春煊为议和总代表,伍廷芳为外交总代表,唐绍仪为财政总代表,唐继尧、程璧光、陆荣廷为军事总代表。20 日,广东莫荣新等联衔通电公布《中华民国护法各省联合会议条例》。西南联合会议明确规定对外对内执行政务,职权有"办理共同外交,订立契约;监督共同财政,办理内外公债之募集;统筹军备,计划作战,议决停战议和事件;议决与各省之争议事件"等,还规定"联合会议置军事、财政、议和各参赞若干员,由各总代表分别聘任之",俨然与军政府相抗衡。孙中山认为联合会议"于约法无根据",是"督军团之第二"。章太炎也通电怒斥岑春煊说:"岑云阶、李协和发起护法各省联合会议,观其条例行事,干预宪法,则是倪嗣冲第二也。预派议和代表,则是李完用第二也。夫以武汉且下,荆襄且复,逆寇命在咽

---

❶ 孙彩霞:《护法军政府改组的几个问题》,载《"1910 年代的中国"国际学术研讨会论文集》,社科文献出版社 2006 年版。

喉之间,北方宣战,而我遽主和,堕三军之心,长仇雠之气,真无异自杀政策。此等集会,早应派遣警兵,立时解散。"❶忠于孙中山的滇军第三师长张开儒也指出:各省联合会议,其表面虽似省政府联合之过渡机关,其用意在第一步推翻军政府,第二步推翻旧国会政府。组织名虽为联合会议,其内容实为合议政府。与叛督之天津会议又何以异? 1918 年 4 月,新任粤督军莫荣新命郭椿森等积极拉拢国会议员中的政学系分子和益友社分子如汤漪等人,提出"修改军政府组织法"案,改大元帅制为总裁合议制。他们名为改组军政府,实质是取消孙中山的大元帅职务,让军政府变成桂系的御用工具。非常国会慑于桂系的势力,竟于 5 月 4 日通过这一提案。1918 年 5 月 21 日孙中山愤然辞职,前往上海,并发表通电,指出:"南与北如一丘之貉"。❷

　　自主与自治是不同的法律秩序状态,这决定了各省联合会议不同于军政府,其地方自治的权力来源需要中央授权。南方各省借助护法宣布自主,从理论上将是试图以此为手段促使中央对地方自治进行认可,如此,他们还需通过国会立法确立省制。为此,桂系等把持的各省联合会议还得张罗筹办国会,时非常国会经先后递补缺席议院,在广州的国会议院已足法定人数,宣告为"正式国会"(一般称为旧国会)。旧国会仍就打着护法旗帜,召开宪法会议审查会,审查国会解散前悬而未决的宪法条文。据沈钧儒回忆,1916 年冬,他应张耀曾之邀到北京任司法部秘书,参加了政学系的活动。1918 年 7 月 31 日又受邀到广州,递补为议员,届时孙中山已离开广州。在9 月 28 日至 12 月 13 日旧国会审议地方案中,沈钧儒提出《地方制度第三条修正案》,主张"省以不设军队为原则",理由有三点:(1)省不宜练兵,(2)治匪不能靠兵,(3)养兵耗财最甚。又提出《以省参事会为完全执行地方最高自治机关,而于行政组织不设司长等官意见书》,主张"省参事会对于省议会负责任,而执行事情之对外发表,则仍以省长名义行之"。此两案反映了他致力于地方自治的精神。❸

---

❶ 《1918 年 1 月 15 日岑春煊另立政府,成立西南各省联合会》,"网易历史"2006 年 1 月 15 日。

❷ 《民国日报》1918 年 5 月 13 日。

❸ 参见周天度、孙彩霞:《沈钧儒传》,人民出版社 2006 年版,第 50—51 页。

## 第二节　旧桂系军阀对地方自治的抵制

在护国、护法运动中,陆荣廷为首的旧桂系军阀乘机发展自己的势力范围,他们的眼光不再停留在广西,而是盯住了富饶的广东等周边省份。他们的政治立场也就多变,一方面以自主来对抗中央,另一方面却破坏广东的自主,扩充自己的私利。

### 一、桂系据粤的由来

民国五年(1916)7 月 6 日,北洋政府改各省督理军务长官为督军,改民政长官为省长,设省长公署。同日,民国政府任陆荣廷为广东督军,陈炳焜为广西督军。当时,护国战争结束,军务院也于 7 月 14 日宣布撤销。于是,陆荣廷率莫荣新、谭浩明、马济等军南下广东,围攻龙济光于广州,迫使龙济光退居琼崖,9 月中旬解决了广东。9 月 22 日陆荣廷在广东肇庆宣布就任广东督军,桂系军阀据粤自此始。

"军阀"一词,最早出于唐代。唐朝政府想对中央和地方军力进行整合,故而设置节度使,统一地方军权。《新唐书》载:"郭虔瓘,齐州历城人,开元初录军阀,迁累右骁卫将军兼北庭都金山道副大总管。"唐人所谓的"军阀"是从军事角度出发的,意思为军功,但与社会的上层地位有很大的关系。后来这些节度使可以自行招兵筹饷,成为了割据一方的地方军阀。《资治通鉴》记载,开元二十五年(737)"以方隅底定,令中书门下诸道节度使,量军镇闲据利害,兵防定额,于诸色征人及客户中召募丁壮,长充边军,增给田宅,务加优恤"。近代意义上的"军阀"一词,是由梁启超从日本翻译而来的。梁启超进一步阐述了军阀把持政权的特征,他说:"军阀之为政,以刚强自喜,而结果也,必陷于优柔而之,外强中干,上刚而下肉,是其征也。"❶内忧外患中的晚清政府于 1862 年开始实施洋务运动,开启了军事改革的大幕。在镇压太平军的战争中,曾国藩创建了中国第一支私属武装——湘军,并用其全新的制度取代了八旗、绿营制度,成为了近代地方军

---

❶ 来新夏:《北洋军阀史》,东方出版中心 2011 年版,第 8 页。

阀的祖师爷。

辛亥革命后,陆荣廷成为广西都督,袁世凯担心这些地方军阀的势力膨胀,将军权与民政分开,军权由中央掌控。护国战争后,中央军事权再次下落,陆荣廷等地方军阀的权力得到扩展。1917 年 3 月 27 日,广东督军陆荣廷继冯国璋之后到了北京,这是护国战争后西南派军人亲自到北京来的第一人。陆荣廷到了北京,于 28 日谒见黎、段,29 日到清宫会见溥仪。复辟派、段祺瑞、黎元洪都对陆荣廷很重视,都想将其拉为己用。国会议员因为陆有"再造共和"的虚誉,特于 4 月 5 日在迎宾馆公宴招待。陆在北京的时期,所受到的热情招待还远过于离开北京不久的副总统冯国璋。陆逢人表示他不贪名、不贪利、不争权位,不要地盘,愿意"解甲归田"。他推荐部下陈炳焜、谭浩明继任广东、广西两省督军;示意北京政府撤换与他不能合作的广东省长朱庆澜。黎、段都懂得他所需要的是更高的权位和更大的地盘,便于 4 月 10 日发表命令任陆为两广巡阅使,并根据他的请求以陈炳焜为广东省督军,谭浩明为广西省督军。陆荣廷是继长江巡阅使张勋之后的第二个巡阅使。但是张勋不能节制长江各省,陆荣廷却能节制广东、广西两省。从此,巡阅使就成为驾乎督军之上的一个大头衔了。[1] 陆在巡阅使命令发表后,没有和任何人告别,悄然回到南方去了。在此时期,段祺瑞授意各省督军组织督军团在京开会,迫黎元洪解散国会。广东督军陈炳焜、广西督军谭浩明与李烈钧联名发出通电,发起滇、黔、川、湘、粤、桂六省联盟,并建议公推陆荣廷为盟主,请陆到广东"主持至计"、"遵守《约法》、拥护共和为始终不渝之宗旨",又请冯国璋"坚持护法之心"。[2]

陆荣廷升任两广巡阅使后,却以年事已高为由,乞归故里。实际上他是想回到广西老巢,遥控两广。两广总督的行政设置惯例,以及广东比广西发达的吸引,助长了陆荣廷向广东扩张的勃勃野心。两广巡阅使职权范围是:作为中央特派大员,以巡阅广东、广西水路防务为其特权;可直接内阁办事;遇有会办事情,与粤桂两督军咨商办理;必要时有指挥两广水路军队之特权,粤桂两督军有关水路防务重要事情,需与两广巡阅使咨商办理;两广巡

---

❶　丁中江:《北洋军阀史话》(二),商务印书馆 2012 年版,第 362—367 页。

❷　两广都司令部参谋厅编:《军务院考实·第四编》,商务印书馆 1916 年版,第 31 页。

阅使不得干预民政事宜。❶

陈炳焜在粤,因弛广东赌禁而有开赌受贿之嫌,广东各界人士群起指责。1917 年 7 月,孙中山南下"护法",在广州组织军政府。陈炳焜又处处与孙中山为难,孙中山极为愤怒,力求撤换陈炳焜。陆荣廷为敷衍孙中山,将陈调回广西。陆荣廷此举,实质上是为了巩固桂系对粤的控制,不得以对孙中山的让步。因为此时段内阁下令讨伐桂系,罢免两广巡阅使陆荣廷、广东督军陈炳焜和广西督军谭浩明,派广东省长李耀汉兼署广东督军,叛附北方之广东陆军师长兼潮梅镇守使莫擎字会办广东军务。这是段利用广东地方派驱逐桂系的釜底抽薪之计。在北方的压力下,桂系这才和孙中山合作。1917 年 11 月 10 日,陆荣廷到梧州主持军事会议,这次会议,除了桂系军事领袖外,还邀请了孙大元帅的代表胡汉民、护法军政府代表外交次长王正廷、海军总长程璧光、广东省长李耀汉参加。这次梧州军事会议比南宁军事会议扩大了,这是一次包括国民党、桂系、广东地方军人的联席会议。国民党这时才有机会表示决定性意见,因此提出桂系的广东督军陈炳焜不得人心和攫夺省长亲军等问题,陆荣廷立刻接受。

11 月 21 日,陆荣廷擢升莫荣新为广东督军。对于孙中山的护法军政府,莫荣新遵循陆荣廷的指示,继续进行阻挠和破坏。他曾密令所属军政机关,将孙中山派往各地的招兵人员,诬为土匪,逮捕杀害。仅增城一县,被杀害者达六十九人。1918 年 1 月 2 日,莫荣新在广州拘捕孙中山大元帅府的招兵人员和卫兵数人。孙中山飞函要求释放,莫荣新置之不理,悍然将此数人枪杀。孙中山见莫欺人太甚,忍无可忍,乃于三日晚,命令军舰开炮轰击莫荣新的观音山督军署。莫担心事态扩大,于己不利,下令熄灯灭火,不许所部还击。第二天,莫还假惺惺地到大元帅府向孙中山请安问好。事后陆荣廷在南宁对盘珠祁说,"孙文呀,满清推倒,就应出洋去,不应东捣乱,西捣乱,他竟敢炮击督军署,日初(莫荣新字)忍得下,如果是我,我一定要还枪,一定要结果他。"❷在桂系眼中,强权即真理,他们是不认可护法军政府

❶ 卢五洲:《陆荣廷入京记》,载广西壮族自治区政协文史资料委员会:《老桂系纪实》,广西人民出版社 2003 年版,第 293 页。

❷ 参见广西辛亥革命史研究会编:《广东督军莫荣新》,《民国广西人物传》,广西人民出版社 1983 年版。

的,所谓的"自主"纯粹是为了维护自己的既得利益,借此截留中央税款,割据两广,而不是为了实施真正的地方自治。

### 二、旧桂系对广东自主的破坏

民国六年(1917)6月20日,广东督军陈炳焜和广西督军谭浩明联合通电,宣布两广暂时独立。7月19日,孙中山出席广东省议会欢迎会,与陈炳焜、朱庆澜商讨邀请国会议员来粤,以便召开国会和组织护法政府问题。孙中山提议以省议会名义,请国会议员来粤召集国会,以决定大计。是日,广东省议会致电旅沪国会议员,欢迎来粤开国会。朱庆澜表示欢迎,陈炳焜则态度模糊。朱庆澜(1874—1941),原籍浙江绍兴,生于山东历城,时任广东省省长。朱庆澜对孙中山护法运动的支持令段祺瑞大为不满,为逼走朱庆澜,1917年7月25日北洋政府特任广西省长刘承恩为广东省长,朱庆澜改任广西。朱庆澜声明广东"自主",非法内阁命令无效,刘承恩未能南下就职。

朱庆澜任广东省长时曾辖省防军二十营,广东督军陈炳焜为把该地方武力夺过来而排斥朱庆澜,策动肇阳罗镇守使李耀汉驱逐朱,以省长职位饵李。朱在李耀汉的压迫下向省议会辞职,并要求准予将省长亲军20营交给陈炯明接管,归大元帅府直辖。1917年8月26日朱庆澜把省长大印交给省议会,根本不理睬陈炳焜就去了香港。陈大为愤恨,当天在布告中说他是"私人出走,有心扰乱治安。"8月28日,广东省议会选举胡汉民为省长,但陈炳焜不承认,并夺去了省长印信。9月6日广东省议会按照桂系军阀的意见,改选肇阳罗镇守使李耀汉为省长。对广东省议会不利于自己的决议,桂系就以与中央法令相违背而斥为非法,而对北京政府的命令不利于自己时,又以自主相推脱。10月23日,因广东督军陈炳焜倡言自主,潮梅镇守使莫擎宇便布告声讨陈炳焜,宣告与广东军政府脱离关系,军政直属北京政府,福建督军李厚基即致电支持莫。10月27日,北京政府下令撤去陈炳焜,任命省长李耀汉兼广东督军,莫擎宇会办军务。10月31日,陈炳焜表示不承认北京政府对他撤职的命令,并于11月5日通电声明决不去职。

其实桂系并不会真正拥护广东自主,桂系倚仗军队,在广东有恃无恐,包烟包赌,贪污勒索,走私牟利,为非作歹,无所不为。为军、政费需要,陈炳焜要求议会通过弛赌禁案。继任广东督军莫荣新还派曾彦、杨永泰等多次向日本、英、美等国银行乞求借款,以广东的税收或矿产作抵押。❶ 廖仲恺也说,"吾粤近年被莫荣新、杨永泰、龚政等多方罗掘,大有破产之虞","官产公产抵押殆尽,而官商合资事业,如电灯、自来水之官股,均已押借。其数目约共一千万元"。❷ 龚政,广西贵县人,曾留学日本,1913年进入广西省参议会,并与卢汝翼、议员雷殷等人提出广西省会由桂林迁往南宁议案。同年,受广西众议员推举,出任北京政府会议员,参加了制定《中华民宪法草案》,是众参两院议员组的30名宪法起草委员会委员之一。孙中山回广东组织护法军政府,龚政在政学系和桂系的推荐下,1918年出任广东省造币厂厂长,息借商款,重铸二角银币,成色较旧毫减低,每月获利甚厚,两广军费,多资挹注。1920年,任广东省财政厅厅长,掌管经济命脉,位居要职,但他还开办煤矿,谋取暴利。

据李宗仁回忆,他驻军广东新会县期间,广东政局已是动荡不定的状态,省长一席,尤为明争暗斗的焦点。在陆荣廷和莫荣新的支持下,翟汪宣布上台,李耀汉被逐。李遂利用他在任省长期间扶植起来的势力策划谋反。新会县何县长因曾随李耀汉任军职多年,仅因怀疑何参与李耀汉密谋举事,上峰就命令李宗仁将何秘密取决。❸ 桂系军阀对广东自主的无理干涉,激起广东人民的极大愤怒。民国九年(1920)8月12日被迫退居上海的孙中山命令援闽粤军总司令陈炯明回师广州,陈炯明在漳州公园举行回师广东誓师大会,高喊"粤人治粤"口号,兵分三路向粤东进军。10月29日,粤军一举攻克广州,桂系残部逃回广西,结束桂系军阀陆荣廷、莫荣新、岑春煊等在广东的统治。11月10日 广州军政府任命陈炯明为广东省省长兼粤军总司令。

粤军驱桂后,孙中山等着手在广州组织一个正式政府以与北京政府相抗衡,并任命陈炯明为广东省省长兼粤军总司令。1921年5月5日,以孙中山为非常大总统的中华民国政府在广州宣告成立。孙中山为了团结西南

---

❶ 李培生:《桂系据粤之由来及其经过》,载章伯锋、顾亚主编:《近代稗海》第9辑,四川人民出版社1988年版,第204页。

❷ 尚明轩、余炎光编:《双清文集》上卷,人民出版社1985年版,第380—384页。

❸ 李宗仁口述,唐德刚撰写:《李宗仁回忆录》,广西师范大学出版社2005年版,第87页。

地方实力派,又在宣言中希冀"各省人民完成自治","庶几既分离之民国,复以自治主义相结合,以归于统一,不必穷兵黩武,徒苦人民"。❶ 陈炯明当时在倡导联省自治,主张广东、广西自主,也无出兵广西的打算。但桂系退回广西后,眼光仍盯着富饶的广东。形势上的需要,桂系分成了两派:一派是武鸣派,以陆荣廷为首;一派是柳州派,以陈炳焜为首。两派表示在这大变局中合则存、分则亡,合的途径是武鸣派愿意帮助柳州派向外发展。一方面向北京政府保荐陈炳焜为广西护军使;一方面集中军力在梧州,准备反攻广东,打下广东后即将广东地盘让给他们。这种行动,对陈炯明起了刺激,陈炯明本希望粤桂和平共存,相安无事,怎知陈炳焜却在梧州宣布为军事戒严区,这很明显是为了侵粤,因此陈炯明也把西江自肇庆以上宣布为军事戒严区。

　　粤桂战火重燃,于是陈炯明乃根据湘粤联防条约,请求湘军出兵进攻桂林,捣袭桂军的后路。陆荣廷也根据多年来湘桂同盟的关系,派林虎到湖南,请求湘军出兵北江,助以一臂之力。这使尚未恢复元气的赵恒惕为之左右两难,他不希望西南方面兵戎相见,再启战端。于是他发起邀请四川、湖南、云南、贵州四省共同调停粤桂战争,并请广西宣布自治,与西南各省采取一致的态度。赵恒惕的建议只获得四川的刘湘表示同意,而云南和贵州都没有答复,因此赵恒惕的四省联合调停粤桂战争的计划未能实现。陈炯明再度被迫作战,他在粤闽边区驻防时,孙中山一再要他率军回粤,他不答应。直到广东的桂系要出兵打他,他才下了决心回粤驱逐桂系。现在他无意攻桂,孙中山怎样敦促他,他总是推三阻四。直到桂军要进攻广东,才迫他顺从孙的意旨,决心讨伐桂系。1921 年 6 月 18 日孙中山下令对广西总攻击。6 月 20 日陈炯明出发到肇庆,26 日孙发表命令,派陈炯明为援桂军总司令。同一天,陈炳焜部将刘震寰响应粤军,宣布独立,这一来使得陈炳焜、莫荣新、韦荣昌等无所措手,匆匆忙忙地逃往浔州,粤军遂不战而克梧州。孙中山对此十分高兴,他在广州设宴招待会上演说:"须知广西强盗一日存在,则吾粤人民一日未安。今桂孽既清,则吾粤人民自可安居无忧矣。"❷

❶ 《孙中山全集》第 5 卷,中华书局 1985 年版,第 531—532 页。
❷ 《孙中山全集》第 5 卷,中华书局 1985 年版,第 597 页。

### 三、有名无实的广西地方自治

广西在民国十年以前,省内幸无战祸,地方无事,本来是地方自治发展的良好时机。但那时期的政治,一切多沿前清旧习,无所改进。民国初年,陆任民政长,按惯例,省议会开会,民政长理应到会,可他每值议会开会,避不到会,甚至有"议员因事至都督府谒陆,陆托病拒不接见"者。广西由民国十年到十四年,省内战事连年不息,地方自治无从说起。

护国战争后,广西省议会虽然恢复,但当时省参议会通过的议案,大都束之高阁,不了了之,但当时的议员秉承了民国初期的热忱,还是较负责的。例如,广西省议会第一届第三次常会于民国六年(1917)4月1日在省府召开,会期至5月30日共2月,因民国六年度省预算案及其他重要案尚多未经议决,应连续开议,经与会全体议员动议依法延长20天会期至6月19日。后因民国六年度省预算案全案由省政府交议会议决时,距闭会期日仅3天,审议定难终结,而预算为重要事件,不能不将全案议决,故关睢麟等52名议员联名请求开临时会。次日接开第一届第一次临时会至7月12日闭会。议长姚健生,副议长张一气,议员胡维翰等73名出席了此次会议。会议期间,议员们就本省民政、财政、教育、实业等向当时省长刘承恩提出质问和建议,并提交了一些群众请愿书。副议长张一气,1878年出生在平乐源头镇九洞村一个普通的农家,清光绪二十九年(1903)参加清代最后一届科举考试,考中秀才。宣统元年(1909),在桂林经麦焕章介绍加入孙中山领导的同盟会。1913年3月,被选为广西省参议会议员、副议长。1914年1月14日,袁世凯下令解散国会,广西省参议会亦被解散。张一气遂奔香港,在孙中山领导下进行组织倒袁的秘密活动。1916年6月,袁世凯死后,广西省参议会恢复,张一气回任原职,他是一个比较有正气的议员,在议会中能够仗义执言。虽然这些议案没有被陆荣廷等地方势力派采纳,但议员这种为民请愿的精神影响了许多年轻人,后来新桂系推荐张一气为省长就源于此。

在旧桂系时期,李静诚主政广西时间较长。李静诚(1867—1944),旧桂系骨干,武鸣人,1911年随龙济光到广州掌文案。辛亥革命后回广西追随陆荣廷,为陆亲信。历任南宁军政府副秘书,龙州、梧州中关统税局长,广西都督府秘书,广西陆军第二师少将参谋长,广西督军署中将参谋长,广东督军署顾问,广西财政厅长等职,分掌刑名、钱粮、文案和交际。1917 年 9 月 9 日,广西省长因广西自主离职回京,以财政厅长李静诚代理省长。11 日,李静诚任省长。1918 年 6 月 1 日,李静诚辞去广西省长职,陈炳焜任广西省长。1919 年 6 月陈炳焜卸广西省长职,李静诚再次出任广西省长。李静诚两次出任广西省长,应为广西督军推举,省议会选举的结果。从史料记载看,广西当时是自主时期,省长产生办法已不服从中央命令。1920 年 11 月 4 日谭浩明通电宣布广西取消自主后,北京政府于 1920 年 12 月 29 日任命李静诚为广西省长。1921 年孙中山命粤军入桂讨陆,随陆逃到上海。李静诚能多次当省长,主要是因为他与陆荣廷关系密切,办事为陆荣廷是从,地方自治也就有名无实。他当省长时期,各县知事由省长委派,至于县署编制,没有一定。因为那时的县署经费,采取包办制度,头等县每月经费 1000 元,二等县 800 元,三等县 600 元,四等县 500 元,均由县知事自行支配,所以县署用人多少,是由县知事视政务之繁简而酌定。❶ 民国五年,昭平县知事陶某,是陆荣廷公馆之教读先生,陆以昭平县相酬,到任百事不理,只知扒钱。一日见有人挑几桶饭走过,问之为发因犯口粮。陶某不知因犯是司法开支,以为要他掏腰包,次日坐堂提出监犯一半计 30 余人,喝令绑出枪毙。地方绅士闻之,前往阻拦已来不及,赶忙发电报请省长公署制止,算是救回一半。事后,陆仅嘱咐省长将陶撤职查办而已。❷

陆、谭统治广西时期的地方自治,殊不足道。当局的人,都把眼光注视到军事上面去了,政治方面很少关心。谭延闿曾对人说:"督军是婆婆,省长是小媳妇。"其实,地方自治有一个先决条件,就是要废除督军,如果督军制不能废除,即使本省人做了省长,这个省长也只是一个傀儡,不可能发生什么作用。省长所要做的事情,不是为老百姓办事,而是为督军负责后勤保障,想办法揽财满足军需。旧桂系在广西盘踞十多年,还要扩张势力到广东,军政开支浩大,其财政金融来源,除田赋及货物税收外,还靠征收赌捐花捐鸦片税,发行纸币。因此,李静诚所做的事情主要有征收捐税,发行纸币。

❶ 卢象荣、区步桥:《老桂系军阀统治杂记》,载广西壮族自治区政协文史资料委员会编:《老桂系纪实》,广西人民出版社 2003 年版,第 924—925 页。
❷ 沈樾:《清末民初广西县政概况》,载广西壮族自治区政协文史资料委员会编:《老桂系纪实》,广西人民出版社 2003 年版,第 172 页。

　　1917年9月,李静诚上任伊始,所做的最大事件就是要求广西银行电请上海商务印书馆派员来南宁印刷纸币。自民国九年十月粤军驱逐桂军出广东后,桂系陆荣廷便投靠北京政府,12月29日就任粤桂边防督办,积极扩军备战,陈兵粤桂边界,妄图重新夺占广东地盘。次年六月,陆荣廷发出总攻击令,分兵四路进攻广东,于是便拉开了粤桂战争的序幕。三军未发,粮秣先行。为解决庞大的军需支出,桂系只好赶印钞票。1920年11月16日,广西督军谭皓明和省长李静诚,致电江苏督军齐燮元、省长齐跃琳:广西银行上海分行订印一元券3,000,000张,一角券10,000,000张,请转饬沪关准该分行随时领照分运。同月26日江苏督军齐燮元和省长齐跃琳致电财政部,请援案核发护照。同年12月2日财政部泉币司致函币制局钞券处:"上电业由本司呈奉总长批示照准在案。"同意办理。广西省长李静诚探悉关节已经打通,1921年1月10日致电财政部,请转知税务司、币制局立予缮办护照,发交驻沪广西银行具领,并饬沪关验照放行。1921年4月8日又通过同样的手续,将在上海商务印书馆印刷的面额五角辅币券运回广西。

　　广西著名教育家盘珠祁回忆说:"李静诚脑筋陈旧,顽固优游。计在李任省长数年之间,我为开办农业场、校,向省府陈请者不知若干次。我又将开办农业场、校的重要意义向省议会议员者们宣传游说,乃一致赞同。经省议会表决列入预算,咨请省府照办者亦不知若干次,但李省长均延宕搁置不办,仅以省府计正的位置来敷衍羁縻我。至1920年因富贺钟矿局(官办的,因完全用省公款开办亦称省办)舞弊侵吞,肆无忌惮,许多商民诉请省府派员查办,并向省议会陈报请转咨省府派员查办;但该矿务局的总办李惠如是陈炳焜的表亲,省府不敢过问。直至诉告到陆荣廷处,陆乃对李省长表示谓富贺钟矿局应该查办了。于是李静诚特到省议会咨询议长(当时正议长是姚建生,副议长是张一气)谓陆老师对矿局亦说应该查办了,省政府拟派一公正人员如盘珠祁者前往查办,不知议会方面的意见如何。李省长得他们一致赞同后,遂要我充当查办富贺钟矿局特派委员。该矿务局在广州、香港设有运销煤、锡办事处,于是我先到穗、港秘密查访,获取该局当事人侵吞舞弊证据,回邕缮写报告据实呈报省府,并另膳一份递交省议会。至此省政府不得不将该局总办李惠如撤职。我的报告书后经省议会专本刊发,俾众周

知,一时称快,此乃民国九年冬间事。"❶

与广东相比,广西属于旧桂系军阀的"本土地盘",相对来说还主张形式上的地方自治。张一气为广西省参议会议员、副议长时,还兼任广西省教育会会长、省棉业促进会副会长、省警察协会会长、《教育日报》总编辑,为广西倡办教育和推广植棉,倾注了极大的热情。由于议长不常在会,陆荣廷和当时的督军谭浩明常将省政咨询他,因此张一气很忙。1919年"五四"运动中,张一气极力支持青年学生及工、商各界的爱国行动,被选为广西各界联合会代表。1924年8月,新桂系统一广西后,经省议会选举张一气出任广西省省长。时因战乱,流落南宁街头的孤苦无依的贫民为数不少,为解决这一社会问题,张一气倡议并主持开办游民习艺所,收容这些难民并给予技艺教育,既使游民学会了一技之长得以谋生,又有利于社会秩序的稳定。当省长时,他还制定了诸如禁烟、禁赌,发展实业,修筑公路,兴办教育等方面的方案,但因整个广西仍处在大小军阀混战之中,社会动乱,省府政令无法施行。1925年3月,滇军侵桂,配合自治军首领林俊廷攻陷南宁。是年8月,张一气被迫去职,远走沪、港十余年。因此,在军阀政体下,广西地方自治无所作为也就是必然的。

## 第三节 南北对峙中自主与法统的博弈

在南北政府对峙期间,自主是超然的,自治则是必须纳入某一中央政府框架。旧桂系军阀在这中间博弈,或政治投机,这典型地反映出民国时期当一种社会秩序的均衡状态被打破后,地方自治在中国实施时的失序状态。

### 一、旧桂系军阀"取消自主"

1918年1月,由桂系军阀发起,成立护法各省联合会议,试图成为与军政府抗衡的另一政权机关。2月,又由国民党政学系人士出面,正式提出改组军政府的主张,并拟定《中华民国军政府组织大纲修正案》七条,改大元

---

❶ 盘珠祁:《我所见到的陆荣廷与陈炳焜》,载广西壮族自治区政协文史资料委员会:《老桂系纪实》,广西人民出版社2003年版,第839—840页。

帅单独首领制为若干总裁合议制,以排挤孙中山。1918 年 5 月孙中山因受到桂系军阀的排挤而去职,广州护法军政府变成了岑春煊、陆荣廷等把持的政权。

　　而在北方,北洋政府于 1918 年 8 月另行召集御用的第二届国会,一般称为新国会,由安福系首领王揖唐和交通系首领梁士诒分别任众参议院院长,选举北洋元老徐世昌为大总统。为巩固自己的总统地位,徐世昌利用旧交通系的力量与西南沟通,并"先后派遣梁士诒、林绍斐、关冕钧分赴广西、香港疏通西南各省,进行和议"。通过林、关许陆荣廷以两广巡阅使衔等八项条件换取陆对国会问题的支持。"俟林、关二人入桂调和已有头绪",徐世昌又派梁士诒"南下至港,疏通西南各省,进行和议"。另外徐世昌还命令江苏督军李纯作为南北的调解人,与西南沟通也得到了西南的积极回应,岑春煊表示"对东海个人,素所景仰";陆荣廷表示"趋向和平",并同意与唐继尧商议王伯群到南京与李纯接洽。❶

　　1919 年 2 月 20 日南北和会在上海开幕,南方军政府代表为唐绍仪,北京政府代表为朱启钤。其中,"国会"问题是南北双方争论的一个焦点。南方代表以"护法"为名,表示不能在国会问题上让步。但北方所召集的安福国会,不但是皖系的政治工具,也是徐世昌取得大总统的法律依据,在维持安福国会问题上,徐、段的意见颇为一致。在南北会议停顿期间,以李纯为代表的直系军阀接受王克敏、谷钟秀的建议,主张将 1917 年国会被解散之前的宪法会议恢复,由旧国会议员召集议员在南京召开宪法的三读会,完成制宪,并且通过追认徐世昌为总统,然后公布宪法,解散南北两国会,重新召集国会。李纯的方案反映了直系和西南军阀的勾结,这个提案获得了徐世昌的同意。但此方案是安福系所不能接受的。在议和双方代表为"国会"问题纠缠不清时,南北方的军阀早已勾结在一起了。陆荣廷派"蔡、王来京",唐继尧"亦派人来",徐世昌此时知道皖系徐树铮"与西南军界有接洽",被迫答应给陆荣廷一百五十万,先给五十万,让其在广东布置。虽然皖系和西南军阀勾结起来这个事实是徐世昌所不愿看见的,但为了南北"和平统一",徐世昌也只得表示"牺牲金钱,亦无不可"。皖系军阀在与西

----

❶ 蒋华林:《徐世昌与 1919 年南北议和》,《贵州文史丛刊》2008 年第 1 期,第 37 页。

南军阀暗中勾结后主张北方代表"态度似应强硬,力望决裂一方做去",加上军政府内部意见也不统一,使南北和议陷入绝境。❶

南北和会,孙中山先生对军政府即益感不满。1919 年 8 月 7 日,孙中山先生在上海宣布辞卸总裁一职,从此国会中之政学系与拥孙系分子更尖锐对立。1920 年 2 月滇桂两系也因桂系派李根源与滇系派李烈钧争夺广东北江滇军统率权,更使军政府内部矛盾完全表面化,莫荣新与唐继尧的矛盾公开。北江两李之争事情未平,继而又发生了伍廷芳出走事情。早在 1919 年 6 月,伍廷芳出面与北京外交使团交涉,达成以百分之十三的比例提取关税余款的协议,为军政府开辟了财源。至 1920 年春,先后五次共领取三百九十余万元。由于这些款项都由伍经手,桂系为扩充一系实力,便把攻击矛头指向伍廷芳。伍廷芳目睹实情,乃乘岑不在广州,于 3 月 29 日携带印信和余款离粤而去香港,脱离军政府。岑自韶关赶回后,一再派人赴港挽劝,伍坚不肯回。4 月 8 日,政务会议乃决议免除伍之外交财政总长职务,另派人继任。10 日,伍在港通电继续执行职权,赴沪并发表宣言表示誓与孙中山等坚持护法,协助孙中山与桂系军阀展开斗争。其时,旧国会代表也纷纷离粤。岑春煊又派兵搜查参众两院,发现国会文件亦已运往香港,议员经香港赴上海者已有二百余人,留居广州者不过三百余人,已不足法定人数。岑及桂系军人亦顽强到底,乃建议在广州之国会议员于 5 月 4 日集会加选熊克武、温宗尧、刘显世三人以代孙、伍及唐绍仪任总裁,凑成法定人数。6 月 2 日,孙中山、唐绍仪、唐继尧、伍廷芳四总裁宣言否认军政府及在广州之国会,并责成唐绍仪即与北方代表恢复和议。六日,岑、陆在广州亦宣言孙、伍、唐(绍仪)已辞职,无发言权,并任温宗尧以代唐绍仪任和议总代表。两年前携手的伴侣,如今势成水火,剑拔弩张,一切非诉之武力求最后解决不可了。

1920 年 8 月 6 日,孙中山令粤军总司令陈炯明将驻粤桂军驱逐出境。16 日,陈炯明下总攻击令,粤桂战争爆发。寄驻漳州的陈炯明粤军人人思归,士气十分昂扬,而多年养精蓄锐之桂军竟不堪一击,全线崩溃。岑见大势已去,乃于 1920 年 10 月 23 日通电宣布退职,翌日,岑复与陆荣廷等宣布

---

❶ 蒋华林:《徐世昌与 1919 年南北议和》,《贵州文史丛刊》2008 年第 1 期,第 39 页。

取消军政府,服从北京。北洋大总统徐世昌于是宣告全国统一。孙、伍、唐绍仪、唐继尧乃宣告中外:"岑春煊早丧失地位资格,军政府依然存在,初不因岑春煊等个人反复致生问题。此次北方宣言(统一),绝不承认。"是月二十九日,孙、伍、唐等与国会议员抵广州,复开军政府政务会议,即以事实昭示中外,否认岑的文告。❶ 孙中山为此发表了《否认北京政府伪统一宣言》,揭露北京政府假借统一大借外债,推行武力统一的罪恶企图。可桂系仍然我行我素,民国九年(1920)11月4日谭浩明通电,宣布广西取消自主。北京政府于民国九年12月29日任命陆荣廷督办粤边防务,任命谭浩明为广西督军,李静诚为广西省长。30日任命刘存厚为四川督军,熊克武为四川省长,刘湘为重庆护军使,31日颁布对广西及四川的军要授勋令。10年1月31日改派陆荣廷督办广西边防军务。同时对于湖南、云南和贵州三省则派员前往"接洽统一事宜"。可是北京政府的命令,只有广西一省奉行。

## 二、北洋政府"恢复法统"

　　民国九年十月三十日,徐世昌发布和平统一及依照元年八月十日公布国会组织法暨参众两院选举法改选国会令,试图通过组建"新新国会"使其总统地位合法化,但此举不仅南方军政府斥为伪令,直皖战争以后控制北京政府的直系也不赞同。在直系军阀看来,岑春煊、陆荣廷已自身难保,不能代表南方,要建立起一个统一的中央政府还需另辟蹊径。旧国会众议院议长吴景濂即时为直系献上"恢复法统"这一锦囊妙计。

　　1921年4月7日,国会非常会议议决《中华民国政府组织大纲》,选举孙中山为中华民国大总统,5月5日,孙中山宣誓就职。在吴佩孚唆使下,1922年5月19日长江上游总司令孙传芳等人联衔通电,提出恢复旧国会,请黎元洪总统复职,并补选副总统。电文称:"南北统一之分裂,既以法律问题为厉阶,统一之归宿,当以恢复法统为捷径。应请黎黄陂(元洪)复位,召开六年旧国会,速制宪典,共选副座。非常政府(指南方孙中山政府),原由护法而兴,法统既复,异帜可消,倘有扰乱之徒,应在共弃之列。"电文直指孙中山,并连带徐世昌。"法统既复,异帜可消",这个"异帜",首先指的

---

❶ 《孙中山等致徐世昌电》,《民国日报》1920年11月2日。

就是孙中山的非常政府,其次指的就是现任总统徐世昌的北京政府。同时向孙中山、徐世昌两大总统去电,提出"广东孙大总统居于护法,法统既复,责任已终,功成身退,有何流连;北京徐大总统,新会选出,旧会召集,新会无凭,连带问题,同时失效"。要两人"及时引退,适可而止"。❶

直系策划恢复民国二年的旧国会,政学系、宪政研究会及国民党益友会等旧国会议员欣然同意,舆论界一时形成促进召开旧国会的浪潮。❷ 1922年 5 月 16 日,吴佩孚召集保定会议,计议"恢复法统"的具体步骤。北京社会名流梁启超、熊希龄、蔡元培、王宠惠、林长民、汪大燮、钱能训、王芝祥、孙宝琦、张耀曾于 22 日在石驸马大街熊宅开会,会后发出通电,表示"谋统一当以恢复民国六年国会完成宪法为最敏速最便利之方法"。❸ 1922 年 6 月 1 日,王家襄、吴景濂召集旧国会议员 150 多人在天津顺直议会开会并发表宣言,认为民国六年黎元洪解散国会命令无效,民国七年由新国会选举产生的徐世昌大总统亦无效,"自今日始,应由国会完全行使职权,再由合法大总统依法组织政府"。翌日,徐世昌宣布辞职。曹锟、吴佩孚领衔联合十省区的督军、省长通电"恭迎我黎元洪大总统依法复职"。6 月 13 日,黎元洪下令撤销 1917 年 6 月的解散国会令,半数以上的旧国会议员随后聚集北京,鼓吹恢复旧国会,恢复旧宪法,这一历史事件被称为"法统重光"。后,孙中山也在陈炯明的逼迫下离开广州大本营,南北总统问题宣告解决。

国会恢复后,却在法统上发生了严重争执,政治制度史上称为"民六国会与民八国会之争",其实质是谁来充当国会的正统成员。因为民国六年(1917)6 月 12 日,国会被黎元洪非法下令解散。从此国会议员分为三类人:一类南下护法,在广州召开国会;一类在皖系政府中做官或任议员;另一类则回到原籍。当国会恢复后,这三部分议员都到了北京。护法议员称在广州举行国会期间,对未去广州开会又不声明请假,或虽已请假但超过议院法规定两个月以上的议员,已依法取消议员资格另以候补议员递补,因而此次国会恢复,这些被取消资格者不能出席,国会会期应是继续民国八年在广

---

❶ 沈云龙:《徐世昌评传》,《传记文学》(1979 年)第 25 卷第 4 期。

❷ 《新众议员反对恢复旧国会电》,载王景濂、唐乃霈编:《中华民国法统递嬗史》,无锡民视社民国十一年版,第 109 页。

❸ 丁文江:《梁任公先生年谱稿长编》,上海人民出版社 1983 年版,第 616 页。

州的会议。但被取消者则声称广州的决议只是少数议员通过,按议院法不足法定人数者不能开会,上述决议应属无效,所有民国六年的国会议员除了依附段祺瑞者当然丧失议员资格以外,其余仍为国会议员,此次国会会期应是继续民国六年的会议。众议院议长吴景濂、参议院议长王家襄均支持民六国会主张,为此被护法议员指责,指出王家襄当年不南下护法,已被取消资格,今日不能再当议长,指斥吴景濂身为护法国会议长,"他人有不解者,公犹当解释之;他人有违反此者,公犹当斥责之,今公以领袖同人之资格,而出此违反同人公意之举动,视国法如弁髦,为武人作傀儡,则公之罪? 尚有何人能为公谅"。❶

　　在曹吴势力支持下,民六国会的主张实现。此时,国会内部的政党结构发生了剧烈变化,国民党、共和党还有一定力量,但已分化成一些小的派系。势力较大的政团有:益友社、政学会、新研究系(宪法研究会 22 年 12 月末改组而成)、讨论会系,各政团内部也分成诸多派系,并无一定的政见。更由于曹锟、吴佩孚等军阀、政客都想利用国会,使国会形成小党林立、派系繁复局面,内部的各类斗争愈演愈烈。在议会派系斗争中,内阁极不稳定,国会好不容易正式通过的张绍曾内阁也迅即被迫倒台,黎元洪也被曹锟策动军警组成"公民团"围困索饷,并被迫宣布辞职交出大总统印。曹锟发动的"北京政变"为其上台扫清了障碍。曹锟欲当总统,他在北京甘石桥设立了议员俱乐部,作为进行大选的活动机关,凡参加"宪法会议"的议员,每次会议发出席费 20 元,每周参加常会的议员可领出席费 100 元,通过高价收买,国会 800 名议员,竟有 500 多名议员参加了议员俱乐部。10 月 1 日曹锟送给俱乐部议员每人一张支票,特殊票为 1 万元,普通票为 5 千元,共有 551人领取了支票。10 月 5 日上午 10 时曹锟见议员俱乐部人数已达法定人数则召开国会选举总统,到会议员 593 人,曹锟以 480 票当选为总统,时称"贿选总统"。"贿选"事情还使国会及国会制度受到牵连。国会很快为否定性舆论包围,时论甚至直接将"议院"与"妓院"相提并论。国会及国会制度在国人近乎一致谴责的语境中,被彻底否定。❷

---

❶ 《国会议员丁超五等通电》,1922 年 6 月 7 日。

❷ 杨荫杭:《议院与妓院》,杨绛整理:《老圃遗文辑》,长江文艺出版社 1993 年版,第 670 页。

在北方政府制宪时,南边孙中山1923年1月23日在广州成立陆海军大元帅府,就任大元帅,组织讨贼军讨伐陈炯明。1923年10月9日,孙中山在广州大本营主持会议,讨论讨曹事宜,并致电各国外交团,请否认曹锟为总统,以大元帅名义下令讨伐曹锟,通缉贿选议员,并电段祺瑞、张作霖、卢永祥一致行动。1924年9月18日,第二次直奉战争爆发。10月19日,直系将领冯玉祥回师北京,发动政变,23日软禁了曹锟。11月2日,曹锟被迫宣告退位。至此,直系军阀控制的北京中央政权告终。

### 三、贿选宪法中的地方自治制度

1923年10月10日曹锟政府制定的《中华民国宪法》是中国历史上第一部正式颁布的成文宪法,单从文本上看,这部宪法立法技术还是较成熟的,但是由于这部宪法为贿选国会制定,在本质上不具有合法性。

第一届国会恢复之后,以制宪为首要任务。姚桐豫、姚守先、彭汉遗等人在复会之初就提出议案,主张速开宪法会议而暂缓其他职能的实施。因此,省制问题也被提上议事日程。1922年8月10宪法会议召开审议会,审议民六国会未审议完毕的地方制度,并决定再增加"国权"一章,以划清中央与地方的权限。1922年12月在审议"国权""地方制度"章中又发生争执,形成了省宪同志会与反对省宪同志会两派,汤漪、韩玉辰等属于省宪同志会,吴景濂、王家襄等属于反对省宪同志会。对于双方争执,固然有国会各派系因素,但主要还是北洋军阀在背后左右。围绕关于省制是否入宪的问题自民国建立以来就一直争论不休,而《中华民国宪法》终于将地方制度专章列入宪法体现了这一时期省宪运动的强势特征。

地方自治的法定化,需要从纵向上对中央与地方的权限划分,以及从横向上对地方政府权力进行分配两个方面进行规范。从曹锟宪法的文本上分析,国权和地方制度两章就是从这两个方面对地方自治的主体、事项、权限和权限纠纷处理进行了规定。

(一)地方自治的主体

宪法第十二章专门规定了地方制度,应该说,宪法确立省、县两级的地方自治主体地位。但宪法允许制定省自治法却不是省宪,这又是对联邦制度的回避。宪法中"地方制度"一章第一百二十五条规定:"省依宪法第五章第二十二条之规定,得自制定省自治法。"宪法第一百二十六条规定:"省自治法由省议会县议会及全省各法定之职业团体选出之代表组织省自治法会议制定之。前项代表除由县议会各选出一人外,由省议会选出者不得逾由县议会所选出代表总额之半数。其由各法定之职业团体选出者亦同。但由省议会县议会选出之代表,不以各该议会之议员为限,其选举法由省法律定之。"这一法律条文也比较有特色,反映了当时人们对议会民主的某种失望,希望通过职业团体的参与增加地方自治的效能。宪法还规定行政事务归省务院,执行省自治行政,省务院"以省民直接选举之省务员五人至九人组织之,任期四年。在未能直接选举以前,得适用前条之规定,组织选举会选举之。但现役军人,非解职一年后,不得被选上(第一二七条第二款)"。又规定省务院设院长一人,由省务员互选之。在条文上承认了省长民选(第一二七条第三款)。❶ 上述这些条款确立了省作为一级地方自治机构的权力分配和运行体制,关于省以下的自治机关,主要是县、市。宪法第一百二十八条规定了县的自治主体与权力分配,"县设县议会于县以内之自治事项有立法权",县设县长"执行县自治行政",但又规定司法尚未独立及下级自治尚未完成以前该县制不适用之,这就使得县自治成为了"软法"。除了宪法中的规定外,为了促进县、市自治,1919 年 9 月 8 日北洋政府公布《县自治法》,1920 年 11 月北洋政府宣布筹备地方自治,之后颁布了《市自治法》《市自治实施细则》一批地方自治条文。《市自治实施细则》规定地方政府官员不由中央政府任命,而是由本地公民直接选举产生。

(二)地方自治的权限与事项

在第五章国权中,宪法对中央与省的权限进行了划分。从国际社会制宪看,中央与地方的权限划分,通常有两种模式:一类是对中央所管事项的权限充分列举,概括规定地方政府有权限做的事项,另一类是对中央与地方均采列举方式。曹锟宪法采取第二种方式,对中央和省的权限在"国权"一章分别进行了列举。规定国家专有立法事项包括:外交;国防;刑事;民事及商事之法律等。国家立法令地方执行的事项包括:农、工、矿业及森林;学制;银行及交易所制度等。而归省实行的专门事项有:省教育、实业及交通

---

❶　吴宗慈:《中华民国宪法史后编》,东方印刷局中华民国十三年版,第 355 页。

等;下级自治;其他依国家法律赋予事项。总的来说,这部宪法给予了省自治的很大权力,甚至在国体发生变动,或宪法上根本组织破坏时,省有权联合起来维持宪法上规定之组织,至原状回复为止。因此,我国许多学者认为该宪法是联邦制宪法。至于宪法中未明白列举的权力,则按照宪法第二十二条规定"中华民国之国权,属于国家事项,依本宪法之规定行使之;属于地方事项,依本宪法及各省自治法之规定行使之"。有学者曾批评中国宪法这种含糊的规定不如国外联邦制国家,如加拿大、美国、德国宪法明确规定联邦与州的权力范围和分权原则。笔者认为,在当时,宪法明确规定由中央立法并执行的事项尚不能做到,例如国防与军事问题,又怎能将中央与地方的权限划分得清清楚楚。再说,该宪法没有明确规定联邦制,不同的时势,中央与地方掌握的权限也会变化,这一条款可以在情势变更的情况下再分配中央与地方权限。

（三）地方自治的监督和权限纠纷处理

为了增强宪法第二十二条的效力,宪法第二十六条规定:"除第二十三条、第二十四条、第二十五条列举事项外,如有未列举事项发生时,其性质关系国家者,属之国家。关系各省者,属之各省。遇有争议由最高法院裁决之。"宪法第一三三条规定:"省、县自治行政机关,执行国家行政有违背法令时,国家得依法律之规定惩戒之。"但是宪法中并没有明确规定行政违法认定的程序问题,为中央政府留下了很大的活动余地。与此同时,宪法还是具有一定的集权倾向,虽然省级政权能够进行"自治",但是仍然要在宪法允许的范围内。中央政权在行政司法方面也保留对地方政府的惩戒权。这种自治监督模式类似于美国模式。美国宪法第六条第二款规定,当国会或者州的立法机关制定的法律与美国宪法有所冲突的话,这些法律将被宣布无效。在1818年马卡洛诉马里兰州这一著名案例中,马歇尔法院的判决提出了解释宪法的"默许权力"理论,提出联邦政府不是依据一部试图解决一切问题的、包罗万象的法典所建立的,相反,宪法只是给出了联邦政府结构及权力的总纲,列举了其最重要的职责,而它的其他权力则可以根据这些职责的本质来推导出来。

地方自治的权限纠纷由最高法院裁决,这也是对美国宪法的借鉴。美国地方自治制度的改善,不仅是通过立宪,还通过司法机构的推动。美国从

1776 年到 1781 年,13 个州制定了《邦联条例》,按照这一条例"各州保留其主权、自由和独立"(第 2 条)。这就是说,那时的美利坚合众国仅是一个 13 个州组成的邦联。1787 年 5 月,在费城开始举行制宪会议,同年 9 月通过宪法草案,交由各州批准,颁布了美利坚合众国宪法,根据宪法规定,国家机关按三权分立和制约平衡机制的原则建立。1789 年,国会还通过了联邦第一个《司法法》,规定了法院的结构、管辖权以及诉讼程序,从而在美国形成了联邦与州二元的司法体制。1803 年大法官约翰·马歇尔在划时代意义的马伯里诉麦迪逊一案中,开创"司法审查制度",这建构了三权分立中司法权的地位。狄龙原则是由艾奥瓦州的法官狄龙于 1868 年首先确立的,是美国处理州和地方关系的重要原则。狄龙在一个案件的判决中宣告,地方政府只能行使由州明确授予它们的那些权力、由这些明示权力所显然隐含的权力以及为业经宣告的地方政府的宗旨和目标所绝对必要的权力。当对地方政府的任何一项具体权力置疑时,法院都要使疑难的解决有利于州,州立法机关对其组织和结构具有绝对的控制力。这个原则后来得到了联邦最高法院的认可。

(四)小结

吴宗慈撰写的《中华民国宪法史》详细记载了《中华民国宪法》的制定过程和各派议员意见,他认为关于"国权"和"地方制度"的规定,是省宪派与反对省宪派调和的产物。据吴宗慈回忆,丁佛言在《说明对于省权限提案之理由书》中作了如下解释:"今日吾人当制宪之任,执建造国家之权,当然不得舍国家旧有已成之基础而采取先邦后国先省宪后国宪之倒逆手段。况国会恢复国权有所寄托,在事实上国家制宪业已占先,更无坐待省宪先成之余地,不过几经扰乱之后,大多数省份有此过分之要求,强于拂逆必不利宪法之施行,甚或激起极端之反抗,故不能不审时度势,与以相当之容纳,而国家旧有基础究未便毁于一旦,法统之紧束仍不可斩断,故不得已开放。省得制宪而又声明为国宪赋与且限以不得抵触国宪之范围内,可谓极审慎郑重之至矣。"❶丁佛言所言解释了宪法规定省自治的理由。同是国会议员的刘楚湘则认为,反对省宪同志会实有曹锟直系军阀幕后指使。他说:"曹锟

❶ 吴宗慈:《中华民国宪法史后编》,东方印刷局中华民国十三年版,第 354 页。

恢复法统,其主要目的,即为谋得总统,乌知宪法之要。且宪法中新起草地方制度章,规定省依国宪赋予,得自制省宪与民选省长之条文,于直系所占地盘,深有不利。"❶刘楚湘反对贿选,没有参加国会选举与宪法"三读"审议。丁佛言参与了制宪,但他拒绝了曹锟贿选,因此宪法文本与曹锟本人应有所区别。但曹锟贿选宪法的出台,对法治的负面影响是巨大的,国人对于神圣的制宪期盼,也就彻底失望。

　　自治也好,省宪也罢,宪法只不过是军阀装点门面的"面子工程",是通过"文治"实现"法统"的手段。问题是,在当时的中国实力派无不崇尚"武功""金钱"或"权力"。为控制西南,北京政府也在广西等地方加强势力渗透。当时广西虽取消自主,名义上归顺北京政府,但旧桂系各军阀组成自治军,在广西割据一方,广西政局更加混乱。1923年1月30日,北京政府任广西自治军总司令林俊廷督理广西军务善后,3月21日黎元洪任林俊廷兼代广西省长。但由于林俊廷属于旧桂系军阀,北京政府遂委任广西永福苏桥乡人张其锽为广西省长。张其锽,为吴佩孚的亲信,1923年7月任广西省省长,虽有直系支持,但其政令不出廓门,1924年6月被新崛起的新桂系李宗仁军队驱逐下台。

❶　刘楚湘:《辛亥政变纪略》,《近代稗海》第7期,四川人民出版社1987年版,第147页。

# 第三章　联省自治在广西的命运

　　联省自治是国人为摆脱当时南北分裂、军阀割据和制度失序状态而进行的一种制度设计。联省自治与联邦制不同，这是西方联邦制在中国的变通。其时，北京政府大作"统一"文章，而又没有一种可以统一全国的力量，因此，一般士人寄希望于联省自治，以期"脱去军阀割据的混沌状态"。故此，"联省自治"运动不仅在南方各省蓬勃开展，而且波及北京政府的管辖区，成为"五四"运动后规模最大的一项运动。

## 第一节　联省自治运动概述

　　"联省自治"一词的产生，始于1920年9月的张继。他在回忆录中写道："民国九年……游西班牙，不久即返，赴湖南。适太炎主张自治同盟，余易名曰联省自治。"当时，章太炎已接近于彻底放弃重建统一的中央集权的想法，他认为，"盖以政治言，地大非一政府所能独理；以历史言，则中华民国之建立，本由各省军府集合而所成；一时局言，非联治不足以戢军阀之野心也"。❶　于是章太炎适时提出"自治同盟"的政治主张，后经张继提议，改为"联省自治"。❷　而此后社会上之报刊，如《太平洋杂志》、《东方杂志》等，无不刊载专文或增辟专刊，就学理上或实际环境上，来讨论联省自治之可行性与妥当性，使得联省自治问题，成为民国九年前后一个壮阔的运动。

---

❶　张继：《回忆录》（三），《张溥泉先生全集》，近代中国出版社1982年版，第249页。
❷　章炳麟：《太炎先生自定年谱》，民国九年，第43页。

### 一、联省自治运动的兴起

因为国人总将联邦制与"分裂"相连,因此中国知识界与民国初期直接主张联邦制不同,他们结合国情将联邦制改造为地方自治,提出了联省自治的策略。如何看待联省自治与联邦制的区别,许多人认为只是形式上的区别,实质上是一样的。但是,长沙《大公报》主编龙兼公认为"联省自治是因为主义上的同情,不限于若干省、不要什么统辖机关,为拥护主义而随时发扬起见的非永久性结合"。而"建立联邦国家,至少需要过半数的省份已经造成一个邦的形式不可。而且那时候必须先要各邦代表合意,制定一部联邦宪法,把国的组织形式和邦与国的权限详细规定出来,联邦政府才有方法产生"。❶ 诚如周梗生所言:"所谓联省自治者云,原来具有两层作用。就第一个作用而言,联省自治是解决时局的一个方法。而就他一个作用而言,联省自治又为建设民国政治之制度。最初倡导联省自治之主义者,揆其意不过重在第一作用。盖当南方护法政体解体之后,西南省份,鉴于一时护法之无望,转而为自治之主张。"❷

在辛亥年各省独立时,独立各省虽有联邦之呼吁,例如宋教仁认为:"吾人谓今日之中国,中央集权制固不宜,偏重地方官制之地方分制亦不宜,谓宜折衷,以对外的消极的各政务归之中央,以对内的积极的各政务归之地方。其地方政治中,则尤注重于地方自治一途,使人民直接参与施政,以重民权,如是庶合轻重适当之道也。""大抵对外的行政,多归之中央;对内的行政,多归之地方;消极的维持安宁之行政,多归之中央;积极的增进幸福之行政,多归之地方。至其职责分配,则尤当视其国内之情状而定之也。"❸但囿于无舆论生源,只好作罢。洪宪帝制收场后,国人对地方分权的讨论又热闹起来。章士钊的《学理上之联邦制》、张东荪的《联邦立国论》、戴季陶的《中华民国与联邦组织》等著名论文,扬起了联邦制理论的旗幡。然而当时还有不少人反对,如梁启超、张君劢等。梁启超"主任撰述"的《大中华》杂志,与张东荪主编的《新中华》杂志两军对阵,金戈铁马,展开了激

❶ 兼公:《联省自治》,载《大公报》(长沙)1921年2月5日。
❷ 松子:《释联省自治》,《太平洋》1922年9月第3卷第7号"联省自治号"。
❸ 宋教仁:《中央行政与地方行政分划之大政见》,载《宋教仁集》,中华书局1981年版,第472页。

烈交锋。张君劢的《联邦十不可论》堪称反联邦主义的代表作。

民国十年前后，国人在饱受国家分裂、军阀混战之苦难后，发现世界更多国家，在第一次世界大战前后，纷纷采取联邦方式来塑造他们的新政府。从前立宪派和后来国民党的非左派基本上也都跑到地方分权的行列中了，其中最著名的如梁启超。作为清末立宪派领袖，后来又成为进步党领袖、研究系领袖的梁启超，曾经是一个标准的中央集权论者，当年戴季陶、章士钊鼓吹联邦主义时，梁氏大骂联邦论是封建土司思想。他相信一个国家要由一种中坚力量来维持，因此设法与北洋军阀相结合，希望去引导他们、改良他们。第一次想改良袁世凯没有成功，后来又想改良段祺瑞，为了助段氏打击政敌甚至支持督军团干宪。然而，北洋军阀不但未能成为国家的中坚，反把国家弄得四分五裂；经段氏改造后的国会，更成为皖直两系官僚政客的俱乐部（新国会俗称"安福国会"，选举形同指派，研究系仅得 20 多个席位），梁氏及其党人再一次被抛弃。至此，梁启超对北洋军阀及其武力中心主义失去信仰，转而致力于地方自治运动。在熊希龄的策动下，1919 年梁启超在其所写的《解放与改造发刊词》中写道："一、同人确信旧式的代议政治，不宜于中国，故主张国民总须在法律上取得最后之自决权。二、同人确信国家之组织，全以地方为基础，故主张中央权限，当减到对外维持统一之必要点为止。三、同人确信地方自治，当由自动，故主张各省乃至各县各市，皆宜自动地制定根本法而自守之，国家须加以承认。"❶

我们从梁启超的转变，可以看出许多资产阶级知识分子的政治心理随时局而演变的轨迹。从民国八年南北和会召开之后，南北局势都在开始酝酿变化，北方直皖两系之间的裂痕逐渐加深，南方孙中山与桂系的斗争升温。至孙中山回粤重组军政府，西南各省地方实力派则不愿受其领导。在当时政治格局空前分散化的情况下，联省自治理论应运而生。该理论主张，由各省选派代表组织联省会议，制定联省宪法，组织联邦制的中央政府。如此，既便于弘扬民主法治，消解军阀势力，又可以解决南北之争，完成国家统一。这个理论得到政治党派和许多知识分子、社会名流的推崇，比如章太

❶ 梁启超：《解放与改造发刊词》，《饮冰室合集》文集之三十五，中华书局 1990 年版，第 20 页。

炎、蔡元培、梁启超、熊希龄、范源廉、汪大燮、孙宝崎、王芝祥、钱能训、谷钟秀、林长民、张耀曾、褚辅成、章士钊、张东荪、胡适、朱经农、丁世峄、李剑农、蒋方震、王正廷、王宠惠、张继、曹亚伯等。

在政党支持方面，政学会比较典型。政学会是由民国元年国民党分化后形成的重要派别，讨袁护国战争结束后，1916 年 11 月由周善培、李根源、谷钟秀、张耀曾、杨永泰等人在北京发起组建，是中国首批合法政党，就积极主张联省自治。政学会声称以"研究政务、实行改进为宗旨"。《中华新报》是谷钟秀、钮永建等为反对袁世凯称帝，于 1915 年 10 月在上海创办的政学会的机关报。1922 年初沈钧儒出任《中华新报》主笔，写的文章有《告国事会议》(2 月 23 日)、《法统与民意》(5 月 23 日)、《浙省议会与学生》(5 月 26 日)、《联省会议与救国》(6 月 7 日)、《废督》(6 月 11 日)等。这些文章集中反映了他要求废督裁军和联省自治的主张。❶

在社会名流支持方面，章太炎可谓首屈一指。章太炎提出了实现"各省自治""联省自治"和"层累以成联省政府"三阶段的观点，希望用这个办法来取消中央集权制度。章太炎说："鄙人则谓频年扰乱，皆中央政府为厉之阶，有之不如其无。中国既不能绝对无政府，则当使地方权重，而中央权轻，此自治之说所由起也。""联省政府"与"联省自治"名义似无差别，其实有冰炭之殊。"自治云者，必以本省人充军民长官，本省人充军队，而长官尚须本省人民公举，不由政府除授，斯为名实相称，如是层累，以成联省政府，则根本巩固不可动摇。是故各省自治为第一步；联省自治为第二步；联省政府为第三步。"❷

中国政坛上的这场轰轰烈烈的联省自治运动，在学界领袖章太炎、梁启超和政界闻人熊希龄、王正廷等人的支持下，获得地方实力派谭延闿、赵恒惕、陈炯明等赞同与力推。当时处于护法阵营的西南各省中，湖南首先利用此种变动的局面，展开了驱逐北洋系督军张敬尧的行动，民国九年，更进而揭举"自治旗帜"。

谭延闿和熊希龄都是清朝末年的君主立宪派，关系极为密切。民国成

❶　周天度：《沈钧儒文集》，人民出版社 1994 年版，第 79 页。
❷　姜义华：《章太炎思想研究》，上海人民出版社 1985 年版，第 645 页。

立以来,君主立宪派转化为研究系,熊是研究系的"名流"之一。早在洪宪帝制垮台时期,研究系首领梁启超曾提出改中央集权制为地方分权制的意见,后来他自己加入了北方军阀内阁,才把这个意见搁置一旁。此时,研究系退出中央舞台已久,想分散到各省进行个别政治活动。因此,熊希龄又拾起地方分权的学说加以发挥,提出省自治法和联省自治方案,希望通过他的老朋友谭延闿首先在他的故乡湖南推行,劝谭不必等待国会制定省自治法,先由本省自行制定,提交全省人民总投票表决施行。同时,熊还请梁启超执笔代拟自治法条例、自治法大纲及说明书多种,寄供谭延闿参考。1920 年 7 月 22 日,湖南督军谭延闿宣布自治,发表了"组织地方政府,施行地方自治"、建设"联邦合众制度"的通电,表示要实行民治,采取"湘人治湘"。而后谭延闿又发表通电,提出联省自治,比一省自治提高了一步,企图自此超脱于南北战争之外。据此,11 月 7 日,章太炎通电西南诸省军政当局及社会各界,明确提出"同依联省自治之名,共解附庸陪藩之诮"的政治主张。通电称:"现湖南已发生联省自治之议,要令省民自决,不受旁牵。疆吏相联,无滋他族。军政府虽已废,而六省相联自主;军政府虽再设,而六省独立自如。非但外御北虏,亦令六省中有妄尸高位自居首领者无所施其诈力。安内攘外,计无逾斯。炳麟以为湖南一省露处前方,迫近北虏,于形势最为危险。湖南尚不屈于北虏,而各省安寝其后者,独为争先献媚之举乎?后方各省借湖南为屏蔽,忍使湖南介然孤峙,而己与伪廷同立于湖南南北乎?于势则自卑,于情则不顺,诸公安乎?今者各省疆土皆已收复,宜各解释昔嫌,戮力自卫,同依联省自治之名,共解附庸陪藩之诮。"❶在章太炎等知识分子的鼓动下,复由于驻闽粤军回粤,桂系军政府面临倒台的危机,西南政客因恐西南各省在失去领导中心后,力量涣散,而为北洋系所乘,随相继响应湖南"联省自治"的号召,联省自治也在一时之间成为最时髦的政治口号。❷

## 二、全国八团体国是会议

民国建立以来,军阀混战,议会丑闻不断,这一切使工商界人士不仅对

❶　章太炎:《冬电之主张》,长沙《大公报》1920 年 11 月 7 日。
❷　李达嘉:《民国初年的联省自治运动》,弘文馆出版社民国七十五年版,第 51 页。

军阀政府深感厌恶,而且对追求多年的议会政治也不再抱任何希望。于是主张不要国会,由人民直接参与政治,直接指挥政治,决定国家事情的"直接民权"论和"国民自决"论,一时之间盛行于民主人士和工商界之中。《上海总商会月报》发文抨击北洋政府和国会说:"我们今日所处之国家为何种国家? 曰分离破碎之国家也;所有的政府为何种政府? 曰不生不死之政府也。以言财政,则破产之绝境既濒;以言军政,则祸国之武人遍地;以言法律,则十年立国,国宪尚无;以言自治,则地方糜烂,群盗如毛;以言工商,则生计困难,商业停顿;以言教育,则经费窘绌,失学青年以百万计。其他如外债之日增,税收之失驭,币制之凌乱,交通之梗塞。至于国会,则以两次迁移之痛,而不能生一番觉悟之心,不以制定宪法为专职,而日以依附要人,摄取权利为能事。"政府和国会既都不可依靠,那么由谁来解决国家所面临的这许多重大事情呢? 他们认为只有国民自己来解决。❶ 在舆论的倡导下,各地出现了许多鼓吹自治的团体,如"各省区自治联合会"与"自治运动同志会"。

国是会议就是在这样的氛围中,由商会、教育会等八团体联合召开的。著名的学者、实业家张謇于1897年(光绪二十二年)作《商会议》,就提出了商会等社团组织对政治改革的重要性,他写道:"农会兴而后工会可得而言,工会每省得一、二处足矣。其为农工之去路,则在商会,事宜先筹。犹治水之从下流始也。农务、商务者,民生得丧之林,即吏治修坠之镜,日言变法,而不于吏治、民生是务,未见其有益矣。愿在位之熟计之也。"❷清光绪二十八年(1902)正月上海商业会议公所成立后,北京、天津、广州、武汉等商务繁盛的大城市先后成立了商公所、商会等组织。清朝商部于光绪二十九年(1903年)制定和发布了《商会简明章程》,要求各省城市旧有的商业行会、公所、会馆等商业组织,一律改组为商会。因此,商会是我国近代化过程中最早成立的社会团体之一。1921年10月5日,全国商会联合会在上海开会,商讨政局与商务问题。17日,全国教育会联合会亦加入。全国教育会联合会是1915年成立的全国性民间教育团体,邀请教育家及富有学识

---

❶ 《上海总商会月报》(1921.7—1927.12)。

❷ 中国史学会主编:《戊戌变法资料》第三册,神州国光社1953年版,第178—179页。

经验者共商教育大事,条陈于教育行政官厅。因此,也具有很强的社会影响力。全国商会联合会随后与全国教育会联合会举行联席会议,讨论两大团体所共同关心的问题。

会议期间有人提出"非有较大之组织,不足以解决国是",全国商教联合会会长聂其杰(字云台,湖南人)与黄炎培(字任之,江苏人)主张扩大会议规模,改换会议主题为讨论全国国是,而不只是涉及两会的权益问题,通过民间起草宪法,提出宪法草案建议稿。于是商定由商会联合会与教育会联合会共同发起,征求各省议会、商会、教育会、农会、工会、银行公会、律师公会、报界联合会等团体同意,在上海召开"全国八团体国是会议"。经以黄炎培为主任的国是会议筹备委员会 7 个月的筹备,1922 年 5 月 28 日,八团体国是会议在上海总商会开幕,出席者有来自苏、浙、鲁、湘、鄂、皖、川、贵、陕、豫、赣、粤及京兆、侨埠 14 省区的 35 名代表。❶ 6 月 19 日成立国宪草议委员会,成员有章太炎、张君劢、沈信卿、崔遽庵、张东荪、黄炎培等,21 日选沈信卿、崔遽庵为正副会长。6 月 24 日至 8 月 23 日国宪草议委员会开会,起草宪法草案,由张君劢主笔。

章太炎提出大改革意见,分三大点:(一)主联邦宪法;(二)改两院制为联邦参院制,改总统制为委员制;(三)拟通电各省请速制省宪。章太炎主张联邦制度、各省请速制省宪的理由是,"近观中央集权之效,穷兵侵略,乱国十年,人民对之有如蛇蝎,于是盛倡自治之风,冀行联省之法,匡时救弊,赖此一端"。而将两院制为联邦参院制,是因为《中华民国临时约法》将"制宪之权赋予国会,铸成大错,使国民欲自决而无由","总统选举,私于少数,国防军制,不赞一词"。同时,他认为"天坛宪草"中第 2 条与第 40 条及第 70 条不合,应加以改正。"天坛宪草"第 2 条规定:"中华民国国土依其固有之疆域。国土及其区划,非以法律不得更变之。"第 40 条规定:"两院之议事公开之,但得依政府之请求或院议秘密之。"第 70 条规定:"大总统缔结条约,但缔和条约及关系立法事项之条约,非经国会同意,不生效力。"但如章太炎所言,议会与总统交换权力,国土疆域就无法保障。因此,"天坛宪法草案,本集权之证书,迎合项诚,莠言乱政,于疆域则不肯按名列举,于国

---

❶ 郑大华:《张君劢传》,中华书局 1997 年版,第 113 页。

土则可以法律变更。既藏废省之阴谋,亦涵卖国之邪计,而又政府国会交换权力。""是法若行,祸延百载矣。"❶根据章太炎的提议,张君劢草拟成甲、乙两种《国是会议宪法草案》,乙种《国是会议宪法草案》就是张君劢根据章太炎的建议所起草的。

在中华民国联邦运动历史上,国是会议的结果具有重要意义。张君劢作为法学新秀应邀出席,并将自己的宪政观点整理为《国是会议宪法草案》(甲种)。张君劢(1887—1969),出生于江苏嘉定县,曾留学日本、德国,分别获早稻田大学政治学学士、柏林大学政治学博士学位。1918 年,张君劢等随梁启超去欧洲考察,之后留在德国师从倭铿学习哲学。倭铿是现代德国著名的生命哲学家,他主张人的精神意志的重要意义,张君劢发现了他的学说中蕴藏着和孔子相合之处,前者认为民主、法治国家的精神构成了宪法法规的灵魂,后者认为"仁""礼"是"法"之本。张君劢深刻地研究了《魏玛宪法》,对德国人民的服从和奋斗精神印象深刻,他把这归为德国能从一盘散沙很快完成统一,并实现宪政的主因。受国是会议的"国宪草议委员会"的委托,张君劢草拟成《国是会议宪法草案》(分甲、乙两种)两份,其内容实质上均属联邦制宪法。甲种 11 章 104 条,乙种 10 章 101 条。甲、乙两案的区别是甲案设总统,乙案采取的是委员制。乙案代表章太炎的观点,甲案代表张君劢本人的意见,体现了他将《魏玛宪法》的宪政精神与中华儒家文化的"仁政"相互打通的理想追求。张君劢在起草《国是会议宪草》时,一改他从前对联邦制的反对态度,而"纯以联省为建国之方",希望通过较小单位的行政区域,养成人们的知识和政治能力。《国是会议宪法草案》第一章第一条即明确规定:"中华民国为联省共和国。"对于国权与省权的分工,大体仿照加拿大联邦宪法,采取分别列举法,计国权 27 项,省权 15 项,从而使省权得到宪法保障,防止中央政权侵害地方权力。此外,它还有一项很特别的规定,当中央政权发生变异,影响到民国国体时,各省可以单独或联合其他省宣布独立,并设法恢复宪法上的组织,至原状恢复时,各省独立状态应即结束。这是总结了辛亥以来多次发生国体蜕变的教训而订立,意欲防止类

---

❶ 《国是会议国宪意见之通电》,《申报》1922 年 8 月 16 日。

似事件再次出现。❶ 当然,张君劢进一步指出,他主张联邦制,并不是说中国已经具备了实现联邦制的基础,实际上和他六年前发表《联邦十不可论》相比,除"军人猖狂,各据一方,而国家成分崩离析之局"外,各省政治并没有丝毫改变。故此,他要求各省人民积极为实现联邦制创造条件,尤其是要铲除军阀,提高人民的政治知识和参政能力,否则,"军阀不除,则无联邦;督不废,兵不裁,则无联邦;国民无教育,投票不按选民册,则无联邦"。❷ 为此,张君劢还特意在宪法草案中设计了"国民之教育与生计"一章,细化了国权与省自治权限的划分原则。

就省宪和国宪的关系而言,张君劢认为,既然为联邦国或联省国,那么各省就有权独立制定省宪,但各省所制定的省宪不能与国宪所规定的政体相冲突,否则,中央有权加以干涉,这也是世界上各联邦国家的通例。比如,他举例道,美国宪法就规定,联邦政府保证各邦之共和政体。故此,他不仅在《国是会议宪草》第 7 条中规定了各省宪法应有的内容,并在第 9 条中规定:"联省政府应保证各省之民主政治,如一省内政体变动有违反本宪法或各该省宪法者,联省政府应干涉之。"❸

作为中国制宪史上第一部纯粹由个人受民间团体委托而草拟成的宪法草案——《国是会议宪草》公布后,立即受到社会舆论的注意,当时又正值控制北京政府的北洋直系军阀首领曹锟、吴佩孚以恢复法统相标榜,宣布继续完成旧国会未完成的制宪工作,因此需要一部什么样的宪法成为人们关注的热点。国是会议旋将所拟甲乙两种宪法草案,印成一册,分送全国各机关各团体征求意见,并希赞助;并因孙筹成出席全国商会联合会第四届代表大会在汉口之便,以湖南省长赵恒惕系民选,与国是会议所拟之宪法草案意旨相同,由章太炎致函,赵省长请孙筹成持宪草赴湘演讲。厥后各省来电赞成者三分之一,北京方面置之不答。❹ 但是,1923 年的曹锟宪法第五章"国权"和第十二章"地方制度"不少草案或抄自于《国是会议宪草》,或以《国

---

❶　《八团体国是会议开幕记》,《申报》1922 年 5 月 8 日。
❷　张君劢:《国宪议》"自序",时事新报社 1922 年版,第 3 页。
❸　张君劢:《国宪议》"自序",时事新报社 1922 年版,第 37—38 页。
❹　孙筹成:《1922 年八团体国是会议之经过》(未刊稿),上海市工商业联合会档案史料室藏。

是会议宪草》为蓝本。这一宪法草案还为后来的联省自治运动者所继承和发展。然而在当时军阀横行的时代里,以商会为代表的工商界想联合地方军阀实行联邦制,达到削弱大军阀的专制统治,消弭军阀混战,建立和平统一的国家的目的,既不可能实现,也不可能有效。事实也是如此,盛极一时的联邦运动,从1924年以后逐渐消失,为新兴的国民革命运动所代替。

### 三、广西省自治联合会的成立与取消

在联省自治运动中,广西、贵州、陕西、江苏、江西、湖北、福建等省,或由当局宣言制宪自治,或由人民积极运动制宪。广西自治同志会汪定帮等人,曾一再对桂省各团体发出通电,呼吁桂人要顺应大势潮流,确定地方自治基础,反对桂系陈炳焜等桂系军阀扩张实力保全禄位等做法。❶ 此时部分广西人士,眼见战争即将到达广西本土,所以在联省自治声明中,也发起了广西省的自治和省宪活动,希望借桂人自治来推翻军阀统治,同时也可因此消弭即将来临的战祸。其中如旅居上海的桂籍文人王乃昌、马君武、吕铁三等十余人,就在民国9月10日下旬,发出一封通函,要求桂省各界,群起商讨桂省人民自决方案。其大意谓:我广西自军阀专政以来,人民痛苦罄竹难书,现自决之潮,全球弥漫,废督之说,举国同声,如湘、粤、鄂、苏、皖、鲁、闽诸省,已风起云涌,各有组织,同谋废督,筹商自治皆有端倪,滇黔两省且已实现,惟吾桂人,尚无表示,兹特拟集合旅沪同乡研究本省人民自决方法。接着广西在日本之留学生会也鉴于国内各省一片自治声浪,乃于民国九年12月在东京向国内发表了一篇宣言以为响应,希望因此能唤起广西全省舆论,促成大规模之民众运动,以求达到:(一)废除督军制度;(二)裁军;(三)省长民选;(四)杜绝党争;(五)省民自决不受省外干涉等数项目的。此外,旅京的广西省人士,也积极参加了13省市代表组成的"各省区自治联合会"和14省组成的"自治运动同志会",从事省区运动的推动工作。❷

1921年5月8日 广西省议会在南宁通电主张广西实行自主,提倡联省自治。陆荣廷不满,派军队至议会逮捕议员。

---

❶ 香港《华字日报》,民国10年6月23日。
❷ 胡春惠:《民初的地方主义与联省自治》,中国社会科学出版社2001年版,第306页。

1921 年 5 月 8 日的电文内容如下：

广西省议会庚电：各位馆鉴。自国事泯棼，宪法未定，省制虚悬，真正统一之路已绝。律以国民自决之义，则今后之政治运动，其致力之方向如何，吾人应有相当之觉悟。我国行省制度，为构成国家之元素，数百年来，国家每有大变，各省必一次出其伟大之力，以匡持之，徵之历史，不难概见。此次首义各省，以全省名义，节次加入，旷世大业，遂赖以成，此尤地方势力，足以转移中央之明证。民国初元，邦人醉心统一，而误其途径，不惜摧残各省固有之权力，以求其所谓"强有力政府"者，致使省之本能，日就湮没，莫能自立，仅随中央运命，以为转移，其结果，不唯统一之效，百不一见，且各省之脆弱无能，适应于酝酿政潮之具，此实我国历史治乱之一大原因，迨至晚近，国人始悟及此，于是有省自为治之意，尔实吾国人鉴于中央集权之说，既屡试而无效，倘仍故智自守，必致中央地方，两陷绝地，以底于亡已耳。吾人近查国内变乱之真因，外审世界潮流之大势，极端之国相权论，今日已无存在之价值。国人若不为暮气所乘，而眩于假性之统一，则当先求各省本身之自立，然后徐图国家之发展，舍此以外，别无良谋。敝会同仁，痛国是之纷纭，惧沦亡之无日，灼知实行省自治，为解决纷纭之唯一方法，不敢自外自弃，经咨准本省省长，定于本年 7 月 1 日，开临时会议，讨论进行方法，谨以所志，昭告国人。

（一）根据省地位及价值，制定省法，以立民治基础；（二）发挥省之本能，求各个发达，以行省为国家中坚；（三）于不害自治限度内，承认统一，以自治为统一之导源，以统一为自治之归宿，对于各省，采互助主义，冀以各省实力融合，形成国家。

广西省议会叩庚。❶

在省议会庚电的影响下，广西要求实行联省自治的呼声迅速高涨，尤其是一些职业团体，例如广西商会等社会团体，要求自治的热情更突出。除了职业团体，还有一些具有政治性质的社会团体，也主张地方自治。例如，根据孙中山的指示，滞留广州的桂省青年 1921 年 2 月成立了"改造广西革命

---

❶　参见袁谠：《珠江流域之省宪潮》，《省宪周报》1921 年第 3 期。

同志会",主要发起人是邓家彦和蒙民伟,马君武也参加成立大会并被选为会长。会议通过请陆荣廷、谭浩明等交出军权,服从孙大总统领导,及建设广西等议案。在地方自治的呼吁压力下,1921 年 7 月陆荣廷在南宁被迫通电辞职,出走安南。7 月 16 日,陆荣廷通电下野,令龙州镇守使黄培桂移驻南宁,代理督军、省长两职。而省议会、南宁商会、农会及各法团对此命令并不服从,公举龙州镇守使黄培桂以南宁救桂军总司令名义来维持南宁治安。

　　1921 年 7 月 28 日,孙中山任命马君武为广西省长。马君武系广西人,又是留学德国的工学博士,1912 年曾作为广西代表参与《中华民国临时约法》的起草,并任南京临时政府实业部次长,可以说正是广西省议会、职业团体非常欢迎的人选。1921 年 8 月 11 日,由孙中山任命的广西省省长马君武到达南宁,孙中山下令驻广西各军均归陈炯明节制,民政由马君武治理。各军不得干涉民政,"务须切实扶植桂民自治"。1921 年 8 月 17 日,各公团均有代表参加,马君武宣布治桂方针:一、禁赌;二、裁兵;三、自治。1921 年 11 月,马君武经省议会选举,在南宁正式就任广西省长职。1922 年 1 月 11 日,广西省自治联合会召开成立大会,省长马君武在大会上讲话,这标志着各省自治联合会替代省议会成为了地方自治的主要民意机构。

　　因粤军在桂,纪律极坏,致使人民愤恨。广西民枪极多,一经团结,即可起事。广西自治军之名义与组织,亦遂应时产生。所资以号召者,即为反对客军入境,共凸自治自卫。所谓自治军者,虽为自卫自治相号召,实际不过地方强烈仇恨意思的表现,并无真正的自治主张与计划。他们第一个敌对目标为客军、粤军、滇军等。1921 年,粤军西上,驻邕的洪兆麟部队敲诈勒索,奸淫掳掠,无恶不作,民众愤恨。是年 10 月,孙中山莅临南宁,商会即上书控告,洪兆麟部队被调走,驻军某师长被撤职。马君武曾试图改编这些旧式的军队并使之受革命政府任命。尽管马君武为当时一省人望,但政令所到,也只是马晓军的小部分军队,他自己还差点死在自治军手里。❶ 1922 年 5 月 12 日省长马君武率省政府部分职员和卫士一营约 500 人,乘船下梧州。途经贵县,遭李宗仁部营长俞作柏袭击,马氏随员及卫士死 10 余人,连随侍身边的小妾都中弹殒命。

---

❶　黄绍竑:《黄绍竑回忆录》,东方出版社 2011 年版,第 50 页。

这场变故,使马君武的思想发生了很大变化。这位翻译过《民约论》,具有卢梭情怀的革命者思想开始趋于保守。5月22日,马君武通电辞去广西省长职。1924年,马君武开始淡出政坛,精力逐步投入教育事业,先后担任大夏大学、北京工业大学、中国公学等学校校长。1924年国民党实行改组,马君武受冯自由、章炳麟等人的鼓动,发表宣言反对国民党改组和"联俄、联共、扶助农工"三大政策。1925年还出任北洋政府司法总长,违背孙中山遗嘱参加善后会议,被国民党第二次全国代表大会开除党籍。此事对马君武影响较大。1926年3月,段祺瑞改命马君武为教育总长。马君武不仅没有就职,而且辞去北京工业大学校长职务,南下回沪,再任上海大夏大学校长,脱离了民国政坛。❶

马君武的辞职,使得广西政局再次不稳。1922年5月间,桂省议会决计贯彻桂人治桂的主张,实现省长选举,举岑春煊为省长,同时又举林俊廷为总司令。6月23日,发出制宪两电,指陈"联省自治之说,遂成今日全国共认之国是。今既将制宪规程议决,咨请政府公布,依据制宪规程,力促省宪成立,直接巩固本省之地位,间接解决国是之纠纷"。5月29日,邕宁县自治议参会、南宁总商会、省城自治会、广西省农会等团体,也连衔电致岑春煊,恳其即速回省就职。岑春煊则于6月15日电复省议会恳辞,电文中明言"地方秩序之未定,人民生命罔托,空言自治,何以就亡?"的确,军人主政的时代,空有文人议论于事无补。❷新桂系统一广西后,集中了军令、政令。民国十五年2月,中国国民党广西省第一次代表大会召开,大会通过决议,撤销省、县议会。至此,广西省议会结束。民国十五年6月1日,省政府主席黄绍竑发出通电,取消各级地方自治。自是日起,各级地方自治会一律撤销。

## 第二节 联省自治对广西的影响

地方自治思想在中国的传播与发展,似乎一直不为广西地方实力派所

---

❶ 曾诚、陈秀芳:《马君武》,载张宪文:《中华民国史》,南京大学出版社2005年版。
❷ 朱浤源:《从变乱到军省——广西的初期现代化,1860—1937》,台北"中研院"近代史研究所1995年版,第288页。

关切。因为广西是一贫瘠之地,其发展更多需要外援。国内一些学者认为广西也是联省自治运动的主力,但从笔者的考察来看,广西地方当局所谓的联省自治更多是对周边省份的敷衍。

### 一、湖南省自治与广西政局变动的关联

在 20 世纪 20 年代中国盛行一时的宪政思潮和联省自治运动中,湖南是最为突出的一省。广西虽然不是联省自治运动的主阵地,但联省自治的发轫却与岑、陆桂系军阀兴衰密切相关。由于桂系陆荣廷在讨袁运动和护法战争中充当积极的角色,使得桂系乃能控制了民国八年前后的广州护法政府,湖南也因此成为护国护法战争中南北军事要冲之地,构成了桂系抵御北军的要塞,因此湖南的联省自治倡议对桂系影响很大。

早在民国七年护法期间,联省自治的发轫策动者熊希龄有一封长信给岑春煊说:"今欲行中央集权之统一政治,此后日见其难,实不如改行地方分权之联邦政治,当可徐善其后。"❶谭延闿是第一个响应这个学说的人,这与他中间派立场有很大的关系。谭延闿,1911 年辛亥革命后被咨议局推举为湖南省的都督,1912 年 7 月又被北京政府正式任命为湖南都督,二次革命中保持中立,被袁世凯免职,由汤芗铭接替。护国战争时期程潜受蔡锷命为湖南招抚使,到湖南召集其旧部反袁,被举为护国湘军总司令,驱逐湖南督军汤芗铭。但之后段祺瑞委谭延闿为湖南省长兼督军,程被迫离职。1916 年 8 月 3 日,谭延闿再次任湖南省长兼督军。可是,次年国务总理段祺瑞为了实现其武力统一全国的美梦,免除了谭延闿湖南督军的职务,让其内弟傅良佐取而代之。谭延闿微服前往上海,等待时机。1917 年 9 月 1 日,孙中山在广州成立护法军政府,密派程潜为湖南总司令,到湖南边境运动护法。10 月 20 日,陆荣廷令谭浩明为粤桂联军总司令,入湘支援程潜,湖南局势立变。11 月 14 日,北洋湖南督军傅良佐、代理省长周肇祥逃离长沙,16 日程潜入长沙,被各界推为湖南省长,23 日就任。谭延闿在上海闻讯,即向陆荣廷抗议,反对程潜任省长,谭浩明也对程潜不满,宣称"暂以联军总司令兼摄军民两政"。但桂系对谭延闿请求置之不理,使他逗留上海,

---

❶ 陶菊隐:《北洋军阀统治时期史话》第四册,山西人民出版社 2013 年版,第 90 页。

无法回到长沙。后来战事又起,1918年春,皖系军阀张敬尧攻入湖南,并被北京政府任命为新的湖南督军。桂系失势,这时谭延闿以"调人"姿态出现,在南北军阀中周旋。桂系鉴于北方主战派一定要进攻湖南,与其因控制湖南而冒战争危险,倒不如放弃湖南,让谭延闿回来,将湖南划为南北的军事缓冲地带。

谭延闿是在1920年6月再掌湘政的。此时的谭延闿已经在桂系军阀陆荣廷的支持下回到湖南一年多了,只是湘军旧部并不是很买他的账,特别是程潜(湘军中派系林立,谭、赵、程三派力量最大),根本不把他放在眼里。1919年6月,谭延闿设计赶走了程潜,总算重新成为湘军的总司令,并挂起了督军兼省长的招牌。但他的这些头衔尚无法坐实,因为北京政府认的还是张敬尧,而不是谭延闿。桂系支持谭延闿有桂系的打算,他们视两广为桂系的势力范围,陆荣廷希望让湖南作为北洋派和桂系中间的缓冲地区。当谭延闿与桂系军阀打得火热时,孙中山在1920年4月、5月,两次写信或致电与他,一方面赞其"与同胞辛苦奋斗,为国为民";另一方面又提醒他,桂系为湖南隐患,"欲复湖南人之湖南,尤非打破桂系势力不为功"。并建议湖南与广州、云南、贵州配合,一举消灭桂系。1920年7月22日,谭延闿以湘军总司令兼湖南督军名义发表了关于湘省自治的"祃电",称:"民国之实际,纯在民治之实行,民治之实际,尤在各省人民组织地方政府,施行地方自治,而后权分事举,和平进步,治安乃有可期。……闿及全体人民,久罹锋镝,难困备尝,欲为桑梓久安之谋,须有根本建设之计",这个"根本建设之计"就是"非以湘政分之湘全体人民,不足迅起苍痍,速复元气"。"当以各省人民确立地方政府,方为民治切实办法",具体办法就是"本湘人救湘、湘人治湘之精神,拟即采行民选省长制,以维湘局"。最后,他还呼吁"望我护法各省,一致争先,实行此举,则一切纠纷可息,永久和平可期"。这个"祃电"被称为各省自治运动的嚆矢,也就是后来湖南制定省宪法的"经典文件"。❶

谭延闿的"祃电"得到西南各省军阀的附和,四川、贵州等省军阀纷纷采取一致行动——一致不服从北方,也一致不服从广东军政府。这不仅使孙中山团结西南重振军政府的计划严重受挫,也让北京政府颇为不安。因

---

❶ 王无为:《湖南自治运动史》上册,上海秦东图书局民国九年版,第20页。

此,南北政府都曾一度试图争取谭延闿。1920年9月1日,徐世昌授意范源濂,劝告谭延闿赞助和平统一,谭以"反对局部谋和、赞成公开议和"作为应付北方的手段。同年9月13日,谭延凯召集所有省军政长官、绅商和政客名流三十余人参加的自治会议,决定由省政府推举10人,省议会推举10人共同起草湖南自治法。9月下旬,谭延闿决定由省议会制定一个"宪法会议组织法",然后根据这个"组织法"再召集制宪会议。1920年10月,由于陈炯明奉孙中山先生之命率军由闽回粤,桂系在战败之后不得不撤出广东。谭延闿在粤桂军战争中保持中立。他本来是倾向桂系军阀的,但因此时粤军势如破竹,他就采取了两面敷衍的态度。9月6日,他向粤桂双方进行调解,主张"干老(陆荣廷)出而主持,以粤事还之粤人,确立粤省自治政府;竞公(陈炯明)爱国爱乡,亦当早息干戈,言归于好"。从这个电报看得出,他在调解粤桂战争中,还在主张"联省自治"。见谭延闿仍持"骑墙"态度,孙中山在10月初曾致电对他进行批评,孙中山在上海两次致信谭延闿,"嘱出兵广西,平桂乱以纾两广之患",同时先后派黄一欧、阎鸿飞、周震鳞、姚大愿、姚大慈、柏文蔚、覃振等到湖南做谭的工作。但是,谭延闿对他们采取了"敬而远之"的态度。这让孙中山对谭延闿大失所望。10月,孙中山又派黄一欧协助周震麟等人做争取湖南参加北伐的工作。当谭延闿于11月初通电表示与桂系彻底决裂、明确响应孙中山的讨桂战争时,孙中山对于谭的转变感到非常高兴,多次肯定谭深明大义,义举"可嘉",认为"组庵护法决心,至所佩仰"。但是,谭延闿却沉醉于"湘省自治"的美梦中,对孙中山的北伐态度冷淡,不但不肯出兵,还发出通电,提出"以武力勘祸乱,不如以民治固国基",反对孙中山的武力北伐。❶

谭因为"联省自治"还是"联省北伐"与孙中山发生了矛盾,给了程潜与赵恒惕联手倒谭的机会,这时的赵恒惕已经羽翼丰满,不再需要依靠谭延闿这棵大树来乘凉了,加上谭也有对不起他的地方,谭延闿曾承诺:"将来打完仗,军事交赵(恒惕)负责,民事交林(支宇)负责,本人决不贪图权位"。但是,谭延闿回到长沙后却大权独揽,身兼督军、省长和湘军总司令三职。身处于军阀混战漩涡之中的谭延闿深知军权的重要,不论是被逐外乡,改换

---

❶ 刘建强:《谭延闿追随孙中山动因辨析》,《光明日报》2009年12月8日。

门庭,或是高居政坛,都没有忘记控制军队,即使后来离开军职而从政,仍没有放松对军队的影响,他时常笼络军界要人,为己所用。所以 1920 年 11 月赵恒惕将谭逼出了湖南,彻底结束了谭延闿督湘的历史。

　　赵恒惕继续奉行"联省自治"主张,1921 年 1 月 25 日,正式成立"湖南自治法筹备处",并特聘王正廷、蒋百里、李剑农等 13 人起草省宪,12 月中旬,经全省投票表决通过了省宪草案,并于 1922 年 1 月 1 日予以正式公布。赵恒惕曾回忆当时倡议的经过如下:"首先成立省宪筹备会,分湘中、湘西、湘南三路,挽省议会议长彭兆璜、国会议员吴景鸿、钟才宏分任三路筹备委员。复敦聘名流专家王正廷,蒋方震、彭允彝、李剑农等十三人为省宪起草委员。借岳麓书院开会草拟宪法,自民国十年三月中旬,迄四月中旬,前后凡一月,谢绝访客,悉心起草。以后复召集审查委员会,详细审订修正。审查会由大县推举代表二人,小县推举一人组成。惜因种种关系,宪草之审查迟迟不能完成,而援鄂战事又告发生。省宪之正式订定与联治运动之具体进展,乃在援鄂失败之后。"❶

　　综观湖南省宪法的制定过程,由省内外知名专家起草省宪法,再由各县议会推举的审查员对宪法草案进行审查,最后由全省公民直接投票公决,可以说其制定经过了一般宪法产生的基本环节,制宪程序是很严格的,并且很有民主精神,无怪乎赵恒惕自己称赞这一程序"比之北美、德意志共和国之制宪程序更为周匝"。湘省宪法共 13 章 141 条,第一章"总纲"明确规定"湖南为中华民国之自治省","省自治权属于全省人民";第二章"人民之权利与义务"规定了人民享有平等、自由和民主的权利,并首次将选举、罢免、创制、复决四权写进了宪法。另外诸如保护人民生命及私有财产、言论出版、集会结社、信仰、迁徙等自由,选举与被选举权,请求救恤灾难的权利应有尽有,也有受教育、纳税、服兵役等义务的规定,并堂而皇之地宣称"人民在法律上一律平等"。第三章"省之事权"规定了省对"省法院之编制","省内之军政、军令事项"有议决执行权;"为谋交通行政之统一,联络省际商业之发达,及应国防上之急需,国政府之命令,得容忍之";"其他关于省以内之事项,在与国宪不抵触的范围内,省得制定法规并执行之"。第十章

---

❶　丁中江:《北洋军阀史话(三)》,中国友谊出版公司 1992 年,第 361 页。

"县制大纲"和第十一章"市乡自治制大纲"还对省以下的地方行政区域的自治制度进行了规定。可以说,宪法内容不同程度上表达了资产阶级的愿望和要求,但它并不是当时社会关系的现实反映,在军阀混战、南北失和的情况下,它最终只能成为一纸空文。但是,湖南省宪法草案的公布,开创了全国省制定宪法之先河,是全国各省中倡导最早,并经过民主公投的一部省宪法草案。1922 年 1 月,湖南省宪法正式公布后,赵恒惕成为中国首任民选省长。是时,孙中山在桂林成立北伐大本营,原准备从湖南北伐,可赵恒惕以联省自治为理由不同意,孙中山只好绕道江西进行北伐。1924 年 6 月 12 日,叶琪奉赵恒惕之命,率旅入桂完成武力调解陆荣廷与沈鸿英的争端事宜,宗旨就是为了推动"联省自治"。后又派叶琪游说李宗仁、黄绍竑、白崇禧,想通过叶琪与李、黄、白的同乡、同学关系,劝说李、黄、白与赵一起搞"联省自治",但没达成目的。

赵恒惕回忆说:"广西仅于李宗仁、白崇禧主持桂政时,见其朝气勃勃,努力图治,全省统一,曾力劝其制订省宪,亦因湘桂交通较便,故亟思结合,成一坚固之自治阵线,庶几于省防省治,皆有大益。"可是,他选派的说客叶琪却另有所图。1926 年 1 月上旬,叶以回乡省亲为由,经桂林到南宁会晤李、黄、白。叶琪与唐生智的关系本就非常密切,在他离湘赴桂时,唐生智写有信函,托他带给李、黄、白。李、黄、白见唐生智已有倾向革命的表示,且有取赵自代的野心,于是决定利用叶琪回桂的机会,加紧工作,促使唐生智下决心附粤驱赵。为此,他们一方面对叶琪晓以大义和利害,通过叶对唐生智施加影响。另一方面,他们开动报馆、通讯社等舆论机器,大肆宣传叶琪是唐生智的代表,说叶这次回广西,是来商讨湘、粤、桂合作问题的,以此恶化唐生智与赵恒惕、吴佩孚之间的关系,迫使唐不得不下决心附粤驱赵。他们这样做,弄得叶琪、唐生智有口难辩,只好听之任之。1 月下旬,当汪精卫、谭延闿、甘乃光等广东国民政府要人访问广西时,李、黄、白更把叶琪拉到梧州与汪、谭等会晤;不久,又鼓动叶琪随白崇禧一起到广州去。这样一来,叶琪便真的成了唐生智联络两广革命势力的代表了。李、黄、白此举,对后来唐生智决心附粤驱赵起到一定作用。另外,叶琪在桂期间,李宗仁为了解除唐生智的疑虑,特向叶表示:如果唐决心附粤驱赵,并付诸行动,则"广西将全力为其后盾"。李宗仁统一广西后,1926 年 1 月叶琪代表湖南参加汪精卫、谭延闿、甘乃光、李宗仁、黄绍竑等在梧州召开有滇、黔代表参加的重要军事会议,准备北伐。

## 二、广东省自治运动对广西的影响

陈炯明,1878 年出生于广东海丰县,1906 年入读广东政法学堂后开始参与政事。1909 年被选为广东咨议局议员,同年 11 月加入同盟会。参与了广州新军起义、广州黄花岗起义、辛亥革命、二次革命、护国运动。1917 年参加孙中山的护法运动,被任命为援闽粤军总司令。1920 年粤军回师广东,结束了桂系据粤的历史,被孙中山任命为广东省省长兼粤军总司令。1921 年广州正式政府成立后,又被任命为陆军部长兼内务部总长,一身兼四要职。同年 6 月督师讨桂,平定广西全境。在政治生涯中,陈炯明以"联省自治"而著称。他的政治主张在《建设方略》和《中国统一刍议》二书中有完整的表述。他认为中国广土众民,只能实行分权自治,才可养成"民治精神",建设民主。民国九年 10 月 20 日,陈炯明发表电文赞同谭延闿联省自治主张,表示"近日各省自治已成潮流,炯明但得一雪忘省之痛,借树自治之基,他事当不深求也"。11 月 2 日,陈炯明率领粤军自闽南回粤,打败盘踞广东的桂系军阀,回到广州,被省议会任命为广东省省长兼粤军总司令,他就积极参与了"联省自治"运动。12 月中下旬在粤军事会议上申明,"对桂用兵,原肃清广东境界为止"。❶

桂系退出广东时,赵恒惕出任了调人,劝陆荣廷宣布广西自治,并愿劝陈炯明勿攻广西,主张两广因"志同道合"而永息争端。1921 年 3 月 13 日陈炯明通电赞成赵的意见,并保证"两广一家,不生兵戎"。3 月 19 日陈又以督军名义(这时西南各省都改督军为总司令)致电广西督军谭浩明,表示"本无图桂之心",愿与桂军"各守边防,毋相侵犯"。4 月 1 日又发表反对攻桂的谈话,"大举讨伐广西,匪特有使人误解为侵略之虞,且不免有与省人自治之理想矛盾"。❷ 并 5 月 18 日分至熊克武、赵恒惕、顾品珍、卢涛、王占元、李厚基、齐燮元、陈光远密电,"赞成联省制,实现自治"。桂系退出广

---

❶　广西省政协文史资料研究委员会等编:《有关陈炯明资料》(油印本),第 64 页。

❷　段云章、倪俊明:《陈炯明集》下卷,广州中山大学出版社 1998 年版,第 649 页。

东后,对自己桂军已无信心,对广东不能构成新的威胁,不得不摆出一副换取湘川同情的联省自治姿态。为此,陆荣廷、谭浩明、陈炳焜 3 人,曾于民国十年 4 月 23 日联名发表了一封主张"粤人治粤""桂人治桂"的漾电。说:"自粤人倡为粤人治粤之后,荣廷等即通令前方退让,深愿粤中负责有人,御此重任……至于粤人治粤,桂人治桂,荣廷等夙抱此旨,始终不渝。竞存而果有意于此,则筹之于事实,而不必求之于空言,竞存果能有统治全省军队之能力,负完全之责任,不受何方之挟持,不妨缔结两省互不侵犯之约,互撤驻边部队,则争执之点,不难立解。"❶然而,1921 年 6 月,桂系军阀陆荣廷却又秉承北京政府意旨出师扰粤,陈炯明才始因"战事已起,和平无望",率师出击。6 月 28 日在广西省议会代表的谈话中说,"此次出师,以援助桂人治桂之目的,求永久之安宁"。❷ 1921 年 7 月湘军驱王前后,赵恒惕曾派代表多人分途到西南各省活动,打算在武汉攻下后,就在汉口召开各省联席会议,讨论组织联省自治政府,陈炯明和滇川黔三省当局都表赞同。1921 年 8 月,陈炯明进入南宁后,着力协助马君武筹划仿照广东省的"地方自治"计划。在孙中山的催促下,1921 年 10 月,陈"允拨德州等二十二营"赞助北伐,誓师离桂布告:"此次援桂,无非助成桂人之自治。今日的已达,义务已尽,定于是日班旋粤,所有桂省善后事宜,均由马省长主持办理。从此粤桂一家,净洗甲兵,厉行民治,以造成中华民国省区自治之模范,是所厚望。"❸

　　陈炯明建立联省政府的初步计划分三步进行,一是实现地方自治,二是制定省宪,三是建设广东为模范省。❹ 陈炯明曾做过清末咨议局的议员,对地方自治情有独钟。因此,在其主政广东过程中,不是先制定省宪再制定县、市自治的,相反,他是先从县、市地方自治开始,再制定广州省宪的。1921 年,陈炯明在广东省 92 个县推行自治,颁布了《广东暂行县自治条例》《暂行县长选举条例》和《暂行县议会议员选举条例》,是年底各县推行民选县长、县议员工作完成。同年 12 月 19 日省议会还正式通过了《广东省宪法

❶　香港《华字日报》,民国十年 5 月 5 日。

❷　段云章、沈晓敏、倪俊明:《历有争议的陈炯明》,中山大学出版社 2006 年版,第 405 页。

❸　孙陈二人之行踪,载长沙《大公报》1921 年 11 月 12 日。

❹　陈定炎:《一宗现代史实大翻案》,香港吴兴记书报社 1997 年版,第 205—206 页。

草案》，但由于国民党的反对没有最终实施。广东省宪在"总纲"中，第一条就声明"广东省为中华民国之自治省"。此条与湖南、浙江等省的省宪规定全同，这表示各省制宪自治，并不是把中华民国分裂为若干独立国家，而制定省宪，实为统一国家，组织联邦政制的一个步骤。就地方制度而言，规定省长"由全省公民投票，过全省公民投票数之半者为当选，如无过半数者时，省议会就于被选中得票最多者三人，投票决选之"，但这一进程，因为1922年陈炯明与孙中山的冲突而停顿，民选省长没有实现。与湖南、浙江等省不同，陈炯明还最早推动了城市自治，湖南宪法中"市乡自治制大纲"和浙江宪法"特别市"一章虽然都有关于市自治的条款，但出台时都晚于广州。广州正式建市是在陈炯明主导下展开的，早在1921年2月广州就颁行《广州市暂行条例》，成立广州市政厅，下设公安、公用、财政、卫生、教育、工务等六局。广州市政厅的成立标志着中国近现代史上第一个完整意义上的现代化市政机构登上舞台。孙中山之子孙科被任命为首任广州市长，标志着中国近代城市史上第一个建制市——广州市正式成立。市长虽然还不是民选产生，但是已经有了立法监督机关的设置。1921年7月3日，北京政府大总统徐世昌也颁布了《市自治制》，这是中国历史上第一个以中央政府名义公布的关于市建制的法律，但最终实施《市自治制》的只有北京和青岛两市，其对近代城市建设与发展的影响比较有限。

广西梧州是两广交接处的一座重要城市，处于联络两广的重要战略地位。1921年10月马君武仿效广州设市做法，任孙中山的女婿戴恩赛为梧州市政厅长。戴恩赛担任梧州市政厅长后，也学习广州做法，吸收西方和传统建筑艺术，创造出具有岭南文化特色的骑楼建筑。据台湾版《广西文献·国父出巡广西纪程》载："梧州自粤军进入后，便仿广州市政厅的先例，成立梧州市政厅，省长马君武，委任戴恩赛为市政厅长。戴于10月初抵梧州就职，以市政建设项项需钱，戴氏除开征各种捐税外，还计划开办梧州市立银行，并拟订开办章程，计划印行纸币300万元。梧州士绅、商民闻讯，鉴于在梧州市面流通的纸币太多，计有折半通用的桂币，十足通用的粤币，还有香港币等。纸币充斥，百物腾贵。如梧州市立银行成立，再印行纸币300万元，其后果势必难以收拾，因而纷纷表示反对，于是联名向孙中山请愿。孙中山查明事实，权衡利弊，饬令梧州市政厅停止印行纸币。开办梧州市立银行一事,亦随之搁浅。"❶1922 年 2 月,马君武电令撤销梧州市政厅。实际上,戴恩赛在梧州主政的日子仅四个多月,却因孙科(孙中山的儿子)也在同一时间担任广州市政厅长的职务,被时人称之为"一门两市长"。

李宗仁为首的新桂系统一广西后,1927 年 5 月梧州恢复设市,改市政厅为市政委员会。9 月,省政府决定改梧州市政委员会为梧州市政府。12 月 1 日,梧州市政府成立,蒙经任市长。1927 年 10 月,广西省民政厅颁布的《梧州市政府组织暂行条例》赋予了梧州市政府自主管理本市城市建设事务的权利,梧州的市政建设得以更进一步的发展。民国时期梧州的市政建设,是广东地方自治对广西影响的缩影,正是受到广东的影响,梧州形成了现代的城市格局,有力地促进了广西的近现代化。但在旧桂系主政广西期间,梧州主要是军事要塞,在经济和政治方面对广西的影响有限。

### 三、孙中山出巡广西的影响

在粤军驱桂回粤后,在如何统一中国的问题上,孙中山与陈炯明之间产生了一场激烈的争论,陈炯明主张联省自治,孙中山主张北伐,双方争议越来越大。

孙中山在粤军讨桂获胜后,欣以为粤军本此勇敢而北伐,则统一中国无难。1921 年元旦,孙中山在军政府的新年演说中,对"护法"已失去热情。他说:"此次军政府回粤,其责任固在继续护法,但我观察现在大势,护法断断不能解决根本问题。吾人从今日起,不可不拿定方针,开一新纪元,巩固中华民国基础,削平叛乱。"❷1 月 12 日,非常国会两院开联合会,由 21 人组成的审查委员会,开始审查议员附逆案。所谓"附逆"的标准为:一、曾通电破坏宪法会议者;二、曾通电批评伍廷芳携款潜逃者;三、曾任岑春煊政府各职者;五、曾提案补选伪总裁者;六、曾领滇路费复回粤者。

1921 年 4 月,非常国会选举孙中山为大总统,5 月 5 日正式就职。孙中山就任非常大总统,即发表对内对外宣言。对内宣言说道:"窃维破坏建设,其事非有后先,政制不良,则政治无术。集权专制,为自满清以来之秕

---

❶ 《梧州方志通讯》1985 年第 4 期,第 46 页。

❷ 《孙中山全集》第 5 卷,中华书局 1985 年版,第 452 页。

政,今欲解决中央与地方永久之纠纷,惟有使各省人民完成自治,自定省宪,自选省长,中央分权于各省,各省分权于各县,庶几既分之民国,复以自治主义相结合,以归于统一,不必穷兵黩武,徒苦吾民。至于重要经济事业,则由中央积极担任,发展实业,保护平民。对于外交,由中央负责,根据民意,讲信修睦,维持国际平等地位,保障远东永久和平。"对外宣言称:"文之第一职务,在统一民国各省各区,置诸进步修明之政府管理之下。"❶

孙中山虽然在就任大总统的宣言中还提到联省自治,但意旨主要在于北伐。陈炯明却对北伐方针表示反对,他认为"现在国中摧残共和、扰害百姓者,实一私人的'武力主义'之横行"。要解决这一难题,只有实行联省自治。❷ 孙中山不赞同这一主张,认为陈炯明"惟在保境息民,并窥伺四邻军阀意旨,联防互保,以免受兵,如此退可据粤,进可合诸利害相同之军阀,把持国事,可不烦用兵而国内自定"。而"国既不保,吾粤一隅何能独保? 且既欲保境,则须养兵,所谓养兵以保境,无异扫境内以养兵,民疲负担,如何能息? 民疲其筋力以负担军费,犹尚不给,则一切建设无从开始,所谓模范省者,徒托空言。一省如此,已为一省之害,各省如此,更为各省之害,所谓联省自治,又徒托空言"。他明确表示,"我既反对那些热衷于把省作为地方自治基本单位的人,也反对那些提倡将联邦制的原则应用于各省的政府的人。我极力主张地方自治,但也极力认为,在现代条件下的中国,联邦制将起离心力的作用,它最终只能导致我国分裂成许多小的国家,让无原则的猜忌和敌视来决定它们之间的相互关系,中国是一个统一的国家,这一点已牢牢地印在我国的历史意识之中,正是这种意识才使我们能作为一个国家而被保存下来,尽管它过去遇到了许多破坏的力量,而联邦制则将削弱这种意识"。❸

孙中山把国民革命分为军政、训政、宪政三个时期。孙中山说:"我们建立民国,主权在民,这四万万人民就是我们的皇帝,帝民之说,由此而来。这四万万皇帝,一来幼稚,二来不能亲政。我们革命党既以武力扫除残暴,拯救的皇帝于水火之中,保卫而训育之,则民国的根基巩固,帝民也永赖万

❶ 《就任大总统职宣言》,《孙中山全集》第5卷,中华书局1984年版,第531—532页。
❷ 段云章、倪俊明编:《陈炯明集》下卷,中山大学出版社1998年版,第943—944页。
❸ 《孙中山全集》第6卷,中华书局1985年版,第549—550页。

世无疆之休。"

而陈炯明则反对此说。他说："训政之说,尤为失当。此属君政时代之口吻,不图党人袭而用之,以临吾民。试问政为何物? 尚待于训耶! 民主政治,以人民自治为极则,人民不能自治,或不予以自治机会,专靠官僚为之代治,并且为之教训,此种官僚政治,文告政治,中国行之数千年,而未有长足之进步。国民党人有何法宝,以善其后耶? 徒使人民不得自治机会,而大小官僚,反得藉训政之谬说,阻碍民治之进行。"

民国十年底,孙大元帅于广州成立大本营,委朱培德为滇军总司令,谷正伦为黔军总司令,沈鸿英为桂军总司令,彭程万为赣军总司令,许崇智为粤军第二军军长,李烈钧为参谋长,胡展堂为文官长,准备北伐。陈炯明在桂平处理改编桂军残部的问题,他的周围也有四川、云南等省代表,所讨论的也是组织第三政府的问题。此时,陈与吴佩孚的关系尚未建立好,不赞成在汉口召开国民大会,他发表巧电(8 月 18 日),请浙督卢永祥领衔通电在上海召开各省联席会议,协定"自治",他本人愿派代表参加。这个电报对孙中山说来是一个严重的打击,因为陈是他手下的现任官吏,却公然同意另外组织政府,不啻是"反对现行政府"的叛逆行为。孙气得要下命令讨伐陈,经胡汉民、汪精卫等竭力劝阻才罢。陈在广西得到这个消息,也不敢刺激孙中山过甚,便又授意省长公署发布一条消息,解释巧电乃是向卢永祥表示好意的一种应酬文章,此外别无用心。其实,巧电有具体内容,并非空洞无物的应酬文章。

为了争取陈炯明支持北伐,丢掉联省自治的幻想,孙中山出巡广西。1921 年 10 月 15 日,乘宝璧舰出发,17 日行抵梧州。在梧州,孙中山召开军事会议,编北伐军为三军,由李烈钧、许崇智、李福林分别统率,并电召陈到梧州讨论北伐问题,拟抽调粤军 40 营加入北伐,北伐军的军火、军费须由广东供应。陈对此电置之不理。于是孙自己到南宁会晤陈,表示"北伐而胜,当然不会回广东,不幸而败,也无面目再回广东",请陈勿再阻止北伐,陈对这个问题并无明确表示。在南宁期间,孙中山出席南宁各界人士举行的欢迎会,并作"关于广西善后方针"的演讲。《南宁市志综合卷·大事记》中华民国(上)记载:南宁各界欢迎孙中山总统莅临大会于 10 月 26 日隆重举行,会场设在府前街(原民权路中段)广西省议会大礼堂,由省议长姚健生、副议长张一气主持开会。他说:"自今日起,广西者真广西人之广西,而非强盗之广西;真中华民国之广西,而非私人所据之广西矣","广西十年来,为强盗所据,故虽推倒满清,人民犹未得以领略共和幸福","强盗与民国不能并容。今既驱之,即当共绝其根株,勿许再有第二次强盗治桂出现"。在谈到建设广西的方针时,孙中山首先肯定"广西是发展生产的好地方","今广西之穷,有如一人将各种财宝藏之铁箱,失去钥匙,所有财宝不能取用,以致不能生活,甚至流为乞丐"。"我是第一次到广西,所以也是第一次到南宁,……大家都知道广西是个贫瘠的省份,可是这次溯江西上,所见两岸都是肥沃的平原,甚至山林丘壑也都苍蔚,因此我发见所谓的贫瘠,并不是真的贫瘠,而只是人事未到而已。"从南宁返回梧州途经桂林,孙中山在桂林阳朔也发表地方自治的演说,他说:"阳朔是块好地方,万山环绕,遍地膏腴。无知识人的以为这是土瘠民贫,可是却不知道奇峰耸峙的高山,都是石灰岩层的蓄积,可以烧石灰,可以制水门汀。所以别人认为阳朔是不毛之地,我则认为阳朔遍地都是黄金,所以我们应该拟定一套计划,把蕴藏在石灰岩层中的煤、铁、金、银、铅、水银诸矿,大量开发出来。"❶

孙中山在广西的这些演讲报告,阐明了北伐与地方自治的关系,驳斥了联省自治的主张。1921 年 11 月 15 日,孙中山、胡汉民等移节桂林,欲假道湖南出武汉,遭到湖南赵恒惕的拒绝,因赵恒惕倡联省自治反对革命军经过湖南。孙中山只好决定将北伐大本营移至广东韶关,委李烈钧为第一军军长统率滇、黔、赣、桂等军,进攻江西兼取鄂东,同时要陈炯明回粤。陈炯明虽然反对北伐,但孙中山出巡广西后,他驻军广西已经"师出无名";同时,广西民众深受孙中山演讲影响,北伐呼声日高,陈只得返回广东。

1921 年粤军回粤后,陈炯明提出"建设方略",其初步计划是想组织十二省联省政府(包括广东、广西、湖南、云南、贵州、四川等西南六省,浙江、江西、福建及东北三省)。这联省政府"对内实行自治,对外摧倒北徐(世昌)",以联省自治的原则,来实现全国和平统一。1922 年 5 月,陈组织人马精心制作《联省自治运动》一文指出,民国政治分崩离析,在于政治组织之不适,刷新政治一在于地方分权,一在于军、民分治。他在致曹、吴的电报中

❶ 《孙中山全集》第 5 卷,中华书局 1985 年版,第 623—638 页。

说:"此后国家之安宁,中国领土广大,民俗各异,仍应仿照美国,建立联省制度。"❶陈炯明因反对北伐,后被孙中山免去广东省省长、粤军总司令、内务部总长三职。其部属叶举等将领打着迎陈复职的旗号于 1922 年 6 月 16 日派兵包围观音山总统府,炮轰总统府,迫孙中山离开广东。8 月 15 日,陈炯明回广州任粤军总司令。冬,广西林虎应陈炯明之约到香港会面,并接受陈的委托去湖南与赵恒惕联络,商讨推行联省自治问题。

林虎,广西陆川人,1906 年经黄兴介绍入同盟会,历经辛亥革命、二次革命、护国护法战争,1919 年 11 月任粤桂边防军总司令。1922 年冬,应陈炯明之约赴香港,受命赴湖南联络赵恒惕,推行联省自治,形成了广东陈炯明、福建周荫人、江西方本仁、湖南赵恒惕、广西林虎、云南唐继尧的无形结合。1923 年 3 月,北京政府任命林虎为广东潮梅护军使兼粤军总指挥。1924 年 5 月,北京政府又委为广东督办。1925 年 2 月,任善后会议委员。林虎计划与李宗仁黄绍竑结合,准备将来回桂,统一广西。然而,3 月陈炯明被东征军逐出广州,惠州老巢亦被占领,陈炯明通电下野。林虎见大势已去,离广东后又去上海居住,从此结束了他的戎马生涯。在林虎归附陈炯明前,孙中山曾叫人传话给林虎最好能反戈响应,至少也要做到不抵抗而撤退。可是林虎却顽抗最力。事后,孙中山说:"广西籍的同盟会员中,文以曾彦、武以林虎最可惜"。

孙中山反对联省自治,但不说他反对地方自治。1923 年孙中山撰文反思之前的失败,更是将没有搞"地方自治"视作最主要的原因。不过,在孙中山的"地方自治"思想中,地方自治是以县为单位的。孙氏说:"以县为自治单位,盖必如是,然后民权有所托始,主权在民之规定,使不至成为空文也。""临时约法,既知规定人民权利义务,而于地方制度,付之阙如,徒沾沾于国家机关,此所谓合九州之铁铸成大错者也。"❷1924 年孙中山在"民权主义"的第四讲里,解释了他反对联省自治的原因。他认为,"联省自治"极可能变成搞"省割据""武人的割据",最终威胁到国家的统一;地方自治的终极目的,是实现主权在民。按《国民政府建国大纲》的规定,"一完全自治

---

❶ 《顺天时报》1921 年 7 月 3 日。

❷ 《孙中山全集》第 7 卷,中华书局 1985 年版,第 67 页。

之县,其国民有直接选举官员之权,有直接罢免官员之权,有直接创制法律之权,有直接复决法律之权"。选举、创制、复决与罢免这四大"直接民权",很难通过"省自治"落实到基层民众当中去;"县自治"则不然,不但与基层民众更贴近,而且可以起到架空"省割据"的效果。

因此,孙中山与陈炯明的争议,应该是地方自治在中国实施的模式和路径争议。孙中山于1924年4月12日书写的《建国大纲》中,将国家建设分为三期,即军政时期、训政时期和宪政时期。军政时期的任务是完成国家统一;训政时期的任务是完成省、县自治;当省县两级实现自治之后,则开始宪政时期。训政的概念是:"军政府授地方自治权于人民,而自总揽国事之时代",期间,"地方自治权归之其地之人民,地方议会议员及地方官皆由人民选举"。❶ 在孙中山看来,不打倒军阀,地方自治是纸上谈兵。应该说,孙中山出巡广西,其演讲对广西影响很大,广西地方实力派对待联省自治的态度发生了根本变化。

## 第三节　新桂系拒绝联省自治的原因

1925年以李、黄、白为代表的新桂系打败旧桂系以及广西各地割据的小军阀集团,正式统一广西。在广西建设的路径选择中,面临着三种途径:联省自治、段祺瑞执政府的善后会议和两广统一北伐。那时联省自治、保境安民之风正炽,于是广西统一后,川、湘、黔等邻省,都纷纷派员来桂观摩。"联省自治"原本是一些知识分子企图效仿美国联邦制,通过各省先行立宪,进而实现民主共和的一种政治理想。然而这一理念被地方军阀作为对抗中央、割地自保的一种口实,军阀根本没有先行立宪进而给予人民民主的意思,最终联省自治归于失败。

### 一、广西统一前的自治乱象

联省自治是陈炯明的重要政治主张,也是陈炯明背弃孙中山的思想渊源。1921年夏,陈炯明援桂之役,计划是摧倒桂系军人陆荣廷,以两广为基

---

❶ 《孙中山全集》第1卷,中华书局1980年版,第298页。

地推进全国的联省自治。但粤军进驻广西后,给广西带来的不是支持,而是动荡。

美孚火油公司是美国"煤油大王"洛克菲勒煤油垄断集团的产业。他所设在广州的广州分公司,是这个垄断集团所属纽约公司的一部分。广州分行并不管辖省内外的所有的支行,而只辖广州地区的代理和梧州、南宁两个支行(这两个支行统辖广西省各市镇)。"粤军进入南宁后,两广交通曾一时梗阻,粤军军饷接济不及,粤军(前敌)总指挥叶举向南宁美孚洋行(火油公司)临时汇拨东毫三十余万元,由粤军总部电广州拨交香港美孚行,款到后,即拍电来南宁,美孚洋行照数拨交现款。汇拨款项以东毫为本位,香港纸币此时每元值东毫一元二角计算。那时粤军开支以及税局一切税收均以东毫为本位,限制陆荣廷统治广西时期所发行的广西币,币值每元广西纸币完整不破损的作东毫五角使用,破损的广西纸币更要低折,甚至不用,使人们所存广西纸币受到很大损失,尤其是乡村农民历来售出粮食和农副产品,多系得到广西纸币,不能十足通用,所受损失,不可估计。"由此说明陆荣廷"都督券"最后低折,与粤军上层以至更高层不无关系。与其说"援桂"不如说是"报复"。❶

同时,由于粤军在桂,纪律极坏,烧杀极惨,致使广西自治军应运而生。然所谓自治军,虽以自治自卫为号召,并多以县议会等通电为理由,但实质不过是地方仇恨意识的表现,并无真正的自治主张与计划,却反而使广西再陷于军人割据的局面,这给一介书生的马君武省长带来不少麻烦。马君武虽为省长,但号令不出廊门,全省各地被各类驻军盘踞,无人约束。各地自治军兼管所占区域各县的民政、财政,甚至委任县长。粤军撤离广西后,省会成为各地土匪攻击要害,马君武决计将率部分省府职员迁往梧州办公。在其去梧州的途中,行船遭到自封"广西自治军第二路"总司令职李宗仁部下俞作柏的打劫,马的姨太太当场被打死,让马非常伤心。1922年5月22日,马君武通电辞去广西省长职。省长马君武辞职后,广西顿时成无政府状态。广西善后督办刘震寰也被当地自治军击溃,逃到广东钦、廉一带,省会遂为自治军掌握。

---

❶　广西壮族自治区政协文史资料委员会:《老桂系纪实》,广西人民出版社2003年版,第461页。

　　那时自治军势力较大的,首推刘日福、陆云高、蒙仁潜、林俊廷等。当时,刘日福在南宁自称广西自治军第一路总司令,李宗仁在玉林自称广西自治第二路总司令,其余散军称司令者达数十人。5月,陆荣廷旧部陆福祥及自治军首领刘日福、陆云高、蒙仁潜、李宗仁等,在南宁组织广西自治军临时军帅处,为广西军事临时最高机关,林俊廷也自称接受各界推举就任广西自治军总司令。1922年6月上旬,蒙仁潜在南宁自称自治军旅长兼广西省长,陆云高自称自治军旅长兼财政厅长,刘日福和陆福祥二人分别做了民政厅长和建设厅长。❶ 可是,蒙仁潜自铸的那省长大印,尽管盖了又盖,政令也出不了廊门,陆云高的财政厅长,只能在南宁一带收收税。这时的广西局面,更趋混乱不堪。各部自治军之间,你争我夺远交近攻,战乱不止。各地土匪横行,白日打家劫舍,子夜掳人勒索。在沿江一带,各种名目的武装势力,则层层设卡,勒收"行水",因而工农交困,商业凋敝,民不聊生。广西境内成为真空状态。

　　1922年7月4日,自治军第十三路司令钟明雨通电,宣布由省议会及各界推岑春煊为广西省长。6日,自治军第四路司令余明健通电,要求北京政府尊重民意,加以任命。但岑春煊自觉无力驾驭广西自治军混战的局面,不愿就职。1922年8月林俊廷抵达南宁,就任总司令。1923年1月,各路自治军公推驻柳庆的林俊廷为自治军总司令。北京政府又委任他为广西督理军务,3月,兼任省长,等北方任命的省长张其煌上任。据广西籍居京人士温雄飞回忆说:"北京政府任命张其锽为广西省长,张托广西议员陈太龙来找我,说张其遑要他来征求我的意见。张邀我做代表去广西,疏通林俊廷,使其不反对他做省长。据说那时的情况是这样的,林被推为广西自治军总司令,张其锽被北京任命为广西省长,如果不得林俊廷点头,是无法到广西任职的。"❷在温雄飞斡旋下,林俊廷同意张其锽只身回桂。当张其锽于民国十二年(1923年)夏间就任省长职时,广西局势又发生了变化。由于林俊廷实际上无法督理广西的军务,北京政府又想到起用陆荣廷。10月,调林俊廷为钦廉防务督办,改任陆荣廷为广西全省善后总办。1923年9月,

❶ 唐德刚:《李宗仁回忆录》,广西师范大学出版社2005年版,第134页。
❷ 温雄飞:《我运动林俊廷归附孙中山先生的经过》,载广西壮族自治区政协文史资料委员会:《老桂系纪实》,广西人民出版社2003年版,第506页。

陆荣廷从上海经香港、越南海防回到龙州,12 日在龙州通电就任广西边防督办职。

在张其锽任广西省长期间,广西的局势是很混乱的。就政局而言,广西存在陆荣廷、沈鸿英、李宗仁三大军事集团。沈鸿英为当时在广西最强大的一股兵力,李宗仁控制广西郁林(今玉林)、容县等 7 个县。1924 年 1 月,陆荣廷以广西善后总办名义从南宁出巡桂林,企图与北洋直系联络,继续统治广西。于是,陆、沈两军在桂林激战,双方伤亡甚多。1924 年 5 月,乘桂系军阀陆荣廷与沈鸿英在桂林交战之际,李宗仁定桂军与广西黄绍竑讨贼军采取联沈攻陆,得手后再歼沈的策略,于 6 月歼陆荣廷部主力,进占南宁。随即两军合并组成定桂讨贼联军,李、黄分任正副总指挥,相继攻占桂林、柳州,统一全广西,将北京政府任命的省长张其锽礼送出境,黄绍竑于 1925 年 9 月就任"广西民政长"(即省长)。

就经济而言,当时广西纸币发行泛滥,有清末官银钱居纸币,民国 1921 年前广西银行发行的纸币,桂西林俊廷发行的纸币,沈鸿英发行的军用票等,生活社会极不安定。张其锽虽宣布要得到吴佩孚救济,但久后归于沉寂,于是社会人事,均批评张为政客作风。

就外部关系而言,1925 年 3 月 12 日孙中山逝世后,3 月 18 日唐继尧忽然自称为川黔滇联军总司令,通电就任副元帅,打算从云南、贵州派出三路大军,假道广西,护送他前往广州就职视事。当时,广州的部分驻军以及广西的沈鸿英、东江的陈炯明等地方军阀都表示欢迎。唯独由孙中山任命的广西绥清督办的主要官员李宗仁、黄绍竑、白崇禧未曾表态,这也就成了唐继尧东下广州的最大障碍。李宗仁、黄绍竑得知云南督军唐继尧已经与沈鸿英联络,准备入侵广西,进取广东。李宗仁、黄绍竑将此情况报告在广州的孙中山大元帅府,并决定先消灭沈军,再迎击滇军。这个决定得大元帅府胡汉民同意。自 1925 年 2 月至 7 月,李宗仁、黄绍竑、白崇禧以 2 万人之军力,终将三路 7 万滇军击溃。

在政局动荡的年代,稳定成为了地方自治的首要条件。1922 年,周鲠生评论广东省宪法草案时,曾指出实行省宪需要五个条件:第一,省内不可有外力盘踞;第二,省内政治能够统一;第三,本省无逼近之外患可忧;第四,省内政治已具民主之基础,可容民意充分活动;第五,本省财力足以自给,能为实行宪政提供各种设施。❶ 因此,处于动荡时期的广西的省自治运动,却似昙花一现。鉴于广西统一前的自治乱象,李、黄、白很重视统一后团体的团结。因李宗仁、白崇禧、黄绍竑都是广西人,其部队也多是广西人,故称桂系。"桂系"是个贬称,主要是指李宗仁、白崇禧、黄绍竑以及后来的黄旭初,但他们并不用这词自称,也不把他们组成的团体视为"系"。"统一后的广西,军事、政治都显出一股空前未有的朝气,为全国各地所无。我们三人始终合作如一,彼此为建国、建省而奋斗,毫无芥蒂存乎其间。……我们似确有人所不及之处。而广西也因此薄负时誉。"❷

## 二、北京政府善后会议的不果而终

1924 年 10 月,在第二次直奉战争中,冯玉祥发动北京政变,推翻了直系军阀政府。北京政变后,冯玉祥邀请孙中山北上主政。段祺瑞、张作霖认为曹、吴的失败,是以反直三角同盟为中心的反直各军的共同胜利,因此,亦电请孙中山北上。1924 年 11 月 2 日,孙中山决定即日北上。然而,政治风云莫测,就在孙中山北上途中,段祺瑞、张作霖与冯玉祥于 11 月 10 日召开天津会议,在会上段祺瑞积极联合张作霖,压迫冯玉祥,在冯、张妥协下会议确定拥戴段祺瑞为临时执政、组织过渡性的临时执政府,并由其于就职后先后召开善后会议、国民代表会议,以解决时局问题。于是,段祺瑞于 11 月 21 日发表拟就任临时执政的马电,表示"愿于天下人相见以诚,共定国是"。❸

善后会议邀请的 166 位与会代表中,孙文排名第一,以次才是被曹锟轰下台的前任大总统黎元洪和盟友张作霖、卢永祥与冯玉祥及参加政变的军头,再之后,是各地督军(直系军人除外)、社会名流(包括北大青年教授胡适)、宗教领袖和各地实力派人物。若以党派论,国民党籍的代表人数最多,许崇智、陈炯明、李烈钧、柏文蔚、于右任、马君武、李宗仁、黄绍竑、冯自由等粤方军政要员,均榜上有名。

通过善后会议产生国民代表会议,制定宪法,建立北洋军阀的统治新法

❶ 周鲠生:《读广东省宪法草案》,《东方杂志》1922 年第 19 卷第 6 号。
❷ 唐德刚:《李宗仁回忆录》,广西师范大学出版社 2005 年版,第 210 页。
❸ 中国第二历史档案馆编:《善后会议》,档案出版社 1985 年版,第 3 页。

统,对此孙中山予以反对。11 月 10 日孙中山发表北上宣言,重申反对帝国主义、反对军阀的政治主张。"北伐之目的,不仅在覆灭曹、吴,尤在曹、吴覆灭之后,永无同样继续之人。换言之,北伐之目的,不仅在推倒军阀,尤在推倒军阀所赖以生存之帝国主义……本党根据以上理论,对于时局,主张召集国民会议,以谋中国之统一与建设。而在国民会议召集以前,主张先召集一预备会议,决定国民会议之基础条件,及召集日期、选举方法等事。预备会议以左列团体之代表组织之:一、现代实业团体。二、商会。三、教育会。四、大学。五、各省学生联合会。六、工会。七、农会。八、共同反对曹吴各军。九、政党……"

孙中山于 1925 年 1 月 17 日电复段祺瑞,反对他对"善后会议"的包办,并提出了参加会议的条件:"文不必坚持预备会议名义,但求善后会议能兼纳人民团体代表,如所云现代实业团体、商会、教育会、大学、各省学生联合会、工、商、农会等,其代表由各团体之机关派出,人数宜少,以期得迅速召集。如是,则文对于善后会议及《善后会议条例》当表赞同。至于会议事项,虽可涉及军制、财政,而最后决定之权,不能不让之国民会议。"29 日,段祺瑞拒绝接受孙中山所提出的赞同善后会议两项前提条件,仅聘请各省区议会、商会等团体的议长、会长为善后会议专门委员以为搪塞。31 日,孙中山决定国民党员拒绝参加善后会议。

与国民党主张国民会议的方针不同,当时主张在善后会议中确立联省自治方略的呼声也很高。1924 年 11 月 8 日,湖南省议会发起召开各省省议会联合会,提出以"联省自治"解决时局纠纷促成统一的方案。

1925 年 2 月 1 日,善后会议在北京开幕。段祺瑞亲自出席了会议并发表通电。通电谓"马"电所揭示的"彻底之改革",其改革程序:一为"由善后会议解决时局纠纷,共谋和平统一,以回复国民固有之秩序";一为"由国民代表会议解决一切根本问题"。其改革目的为"制定国宪,促成省宪"。通电在指责"约法不良",以致造成十三年间"非争则乱"的局面之后,强调"今之急务莫如防止革命;欲防止革命,莫如速定国是;欲求国是之速定,则舍国民制宪无他途"。又解释所谓"制定国宪,促成省宪",即"此次国民代表会议之召集,首当制定国宪为一劳永逸之计,各省制宪之自由,以国宪保障之"。善后会议到会代表 86 人,不足法定人数,会议开得松松垮垮,代表们为各自的利益争吵不休。

1925 年 2 月 14 日,湖南省议会发出通电,对段祺瑞仅加聘各省区议长为有参与而无表决权的善后会议专门委员之举加以指斥。当"联省自治"赞同者褚辅成到北京后,即宣布其所拟定的《中华民国临时政府制草案》(以下简称《褚案》),主张临时政府采合议制,通过此合议制以实现"联省自治"。前已到京的湖南省长赵恒惕的代表钟才宏亦向善后会议提出《确立联治政制为改革军财各政之标本以解纠纷而谋统一案》(以下简称《钟案》)。其后,湖南省议会议长欧阳振声联合在京之被聘为善后会议专门委员的各法团代表,致函段祺瑞,要求修改《善后会议条例》,凡被聘为善后会议专门委员的各法团代表,一律改聘为善后会议会员,并以倘此项要求得不到解决,即全体离京相要挟。《褚案》《钟案》提出以后,始终因段祺瑞、张作霖的反对而未能列入议事日程。欧阳振声等所提出的修改《善后会议条例》要求,经段祺瑞以《拟依法团委员函请修改条例案》,于 3 月 13 日咨达善后会议。当 16 日善后会议第七次大会讨论此案时,奉系会员与西南"联治"派会员发生冲突,经会员调解,此案退回由政府酌量自决。3 月 20 日,唐继尧、赵恒惕直接出面,电段请接受《褚案》《钟案》,以促进所谓统一的实现。24 日,全国省议会联合会在北京召开第一次大会。30 日,全国省议会联合会发表宣言,谓该会之任务为督促各省区制宪、代国会纠正中央失政、调处各省区争执、助政府运动和平以及各省区实行自治。段祺瑞在 31 日复唐、赵"世"电中云:"此次政局改造,其唯一途径,在使国宪省宪,同条共贯",以"制定国宪"而"促成省宪",并指出:"否则纵横捭阖,所谓联治者非形同割据,即互相侵扰,末流之失,变本加厉。"其言词严峻,而其内含又极含蓄,意在对唐、赵疏通,实现先完成国宪、后制定省宪的法统变革。❶

对善后会议的组织形式及其对联省自治派的妥协,孙中山极为不满。1925 年 2 月 10 日国民党通电反对善后会议,指出:国民会议为解决时局的唯一方法,亦即国民意志的最高机关;善后会议在参加者的构成、选举办法、务求国民意志充分表现等方面不具备国民会议的条件,所以《国民会议组

---

❶ 中国第二历史档案馆编:《善后会议・善后会议议案总目》,档案出版社 1985 年版,第 94 页。

织法》不得由善后会议制定,亦即不能以善后会议产生国民会议,而应由人民团体自己来制定,这样才能产生真正的国民会议。病榻上的孙文向全党发布命令:凡擅自参加善后会议的本党代表,将予以开除党籍的处分。张一气作为广西省代表,赴京参加北洋政府临时执政的段祺瑞召开的各省善后会议。是年 3 月中山先生病逝于北京;张一气代表广西出席追悼会,并敬送一副挽联:泰山其颓,吾将安仰? 邦国殄瘁,人之云亡!❶

段祺瑞执政府召开善后会议,主要目的是为了统一军政和财政。胡适参加了这次会议,1924 年胡适和一干好友创办的《现代评论》是胡适表达政治主张的阵地,在期刊中他们表述了对善后会议的态度。北大教授周鲠生认为:"对于这种会议应当予以充分的注意和督责。"对于国民党提出的国民会议,北大教授王世杰认为尚不具备条件。❷ 胡适等人对联省自治的主张并不反对,胡适认为:"根据于省自治的联邦制,是今日打倒军阀的一个重要武器。……增加地方的实权,使地方能充分发挥它的潜势力,来和军阀作战,来推翻军阀,这是省自治的意义,这是联邦运动的作用。"❸胡适还参加了善后会议,他说:"会议式的研究时局解决法总比武装对打好一点;所以我这回对于善后会议虽然有许多怀疑之点,却也愿意试他一试。"❹1925年 2 月 27 日善后会议期间,会员马君武、胡适上书赵尔巽议长、汤漪副议长,要求善后会议开会期间"应该有全国停止战争的条件为开会的基础",如果段祺瑞无力制止当年 2 月 22 日国民军系胡景翼与镇嵩军憨玉琨为争夺河南地盘而爆发的战争,那么"善后会议应停止开会"。因为从各国宪法来看,军事权都属于国权的范围。美国 1787 年宪法、德国 1919 年宪法都规定军事权属于联邦而不是州政府,单一制国家中的法国 1791 年宪法也规定,"国王是陆军和海军的最高首长。国王受托担负注视王国的外部安全及维持王国的权利和属地之责"。各郡、县行政官"他们不得干预立法权的行使或停止法律的执行,不得侵犯司法制度、军事布置或军事行动"。但此

---

❶ 平乐县地方志编纂委员会:《平乐县志·人物传》,平乐县地方志编纂委员会 1995 年版,第 732 页。
❷ 邵建:《善后会议中的胡适》,《书屋》2006 年第 10 期。
❸ 胡明:《胡适传论(下)》,人民文学出版社 1996 年版,第 675—676 页。
❹ 胡明:《胡适传论(下)》,人民文学出版社 1996 年版,第 657 页。

时善后会议毫无权威,根本无力制止战争,只是一味地敷衍塞责,调解无效,胡适于是中途辞去善后会议代表身份,抽身退出。可以说,胡憨战争使段的威信丧失殆尽,加速了段祺瑞政府的灭亡进程。

1925 年 4 月 21 日,善后会议结束。善后会议闭幕以后,段祺瑞于 4 月 24 日以临时执政名义,公布由善后会议决议制定的《国民代表会议条例》《军事善后委员会条例》以及《财政善后委员会条例》。同日,又颁布取消法统令,撤销曹锟宪法,声称:《国民代表会议条例》既经善后会议制定,主权还诸国民,法统已成陈迹,国是问题已告解决。所望者厥为"制宪大业,早日观成,民国议会,依法产生"。❶ 段祺瑞政府还出台了《中华民国宪法草案》(民国十四年宪草),但是该宪法基本内容和贿选宪法相近,主要是在国家结构问题上有意模糊,允许省制定省宪,对当时以"联省自治"为号召的地方割据势力让步。又改变民国以来总统由国会选举的办法,改为由选民间接选举产生。还设了"生计""教育"两章,宣布要实现义务教育等社会改良措施。❷ 但这部宪法草案很快被奉系军阀扔进了纸篓,各地因此组织了国民代表宪法促进会。1926 年"三·一八"惨案发生后,段祺瑞执政府就在遍布全国上下的抗议声中总辞职,善后会议的决议也就无果而终。

### 三、两广统一北伐战略的确立

在中国共产党人的努力和具体帮助下,以解决改组问题为中心内容的国民党第一次全国代表大会于 1924 年 1 月 20 日至 30 日在广州召开。大会的宣言重新解释了三民主义,并通过《组织国民政府之必要提案》。中国国民党第一次全国代表大会宣言,对自辛亥革命以后的路径选择进行了评析,其中说道:"一曰立宪派。此派之拟议,以为今日中国之大患在于无法,苟能借宪法以谋统一,则分崩离析之局庶可收拾。曾不思宪法之所以能有效力,全恃民众之拥护,假使只有白纸黑字之宪法,决不能保证民权,俾不受军阀之摧残。"因此,指出"推行宪法之先决问题,首在民众之能拥护宪法与否。舍本求末,无有是处。不特此也,民众果无组织,虽有宪法,即民众自身

❶ 中国第二历史档案馆藏档案,转引自陈鸣钟:《善后会议简述》,《历史档案》1984 年第 1 期。
❷ 叶孝信:《中国法制史》,复旦大学出版社 2007 年版,第 365 页。

亦不能运用之,纵无军阀之摧残,其为具文自若也"。而如何使民众组织起来,就必须打倒军阀,实现"地方自治"。但地方自治不同于"联省自治"。至于"二曰联省自治派之拟议,以为造成中国今日之乱象,由于中央政府权力过重,故当分其权力于各省;各省自治已成,则中央政府权力日削,无所恃以为恶也"。但是,"联省自治"容易导致"使小军阀各占一省,自谋利益",因此,真正的地方自治应该是:"必待中国全体独立之后,始能有成。中国全体尚未能获得自由,而欲一部分先能获得自由,岂可能耶? 故知争回自治之运动,决不能与争回民族独立之运动分道而行。自由之中国以内,始能有自由之省。一省以内所有经济问题、政治问题、社会问题,唯有于全国之规模中始能解决。"

"一大"期间,孙中山起草、手订《国民政府建国大纲》二十五条,规定"国民政府本革命之三民主义、五权宪法,以建设中华民国";还规定了国民政府建设的程序依次为:军政时期、训政时期、宪政时期。[1] 继而,1924 年 9月 10 日《中国国民党北伐宣言》中说:"故国民处此战争之时,尤宜急起而反抗军阀,求此最少限度之政纲实现,以为实行三民主义之第一步。""一大"宣言和北伐宣言,乃以北伐的原因及其根本目的昭告中外。与"联治"办法不同,孙中山领导的广州军政府反对联省自治,因为西南各省的自治破坏了军政府,孙在广州恢复军政府的目的,在于出兵北伐,打倒北洋军阀,西南各省的自治正是北伐的阻碍力量。1924 年 10 月 30 日孙中山返抵广州,在大元帅府召集会议,讨论应付北方时局的具体办法,并决定亲自北上。国民党中央执行委员特发出秘密通告第八十六号,对同志指示:"此次冯玉祥、胡景翼、孙岳诸将联合共倒曹、吴,于扫除革命障碍,关系非细。胡、孙为党员,冯部亦多党员在内。总理此次北上,乃应北方同志之要求,期于北方党务之进行,有所发展,并非轻与各派讲求妥协。盖关于建国北伐之举,政府既有命令及宣言,并建国大纲廿条之颁布,本党复有北伐目的之宣布,方针已定,决不游移,唯当悉力以求贯彻。但目前本党势力,尚未充足,掌握政权,贯彻党纲,尚须有待。凡我同志,当及时努力于宣传组织,以期团体日固,势力日充,万不可以时局小变,致摇素志,尤当随时留心总理之言论行

---

[1] 《孙中山全集》第 9 卷,中华书局 1986 年版,第 126—129 页。

动,得所师承,并随时遵依党令,为主义而奋斗,毋蹈纷歧零乱之习,是为至要。"

当时广西还处于自治军的统治之下,黄绍竑于梧州因接近广州革命政府,暗中派陈雄(字杰夫,毕业于保定军校六期)为代表驻在广州。黄因其部队原是归白崇禧指挥,所以常令陈雄与在广东就医的白崇禧商讨广西将来发展之途径。白崇禧回忆说:"我们衡量国内之形势,广西之前途不外有三:一为附合北洋军阀;一为支持赵恒惕等人所倡言之联省自治;一为归附广州之孙中山先生之革命政府。北洋军阀是我们所厌恶,联省自治非统一全国之良策。经再三研究,终于决定参加以三民主义建国为号召之广州革命政府。既经决定,我以全权代表往广州河南士敏土厂谒见孙大元帅,表示广西竭诚请求加入革命行列,并申述广西统一对于革命之重要性。孙公也深以先统一两广再统一全国为然。他立即委黄绍竑为广西讨贼军第一军总指挥,我为参谋长。辞别时,孙公以诚挚之态度对我说:我无枪、无粮、无饷,只有三民主义。我说:广西统一不需要孙公之物质支援,所需者仅是革命之主义信仰而已。"❶

据李宗仁回忆,他和白崇禧初次会面详谈时,白对"中山备极推崇,而对大元帅府所辖的粤、桂、滇各军则有不满的批评"。❷ 这对李宗仁的思想也产生了很大影响。当叶琪衔赵恒惕之命劝说李实施联省自治时,李则认为:"联省自治在中国不可行,因联省自治,事实上是否认中央政府,助长地方割据,为军阀制造占据地盘的借口。现在中国所需的,乃一强有力的中央政府,而非地方割据。"❸广西全境统一后,广东大本营特派西江善后督办李任潮于民国十四年九十月间来南宁。他们此行的意义,希望新桂系将整个广西统一在革命政府的旗帜下,避免与联省自治派、北洋派勾结。❹ 民国十五年1月26日国府派汪兆铭、谭延闿二氏至广西劳军,在梧州与李宗仁、黄绍竑就两广统一问题交换意见。李、黄派白崇禧(白当时是参谋长)至广州

---

❶ 郭廷以等:《白崇禧口述自传(套装上、下册)》,中国大百科全书出版社2009年版,第16页。

❷ 唐德刚:《李宗仁回忆录》,广西师范大学出版社2005年版,第146页。

❸ 唐德刚:《李宗仁回忆录》,广西师范大学出版社2005年版,第212页。

❹ 黄绍竑:《黄绍竑回忆录》,东方出版社2011年版,第113页。

商谈,期望得一结果。白崇禧于2月19日致电李、黄报告在粤进行之情形,电云:"禧知两公对于革命重要,已有深刻认识,对于革命工作已有坚确决心,历年奋斗,其目的在救中国,非救区区之广西也。禧抵粤以来,见中央对广西仅抱联合态度,一切设施规模太小,目光只在粤省,非统一全国机关,对于将来革命之发展,诸多妨碍,已对汪、蒋、谭诸公自动提出先将两广确实统一,此种主张驻粤各方极端赞许,想两公必然赞同。"李、黄同意了白崇禧的意见,3月24日国民政府成立两广统一委员会,由会拟具两广统一方案,广西本意将军、财、民、教育由中央统筹,但粤方认为广西为一穷省,统筹广西省务为"蚀本生意",责令广西"自理"党务、财政、民政等项。3月15日将方案提中央政治会议通过。主要内容有三项:广西政府接受国民政府命令,处理全省政务;广西军队全部改编为国民革命军;两广财政受国民政府之指挥监督。❶

　　1926年1月,在国家党第二次全国代表大会上,李宗仁当选为中央监察委员会候补委员。3月,广西军队正式改编为国民革命军第七军,李宗仁任军长,黄绍竑任党代表。1926年6月,中央正式颁布《省政府组织法》,设广西省政府,黄绍竑被任命为省主席。新桂系和其他军阀的不同之处,他们非常愿意加入到全国统一的进程。他们不仅对湖南联省自治的说客叶琪进行了策反,而且当唐生智与赵恒惕发生冲突后,他们及时提出了援唐北伐的战略,李宗仁也亲自到广州说服粤方北伐。广西参加北伐的先头部队是于1926年4月底出发的,它比广东的大部分北伐军出动得还要早。因此,新桂系的首脑经常以此自豪,说国民政府北伐是广西推动的,是由于第七军在湖南打了胜仗,广东方面才觉得北洋军阀的力量并不如想象的那么强大,因此才决定出兵。黄绍竑在《五十回忆》里写道:"我们军队部署完毕以后,接着就要商量由何人率领的问题,北伐是一个新工作目标,有远大的前途,各级干部,都是争先恐后地要求参加,不愿意留在后方。白健生因为蒋先生要他去担任副参谋总长的任务,必要离开我们的部队。我因为要主持广西全省行政事务,事实上也很难离开广西。所以领导广西军队出师北伐这个任

---

❶ 唐德刚:《李宗仁回忆录》,广西师范大学出版社2005年版,第216—220页。

务,只有请李德邻担任了。"❶

1926 年 7 月 4 日,为完成总理孙中山的遗愿,国民党中央在广州召开临时全体会议,通过《国民革命军北伐宣言》,陈述了进行北伐推翻北洋政府的理由。宣言中说:"总理北上之时,即谆谆以开国民会议,解决时局,号召全国。孰知段贼于国民会议,阳诺而阴拒;而帝国主义者复煽动军阀,益肆凶焰。迄于今日,不特本党召集国民会议以谋和平统一之主张未能实现,而且卖国军阀吴佩孚得英帝国主义者之助,死灰复燃,竟欲效袁贼世凯之故智,大举外债,用以摧残国民独立自由之运动。帝国主义者复饵以关税增收之利益,与以金钱军械之接济,直接帮助吴贼压迫中国国民革命;间接即所以谋永久掌握中国关税之权,而使中国经济生命,陷于万劫不复之地。吴贼又见国民革命之势力日益扩张,卖国借款之狡计,势难得逞,乃一面更倾其全力,攻击国民革命根据地,即使匪徒扰乱广东,又纠集党羽侵入湘省,本党至此,忍无可忍,乃不能不出于出师之一途矣。"1926 年南方国民政府发动北伐战争,进入湖南,进而统一中国,联省自治的主张遂不了了之。

---

❶ 黄绍竑:《黄绍竑回忆录》,东方出版社 2011 年版,第 127 页。

# 第四章　训政时期广西的地方自治模式

国民党在 1928 年"北伐"成功后,8 月在南京召开二届五中全会,宣称军事告终,训政开始。何谓训政,即"以党治国""权、能分治",政府扶植人民自治。孙中山在《建国方略心理建设》中谈到训政时说:"是故民国之主人者,实等于初生之婴儿;革命党者,即产此婴儿之母也。既产之矣,则当保养之,教育之,方尽革命之责也。此革命方略之所以有训政时期者,为保养教育此主人成年而后还之政也。"在孙科、胡汉民拟定的《训政纲领》中其说明谓:"以党治国者,本党以此规模策划训政之效能,使人民自身能确实运用政权之谓也。"训政时期也就是扶植地方自治的时期,根据孙中山《建国大纲》所定的内容,就是"派曾经训练考试合格人员,到各县协助人民,筹备自治"。

## 第一节　广西地方自治的基本纲领

广西在 20 世纪 30 年代虽然与蒋介石南京政府大多处于半独立状态,但他们也自称以奉行孙中山三民主义为指导思想,开展了训政时期的广西建设和扶植地方自治的行动。《广西建设纲领》,号称广西"根本大法",是广西的"宪法",构成了广西地方自治的基本纲领,但是广西为避免一些不必要的理论争吵,不以地方自治为名,而是以广西建设取代,表明重视实干的决心。

### 一、广西建设纲领出台的背景

1928 年 10 月,国民党中央常务会议通过《训政纲领》,取消了民初约法的议会制度,规定于训政时期"由中国国民党全国代表大会代表国民大会领导国民行使政权","国民党全国代表大会闭会时,以政权付托中国国民党中央执行委员会执行之"。"指导监督国民政府重大国务之施行,由中国国民党中央执行委员会政治会议行之"。根据《训政纲领》,1928 年 10 月 3 日,国民党中央执行委员会常务委员会通过《中华民国国民政府组织法》,10 月 8 日国民政府予以公布。该法规定国民政府由行政、立法、司法、考试、监察五院组成。国民政府设主席 1 人,委员 12—16 人,主席兼民国陆海空军总司令。国民政府以国务会议处理国务;公布法律与命令,需由主席会同五院院长共同签署。同日,国民党中常委根据《国民政府组织法》重新组阁,选出 17 名国民政府委员;以蒋介石为政府主席,谭延闿、胡汉民、王宠惠、蔡元培、戴季陶分任行政、立法、司法、监察、考试院院长。

北伐战争结束以后,蒋介石的中央政府虽然形式上统一了全国,但只是徒具虚名,党内派系纷争不断,蒋、冯、阎、桂四大军阀矛盾重重。以李宗仁、黄绍竑、白崇禧(后期为李宗仁、白崇禧、黄旭初)为首的新桂系,就因与蒋介石中央政权存在诸多矛盾,接连发动了几次反蒋战争。早在 1927 年,蒋介石建立的南京政权就受到新桂系的挑战。在宁汉合流时,以维护党内统一为名,汪精卫的武汉政权、上海的西山会议派和桂系迫蒋下野,成立国民党中央特别委员会,作为国民党中央临时最高权力机构。可是这个特委会只存在了 3 个多月,在国民党二届四中全会上,蒋介石重新上台,成立了新的中央执行委员会取代特委会。但桂系仍掌控着北伐期间设立的武汉分会具有很大的职权与中央抗衡。《训政纲领》和《国民政府组织法》的颁布,是蒋介石派斗败新桂系等国民党其他派系的结果。胡汉民说:"盖政治分会,乃因军事时期应运而生者,所谓过渡办法也。现在既进入训政时期,当无再留存之必要。"❶新政学系人物杨永泰随即向蒋介石提出了"军事化整为零,财政化零为整"的 12 个字策略,其实质是"削藩"和"集权"。1929 年,蒋介石召开编遣会议,试图"削藩",矛头所指,包括桂系等军事集团。1929 年 2 月的武汉事变使蒋桂矛盾激化,继而爆发了第一次蒋桂战争。由于粤、湘军联合中央攻打桂系,桂系重要将领李明瑞、杨腾辉于前线倒戈,桂系败逃,蒋

---

❶　肖杰:《蒋介石与胡汉民》,团结出版社 2009 年版,第 91 页。

桂战争结束。但蒋介石中央政府只是表面上取得了战争的胜利,各种反蒋势力仍在积蓄力量,谋图再起。

1929 年 3 月 13 日,国民党第三次全国代表大会召开。国民政府军事委员会委员长蒋介石在《中国国民党第三次全国代表大会开幕词》中指出:"党的病根就是党内意见分歧,思想复杂。政治的病源就是在地方割据,中央法令不行。在今日以前,民众只受革命的牺牲,没有享受丝毫革命的利益,这实在使本党无以对民众。但要实施为民众谋利益的政治,一定要中国完全统一于国民政府之下,一定要地方绝对服从中央,进入轨道,然后才能顺利地进行。如果封建割据的实际,仍旧潜伏在形式的统一之下,那末中央的一切建设计划,决没有实施的可能。"他还以湖南事件为例,指责以李宗仁为主席的武汉政治分会竟擅自任免湖南省政府主席、擅自调动军队的现象实质就是一种军阀割据,为此必须加强中央集权。1929 年国民党召开第三次全国代表大会,进一步强化国民党中央的训政地位,地方一切都必须绝对服从中央,这引起各地军阀强烈反对,以致引发了一系列混战。

三全大会甫经闭幕,引起了汪精卫为首的国民党改组派,胡适等人权派,邹鲁、谢持为首的西山会议派,阎锡山、冯玉祥、桂系李宗仁等地方势力派的反对。胡适针对三全大会以党代法的党治政策,专门写了一篇《人权与约法》《我们什么时候才可有宪法》与《知难行亦不易》等文章,对国民党的训政提出了批评。胡适说:"我们不信无宪法可以训政,无宪法的训政只是专制。"以汪精卫为首的国民党改组派,以及谢持、张知本为首的西山会议派和阎锡山、冯玉祥、桂系李宗仁等,更是于 1930 年 9 月在北平召开中央党部扩大会议,成立以阎锡山为主席的"国民政府",与蒋介石南京政府公然决裂,中原大战正式爆发。由于张学良支持蒋介石,率兵入关,阎锡山被迫退回山西。10 月 27 日,"扩大会议"在太原继续开会,通过《中华民国约法草案》。该草案由张知本起草,参加者有罗文干、周鲠生等六名法学家,在相当程度上体现出保护人民人身、财产、居住、集会、结社、言论等"私权"和选举、罢官、创制、复决等"公权"的现代民主思想,与胡适等人权派的观点一致。

中原大战的结果,桂系张发奎军兵败而退回广西老巢,阎锡山、冯玉祥的西北军被蒋介石、张学良收编,改组派等扩大会议分子也纷纷逃匿。为了从政治上打败对手,1930 年 10 月 3 日,蒋介石致电南京国民政府,前所未有地首先作出自我批评,声称"中正自维凉德,诚信未孚,对人处事,每多过误"。电报建议,在军事大定之后,赦免陈炯明、阎锡山之外的所有军事、政治上的"罪犯","取消通缉,复其自由"❶。同日另电国民党中央,要求在最短期内召集四中全会,讨论提前召开国民党第四次全国代表大会,以便进一步讨论召集国民会议,起草宪法,"准备以国家政权奉还于全国国民"等问题。蒋并提出,在宪法未颁布以前,先行制定训政时期适用的约法,"使《训政纲领》所规定,与《第一次全国代表大会宣言》中之《政纲》,益能为全国人民所了解"。❷ 上述两电,通常称为"江电"。但是,蒋介石的"江电"却遭到胡汉民的顽强抵制。在胡汉民看来,蒋重提约法,等于否决三全大会通过的"奉总理遗教为根本大法"决议,胡汉民坚持党义政纲大于法,坚持"以党治国",明确否定训政时期有制定约法的必要。❸ 胡汉民认为,总理所讲的约法,乃军政府时期约法,而民初制定《临时约法》,就是宪法的代名词,由于不遵守总理训政方案,已误国家。现在如果还要约法,不是现在还应该有军政府吗? 他说:"我们再看看总理在建国大纲内,就没有提到约法两个字,而单讲训政了。如果说现在马上颁布宪法,实行宪政,固然也很好,但是不是有了白纸黑字的宪法,就是宪政;这一点,总理在建国方略的序内,已说的很明白,并不是本席个人所杜撰"。因此,他坚持认为人民必须首先受训练,"到了能运用自治民权,方能有宪法";如果"人民不知如何运用参政权,宪法岂不是假的"。❶

　　在蒋介石与胡汉民的争论上,不仅包含有不同的政治态度,同时也有个人权力之争。按照胡汉民的政治理想,国民政府应采用党权至上的模式。胡氏提出:"在军政训政两期,政权属于党,军权属于政,照原则上来说,'军'是绝对不应该与'党'、'政'并列的。事实上在军政时期,情形不同,

❶ 《中央日报》1930 年 10 月 3 日。

❷ 《中央日报》1930 年 10 月 8 日。

❸ 杨天石:《约法之争与蒋介石软禁胡汉民事件》,《中国社会科学》2000 年第 1 期。

❶ 蒋永敬:《胡汉民先生年谱》,存萃社编:《胡汉民事迹资料汇辑》第一册,香港大东亚图书公司 1980 年版,第 531 页。

全部政治之中,军政最为重要,但至多也不过与'政'并列而已,还是要同受党的指挥的,绝无与党并列之理。至于训政时期,更不用说了。"❶胡氏还提出了以党治国的具体举措。其一,在中央和中央划定之特定区域,以中央执行委员会政治会议及其各地分会,指导中央政府和该特定区域内所辖最高级地方政府政务之进行(非特定区域之其他各省区最高级地方政府政务之进行,归中央执行委员会政治会议直接指导);其二,在地方各级政府,其政务之进行,除受中央执行委员会政治会议和各上级主管机关及有关法定机关之指导、指挥、监督外,并直接接受同级党部之指导与监督;其三,在全国各级文武机关,所有服务人员之任用,文职委任以上、武官尉官以上,以选拔任用中国国民党党员为原则。❷ 在中原大战以前,蒋介石需要胡汉民的理论做支撑,因为胡汉民被孙中山称为道德学问都是罕见的人物,又参与了孙中山诸多理论的建构,可以为其争取舆论支持。中原大战之后,蒋介石利用武力取得了对地方实力派的胜利,这意味着他可利用改组派等其他国民党派关于三民主义的解释理论,拉拢更多的人来加强个人的权威。杨天石先生指出,就蒋介石来说,他准备召开国民会议,制定训政时期约法,显示出他企图迈进民主和法治的道路。或者说,他企图以民主和法治来装点门面。❸国民党三届四中全会后,蒋介石出任国民政府主席兼行政院长、中华民国陆海空军总司令。军权的膨胀,造成胡汉民党权至上的政治实践难以落实,蒋介石与胡汉民的矛盾也进一步激化。结果是,蒋介石囚禁了胡汉民。1931 年 5 月,蒋介石单独召开所谓"国民会议",通过《训政时期约法》,其中大大加强了国民政府主席的职权,将国民政府的合议制改变为主席集权制。

胡汉民被软禁,引起了国民党内部派系的分化,特别是遭两广籍人士古应芬、孙科、陈济棠、李宗仁等强烈反应,反蒋的国民党中执委、监委委员南下广州,酝酿成立另一个国民政府,迫使蒋介石释放了胡汉民。胡获释后,即由沪赴粤,定居香港,成为西南政治领袖。为反对蒋介石的军事专制,胡

---

❶　蒋永敬:《胡汉民先生年谱》,存萃社编:《胡汉民事迹资料汇辑》第四册,香港大东亚图书公司 1980 年版,第 1011 页。

❷　王炯华:《胡汉民评传》,湖北人民出版社 2008 年版,第 200 页。

❸　杨天石:《约法之争与蒋介石软禁胡汉民事件》,中国社会科学 2000 年第 1 期。

汉民在《三民主义月刊》三卷第二三期连续发表《论均权制度》和《再论均权制度》。他认为,均权制度的意义在于:"(1)实行均权制度,是为真实推行三民主义之治。(2)实行均权制度,是为彻底消灭过去乃至目前的军阀集权统治。(3)实行均权制度,是为分区完成训政建设,具备中国为现代国家的基本条件。"❶"九·一八"事变后,1931年12月,宁粤双方经过互相妥协、谈判,蒋介石宣布再次下野,辞去国民政府主席兼行政院院长之职,由国民党元老林森担任国民政府主席。鉴于蒋介石下野和宁粤合作新情况,广州国民政府决定取消中央党部和国民政府名称,另外成立国民党西南执行部、国民政府西南政务委员会、军事委员会西南分会等三个机构,处理西南的党务、政务、军务。胡汉民在1932年4月18日《实施宪政论》一文中说:"余深信实施宪政,不仅为现代政治必然之结宿,且更为人民当然之要求。惟我人有应严重注意者,即所谓宪政之实施,我人不当注重其迟早,而当注重其真伪,常人每以为国家有一白纸黑字之宪法,即宪政之大功告成,洵如是,即过去以及近顷之一切军阀官僚皆以优为之,又何待我人今日之争持!余历来持论,确认欲实行真实之宪政,则必须以三民主义为宪法之内容,尤当以地方自治,为宪政之基础,同时并应充实一切单行法规,以树立法治之规模。"❷1932年12月26日,国民党四届一中全会通过《关于中央政制改革案》,并通过《修正中华民国国民政府组织法》,30日公布,主要目的在于将国民政府主席变为虚位元首,对内对外代表国家,但不负实际政治责任;国民政府委员定为24—36人,但不兼任五院正副院长;五院正副院长均由国民党中执会选任,各自对中执会负责,独立行使五种治权;由行政院院长负实际行政责任。按照训政时约法的规定,国民政府主席是享有实权的元首,五院院长,均由主席提请国府任命。经过这次改制后之主席,则不负实际责任,无任命五院院长之权,由实而虚,两法完全抵触。❸

蒋、汪、胡的斗争,使得中央集权受到限制。在地方自治方面,《训政时

❶ 蒋永敬:《胡汉民先生年谱》,存萃社编:《胡汉民事迹资料汇辑》第五册,香港大东亚图书公司1980年版,第539、172页。
❷ 蒋永敬:《胡汉民先生年谱》,存萃社编:《胡汉民事迹资料汇辑》第一册,香港大东亚图书公司1980年版,第509—510页。
❸ 黄绍竑:《黄绍竑回忆录》,东方出版社2011年版,226页。

期约法》虽然有所规定,但比较抽象,缺乏可实施性。约法第二十九条规定:"地方自治,依建国大纲及地方自治开始实行法之规定推行之。"第五十九条规定:"中央与地方之权限,依建国大纲第十七条之规定,采均权制度。"这些条款只是简单照搬了孙中山的论述,并没有在法律规定上进行细化。胡汉民在西南,支持地方势力派的"自治",与蒋介石南京政权貌合神离。而桂系由于与蒋介石几次斗争的失败,总结教训,1931年李宗仁、白崇禧在邕秘密成立"三民主义同志会",分任正、副会长。该会所定政治纲领,是后来制定《广西建设纲领》的蓝本。《广西建设纲领》就是在这样的背景下指定的,黄旭初说:自民国十九年以至二十五年,国民政府对于广西建设的进行,很少以通行的法令来约束,得以自由设施。广西自己也颇有一假使全国都无办法的时候,我们也应担当革命建设的精神。广西建设纲领的意义是广西建设工作最高原则的规定,各部门的建设工作都是根据这一原则的规定而进行的。事实上是广西的一部"宪法"。广西的党政军公务人员不但在工作上行动上应该绝对遵守纲领的原则,就是在言论上思想上也必须严格遵守纲领的原则。❶

## 二、广西建设纲领的基本认识

1929年6月召开的国民党三届二中全会规定,训政的期限为6年,到1935年即可结束训政,届时要召开国民大会,颁布宪法,实施宪政。1932年12月18日,孙科接受了立法院院长的任命之时他就立即成立了宪法草案起草委员会,延聘国内著名法学家三十六人参加,自己兼任委员长,亲自主持宪法起草工作。1932年12月中旬,国民党在南京召开了四届三中全会,会议通过了孙科的"集中国力,挽救危亡案",决定于最近期间,进行宪政开始之筹备。并"饬令立法院从速起草宪法草案发表,以备国民之研讨"。孙科说:"训政只是一种过渡程序,是达到宪政的一种手段,不是最终目的。在训政时期,本党处于特殊的地位,是掌握政权的党,只是中国的特殊环境使然。不过这个过渡阶段,时间愈短愈好,到了相当的时候,就是全国人民对三民主义有了相当的了解,对于中华民国不至于发生过去所谓国体问题

❶ 尢真化:《黄旭初先生之广西建设论》,民团周刊社民国二十七年版,第29页。

的争论,大家都热心参与国家政治的时候,那么训政工作就应该及时结束,过渡到宪政阶段。可是宪政一经开始,行使政权的就不是本党而是全国人民。大家都知道,现在中国国民党全国代表大会是国家最高权力机关,代表国民行使国家政权。代表大会在闭会期间则授权中央执行委员会,执行委员会在闭会期间,则授权中央常务委员会。但是将来宪政期间,本党还政于民,行政政权的最高机关是国民大会。这个国民大会,根据宪法规定,代表人民来治理国家,而我们便和普通政党退处于同等的地位了。"❶在孙科指导下,1933 年 6 月,由吴经熊拟就的宪法草案初稿完成。中间又经过反复酝酿、修改,到 1936 年 5 月 5 日公布,即"五五宪草"。❷ 因日本入侵东北及隔年爆发的抗日战争,国民党承诺的宪政被延宕,"五五宪草"也最终没有出台。

由于中央的法令尚在动荡之中,各省的地方自治制度更是破脆的。南京国民政府成立后,于民国十七年九月公布《县组织法》,十八年六月,修正重颁。它试图既规定地方政府的行政结构,也规定代议制的民主职能。这个组织法的内容,与各省实际的情形相差太远,实施的结果,成效不著,而且有许多缺点,不能构成地方自治的基础。

从国际社会关于地方自治的理论和实践来看,出现了重视效率的实证主义地方自治的思想和实践探索。所谓实证主义,就是主张科学主义,将价值问题和事实问题分开。早在 19 世纪末 20 世纪初,在威尔逊、古德诺等人的效率与民主二分法和韦伯的官僚制理论基础上,经过泰勒的科学管理理论和法约尔的一般管理理论的推波助澜,西方地方自治的体制也发生了从重视议会制到重视政府行政管理的转变。美国行政法学者古德诺说明了地方自治中议会和政府的两种功能区分,他在《政治与行政》这一经典的行政学著作中说:"在所有的政府体制中都存在着两种主要的或基本的政府功能,即国家意志的表达功能和国家意志的执行功能。"❸美国前总统威尔逊进一步强调了政府与议会职能分开的必要性和意义,他指出:"民主政治通过辩论方式对所有影响公共利益的重大政策问题作出决定;但是对于一切

---

❶ 孙科:《宪政要义》,商务印书馆 1945 年版,第 6 页。

❷ 高华:《多变的孙科》,香港中和出版有限公司 2012 年版,第 73 页。

❸ 〔美〕古德诺:《政治与行政》,华夏出版社 1987 年版,第 12 页。

政府,我们却只能找到唯一一种实现良好行政的规则。"❶按照威尔逊的说法,要把地方自治从纷繁复杂的政治实践中摆脱出来,就要将议会与政府行政管理的职能分开,使地方自治从重视民主向重视效率转变。1929 年至1933 年,西方国家的经济大萧条使人们重新审视立法、行政的功能,英国经济学家凯恩斯揭示了一系列市场本身难以克服的矛盾,从而提出了解决经济危机的办法,这就是扩大政府的行政功能,政府主要通过财政和货币政策实现对经济的全面调节和干预。❷ 英、美等国家因此对代议制政府进行了改造,德国、日本则依据军国主义思想建立了法西斯政权,地方自治也就出现了许多不同的模式。

在我国 20 世纪 30 年代,关于地方自治的进路,有以教育为先者,有以政治为先者,各省有不同的选择。乡村建设派是典型的以教育为先的地方自治思想,其流派很多,影响较大的有以梁漱溟为代表的乡村建设派和以晏阳初为代表的中华平民教育会派。晏阳初认为中国落后的根本原因,不在帝国主义和地主买办阶级的压迫与剥削,而是农民的"愚、贫、弱、私"造成的,主张用教育手段改造社会,即以文艺教育救"愚",以生计教育救"贫",以卫生教育救"弱",以公民教育救"私"。他 1923 年在北京建立中华平民教育促进会,1926 年选定河北定县为实验区。经过四年准备,1930 年正式进入实验期,采用学校、社会和家庭三种教育方式,大力推行上述文艺、生计、卫生、公民教育。梁漱溟的乡村建设理论认为,中国是个伦理本位和职业分立的社会,不存在阶级对立和斗争,主张从事以恢复法制礼俗和维持社会秩序为任务的乡村建设运动,避免武力。他自 1929 年起在河南辉县开办村治学院,1931 年在山东邹平、菏泽等地创办山东乡村建设研究院和实验区,融伦理、经济、文化、教育、科技、政治、治安于一体("政、教、富、卫"合一论),实验行政机关教育机关化,乡学、村学,既是乡村自治机关,也是乡村教育机关;由乡村学校统一政治、经济和武装事业,提倡组织各种合作社,并从事农产物优良品种的推广。1932 年 12 月,国民党中央在南京召开全国

❶ Jay M.Shafritz,et al.,*Classscic of Public Administration*,中国人民大学出版社 2004 年影印版,第 20 页。
❷ 丁煌:《行政学原理》,武汉大学出版社 2007 年版,第 96 页。

内政会议,全国各地的民政厅长、省市警察局长均被邀请参加会议,即使尚在对峙中的广西、广东也派代表参加,情况空前热烈。这次会议通过了县政改革案、地方自治改革案,准许各省设立一至四个县的社会政治改进实验区,可以不受中央和省政府法规的约束,并且可以截留50%的地方收入作为实验经费。广西方面也设了一个试验县——宾阳试验县,由定县平教会聘去的汤茂如担任县长。中国平民教育促进会认为,必须从教育着手医治中国人民所具有的"贫、弱、愚、私";而广西方面,则以政治为先,进一步通过政权和法律的支持,形成了一套独具特色的训政时期广西地方自治的制度体系。

在当时国际国内地方自治理论和实践纷繁复杂的时代,广西当局经过慎重决策,形成以孙中山的旧三民主义思想为地方自治指导思想的基本认识。黄旭初说:"大家对建设广西的决心是有了,但是途径很多,如民主、共产、法西斯等,我们选哪一条好呢? 干部和客卿中,英、美、日本、苏联和意大利的留学生都有,我们听过他们种种意见后,把各种制度和本省的环境合起来研究,经过了相当时间考虑,终以我们原来就是国民党,不宜轻易抛弃国民党的历史去另寻别的途径。就这样决定下来而展开工作。"

《广西建设纲领》俗称"广西宪法",它开宗明义便提出"建设广西,复兴中国"的宗旨。由于当时国民政府宪法没有出台,省制未定,广西不便将《广西建设纲领》命名为"广西自治法"或"广西宪法",但它实际上是广西党政军联系会议确定的地方性根本法。李、白虽然发迹于广西,但两人均曾参加北伐大业,所以他们的眼光与抱负是全国性的,始终视建设广西是建设中华民国的一部分。南京中央政府刻意矮化李、白等人,把李、白局限于"地方势力",定性为"地方军阀"。因此,李、白建设广西为全国"模范省",也暗含跟南京政府竞赛的意思。1931年"九·一八"事变,国难当前,广西领袖深知中日大战终不可免,建设广西,厉兵秣马,也就是为全国抗日作准备。"建设纲领"另一要旨是:建设广西是以总理孙中山的三民主义为最高指导原则,把三民主义落实到广西省的现实基础上,换言之,即"三民主义广西化"。其第一章"基本认识"就明确申明"广西是中华民国的一省",广西建设所走的路,也就是实行孙中山先生的三民主义。因此,对于广西建设的工作,《广西建设纲领》要求一方面要使它在消极上不妨碍整个国家民族利益的发展,一方面要使它在积极上能够有利于国家,帮助问题的解决。建设广西,不只是为广西而建设广西,也应该为中国复兴而建设广西。建设广西,不过是复兴中国的手段;复兴中国,才是建设广西的目的。

《广西建设纲领》是 20 世纪 30 年代新桂系最重要的施政方案,政治纲领开始由留学哥伦比亚大学政治学的博士邱昌渭起草。邱昌渭(1898—1956),字毅吾,湖南芷江人。生于 1898 年(清光绪二十四年)。美国巴玛拿大学学士,哥伦比亚大学研究院硕士、哲学博士。回国后任东北大学政治学系及北京大学、清华大学、中山大学等校教授。1931 年曾担任桂系的中国国民党革命同志会秘书主任。1932 年 1 月 18 日至 3 月 28 日任国民政府外交部秘书。邱昌渭起草的稿件,其内容"把广西当局提供给他的施政要点,列举成几十条而不分类。在理论上有个说明,照抄胡适及美资助的定县平民教育促进会的一套做法,列举了一些解决农民的'愚、贫、弱、私'的具体措施,没有提及帝国主义的侵略和封建主义的剥削"。❶ 李宗仁、白崇禧对邱稿不太满意,又吩咐留学苏联的王公度主笔《广西建设纲领》,并从上海延聘来后号称"广西六君子"的胡纳生、刘士衡、万民一、万仲文、徐梗生、朱五健参加起草《广西建设纲领》。

王公度(1895—1937),广西锦桥里岭桥人,出生书香之家,民国九年毕业于广西政法专门学校。民国十五年与韦永成、李宗义一同留学莫斯科中山大学。次年回国,任李宗仁秘书。万民一(1903—1944),所谓桂系"六君子"之一。广东海南岛儋县人。1926 年考取中山大学文科预科。翌年,蒋介石叛变革命,在广州以共产党嫌疑被逮捕入狱。1932 年在上海主编《南华评论》。1933 年曾到福建李济深组织的人民政府任职,后到上海。1934年应李宗仁、白崇禧之邀,到广西当参议。万仲文(1911—1988),万民一之弟。大革命时期,就读中山大学附属中学,与兄万民一(中大先修班生)参加国民党左派活动,得罪于地方巨室;大革命失败,以共产党嫌疑被控入狱二年,出狱后,与兄走上海,历任《华东日报》《中华日报》记者、编辑,又自办《华南论坛》杂志,坚持反蒋抗日宣传。1934 年兄弟二人被礼聘入桂时人称

---

❶ 杨乃良:《民国时期新桂系的广西经济建设研究(1925—1949)》,华中师范大学博士论文,2001 年,第 24 页。

桂系智囊团"六君子"。徐梗生（1907—1966），江西进贤县人，祖籍永修。其父徐吉甫始移居进贤，以律师为业。1923年，考入南昌第一师范学校，攻读文学，才思敏捷，且娴于辞令。因父亲病故而退学回县。1926年11月，北伐军占领江西。进贤成立国共合作的国民党临时县党部，他为负责人之一，组织农民协会，开展工农运动。"四·一二"反革命政变后，被国民党省政府拘捕。出狱后逃亡上海，以撰稿卖文、教书谋生。后经人向李宗仁推荐，为李所器重。先后担任广西革命同志会秘书部副主任、国民革命军第四集团军司令部参议以及广西建设研究会秘书室主任。❶

　　1934年初，由广西省主席黄旭初主持制定了《广西建设纲领》（草案），草案保留了邱稿中所谓愚、贫、弱、私的说法，但分为政治、经济、文化、军事四大建设部分，增加了"基本认识"部分，并明确提出了"建设广西，复兴中国"的口号。在审定草案的时候，王公度与黄旭初、潘宜之对这个组织的《政治纲领》就有过争论。潘宜之、邱昌渭等认为："我们组织起来是复兴中国国民党，恢复国民党的革命精神。国民党原有政纲，就是我们的政纲，毋须再有什么政治纲领。"王公度及其留俄派则宣称："李、白组党是为了中国革命，完成倒蒋救国，建设新中国的大业，必须有自己的政治纲领，方足以昭大义于天下，否则与蒋介石搞糟了的南京国民党有什么分别，又怎么打垮蓝衣社的进攻？"并且提出了《政治纲领》草案，内容分中国社会性质、革命基础、政治、经济、文化、军事、外交等部分。经过多次较长时间的争论，尤其是"中国社会性质"和"革命基础"两部分尤不易解决。王公度还主张《政治纲领》应公开，以资号召人心。潘、邱等人认为："在西南政务委员会领导下的广西，怎好公开公布政治纲领，直接与蒋中央分庭抗礼呢？"李、白认为双方都有理由，作了"政治纲领应公布，但不宜公开与蒋中央分庭抗礼"的指示。同年3月，广西省党政军首脑举行了联席会议，对《草案》作了审定。1935年8月修订后予以公布实施。

### 三、广西建设纲领的总原则

　　1932年广西当局以第四集团军总部名义提出"三自"政策。"三自"即

---

❶ 万仲文：《桂系见闻谈》，广西师范大学历史系、广西师范大学科研生产处，1983年。

"自卫、自治、自给",总称"三自政策"。广西建设纲领的总原则,就是标榜以实现孙中山先生的三民主义理想为目标,通过自卫、自治、自给的"三自政策",作为实现"建设广西、复兴中国"目标的重要法律制度。1934年3月27日,广西党政军联席会议通过《广西建设纲领》,将"建设广西,复兴中国"及"三自三寓"政策以纲领的形式确定下来。至此,"三自"政策成为了广西建设纲领的三大基本原则,是广西建设纲领所依据的理论体系。

为了使广西的"三自政策"具有合法性。白崇禧、黄旭初等人始终将它与孙中山三民主义思想结合起来。例如,《广西建设纲领》就指出,"自卫政策,首先要保障广西的建设,使广西全省的人民,都能够安居乐业,不受他人的蹂躏;最后要保卫中华民族,使能恢复其固有的自由,能在优胜劣败、弱肉强食的世界上,争得一个生存发展的地位"。自给政策,就是"在发展生产,挽救入超,改善人民的生活,达到民生主义";至于自治政策,则通过"在树立地方自治制度。以村街为最小单位,训练人民行使四权,由村街而乡镇,推进到县和省,要达到民权主义"。同时,广西当局还结合国内外地方自治的理论和实践发展趋势论证了广西实施"三自政策"原则的特殊性。尤其是白崇禧,更是系统阐述了"三自政策"的基本思想。

首先,广西当局阐述了自卫原则在地方建设中的重要性。

白崇禧说:"自卫,是一个法律上的名词,就是自己被人侵害,取正当防护的意思。我们既生在这斗争时代,必定要准备斗争的力量才能够生存!"他还将自卫政策与孙中山的民族主义思想结合起来,进一步指出:"我们谋自卫,是想保障广西的建设,以为复兴中华民族的基础,危害我们,就是危害我们的国家民族,这种危害国家民族的恶势力,就是国家民族的公敌,人人都应该防范的。""无论由个人以至于国家民族,都是强凌弱,众暴寡,没有道理可说,可见天下无公理,有强权才有公理;世界无和平,要武装才能和平。"❶白崇禧的这一观点与意大利人文学者马基雅弗利的观点相似,马氏说:"如果没有良好的军队,那里就不可能有良好的政治法律,同时如果那

------

❶　白崇禧:《三自政策》,第四集团军总政训处,1935年,第15—16页。

里有良好的军队,那里就有良好的政治法律。"❶古典自然法学派洛克也认为,处于战争状态中的人们,是没有平等、自由、生存和财产等自然权利保障的,为此人们必须通过自卫来营造一种根据社会契约达成的政治社会。因此,广西将军事建设作为地方自治的前提和保障是有国际国内理论和实践支撑的。但是,军事权在世界各统一主权国家中一般收归为国权,为此,白崇禧也就只得将广西的自卫和中华民族的自卫结合起来进行解释。

白崇禧关于"自卫"的阐述,得到了李宗仁、黄旭初等的认可。1935 年 5 月 20 日,李宗仁在广州对留穗学生演讲时说:广西省党政军联席会议通过的广西建设纲领,其目的之一就是以"自卫为复兴民族基础"。同年 6 月 9 日,黄旭初在广西行政研究院演讲也提到,"我们的政策,是要人民能够自卫、自治、自给"。❷

其次,广西当局对自治政策也进行了专门阐述。

白崇禧说:"自治是政治学上的名词,照字义解释,就是自己管理自己;但此之所谓自治,是指地方自治而言。而所谓地方自治,大约有两方面的涵义:一方面是说,地方人民有依照自己的需要来管理地方事情的权利;不过他们的措施,不能与国家的需要冲突。另一方面是说,地方人民应各尽义务,各献能力,来办理地方事情,满足公共需要。所以自治不是独立,他是有一定的范围的,就是地方政治团体,受政府的委托,在法令许可的范围内,办理地方一切事宜,叫做自治。同时,自治不是无为,也不是依赖;自治是要地方人民,均能拿出力量来办理各种公共的事业。这种意义,负有办理自治责任的人,须要认识清楚,总理建国大纲里面,规定以县为自治单位。地方自治,是民主政治的基础。地方自治办不好,民主政治就是一块假招牌。中华民国成立了二十九年,以前也曾颁布了自治法规,各县成立了县参议会,结果自治法规等于具文,参议会也成了一些举人秀才养老的机关。后来赵恒惕、陈炯明、唐继尧一般人,看见美国的联邦自治办得很好,主张联省自治,闹了一顿,也没有成功。北伐完成后,一般人主张依照总理的建国程序施行训政,教人民办理自治,行使四权,实际上也没有效果。二十九年来,中华民

---

❶　[意]马基雅维利:《君主论》,安徽人民出版社 2012 年版,第 57 页。
❷　谭肇毅:《新桂系政权研究》,广西人民出版社 2011 年版,第 23 页。

国之所以仍旧是块假招牌,就是因为大家不肯从下层做起,由此可见地方自治办不好,民主政治是不能实现的。"❶

　　白对地方自治的论述,与国外地方自治模式不同,具有广西特色。当时,国内学者一般将地方自治模式分为英美法系模式和大陆法系模式。主张英美法系模式的地方自治学说认为,国家是在地方自治基础上逐层累积而成的,是社会契约的产物,而社会契约是公众的一种立法行为,因此地方自治主要是一种社会行政管理行为,以落实团体的社会契约、保障公民的自然权利为根本目的。主张大陆法系模式的地方自治学说认为,地方自治是属于国家法(或称宪法)的一部分,属于公法,不同于民法、商法等私法。在康德、黑格尔等大陆法系著名学者的论断中,国家是绝对命令、绝对理念的实在形式,地方自治应该有国家的授权方才合法。例如,黑格尔就说:国家乃是最高伦理的实现,"国家制度本身是立法权赖以建立的、公认的、坚固的基础,所以它不应由立法权产生"。因此,地方自治应该"通过法律的不断完善、通过普遍行政事务所固有的前进运动的性质,得到进一步的发展"。❷ 但是,不管大陆法系还是英美法系,都出现了不将地方自治模式固定化的趋势,而重视其社会效果,这与中国传统的实用主义哲学比较吻合。可见,白崇禧对地方自治的定义,与以往有所不同,那就是将中国传统的实用主义哲学与西方出现的法社会学结合起来,不重名只重实,将地方自治与议会民主分离开来,而与地方政府等同。还有,省政府是属于"地方自治机构"还是"地方自治的监督机构",白并没有明确,其理论地方自治的主体界定比较模糊。为此,他强调,不争论这些理论问题,我们以前只是重视上面,不懂得地方自治就是从下面做起。

　　第三,广西当局对自给政策的论述。

　　白崇禧认为,"自给是经济学上的名词,就是想满足自己的需要自己的生活,都要靠自己的生产来维持,不倚靠别人的意思"。"自给政策便是要从经济建设以实现民生主义的;它的意义,消极方面,在遏止外来经济势力的侵略,消灭对外贸易的入超,使出入口贸易渐趋平衡;积极方面,在要求生

❶　白崇禧:《三自政策》,第四集团军总政训处,1935 年,第 21—22 页。
❷　[德]黑格尔:《法哲学原理》,范扬、张企泰译,商务印书馆 1961 年版,第 315 页。

产不断增加,促进社会趋向工业化,以培进国民的富力,使其享受合理的生活。"❶可是,广西经济的自给政策,是否与国家的经济政策相一致,例如税收等,白也加以回避。

广西当局对自给政策的认识是随着社会发展而逐步变化的。在西方国家市场经济发展的早期,传统的封建领主制度造成的地方割据严重影响了资本主义自由市场的形成,为此西方国家很重视通过财产法、合同法、侵权行为法和商法等法律方法确立统一的市场规则,个人从家庭、领主管理中独立,以市民身份进入自治城市,以公民身份进入国家。但是,当西方的民商法律传入中国后,中华民国也制定了民法典、公司法、票据法等基本民商事法律,可根本不能有效实施。这是因为中国当时还处于农耕社会,农民依附于土地和宗族,社会流动性不强,经济自给政策可以适用,而从西方移植的民商事法律则难以适应于这种农业社会。例如,北洋政府时期在前清的修订法律馆基础上,组织新的修订法律馆,完成了民法总则编、债编、物权编、亲属编、继承编的草案,将《大清商律草案》中的部分内容先行以条例形式公布实施,以应付社会需要。1927 年南京国民政府成立后不久,就开始了民商法的制定工作,以统一全国市场竞争规则。1928 年 12 月 5 日胡汉民就任立法院院长,在就职演说中提出立法"严、速"原则,认为对外要废除不平等条约,对内要安定社会,实现民生主义,都要求加速立法。1929 年 5 月,胡汉民等向国民党中央政治会议提议,编订民商统一法典,得到会议批准。从 1929 年 5 月开始,到 1931 年 5 月,南京国民政府陆续公布、实施民法典总则编、债编、物权编、亲属编、继承编;以及《中华民国公司法》、《中华民国票据法》和《中华民国海商法》等。❷ 对于这些全国性的基本法律,广西基本上还是遵循的,但根据自给原则进行了很大程度的调整。

最后,广西当局对三自政策之间关系的阐述。

对于"自卫、自治、自给"之间的关系,白崇禧认为:"这三个政策,都是有互相联带的关系;自卫政策,尤为重要。我们可以说,如果不能自卫,便谈

---

❶ 白崇禧:《三自政策》,第四集团军总政训处,1935 年,第21—22 页。
❷ 叶孝信:《中国法制史》,复旦大学出版社 2007 年版,第 370—378 页。

不上自治和自给。譬如我们不能自卫,国家给人家灭了,那么所有一切政治,都给异族来包办,我们还能讲自治吗?可见不自卫,便不能由自己的民族来管理自己的国家,那更谈不上什么自治。如果我们不能发展生产,努力自给,都是因为帝国主义对我国施行经济侵略的结果。如果我们在军事上不能自卫,便不能在经济上讲求自卫,以力求自给。俄国自革命后,就因为能够自卫,击退了一切帝国主义的侵凌,所以才能有经济政策及第一第二两次五年计划的建设,逐渐达到自给的目的。反过来说,自治和自给,对于自卫也是有影响的。自治和自给的能力增进一分,自卫的能力,也就加强一分,因为现代的战争,不只是军力的战争,而且是国力的战争,所以除了武力战外,还有所谓思想战、外交战、经济战。要军事上永远立于不败之地,自非随时培养自治和自给的能力,使政治上、经济上永远立于不败之地不可。至于自治和自给,这两者也是互有关系的,总理说,地方自治,不但是一个政治组织,而且是一个经济组织。他的意思,是说办理自治,要能够领导人民去进行各种建设,增进人民的经济利益,才是最重要的目的,所以说到自治,便已包含有自给的作用在内。在另一方面说,人民自给的能力增进了,经济生活逐渐改良了,人民的文化程度,便可以逐渐提高。这样,自治的能力,自然随之而增进;自治的效率,较前必更有进步。这样看来,可知三自政策是整个的,我们不应只顾一方面,而忽略其他方面。"❶

笔者认为,广西当局对三自政策的阐述还是比较符合当时现实的。在20世纪二三十年代,"国家"与"社会"的分层并不明显,"国"就建立在"家"的基础上,国家意识和地域意识也是宗族意识的放大,军事、经济、文化和政治等混杂在一起,行政机构缺乏专业性的分工。1934年内政部长黄绍竑在给行政院的咨文说:"本部再三思维,觉地方自治虽为树立民治之大计,但盱衡观势,外则强邻肆虐,内则匪势披猖,剿匪总部与南昌行营主张先办保甲自卫,当今治标之要图。唯今后自治是否可以暂时停办,全国一律先办保甲自卫以立自治之基础,抑仍需继续办理,中央似应统筹兼顾,使政令不至分歧,地方政府有所遵循,事关政策,本部未敢擅拟,理合抄同福建省政府原

❶　白崇禧:《三自政策》,第四集团军总司令部政训处,1935年,广西师范大学馆藏,第22—23页。

咨附件备文呈请行政院"。❶ 因此,广西制定的"三自政策"总原则,融自卫、自给和自治于一体,是符合当时国情和省情的。地方自治虽然属于政治建设的内容,但与经济建设、军事建设、文化建设密不可分,经济建设、军事建设、文化建设的具体事项实质上就是地方自治的重要内容。据此总原则,《广西建设纲领》全面地对广西的政治建设、经济建设、文化建设、军事建设进行了具体部署。

## 第二节　广西建设的基本内容

　　地方自治的具体工作是"办户籍、编乡村、办地政、办民团、修道路、设学校、办医学卫生、开村民大会、督促村街造产"等。❷《广西建设纲领》中规定的政治建设、经济建设、文化建设、军事建设,就涵盖了地方自治的这些方面,是广西建设的基本法。

### 一、政治建设的基本内容

　　在《广西建设纲领》(以下简称《纲领》)中,政治建设首当其冲。黄旭初说:"所谓政治建设,就是自治工作","政治建设的目的是要实现民主政治"。❸ 主要内容有:

　　(一)整饬行政组织

　　省级、县级行政机构改革和建设,是新桂系"政治建设"的重要举措,采取的措施主要有:省、县级政府合署办公;创制行政督察制度等。广西省政府是 1931 年重建的,设省政府委员会和主席,主席之下分设民政、财政、教育、建设四厅和若干局处,与其他省无大差异。按照国民政府的省政府组织法,省政府各厅处相对省政府形成二级机关,县之局科为其直属机关。经过酝酿和谋划,1933 年广西省政府颁布了《广西省政府组织大纲》,决定实行

❶　《行政院长汪兆铭交公函于中政会秘书处的附件之内政部咨文》,中国第二历史档案馆藏。转引自刘大禹:《蒋介石与中国集权政治研究(1931—1937)》,浙江大学出版社 2012 年版,第 122—123 页。
❷　尤真化编著:《黄旭初先生之广西建设论》,建设书店 1938 年出版,第 1—6 页。
❸　黄旭初:《广西建设应该走的路线》,广西省政府编译委员会 1940 年版,第 38 页。

省府合署办公。当时,县政府有不同等级,1933 年以前,广西的大县设公安、财政、教育、建设四局。是年 6 月,省政府颁布《广西各县县政府暂行章程》后,各县裁局设科合署办公,这有利于统一政令,节省人力、物力、财力,提高行政效率。有关文书在合署办公前,行文层次由县局经县府、省厅而达省,共四级。合署办公后,省政府主席之下设主席办公厅,对外文件盖以省政府主席名义颁发,各厅不发厅令。行文上报由县府直达省府,共两级,减少了行文层次,缩短了行文时间,也加强了县政府的行政管理功能。1933 年后,由于广西四大建设的全面铺开,县政事务日益繁重,为加强县政管理,恢复了行政督察制度。早在 1927 年,当时省主席黄绍竑在一些县远离省会、交通不便的地方设立"行政督察委员",实现分区督导管理,这在当时全国为首创,1929 年蒋桂战争后停废。1934 年 3 月,省政府第 122 次会议决议公布《广西省行政监督督察章程》,设立行政监督。将全省划分为南宁、桂林、梧州、柳州、平乐、龙州、百色、天保 8 个行政监督区,督饬各县执行省政府所颁布的施政准则。行政监督由民团指挥官兼任,不另设公署。

(二)健全基层政治组织,编制各县甲村街乡镇区

《纲领》第二条规定:"健全政治基层组织,推进建设事业",广西因此在县以下建立了乡(镇)、村(街)组织。1932 年 8 月,广西省政府委员会筹备办理全省各县地方自治,着手调查户口,建立基层政治组织。1932 年 9 月,广西省政府颁布《广西各县甲村街乡镇区编制大纲》,饬令各县编制甲村街乡镇组织,居民以十户为甲,十甲为村(街),十村(街)为乡(镇);农村为乡,城市为镇。乡村编制的完成,村街成为最基层的自治组织,这是前所未有的地方政治组织的改革,实现了乡村社会的整合,结束了乡村社会散漫无秩序的状态,有利于政府政令贯彻到乡村基层。

(三)民团制度

民团是广西建设的原动力。无论自卫、自治或自给,都要人民起来共同负责才能成功。要人民起来负责,必得先把他们组织起来,成为一个集团的力量。而民团组织,当时人民对之都已习惯,已经成为民众组织的力量,于是广西当局利用它来推行三自政策。黄旭初说:"民团组织和自卫的关系,不消解释也就明白,因为民团原来是为自卫而办起来的。民团组织如何推行自治? 因为民团是把作为社会中坚的青年和壮年人组织起来,加以一种

训练,使过惯团体的生活,认识团体的意义,有了这样的经验,再去参加自治的工作,便不再像以前那样的不了解不理会了。还可说是推行自治政策的一种基础。民团组织如何推行自给? 要贯彻自给政策,必须靠三种力量:私人力量、政府力量和社会力量。有了民团组织,散漫的社会力量,已经团结起来,有了统制;这样,政治上就可以加强统制的效能,政府对于社会,就可以如身之使臂,臂之使指,施行统制经济,就不感到困难了。民团组织,又可以联合私人的力量,成为社会的力量,以增加生产。所以有了民团的组织,政府和社会都能发挥力量,以求国民经济的自给。"❶所以,《纲领》第三条规定:"以现行民团制度,组织民众,训练民众,养成人民自卫自治自给能力,以树立真正民主政治之基础。"

（四）公务员训练制度

政治建设,目标在实现民权主义。而推行新政,必须培养新人。因为推行新政,必须有了解三民主义和忠实执行广西建设纲领的各种各级干部。因此,省政府提出了"行新政、用新人的口号"。所谓新人,黄旭初认为起码要具备三种素质:"其一,须具有三民主义革命者及民众运动领导者的精神及行动。其二,须具有行政官的基本素养,对于行政制度有深刻的了解,对各种基层行政工作,有计划力、组织力、办理力。其三,对于基层政治经济军事文化诸方面的建设工作,对民众组织训练工作,皆须具有领导能力与推动技术。"❷这些新人的养成,全靠训练,因此省政府在用人的程序方面规定了严格的准入、训练和考核等制度。《纲领》第七条规定:"实施公务人员训练,以增进其能力。"广西颁布了《广西临时任用县长训练办法》《广西省县长考绩章程》《训练各县政府职员办法》等。这些法规要求:训练的范围,包括各级行政干部和各种技术干部,但以基层干部为主要。虽然基层干部在组织系统上属最低级,但基层干部须负担军事政治经济文化建设的重任,所以基层干部的训练,绝非普通的青年训练或技术人员训练所能办到,训练必须普遍化、经济化,使每一干部都有受训的机会。

（五）设立民团干部学校

新桂系为了将民团制度推及全省,遇到了种种困难,其中最大的困难是

---

❶ 黄旭初:《广西建设应该走的路线》,广西省政府编译委员会1940年版,第62页。
❷ 《桂政纪实·政治》,广西省政府十年建设编纂委员会,1946年,第111—112页。

缺乏基层干部和民团干部。为此，1931年广西在百色创设了田南民团训练所，1932年2月又在南宁成立民团训练班。1933年8月，为扩大干部训练规模，停征各区民团常备大队，改办民团干部训练大队，后改名为民团干部学校。民团干部训练学校的培训目的，是使受训的民团干部认识三民主义、三自政策、广西建设纲领、一切法令和国内外的政治情势，忠实执行任务，达成建设广西、复兴中国的使命，结业后分配到各县充当乡（镇）、村（街）长、民团（大）队长和中（小）学校长。因为，广西地方自治实现的是三位一体的基层组织模式，他们将基层组织与国民基础教育、民团制度结合起来，采三位一体制，即乡镇长同时兼任民团后备大队长和中心学校校长，村街长同时兼任民团后备队长和国民基础学校校长。三位一体，不仅使民团干部学校受训的人员成为基层行政工作人员，且须成为民众运动的真正领导者、组织者和教育者。

## 二、经济建设的基本内容

经济建设属于地方自治的主要内容，涉及地方政府在社会经济活动中所起的作用。《广西建设纲领》对经济建设更具体规定了十二条项目（从第9条到20条），涉及农、林、矿、工、商五项经济状况。

### （一）农业建设

《纲领》第十条规定："革新旧式农业，振兴与农业相适应之工业，使农工业互相促进，以达到工业化为目的。"第十一条规定："开拓土产市场，提倡国货，节制奢侈品之输入。"这些法律条款有力地促进了广西农业建设。

广西水田少，荒地却很多。据统计，1931年广西全省人口1077余万人，农业人口占省人口总数的88%，耕地面积仅占总面积的9%。因土壤贫薄和灌溉困难，大都只可植林，在广西的旧式农业中，林产本为出口的大宗，但因技术落后，品质不佳，桐油、茶叶、樟脑等销路日减。❶ 为了开拓土产市场，广西省政府先后公布了《广西各县石山林木保护办法》《广西省造林奖励规划》，颁布各县植桐推广办法，并把桐花定为省花，鼓励民众种桐，这一来桐油产量由默默无闻跃居全国第四，仅次于四川、湖南、浙江。广西桐油

---

❶ 《桂政纪实·经济》，广西省政府十年建设编纂委员会，1946年，第9页。

厂在梧州三角嘴建成开工,每年可提炼出口桐油1万担。关于桐油出口,过去发现奸商渗进茶油,自检验所成立后,正当商人受到保护,而广西桐油价格遂跃居全国首位,打开国际市场。为了有效利用荒地,广西还利用空闲的劳力,由村长监督指导全村民众公耕,向政府请颁境内的荒山荒地营造公有林,创造乡村公产。

在鼓励衣料原料种植方面,广西根据《纲领》,也出台了一些革新旧式农业的具体扶植措施。棉花是衣用的主要原料,可广西雨多地瘦,不宜种棉,棉货入超严重。同时,棉花品种也不良,加工品销路也不畅,如郁林和桂林的土布业即其代表,产品销行仅于省内和邻省的落后地区,在洋布侵略的情势下,其存立的基础已被摇动。为了提倡省货,实现自给,广西政府派农林局长到棉产质量很好的靖西都安数县考查,拨款数十万元发给靖西都安等县的农民种植棉花。在当时广西没有大规模的机器纺织厂的情况下,鼓励农民用手工纺织机来纺织成布。广西还把各地统税局裁撤,特设了一种饷捐局,这种饷捐局,是专为抵抗外货而设,可说是变形地施行关税保护政策。有了棉花之后,广西再把洋纱的关税提高,这种提高的关税,虽不能向洋商征收,但可以向本省的商人征收。本省的商人因负担关税过重,成本太昂,销售不下,自然不去再买,洋纱便不能入口了。通过这些措施,广西的外来奢侈品大为减少,土布业占领了本地市场。

(二)金融财政建设

《纲领》规定:"经济建设之指导原则为民生主义;即由发展国家资本,节制私人资本,与力求生产社会化之途径,以达到民生主义的理想。"金融财政政策便根据这项基本认识来拟定。

为整顿财政,《纲领》第十六条规定:"改善税捐制度,严禁苛捐杂税及一切有碍生产之征收。"广西数经变乱,到民国二十年夏全省才复归统一,重新成立省政府,财政收入成为地方自治首先要解决的问题。为了丰富财源,广西改善税捐制度,设检验局及代运代卖,这项举措不仅改善了广西的财政状况,也保障了贸易市场的正常进行。以往无论矿产品或桐油等输往外地——多沿西江出梧州运往香港——没有一定的标准,不良商人乱掺杂质,以致在香港每被低估价格,影响了正常的出口。广西通过在梧州设一检验所,所有出口货一定要合标准才许出口。检验所成立后,赢得了商家的信任,香港商人一看到检验所盖过印的立即信任不看,照国际价格买了,外汇照结。检验局不仅保障了商品的质量,也提高了广西商品的信誉,譬如广西锡的信誉就不断得到提升,在国内江浙一带购用锡箔非广西锡不用,国内也抢着买广西锡。检验局及代运代卖制定的建立,还有效规范了货物买卖市场的不正当竞争行为。关于货物的输出,以前是私人各自运售,掮客、买办先把价格标高,等货运到再压低价格,所谓"货到地头死"。为了改变这种状态,广西由政府直接与国际市场(如锡主要在伦敦)接触,定标准价,代运代售,商人不会吃掮客的亏,而政府在省内用省币,国际上得外汇,也是占了便宜。此外,商人货到梧州立即脱手,一百万元可做两批生意了,对商业金融的流通有帮助。

对于金融的措施,广西也开始作详密的筹划。例如,《纲领》第十二条规定:"运用金融政策,扶植中小工商企业。"《纲领》第十九条规定:"推行合作事业,并设立农民银行,兴办平民借贷所及农村仓库,严禁一切高利贷。"第二十条规定:"整理各县仓储,调剂民食。"广西建设纲领颁布后,为了使金融政策能够促进全省经济的发展,省政府改组广西银行为广西省银行,并将商股拨出,另加官股,新立官商合股的商业性质银行。民国二十六年还将省银行新设的农村经济部划出,另组广西农民银行,作为农村专门的金融机构。广西还在农村建立了农仓,与农业银行配合起来调控余缺。例如,广西产米很多,每年除供给本省外,还有余米运销广东肇庆一带。广东需米甚多,可由于两广间交通不便,不能大量供给。省政府公布《广西省各县办理乡镇农仓章程》《广西省各县办理村街农仓章程》,通饬每乡(镇)、村(街)各设立农仓1所,成立农村仓库网,于交通要地设立农村仓库,一方面沟通交通,一方面奖励生产,把各县的产米有剩余的运到仓库,由政府发给一种仓库券,仓库的米粮积得多了,便输出省外去销售。设立农民银行后,有仓库券的随时可换取现金。如此办法,则粮食可以集中,金融可以运动,农民可以增加生产,免除高利贷,同时仓库有了储蓄,水旱天灾可以预防。农业仓库业务分为保管、储押、加工、运销、平价等五种,可使农产品迅速资金化,可保障农产品价格的提高和销路的畅达,实为调剂农业金融、发展农村经济最重要的机构。省政府和前第五路军总部在民国二十五年曾购大批谷物分存各县,以备不时之需,因无专员保管记账,致数量不清,且有霉坏。农行农仓既在各地成立,遂将此项军谷拨交农行代管运用。农仓将其转贷农民,推陈入新,长久保存。这样一来,金融、物质都流转顺畅。同时,政府免设人保管之烦,农行得增资运用之利,两受其益。

（三）工矿交通建设

广西地瘠民贫,土质多系黄土,山脉多石灰岩,无论农矿均不丰富。为了更明白广西的地下资源,广西政府请李四光、丁文江等地质学家到广西各地作实地调查,从德国买探测机探测所有矿区,在富川贺县探测锡矿矿层厚、矿质好,在全中国算第一,于是积极开采锡矿。此外恭城的钨矿次于江西大庾而居第二,武鸣产铂可以炼金,合山有煤矿,亦均有开采价值。为此,《纲领》第十五条规定:"积极开发矿产,并发展交通事业。"省政府委员会第230次会议议决通过《广西省呈请矿业章程》,并于同日公布实行。章程规定呈请采、探矿者应具文向省政府申领执照,矿区税为地租以外之税,采矿时间以领取执照起20年为限,采、探矿权不得转让或抵押。

《纲领》第十三条规定:"适应民生需要,公营重要工商企业。"政府投资的有望高锡矿、昭平金矿、西湾煤矿、合山煤矿、茶盘源锡矿五处。同时,第十四条还规定:"在不违反公众利益之原则下,励奖私人投资,开发各种实业。"例如,民国二十三年(1934),合山煤矿因运输困难和资金耗尽濒临倒闭。容县杨梅镇人廖百芳邀约社会官商和名流投资入股,使公司生产建设得以维持和发展。由于民国二十年以后,广西治安良好,不但省内的游资源源流入生产事业,华侨回来投资,也曾盛极一时,大规模的私营林场纷纷成立,开矿风气蓬勃发展,向不为人注意的地利富源竟成为私人资本竞争的目标。

在交通建设方面,廖百芳是广西铁路建设史上一位重要的人物。广西以前没有铁路,合山煤矿只有通过公路在矿地从事采运,运输则用汽车由合山岭矿场装运至迁江下船,成本巨而开支又大,所集之股,无形中食光。后廖百芳在香港广西银行担保下,从鲁伦洋行赊借贷款建成广西第一道铁轨。广西为农业社会,与商业社会的广东比邻而居。以前交通未发达,货物运输只靠船只和竹筏为最主要。而广西全省的河流又几乎尽注粤境,故所有农产品的输出和日用品的输入,必须经过粤商之手。粤商更沿西江及其支流深入桂境腹地各墟市设店经营,在自由竞争之下,广西的农民自然无法和自幼即习商业的粤商相比,而一切商业遂为粤商所操纵。金融更不能例外,每逢政府机关有数目稍大的款项要汇往省外时,商人预得消息,汇水立刻便被其提高。省政府颁布《广西修筑县道办法》,规定由县长兼任县公路局长,增加粮赋作为筑路经费。从民国二十年至二十六年(1931 至 1937 年)上半年,全省建成支线公路 1475 公里。建设厅命令各乡村都要修马路,先不求其好而求其通,不必用柏油筑路,不必用钢骨水泥筑桥,用沙石筑路基,用木材筑桥,这样各乡村都通马路。广西通过通马路、建铁路,极大促进了经济建设的发展。

### 三、文化建设的基本内容

文化建设不仅是地方自治的重要组成部分,也是地方自治的精神支撑。有学者认为,古代中国实行的是君主专制政体,这种体制与文化专制,成为一个不可分割的整体。例如,1914 年戴传贤在《民国杂志》发表《中华民国与联邦组织》,明确说:“中国文化之发达,由于地方分权,而文化之退步,由于中央集权。”因此,文化与地方自治有密切关系,乡村建设派更是提出了应从文化建设的角度来促进地方自治的观点。但是,文化如何服务地方自治,地方自治如何从制度上规范文化建设,还是个难题,广西在这方面也进行了一些探索。《广西建设纲领》第二十三条规定:“根据政治经济军事之需要,确定教育方针。”根据此准则,广西在国民基础教育、国民中学教育、高等教育、民众教育等方面也取得了一定成绩,但也存在一些问题。

(一)国民基础教育制度

1931 年,省局初定,省政府就恢复教育厅,职掌全省教育行政管理,颁布了《推行义务教育计划概要》,力求在广西尽快普及初等教育。广西从1931 年起,广西以县为单位划定学区、校区。结合民团后备队训练及利用现有学校,推行适龄儿童小学四年制的义务教育和成年人教育。1933 年省政府第一次行政会议暨第四次全省教育会议通过了《广西教育改进方案全稿》,此方案就教育行政、国民基础教育、师范教育、职业教育、中学教育、高等教育、社会教育及苗瑶教育等方面制定了实施纲要及进行程序,明确提出“国民基础教育”这一概念。《纲领》第二十四条规定:“改良教育制度,使贫苦青年均有享受高等教育之机会。"第二十五条规定:"国民基础教育一律免费,并限期强迫普及。"国民基础教育制度,规定每村街设一国民基础学校,每乡镇设一中心国民基础学校。国民基础教育,包含儿童教育和成人教育两部分,采合校分班制,并运用免费强迫入学的政策推行。

(二)国民中学教育制度

国民中学的教育秉着"有教无类,一视同仁"的原则,它的主要任务是满足国民基础学校毕业生的升学需要,为地方建设培养人才、干部,提高国民的文化水平。1934年新桂系颁布《广西建设纲领》后,随即进行大规模的政治、经济、文化、军事建设需要大批人才,"需要大批干部,散播于基层组织里面,组织群众,训练群众,以及推行政令,推动建设工作"。● 而当时普通中学毕业生许多不愿到基层工作,也缺乏基层工作本领,人才殊为短缺。设置国民中学,目的是让学习的学生"不只教育青年能升学,而且能就业;不只能治学,而且能治生;不只能知所以做事,而且知所以做人"。● 国民中学每县应设一所,如财力不足,也可数县联合设立。招收中心学校毕业生和有同等学力的学生。修业分前后两期,各为两年,比之普通初中高中各缩短一年,以适合广西国民经济的情形和政治上的急需。国民中学毕业生,大多数都在基层服务,因以解决一部分人才的困难。各省也注意这种新制度,不时有人来参观。

(三)高等教育制度

广西之有高等教育始于清末,1889年广西巡抚黄槐森创办的广西体用学堂、1905年巡抚林绍年创办的广西公立法政专门学校,成为广西高等教育的先声。1927年新桂系筹办广西大学,开创了广西高等教育的新局面,为广西建设提供了高级人才,广西建设中"寓将于学"的政策施行就得益于广西高等教育的兴起。

在大、中学校实现军训,是新桂系教育管理制度的创新之举。白崇禧说:"对于学生,要实施军训,使学生又能执笔、又能执枪,遇国家有难时,不致光会喊口号,打通电,贴标语,请愿,现出可怜的样子,而能够挺身为国,使

● 黄旭初:《广西国民中学的由来及其发展》,《广西教育研究》第3卷第5期,1940年。
● 韦善美、马清和主编:《雷沛鸿文集》下册,广西教育出版社1990年版,第414页。

敌人见而生畏,军训的目的,就是在这一点。"他反驳社会上对于军训的种种责难:"从实施学校军事训练以来,有些人诋毁我们是机械教育,妨碍青年思想的发展。又有人说这是军阀教育,而且有些堕落的学生,受不了严格的训练,跑到广州和上海去读书,因此有人说我们的军训失败了,我却不认为这种现象是失败反而认为是成功,因为我们希望这些堕落者统统跑去,若有堕落者仍旧混在省内,那才是军训的失败。"❶新桂系推行军训,以去掉"重文轻武之习",有可取性,但也制定了许多苛刻规章,随意延长修业时限、占用上课时间,影响了教学工作,引起了学生家长和老师的不满。毕竟,广西文化建设是新桂系通过军事等威权来推动的,强调服务"政治经济军事之需要","消弭阶级斗争",这对广西文化建设也带来一些负面影响。例如,在高等教育方面,新桂系过分军事化的军训制度,忽视了教育的自主性。广西大学校长马君武是军训制度的首倡者,也因对苛刻军训制度不满与当局发生矛盾。有一天,上课的时间到了,军训教官吴良弼还在操场集合学生训话。马君武气愤之下,叫人打钟,学生们一哄而散。事后,吴良弼密告白崇禧,说马君武破坏军训。最后,广西当局通过《广西高等教育整理方案》,免去了马君武的校长职务,由省主席黄旭初兼任广西大学校长。❷

(四)民众教育制度

民众教育一般称为成人教育,为实施四大建设,广西十分重视民众教育。黄旭初说:"站在建设广西以复兴中国的立场上来说,目前我们所期望于成人的,是想把省府最近所颁布的各种政令,在大多数成人努力之下求其实现。省政府所颁布的各种政令,说它是难,当然也有不少困难,但假如人民个个都有了认识,做起来也极其容易的。"❸广西还通过建设图书馆、博物馆等各种文化设施,提高民族素质,改良风俗习惯。过去儒、释、道三教为社会普遍信仰,各县城无论大小,都建立有孔庙。在政府力倡节俭、破除迷信之下,省内庙宇多已改为学校、乡村公所及其他公共处所。广西政府这种庙产兴学的做法虽然改良了一些社会风俗,例如破除迷信,但也忽视了对儒、

❶ 《白副总司令演讲集》,第四集团军总政训处,1935年,第116—118页。
❷ 谭肇毅:《新桂系政权研究》,广西人民出版社2011年版,第50页。
❸ 尤真化编:《黄旭初先生之广西建设论》,南宁建设书店1938年版,第94页。

释、道传统文化的保护。

### 四、军事建设的基本内容

在四大建设中，新桂系将军事建设看作是最重要的。正如白崇禧所说，自卫是自治、自给的前提和保障，没有自卫能力，自治、自给也就无从说起。为了将军事建设和地方自治结合起来，广西采取了一些具有创新性的举措。《纲领》第二十六条规定："厉行寓兵于团、寓将于学政策。"第二十七条规定："由寓征于募政策，达到国民义务兵役。"这就是新桂系军事建设的实施方案，一般称为"三寓政策"，即"寓兵于团，寓将于学，寓征于募"，也就是民团的组织训练、学校的军事训练和征兵等三项工作。而这三项工作的完成，与地方自治密切相关。

"寓兵于团"是培养兵源。民团的雏形，源自于曾国藩咸丰二年末开始借办团练练兵，广西的创新之处是按照现代军事制度对其进行改造。在广西，民团不仅是政治建设的内容，也是军事建设的重要组成部分，因此，民团建设类法规具有鲜明的军事性。1930 年 9 月，公布《广西民团组织暂行条例》，设立民团总指挥部于南宁。白崇禧亲自任民团总指挥，把全省划分为 12 个民团区，各县设民团司令部，派员督率各县编练民团。为推行"寓兵于团"政策，1934 年省政府公布《广西民团条例》，使民团训练制度化。规定凡在省内居住满 2 年，年龄 18 至 45 岁的男子，均有被征为团兵的义务。

"寓将于学"就是正规军的干部要具有一定的学校教育背景，大学生、高中学生也要进行军事训练。在大学及高中实施军事训练，责成学生允文允武，这是广西在中国历史上首行的制度。这个制度，早在民国十七年马君武担任广西大学校长时即已设立，后来白崇禧引为定制，写入《广西建设纲要》。白崇禧在民国二十一年对桂林学界演讲中说："马先生这次至欧考察，最注意的是两国，一是欧战时期战败国德意志，一个是战胜国意大利。德国政府因为战败之故，很是积极图强，比较欧战前还要严格。意国之所以能够像今天的强盛，全是由于慕沙里尼所组织的法西斯帝党的组织严密，同时全国尤其是学生都能军队化所致。慕沙里尼对学生说话，一手是拿着枪，一手是拿着书。他说青年学生们应当读书求知识，拿枪卫国家，读书不能拿枪,是没有用的。所以意大利学生都要受到十年军事训练,不只是男学生受训练,女学生也一样受训练。"❶原来学生的军训和公务员军训,都属于民团后备队训练,只为集训方便,才和村街的壮丁分开来实施。后来又觉得学生有普通科学的根底,何妨不把其军训程度加深些,培养成为初级军事干部?因为用普通学校来养成军官,所以叫做寓将于学。此法的好处,在政府方面,不须军官学校的庞大军费,便可养成很多初级军官,很是经济;在学生方面,因为不是单门学军事,将来如果没有军官可做,不妨做教员或乡村长,也不会失业。青年受过严格的军训,还可以养成刻苦耐劳的精神,以后担任什么工作,效率都可望好些。

"寓征于募"便是采取渐进式由征、募混合制而最后达到全省义务兵役制。北洋政府时期,采用募兵制,袁世凯就是通过"小站练兵",借"变通军制"而实现"兵为将有"。1915 年制定《暂行陆军征募条例(草案)》,将兵役分为常备、续备、后备、国民 4 种,但并未执行。各军阀往往自行募兵,不守定制。国民党政府成立后,仍沿用募兵制。1933 年,国民党政府颁布《兵役法》,两年后实行征兵制。而在广西,1934 年 11 月广西党政军联席会议就通过《兵役法广西施行条例》及《现役兵征集细则》,预备在全省实行征兵,实现"寓征于募"的过渡。

新桂系对军事建设的重视,还可以从其 30 年代的最高决策机构——党政军联席会议看出。当时国民革命军第四集团军总司令部、中国国民党广西省党部、广西省政府和广西高等法院四个平行机关,为交换情报、沟通意见起见,于 1932 年 10 月改称为"广西党政军联席谈话会"。后来觉得这个组织无形中已成为全省的神经中枢,1934 年 3 月,定名为"广西党政军联席会议"。党政军联席会议最初是由第四集团军、省政府、省党部等首脑定期举行的会议,称"广西军政会议",讨论决定重大事务。凡党政军各部门的重大措施,都要先提交这个会议通过,然后由各该机关发布施行。会议不对外,唯一的例外,是 1935 年 8 月 10 日修正通过的《广西建设纲领》用广西党政军联席会议决议名义公布,因这是党政军各方面共同遵守的最高原则,所

---

❶ 白崇禧:《学校军训的重要》,转引自朱浤源:《从变乱到军省——广西的初期现代化,1860—1937》,台北"中研院"近代史研究所 1995 年版,第 160 页。

以特别郑重其事,以唤起全省人民和干部的注意。党政军联席会议参加人员相对固定,主要有第四集团军总司令、副总司令,总参谋长、省政府委员、省党部执监委员、高等法院院长等。设常务委员 3 人,秘书 1 人,黄同仇、黄旭初、王公度为常务委员。因李宗仁常驻广州、负责对外联络,会议多由白崇禧主持。❶ "三自三寓政策"是 1932 年广西当局以第四集团军名义提出的,后来由《广西建设纲领》予以确认。

当然,广西党政军混同的军事建设模式是特定历史条件下的产物,因此,中华民国时期的地方自治也与西方法律定义的地方自治模式不同。或者说,从西方移植过来的地方自治理论和实践,在中国的土壤中生成时就再不是纯粹的,而带有了中国特色。

## 第三节　广西地方自治的模式特征

模式(model)一词具有两个基本语义:其一是,一种简单的事物与另一复杂的事物在结构和关系上有相似性和同构性,可以用简单的事物来解释复杂的事物,例如,把政治看作游戏,把法及其运行比作系统等。其二,简化了的形式——要素或元素,或者说一个整体的组成部分,如 866258 这个号码中,8,6,6,2,5,8 即是整体的要素或元素。❷ 一般认为,地方自治涉及自治主体、自治权限与权力来源、自治事项和自治监督等要素。分析训政时期广西的地方自治模式,它具有如下一些特色。

### 一、地方政府的半独立局面

孙中山在《建国大纲》中明确人民自治原则为民主基石,县为地方自治机构,由人民直接行使四权。南京政府成立后,1928 年 9 月公布的《县组织法》规定县政府由省政府指挥,县民选举只有建议咨询之权。县以下设区、村、里、闾、邻,为自治机构。该法公布后,尚未实施,同年 12 月召开的由苏、浙、闽、皖、赣五省及南京上海两市民政厅参加的内政会议即提出修改意见。

---

❶　谭肇毅:《新桂系政权研究》,广西人民出版社 2011 年版,第 63 页。
❷　张文显:《二十世纪西方法哲学思潮研究》,法律出版社 1996 年版,第 369 页。

依此意见,南京国民政府于 1929 年 6 月 5 日修正公布该组织法。此次修改的主要内容有:将原之村(里)改称为乡(镇)。❶ 1929 年南京国民政府还公布《县组织法实施法》《乡镇自治实施法》《区自治实施法》,但当时的南京政府只是形式上的中央政府,这些法规基本上都没有施行。广西地方自治的模式不是直接按照这些法律来做的,也不是简单地仿效国外和其他省区的结果,而是广西当局在特定的历史背景下根据广西现实选择的一种地方自治模式,它具有自己的特色。

(一)广西政治建设的半独立局面

在蒋桂战争、中原大战中桂系军队顷刻间不战而败,分崩瓦解,其中有一个原因就是因为蒋介石利用自己的特务组织收买、利诱了桂系将领。李、白虽有将兵之才,也无法控制自己的军队,因此,李、白猛醒,始觉有建立秘密组织之必要,以控制内部,监视异己。扩大会议期间,汪精卫通过张定藩向李宗仁、白崇禧提出这样的建议:广西应成立一个秘密的政治组织,作为团结桂、张(发奎)军的领导核心,并重提"护党救国"口号共同奋斗以求其实现。1930 年 9 月初,一个名为"护党救国革命青年军团"的秘密政治组织在柳州诞生了,李宗仁、白崇禧、张发奎为中央干事会干事,王公度为书记。

1931 年因约法之争,蒋介石在南京汤山关押了胡汉民,这在国民党内引起轩然大波,使国民党内的派系重新组合。反蒋的国民党中执委、监委委员南下广州成立"国民政府",与南京国民政府对峙。6 月 2 日,广州国民政府常务委员会决议:任命李宗仁为第四集团军总司令,白崇禧为第四集团军副总司令。6 月 9 日,广州国民政府任命黄旭初、朱朝森、黄薊、李任仁、黄荣华、黄钟岳等 11 人为广西省政府委员,黄旭初兼省政府主席。正值广州国民政府与南京国民政府抗衡之际,"九·一八"事变爆发,在公众倡言宁粤合作的舆论压力下,蒋、汪、胡表面上执手和解,全国党政复归于统一,但两广仍维持半独立局面。在广州成立的国民党中央党部和国民政府于1931 年 12 月 30 和 31 日举行两次联席会议,决定取消中央党部和国民政府名称,另外成立国民党西南执行部、国民政府西南政务委员会、军事委员会

❶ 武乾:《南京国民政府地方自治立法的演进及其特质》,载中南财经政法大学法律史研究室编:《中西法律传统》(第一卷),中国政法大学出版社 2001 年版,第 68 页。

西南分会等三个机构,处理西南的党务、政务、军务。❶ 在这种情况下,广西的地方自治实际上是在相对独立的状态下进行的。

为维持广西的半独立局面,桂系在邕秘密将"护党救国革命青年军团"改造为"三民主义革命同志会",任命王公度为书记,程思远为助理书记。组织成员散布在桂系军队、政府和学校等机构内,随时向组织报告机关及军队内部的一些情况。后来王公度就依靠这个组织起家,一身兼任四集团军总司令部政训处长、军校政训处长、国民党广西省党部常委、广西省政府委员,并为李、白在香港、上海建立了一整套情报系统。《广西建设纲领》产生之初就是该组织的秘密性章程,因此,该秘密组织是在中央国家权力架构之外建立的,是蒋桂矛盾的产物。1934 年,李宗仁、白崇禧又将"三民主义革命同志会"改组为"中国国民党革命同志会",实行分工制:以王公度为组织训练主任,黄旭初为政治委员会主任,潘宜之为宣传主任,邱昌渭为秘书部主任,陆续将王的职权分别派人替代。1937 年,抗日军兴,人不分老幼,地不分南北,都应团结一致,以抗战为第一。李、白遂下令撤销其"革命同志会",王公度由于得罪人颇多,也被以托派名义处死,这是桂系为换取与中央和解及其内部团结的代价。

## (二)广西经济建设的半独立特征

1931 年,广西曾一度奉命成立财政部财政特派员公署,接管国家财务行政和国税稽征、国款收支事宜。但当时两广处于半独立割据状态,故实际上国家与地方财政,仅属收支数字上的划分,国款收支,完全由省支配。各级税务稽征机关,除了海关系直接隶属财政部自成系统外,其余如盐税局、印花烟酒局、禁烟局所、统税局卡、饷捐局卡、卷烟督销局、税捐稽征局等机构,均由省规定兼办国、省两税,及代征一部分地方税。1932 年 8 月 2 日,广西银行在南宁第三次成立。这次重建的广西银行采取官商合办的形式,省政府占额定资本总额的 50% 以上,为无限股东;商股占 49% 以下,为有限责任股东。1936 年 4 月,广西银行奉命清退商股,改组为广西省银行,隶属广西省政府。年底再度改组,恢复原官商合办的广西银行。广西银行作为广西政府办的银行,有货币发行权,保持着经济上的半独立。1937 年 6 月,

---

❶ 胡汉民:《论均权制度》,《三民主义月刊》第 3 卷第 2 期(1934 年 2 月 15 日)。

蒋介石派财政部长宋子文到桂林,经过同李宗仁、白崇禧谈判,最后宋子文慷慨地答应以桂钞(毫洋票)一元等于法币五角的比率收回桂钞,也算是蒋介石中央政权对桂系归附后的一种回馈。❶

（三）广西文化建设的半独立局面

在北洋政府时期,段祺瑞废止了袁氏颁布的包括《报纸条例》等限制公民权利的诸多法令,开放了报禁,文化政策表面上采取的是放任主义,但实际上文化建设并没有法律保障。在南京政府统治时期,国民政府1930年9月颁布了《新闻法》,但奉行孙中山遗教为口号,将其思想神圣化、绝对化、法律化。为此,马君武找自己的得意弟子胡适(胡曾就读于中国公学)谈话,"此时应有一个大运动起来,明白否认一党专政,取消现有的党的组织,以宪法为号召,恢复民国初年的局面"。胡适认为"这话很有道理"。❷ 这次谈话之后,胡适破了自订的"不谈政治"的规矩,接二连三在《新月》上发表《人权与约法》《我们什么时候才可有宪法》等文章,严厉批评蒋介石南京政府缺乏人权、缺乏法治的状况。《新月》因此遭国民党封杀,胡适、马君武先后被迫辞职中国公学校长职务。与之相反,广西当局则聘请马君武回桂再次担任广西大学校长。

广西文化建设的半独立局面还可以从报纸等行业的管理看出。《南宁民国日报》是1921年马君武任广西省长时以省长公署名义创办的,后遭歹徒捣毁,民国十四年(1925)10月由李宗仁、黄绍竑复办,作为桂系的机关报。30年代初该报是国民党广西省党部的喉舌,其宣传立场虽以拥护三民主义为圭臬,但对待南京国民政府的态度则多变,有时联汪反蒋,有时联蒋反汪,由此可见广西文化建设的相对独立性。

（四）广西军事建设的半独立局面

20世纪30年代的广西军事建设,在内部是绝对控制,对外则是推诿不从。广西民团是"受驻省最高军事机关之命,省政府之监督指挥"的民众组织,即构成了新桂系第四集团军的兵源,又不属于国民政府的正规军,可以不受军委会的控制。就是正规军,桂系所辖的第四集团军对蒋介石中央的

---

❶　程思远:《王公度案内幕》,《文史春秋》1995年4月15日。

❷　曹伯言编:《胡适日记全编》,安徽教育出版社2001年10月版,第402—403页。

命令常是"听调不听宣"。1934年中央红军长征过广西,蒋介石再三去电要广西和湖南竭力堵截,务须把共军彻底歼灭于湖南、桂北地区,免遗后患。白崇禧对红军的策略是"打尾不打头",堵死红军进入广西腹地的必经之路,开放桂东北通道,促使红军尽快过境。白崇禧为了抵赖蒋介石责备广西堵击不力起见,大肆夸张战斗激烈程度,并谎报俘虏红军战士七千余人,阵亡数以万计,还拍了一部叫《七千俘虏》的电影,从事扩大宣传,敷衍蒋介石的命令。

广西四大建设的半独立局面一直持续到抗日战争爆发。1936年5月12日,国民党元老,反蒋派人物,粤系名义上的首领胡汉民,因突发脑溢血死亡。因胡汉民去世,蒋介石欲解决西南问题,宣布取消两广的半独立地位,将军事权、货币发行权收归中央。陈济棠、李宗仁等不愿坐以待毙,1936年6月1日以西南政务委员会和西南执行部名义通电全国,呼吁抗日反蒋。但蒋介石在广东培养反陈势力已经多年。两广一起事,粤军第一军军长余汉谋便暗中与蒋介石联络,随后发表通电,宣布归顺中央。1936年7月国民党五届二中全会决议撤销西南政务委员会,行政院也同日宣布撤销西南政务委员会,陈济棠、李宗仁领导的两广事变,由于内部分化,很快就在蒋介石的武力压迫下,迅速瓦解。7月14日,陈济棠被所部逼迫下野后,蒋介石立即通过武力威逼并试图策反新桂系。可是,新桂系抓紧"抗日"的旗号不放,而且其内部较团结,那几年广西建设的模范省也声誉在外,因此得到了社会各界和地方势力派的通电声援,在各方游说下,两广事变最后和平解决。

## 二、三位一体的广西建设

三位一体制,就是将军事建设、文化建设和政治建设融为一体。简单地说,即由乡(镇)长兼民团后备大队长和乡(镇)中心国民基础学校校长,村(街)长兼民团后备队长和村(街)国民基础学校校长,这是广西地方自治的一大特色,后为中央所效仿。乡(镇)村(街)是政治组织,民团司令部、联队、大队、中队是军事组织。广西凭借这种军政学合一的严密基本组织,在《广西建设纲领》的指导下,一跃而成为民国30年代的全国模范省,甚至影响了抗战时期国民政府的新县制改革。广西实施的三位一体制,主要部署

如下:

(一)编制乡(镇)村(街)组织

1931 年前,广西是没有户籍登记的。县以下设联团局及团局,这些局董由地方推选士绅担任,暮气沉沉。早在 1924 年孙中山拟定的《建国大纲》第八条和稍前制定的《地方自治实行法》中,就将"全县户口调查清楚"列为县自治各项初步工作之首。1931 年 12 月 12 日,南京国民政府参照英、美、德、日等国的户籍法律制度,正式颁布了中国历史上第一部《户籍法》。1932 年 9 月省政府公布《广西各县甲、村、街、乡、镇、区编制大纲》,规定县以下一律设区、乡(镇)、村(街)、甲四级,10 甲为村(街),10 村(街)为乡(镇)。从 1932 年 1 月起,民政厅组织全省调查户口,到 1934 年 12 月各县区、乡(镇)、村(街)均编制完竣,各区(镇)公所亦组织成立,广西人口要在乡(镇)公所办理户籍登记。从 1935 年起,区、乡(镇)公所经费,以及每月桂币 12 元的村(街)长生活费,均由县款及乡镇村街公共造产收入中开支,县款不足,由省款补助。

黄旭初、雷殷、邱昌渭分别为民政厅长,对强化"三位一体"基层政治建设有重大贡献。❶ 特别是雷殷,更是 20 世纪 30 年代广西建设时期广西保甲制度的具体设计者。雷殷(1886—1972),原名恺泽,字渭南,民国初年被袁世凯通缉时改名雷殷,广西邕宁县南晓乡人。宣统元年(1909)在桂林入地方自治研究所工作,继入广西法政学堂就读。辛亥革命爆发后,发动学生和军人力促广西独立,当选广西临时省议会议员。民国十一年赴北平,出席国会,被选为宪法起草委员,并应民国大学校长江天铎之邀,任该校教务长,后任校长。民国十七年,任哈尔滨法政大学校长,中东铁路督办署顾问。"九·一八"事变后,日本侵略军扶持溥仪组伪满洲国。雷殷离职回广西,就任民政厅长,指导了广西编制乡(镇)村(街)组织的具体工作。他效法周礼之职官管子连乡轨里,王荆公之保甲制度,开展全省户口调查,组建区乡村甲,计十户为一甲,十甲为村(街)、十村为乡(镇)、十乡为区,区以上为县。国民政府总统蒋介石巡视广西时,雷殷为蒋所赏识,即被召赴重庆中央

---

❶ 贾廷诗、马天纲、陈三井、陈存恭访问并记录,郭廷以校阅:《白崇禧先生访问纪录》下册,台北"中央研究院"近代史研究所,1984 年。

训练团受训,并委任为国民政府行政院内政部常务次长兼中训团教育组长,主讲地方自治,详细解释广西县政体制。

(二)组建民团

1930 年夏天,蒋(介石)、冯(玉祥)、阎(锡山)、桂(李宗仁等)中原大战结束,李宗仁、白崇禧败退广西后,只剩了 16 个团的兵力,而当时桂系又处在受蒋介石所指使的湘、粤、滇三省军事势力包围之中。桂系为了摆脱军事上的困境,补充和扩大兵源,在全省范围内大办民团。办民团的初意只在自卫,后来因民团组织,既可以用为乡村的公众集会,又可用为乡村公共造产,于是扩大它的任务到自治和自给两方面去,成为广西实施"三自政策"的重要制度保障。

广西的民团,本有其历史渊源。太平天国时期,地方人士为了自保,组织民团,但这种旧民团并无严密的组织系统和严格的军事训练,且多为地方豪绅所把持,是为了少数人的利益而设立的。广西新民团的组织体系是白崇禧一手创立的,他向李宗仁提出效法周礼之职官,管子之连乡轨里,王荆公之保甲制度,改造旧民团的建议。白崇禧认为民团改造要点是:一是组织上,旧民团漫无管制,彼此缺乏连络,效果很微;改造它使一方和政治组织齐一步调,一方使其系统严明,关系密切。因此,他在南宁设立民团总指挥部,由其担任总指挥,梁瀚嵩任副总指挥。将全省划为十二个民团区,各区置指挥部,设正副指挥各一人,各县置民团司令部,设正副司令各一人,并派人到各县督率整理民团。二是质素上,旧民团多由雇佣而来,良莠不齐,甚至团兵做土劣的爪牙,为害民众;现规定团兵均为生产民众,不论富贵贫贱,一概加入组织,接受训练。三是任务上,旧民团仅为维持治安,对付宵小;新民团要推行国民义务兵役,绥靖地方,巩固国防,充实人民自卫自治自给的力量,以实现三民主义。❶ 从此,广西民团遍布全省。

广西还通过立法将民团建设规范化。1934 年,广西省政府主席黄旭初在草拟广西建设计划时,在军事建设计划条款内确定了军事组织应就现行民团制度加以改造,其系统为省政府—区指挥部—县司令部—乡(镇)大队—村(街)队的一整套军事编制。同时还汇订《广西民团条例章则汇编》,

---

❶ 白先勇:《白崇禧的模范广西:"新斯巴达"》,《温故》第十三期,2010 年 8 月 27 日。

对民团的组织、训练、征调、指挥等做了法律性的规定,把民团建设列入广西历年施政计划,作为"推行'三自'政策,进行政治、经济、文化、军事建设的组织和原动力"。❶

（三）普及国民基础教育制度

国民基础教育制度,是1933年省教育厅长雷沛鸿提议,得到李宗仁、白崇禧采纳,黄旭初更是积极支持。雷沛鸿,广西南宁人,民国著名的教育家、教育思想家。1888年出生,早年加入同盟会。1911年参加广州黄花岗起义。1919年赴美国到哈佛大学留学,获哈佛大学博士学位后回国,到桂林任广西同盟会机关报《南风报》编辑。辛亥革命爆发后回南宁,争取陆荣廷响应,宣布广西独立。后历任广西省公署教育科长、广东甲种工业学校校长、上海法政大学经济系主任、广西省政府委员兼教育厅长。蒋介石叛变革命后出国考察教育。后四任广西省教育厅长。

1934年,根据教育厅长雷沛鸿提议,黄旭初以省主席名义公布"国民基础教育六年计划",规定每村（街）设国民基础学校一所,并设立分校;每乡镇设中心国民基础学校一所,并设立分校。适龄儿童一律免费强迫入学,8至12岁儿童须受两年的基础教育,13至18岁的失学者须补受1学年的短期基础教育。学校设专职教员,经费由县款开支,县款不足,由省款补助。其中,新民团是新桂系推行"国民基础教育"政策的重要依靠力量,广西设立的广西民团干部学校专门培训乡（镇）、村（街）长基层干部。到1937年,全省乡（镇）、村（街）长,差不多都受过"干部学校"或"干训队"的训练。

最后,也就是最重要的,广西基层组织、民团和基础教育不是分开的,而是三位一体的整体推进。

1934年7月9日省政府颁布《各县办理村（街）、乡（镇）民团后备队、国民基础学校、乡中心学校及乡村公所准则》,确立了基层组织的"三位一体"制。"从人事方面说,就是一人三长的制度,即乡（镇）长兼任中心国民基础学校校长、民团后备队大队长;村（街）长兼任国民基础学校校长、民团后备队队长。从事务方面说:就是乡（镇）公所,中心国民基础学校,民团大队部三机关合并办公。人员互助工作,办公设备,互为应用;再从工作的性

---

❶ 亢真化:《黄旭初先生之广西建设论》,民团周刊社民国二十七年版,第41页。

能方面说,则是以乡(镇)村(街)公所为中心领导机构,运用民团的组织力量推动建设,以基础学校实施教育,以教育的力量,辅助建设工作的进行,而统一于乡(镇)村(街)长的掌握之下。"❶

一人兼三职,兼职不支薪,三个办公机关"一屋三用"。这样做的原因,用省主席黄旭初的话来说是因"地方财政困难",旨在"节省经费"。❷ 对于广西采取三位一体建设的原因,雷沛鸿也解释说,"鉴于中国近代以来普及教育失败原因之一,是教育没有其社会基础,以及照搬西方教育制度,主张重估中国社会发展的水平。他认为,中国与西方分工发达的产业社会相比,仍处于"农业社会、乡村社会、宗法社会"。用现在的话来说,就是经济不发展、社会分工不发达的前现代化社会。在这种社会基础上产生的教育制度,其设施"要综合,要简单,要有效,并且使政治、经济、文化、军事打成一片"。❸ 抗战时期国民政府的新县制改革,就借鉴了广西"三位一体"的建设经验。

### 三、与山西地方自治的比较

民国以来,倡地方自治者,首推山西。国民政府 1928 年 9 月公布的《县组织法》受山西村制的影响很大,其中有关村、里、闾、邻的规定主要参考了山西村制,所谓中央内政部,订制乡村自治法令,多半采自山西。而 1939 年 9 月国民政府公布的《县各级组织纲要》(被称为"新县制"),则主要吸纳了广西"三位一体制",因此以山西为比较对象,可以看出民国训政时期地方自治的模式变化。

(一)理论基础的比较

1917 年阎锡山主政山西后,以清末"直隶全省乡村自治之模范"定县翟城村自治模式为例,极力倡导和推行一种新型乡村制度,即村政。搞自治从村开始,是地方自治的关键。阎氏说:"村者,人民聚集之所也,为政不达诸

---

❶ 尤真化:《广西乡村三位一体制之检讨》,《建设研究月刊》第 2 卷第 1 期,1939 年 9 月 15 日。

❷ 黄旭初:《广西建设之理论与实施》,载李宗仁等:《广西之建设》(合订本),桂林建设书店 1939 年版,第 87 页。

❸ 雷沛鸿:《国民基础教育的产生》,载韦善美、马清和主编:《雷沛鸿文集》下册,广西教育出版社 1990 年版,第 234 页。

村,则政乃粉饰,自治不本于村,则治无根蒂。舍村而言政治,终非彻底之论也。"针对以前政治只是追求消极的安民而言,阎锡山反对"无为而自治",积极倡导"用民政治"。他说:"政治最初为神主,重神权。其后为君主,重君权。现在二十世纪,应为民主世代,应重民权,然名为民主,而实不能主,国乃大难,国乃大难,更艰望进步。"❶于是,他以增进人民"民德民智民财"为施政大纲,颁布《县属村制通行简章》以及其他相关地方性法规,在乡村推行"六政三事"。所谓"六政",是指水利、种树、蚕桑、禁烟、剪辫、天足;所谓"三事",指的是种棉、造林、畜牧。❷ 1921 年 6 月至 1923 年 10 月,阎氏在督军府进山上的"邃密深沉之馆"召集山西学政各界及社会贤达会议商谈山西改革问题,形成了"村政自治"的理论依据,即"村本政治"。1924 年 11 月孙中山北上后,曾派人与阎锡山商议在山西试行《建国大纲》。阎锡山主持起草了《山西施行三民主义五权政治大纲》,将"村本政治"与孙中山的三民主义联系起来。阎锡山说:"民智、民财、民德既同时而增进,故民族、民权、民生,亦同时而解决矣。"因此,他特别强调实现三民主义必须注重民德,"如果民德不修,必至讲民德,则变为侵略,讲民权,则变为争夺,讲民生,则变为抢掠,扰乱社会"。❸ 在山西村制发展了十多年后,1928 年阎锡山向中央国民政府提议将其推广全国。由于国民政府刚执政不久,不得不面临怎样有效解决社会治理的问题。李德芳认为,"山西村制贴着三民主义的标签,正好适合南京国民政府的口味和现实需要,为其推行地方自治提供了基本的切入点"。❹ 因而国民政府看到山西村制的优势后接受阎的提议。1929 年,阎锡山在太原召开山西村政会议,将其"村政自治"与孙中山的三民主义思想、五权宪法结合,正式提出他的"村本政治"理论。山西村政以村民会议为中心,并建立了村公所、息讼会和监察委员会等组织。阎氏认为村民会议、村公所、息讼会和监察委员会等制度与中山先生所讲政府五权内的行政、司法、立法、监察,可称相当。虽无考试一项,却处处以选举代

❶ 张殿兴:《阎锡山回忆录》,人民出版社 2012 年版,第 57 页。
❷ 《阎锡山治晋推行"用民政治"北京政府批准"六政三事"呈请》,转引自闻立欣:《民国新闻月刊 1911—1919:从武昌起义到五四运动》,古吴轩出版社 2013 年版,第 251 页。
❸ 山西村政处:《山西村政汇编》,《村长副须知》,山西村政处编印,1928 年,第 6 页。
❹ 李德芳:《阎锡山与山西村制变革》,《晋阳学刊》2001 年第 5 期。

之,亦足相副。阎氏还用"公道"来解释"三民主义"。所谓公道主义,阎氏说,"公道即中也,也即事之恰好处。凡事皆有个恰好处,也只有一个恰好处","公道"就是不偏不倚,恰到好处。他在《三民主义真义》里说:"政治是与全国人共事的,因此必须以公道为标准"。具体到社会生活,阎氏认为真正的"公道",就是"以劳动换生活""土地公有私种""资公有产私有"。公道主义如果能遵照执行,则施政就有把握了。❶

广西标榜以三民主义思想为指导,形成了广西的"三自政策";山西也标榜以三民主义为指导,通过"公道主义"来实现村本政治。他们都将西方地方自治的理论进行了中国化的处理,如果说广西是一种"法家"理论,山西则是一种"儒家"理论。因为,广西的"三自政策"以自卫为核心,通过民团这一准军事组织推动基层经济、政治、军事和文化建设,行的是"法家之鹜";山西通过"公道主义"教化民众,行的是"德治"。阎氏所谓"公道主义",其实是传统儒家"德治"理想的一种翻版。而广西全省没恋古的空气,更多充满着的是西洋的武化精神。原因可能是广西民族中有苗、瑶、壮、侗等各少数民族,而受汉族儒家文化的影响较少。但是,广西与山西地方自治理论基础还是有一些相同之处,即都否定阶级斗争。阎氏主张用"公道"来达成平等和公平。广西在建设纲领中规定:"施行社会制策,依法保障农工利益,消弭阶级斗争(第9条)";"提高民族意识,消弭阶级斗争,创造前进的民族文化(第21条)"。

对广西与山西理论基础的比较,时人也有评价,其中梁漱溟较为典型。梁漱溟认为:"救治中国,首要任务便是恢复儒家传统,重建中国传统文化。"他认为,由于村民文化素质还不够,经济也不允许,因此,中国还不具备谈选择什么具体制度的条件,所谓的地方自治只是政治作秀。梁漱溟曾多次前往太原与阎氏面谈乡村政治改革事宜,后来他回忆说:"山西村治就人民自治而言,自治的真精神似乎很少。就官府所推行的几项行政说,似乎难如所望,而不免有流弊。"又说:"总之官权太重,乡民太软弱,虽是善政,而有意无意之间,人民非要吃亏不可",他认为只有养成人民自治之习惯,

---

❶ 参见谌旭彬:《1929:阎锡山的村本政治》,"腾讯历史":《转型中国 1864—1949》,http://news.99.com/2t2012zxzg/1929.htm,2012 年访网。

政治大开其路时,才可谓真正意义上地方自治。❶ 梁漱溟本是广西桂林人,他也到过广西考察,他认为广西也是官办自治,不过官员和民众的热情很高,地方自治的精神动员较好,但也是官权太盛。他说:"禁烟禁赌,诚然最宜由地方自治来作这功夫;但假使自治区公所亦能破获烟赌,随意罚款,那便是形成土豪劣绅的绝好机缘了。乡民愚昧懦弱,自是社会经济问题、文化问题;从根本上讲,非经济进展,文化增高,无法免除土豪劣绅的事实。但若本着数千年无为而治的精神,让他们度其散漫和平的生活,却亦不见得有几多土豪劣绅。所怕的是根本说不上自治而强要举办自治,那就没有土豪劣绅的地方,亦要造出土豪劣绅来。"❷他曾在邹平搞乡村建设,把原有的区、镇、乡各公所及区长、乡长全取消,把原来的 7 个区划为14 个乡,在乡设乡学,在村设村学。梁漱溟试图除去一切强制手段、官僚作风,通过村学乡学教育民族,做到社会学校化,从而培养农民的团体意识和科学技术。但是,对于梁漱溟这种抛开政治搞自治的观点很多人认为行不通。

(二)基层自治组织的比较

从 1922 年起,"村本政治"开始在山西全省推行。其基本内容包括:设立编村,每一编村管百户人家,每村设村长、村副和村公所;村以下设闾、邻组织,以五家为邻,设邻长,五邻为闾,设闾长;另设村级组织息讼会、监察会和村民会议,并成立由适龄男丁组成的保卫团;制订村禁约(阎氏称之为村宪法)规范村政。❸ 设立村民会议的目的,则是为了要求全体村民参与村政,以此培养他们的参政能力和民主素质。阎氏说:"村民者,村之本也。一村之权,应归之一村之民。一村之民,应参与一村之政。……社会改造,非人民全体觉悟,何从起点? 村会,则觉悟之路也。"在村里设置息讼会,则是为了"减少人民打官司的痛苦";"监察会"是为了"清查村财政,举发执行村务人员之弊端";"保卫团"则是维护社会治安。之所以打破原有的村镇体系而搞新的"编村",是因为阎氏认为村没有正规化的编制,就如同没了

---

❶ 梁漱溟:《北游所见纪略》,载《梁漱溟全集》第 4 卷,山东人民出版社 1991 年版,第 888页。

❷ 梁漱溟:《中国之地方自治问题附录:敢告今之言地方自治者》,山东乡村建设研究院民国二十四年版,第 11 页。

❸ 张东铭:《村政与训政》,《山西村政旬刊》1928 年第 2 卷第 1 期。

编制的军队,号令难行,指挥失灵。

1928 年 12 月内政部在南京召开了第一期民政会议。会议审议通过了《限期实行乡村自治案》,指出:"地方自治,为训政实施之基础,而乡村自治,又为地方自治之造端,乡村自治不良,则县自治无由美备,而训政设施,亦感困难。我国对于乡村自治,除晋省外,向无一定之成规,际此建设伊始,关于村里闾邻各长之任用标准,以及一切制度之改革厘订各项,亟应颁布施行,以期实现,苏皖闽浙赣五省处交通便利之区,接近畿辅,尤宜树之风声,模范全国,事关训政基本工作,认为无可缓行。"❶在广西,以山西为蓝本的《县组织法》和《乡镇自治施行法》这套制度基本没有能够真正实施。当时是,广西发生蒋桂战争,继之又参与中原大战,村镇建设无所说起。中原大战后,广西地方秩序荡然,凡百措施,以恢复秩序为先。新桂系头脑李宗仁也认识到:"我国的政治组织只是注重上层,而不注重下层","所以政府的命令只是到县为止,民众没有理会,结果不过大家敷衍一下就完了。不独政府的法令行不通,就是中央会议的决议案也是没有通行的。我们看到哪次会议不是有很多的决议案,到底行了哪几件? 所谓会而不议,议而不决,决而不行,实在是事实。"❷是年冬,广西按照孙中山的《地方自治开始实施法》和民国十八年中央政治会议第二百零七条会议决议案,开展全省户口调查,组建区乡村甲。其制度内容为,计十户为一甲,十甲为村(街)、十村为乡(镇)、十乡为区,区以上为县。至于为何对五户为邻、五邻为间进行变更,因为间邻长的办公房屋、办公经费实不易求,若仅有其名而无其实,则未能发生效用,故不得不设法改变之,使其减少而期收成效也。❸ 因此,广西在基层组织的结构设计和执行方法上还是与山西有很多不同之处的,村民会议没有运行起来,基层组织也不是"三权分立",而是"三位一体",是为保甲制。

(三)地方自治实施方式的比较

何为"村民自治"? 吕振羽指出,乡村自治乃是一种人民"自决""自

---

❶ 《内政部第一期民政会议纪要》,内政部第一期民政会议秘书处,1929 年,第 77 页。

❷ 白崇禧:《三自政策》,载李宗仁等:《广西之建设》,广西建设研究会出版 1939 年版,第 56 页。

❸ 雷殷:《广西训政经过及地方自治开始》,载李宗仁等:《广西之建设》(合订本),桂林建设书店 1939 年版,第 127 页。

动"和"自治"的"社会组织",而不应该是一种人民"被动"、为"政府""支配"的"官治行为"。可是,不管是广西还是山西,地方自治都有官权太重的色彩。时人评论说:"以自治制度求自治,才是真自治,以官治求自治,结果还是官治,哪里还有自治的实现呢?"❶"依吾人所得之经验,对于地方事务,无能如何尽力,常觉得扶得东来西又倒。此中原因,实由人民对地方事务,不感觉与自身有切身关系之故。今后欲使人民视国事为己事,非扶助人民实现地方自治,其道无由。"❷

如果说民团制度是广西四大建设的动力,那么,"整理村范""主张公道"则是山西不同于广西的地方自治实施方式。当山西推行"六政三事"时,时英国公使朱尔典偕美驻华公使到山西考察。朱问阎锡山:"禁缠足得罪了女人,剪发得罪了男人,禁烟得罪了吸烟的人。可能无人不以君多事,违反了中国无为的政治传统。"阎回答说:"凡是只要是为人民的,人民不会怨恨。禁缠足女人虽反对,但男人却赞成。剪发男人虽反对,但女人却赞成。禁烟吸烟的人虽反对,但不吸烟的人却赞成。而且将来都会赞成的。"❸为了使老百姓明白这些规范是"公道"的,当局常以公文告示为施政利器,规定用浅近白话义,以便老百姓通晓。阎锡山认为:"政治忌繁而尚简。养老于院,莫若责成于子。育婴于堂,莫若责成于母。为民代谋,莫若使其自谋之切且勤也。律之以法,莫若动之以情之深且服也。""公道为政治枢纽,合之责治,离之则乱。遮蔽公道为自利与自尊,迷信与成见,非去此数端,则施政无把握。"❹因此,"用民政治"不是"无为自治",是"官治"与"自治"的结合。

对此,广西黄旭初有所评述,他说:"自治是对官治而说的,因为自治的一切设施不是归于政府的命令,而是全民众都能参与政治,管理政治。目前本省从表面上看是没有自治的,因为政府在任何法令上都没有去标榜自治名目,如不细心体察,很容易说我们的自治是空谈。但是我们要知道,在民智低下文化闭塞的地方,一般的民众是不懂得自治是如何治法的,例如义务

---

❶ 汪馥炎:《中国地方行政制度》,《独立评论》第二一七号,第8—9页。

❷ 雷殷:《三民主义行政论》,广西建设研究会民国三十一年出版,第12页。

❸ 张殿兴:《阎锡山回忆录》,人民出版社2012年版,第58页。

❹ 张殿兴:《阎锡山回忆录》,人民出版社2012年版,第62页。

教育、公共卫生、地方公安等等，目前都是由政府办理，可以说完全是官治；不过我们的官治不是目的，相反的，而是在养成他们一种自治的手段。这种养成的方法，就是先从健全政治基层组织做起，因为政治基层组织健全以后，才能免除过去官僚政治头重脚轻的弊害，否则没有政治没有训练的民众，你要他能够自治就等于给不会写字的人给他以题目而要他写文章一样。现在我们要使民众达到真正自治的领域，是先从组织和训练着手，有了组织然后才能施行训练，受过相当训练然后才能起来管理自己。这种训练我们是一级一级按部就班去推进，是由省至县至乡村的。我们首先在训练干部人才，再由干部人才去训练民众，像这样分期地训练干部和民众，使民众不再似以前那样涣散，民众经过这样的组织与训练以后，必然感觉到自己需管理自己，而不应该再要官府来督促了。例如各种公共事业，也不要政府下命令去办才行。如此，才可以说是走上真正自治之途，才不致像以前那样只有自治空名。现在本省政治的基层组织，是县以下区乡（镇）村（街）甲户，但小县多不设区。这种组织，就是把全省一千三百万的民众归于省县乡村甲户的组织中，再把他们加以训练，使任何个人都不能单独存在，都要与政府发生联系，都要有很浓厚的国家民族观念，都对地方自治有深刻的认识。但是要达到这个目的，必须下层的组织健全，则第一步要下层的干部健全，使乡村长能够负起乡村建设的责任。因此，我们把各县乡村比较优秀的分子施以相当的训练，使能主持一村一乡的事，把乡村事业建设起来。否则各地的乡村公所还不过是一座空房而已，能够产生什么力量。目前全省八区设八个干部学校，就是要培养基层干部人才，使能把乡村建设一件一件办好。那时人民的自治能力表现必然更大，然后才能消减贪污土劣，铲除封建势力，而实现真正的民主政治。"❶

## 第四节　广西地方自治模式的评价

民国时期各地方自治的模式是多样化的，中央对地方并没有完全"统一"，但广西在此期间从军阀混战的局面中摆脱出来，埋头自身建设，从下

---

❶ 亢真化:《黄旭初先生之广西建设论》，民团周刊社，民国二十七年九月版，第33—35页。

面实实在在做起,应该说取得了一些军事、政治、经济和文化建设的成绩,甚至有些媒体将其宣传为"模范省"。但以地方自治追求的价值目标导向来衡量,国权并没得到统一,地方自治的主体、权限、范围也不明确,广西的地方自治模式仍反映出了军阀割据的不足。

### 一、从变乱到军省

"广西素有贫瘠之称,其自然条件和江浙川粤各省相比,差得很远。天赋既薄,人力又下得太少,出产无多,生活便比别省不上了。前清时代,巡抚藩司多是外省人,考绩也不注意民生方面,关心地方经济的自少。入民国后,倒是本省人主政时期为长,对桑梓情谊较切。由民元到民十,政在陆荣廷氏,省内安谧,只无苛政援民,却无何种建设。其后纷乱四年,人民饱尝痛苦。从十四年秋到十八年夏,黄绍竑氏主政,思想较新,对交通农林,都有所建树,全省的经济形貌才稍有改变。再遭两年的战祸,乃恢复平静。民国二十年以后至抗战前夕,两广局势比较稳定,广西不问外事,埋头从事省内的经济建设、政治建设、文化建设、军事建设,取得了一定的成绩。"❶三十年代的广西民团,几经李、白、黄的改造与训练,在新桂系推行的政治、经济、军事、文化建设中发挥了一定的效力。在政治上,严密了新桂系的基层组织,巩固了其政权的基础,在推行清查户口、修筑道路、开垦荒地、建立国民基础学校、培养自治人才、推动地方自治方面发挥了一定作用。在经济建设方面,实行公耕,建造公林,开挖公共池塘,奖励畜牧等方面,也有所效益。在文化上,开展成人教育,减少文盲,也比清代有所进步。在军事上,经过民团训练,一般壮丁都具备了一定的军事常识和作战技能,一有战事,拿起武器可以打仗。❷

关于广西的四大建设,台湾学者朱宏源教授认为,这是新桂系以西方现代化的经济、政治、文化和军事为标准展开的建设,在这四大建设的成效中,军事建设尤为突出,率先实现了现代化。

军事建设,本属于国家事项,地方只是处理警卫、保安事项。但当时的

---

❶　黄旭初:《抗战前后的广西经济建设》,《春秋》杂志 1965 年第 196 期。
❷　白先勇:《白崇禧的模范广西:"新斯巴达"》,《温故》第十三期,2010 年 8 月 27 日。

南京政府还无能力将地方的军事集团完全纳入国家体制。桂系关于军事建设的理论依据是自卫。白崇禧说:"我们要认识,必要大多数人民能够自觉和自动起来,实行自卫,这才能发生很伟大的力量,以达到自卫的目的。自卫的意思就是自己能够拿自己的力量来,以抵抗敌人对我的侵略,而保卫本身,要拿出自己的力量,当然非能够自觉和自动不可。譬如我们讲求民族自卫,必先要大多数人民都具有民族意识,都有国家兴亡,匹夫匹妇也有责任的觉悟,个个都自动起来,愿为民族而奋斗牺牲,这才能达到目的。我们居于领导民族地位的知识分子,尤其要具有这种自觉和自动的精神,因为有了这种精神,知道本身所任的工作,是本身应负的一种天职,这才能够彻底底去牺牲。有些参加革命工作的人,都抱了一种权利观念而来,都想升官发财,所以往往弄到中途变节,这都是缺乏自觉和自动的精神所致。我们广西民众的民族性,本来都很强的。自从帝国主义向中国侵略后,打败了法国,这次打仗的,是广西子弟,其领袖如刘永福苏元春等也都是广西人。又如太平天国,是一次很伟大的民族革命运动,主持这次运动的,也多是广西人。又从民国成立以来,讨袁,护法,北伐,护党救国,抗日,我们广西子弟没有哪一次不是站在最前线的。这就可知广西民族很富于民族自觉和自动为民族奋斗的精神;我们要努力把这种精神发挥下去,决然担任民族革命的先锋,达到我们自卫政策的最后目的。"[1]

怎样才能做到自卫? 广西采取的措施是:寓兵于团、寓将于学、寓征于募。

所谓寓兵于团,就是广西正规军的兵源来自民团。民团是中国古制,一般是民间自卫的武装力量,但广西按照地方自治的编制,从军事训练出发,将民众组织起来。民团的组织系统和行政系统是一致的,分省、民团区、县、乡镇和村街各级。在省设民团总指挥部、民团区设区民团指挥部,县设民团司令部,乡镇设民团大队部,村街有民团队,这样一来,广西就全民皆兵。这为新桂系军省建立打下了基础。在抗日战争期间,广西民团也为抗击日本侵略者,为保卫国家民族的生存,做了有益的事。"在卢沟桥事变之前,广

---

[1]　白崇禧:《三自政策》(24 年 2 月 26 日讲稿),载李宗仁等:《广西之建设》,广西建设研究会 1939 年版,科学印刷厂,建设书店发行,第 54 页。

西常备军仅有步兵二十个团。至淞沪战起后,三个月之内,即能出兵四十余团,赴前线参加作战,且能在临淮关、台儿庄诸役,予倭寇以歼灭之打击。"❶

寓将于学,目的是"恢复古代文武不分的风气,使社会上的知识分子,有文事兼有武备,以应付现代剧烈斗争的环境"。广西不仅从军校中选拔军官,并且从学校、广西民团干部学校中选拔军官,是社会上的知识分子有文事兼有武备。

寓征于募,就是将征兵制度和募兵制度配合起来。募兵制是中国古代兵制之一,春秋吴起以招募组建了列国的第一只特种精锐部队——武卒。民国初,广西实现募兵制,1934 年广西省颁布《兵役法广西施行条例现役征集细则》,开始实现征兵制。广西平时养兵很少,故每届征兵数目不大,在征兵的时候,对于应征的,尽先录取自愿入伍的壮丁,自愿的太多或不足时,才用抽签法来决定。这是用募兵的方式来征兵,所以称为寓征于募。

广西军事建设通过寓兵于团、寓将于学和寓征于募,取得了一定效果。

关于征兵,国民政府在二十二年六月公布兵役法,广西就遵照其意旨,利用民团制度作实施的基础,将各级民团机构加给征兵的任务,试行征兵。有应征的壮丁,多为受过民团训练的,素质优良,这便是寓兵于团所收的效果。在抗日战争初期,广西征兵前后达八十万人,如按人口为比例,此时广西出兵为最多。自后,每年续征,数量很大,以机构较健全,任职的较有经验,故困难和弊端都较少,这是实行民团制度的好处。

胡适南巡广西,对广西民团制度体悟较深刻,他说:"广西全省现在只有十七团兵,连兵官共只两万多人,可算是真能裁兵的了。但全省无盗匪,人民真能享治安的幸福。"而之所以能够做到这样,关键是广西的民团建设较好、政治清明,保甲的制度可以实行。胡适还借用傅斯年的话说,"学西洋的文明不难,最难学的是西洋的野蛮",因为中国本是一个受八股文人统治的国家,根本就有贱视武化的风气。当兵是社会最贱视的职业,比做绿林强盗还低一级。胡适认为:"在这种心理没有转变过来的时候,武化是学不会的。最近十年中,这种心理有点转变了,可惜转变来的太缓太晚,所以我们至今还不会做到武化,还不会做到民族国家的自卫力量。但在全国各省

---

❶ 钟文典:《二十世纪三十年代的广西》,广西师范大学出版社 1993 年版。

之中,广西一省似乎是个例外。"❶

台湾学者朱宏源教授也总结说:"在广西军事、行政、财政、议会以及司法五个面向当中,军事重要性快速提高。广西自从太平军兴乱以后,即使是文人要想有所为于社稷,也必与军功相连。中法越南战争爆发,更增强桂省对军事,乃至对武人的需求。自此以后,在广西的精英之中,居最重要地位的,不是文人,而是武将。冯子才与苏元春,成为武人专擅八桂的初期模型。民国以后,陆荣廷与李宗仁接续统治广西三十余年。他们二人,正是接受了某些西方观念之后,所崛起的新式军人。由于有了现代化的概念,他们的做法就明显与冯子才与苏元春时代不一样。而且,后期的李宗仁比前期的陆荣廷更加西化。二十世纪是个意识形态挂帅的时代。陆荣廷虽然出身绿林,但自求上进,乐于接受新知,并不排斥共和革命的思想。李宗仁在黄绍竑、白崇禧、黄旭初等新式军官同心协助下,比陆荣廷更乐于接受意识形态,而且也更有能力实现新的构想。借着西式枪炮上台的他们,有方向,有主义,也有计划,较注意西方经验,乐于追循仿自西方列强的新路线。"❷

广西这种斯巴达的建设,虽然稳定了广西秩序,增强了广西的自卫能力,但也有一些不良效果。胡适说:"广西给我的印象,大致是很好的。但是广西也有一些可以使我们代为焦虑的地方。第一,财政的困难是很明显的。广西是个地瘠民贫的地方,负担那种种急进的新建设是很吃力的。据第一回广西年鉴的报告,二十二年度的全省总收入五千万元之中,百分之三十五是禁烟罚金,这是烟土过境的税收。这种收入是不可靠的,将来贵州或不种烟了,或出境改道了,都可以大影响广西省库的收入。同年支出五千二百万元之中,百分之四十是军务费,这在一个贫省是很可惊的数字。万一收入骤减了,这样巨大的军务费是不是能跟着大减呢? 还是裁减建设经费呢? 还是增加人民负担呢? 第二,历史的关系使广西处于一个颇为难的政治局势,成为所谓'西南'的一部分。这个政治局势,无论对内对外都是很为难的。我们总觉得两广现在所处的局势,实在不能适应现时中国的国难局面。

❶ 史义银:《胡适及其南游杂忆》,《百年潮》2004 年第 5 期。
❷ 朱泫源:《从变乱到军省——广西的初期现代化,1860—1937》,台北"中研院"近代史研究所 1995 年版,第 319 页。

现在国人要求的是统一,而敌人所渴望的是我们分裂。况且这个独立的形势,使两广时时感觉有对内自保的必要,因此军备就不能减缩,而军费就不能不扩张。这种事实,既非国家之福,又岂是两广自身之福吗? 第三,我们深信,凡有为的政治(所谓建设),全靠得人。建设必须有专家的计划与专家的执行。计划不得当,则伤财劳民而无所成。执行不得当,则虽有良法美意,终归于失败。广西的几位领袖的道德、操守、勤劳,都是我们绝对信任的。但我们观察广西各种新建设,不能不感觉这里还缺乏一个专家的'智囊团'做设计的参谋本部;更缺乏无数多方面的科学人才做实行计划的工作人员。求治太急的毛病,在政治上固然应该避免,在科学工艺的建设上格外应该避免。有为的政治有两个必要的条件:一是物质的条件,如交通等等;一是人材的条件,所谓人才,不仅是廉洁有操守的正人而已,还需要有权威的专家,能设计能执行的专家。这种条件若不具备,有为的政治是往往有错误或失败的危险的。"❶

### 二、外界评价的模范省

　　1928 年 9 月,国民政府颁布《县组织法》,正式启动"县自治"。次年,国民党召开第三次全国代表大会,会议确认以地方自治作为政治建设的基础,并规定训政期限为 6 年,地方自治完成期限为 1934 年。按预计的进度,"县自治"应该在 1934 年完成,然后训政结束,进入宪政阶段。为了改革县政,国民政府曾有一个建设试验县的运动,比较有名的有:黄炎培当时在搞职业教育运动,晏阳初在河北省定县办平民教育促进会,俞庆棠先生在办江苏省民众教育学院,梁漱溟在邹平、菏泽县建乡村建设实验区。1929 年 2 月 16 日,南京国民政府颁发第 130 号命令,公布广东中山县为全国地方自治的模范县。

　　但据 1935 年 11 月国民党第五次全国代表大会总结道:"回顾过去成绩,全国 1900 县中,在训政将告结束之际,欲求一达到建国大纲之自治程度,能成为一完全自治之县者,犹杳不可得,更遑言完成整个地方自治工作。"至此,"县自治"虽未终止,但实际上已经宣告完败。当时之人,对"县

---

❶　胡明:《胡适传记》,人民文学出版社 1996 年版,第 821—822 页。

自治"何以完败,有过许多解释。陈立夫的说法是"吾国连年天灾人祸,民不聊生,而人民之不识字者占百分之七八十左右";国民党内务部的第二次全国内政会议报告书也说:"吾国以农立国,全国人口百分之八十以上,以农为业,而农民全散处于乡村,故自治之基础在乡村。近年以来,因受天灾人祸之影响,不独边远地方以及匪区灾区农村濒于破产,人民救死不遑,即号称东南富庶之区,秩序未经破坏,亦且岌岌有不可终日之势,生活不能安定,对于自治事业,自难感觉兴趣。"国民党人赵如珩说得最直接:"因为目前中国各个地方人民的衣食都在朝不保夕的恐慌中,求生求活的物质欲望尚不能如愿以达,哪能还有时间和心思去求非物质的欲望——地方自治?"

与之相反,从前闭塞的广西,民国二十年以后,嗣经政府用行政力量督促人民,凡百设施,渐上轨道,四大建设,进展颇速。新桂系在《广西省建设纲领》中提出:"改革教育制度,使贫苦青年均有享受高等教育之机会。""国民基础教育一律免费,并限期强迫普及。"他们创造了诸多第一,中国第一个强制普及小学义务教育,并将小学义务教育普及到村一级的省份;中国第一个把不分男女性别的义务教育列入法规并作为乡村官员考核的省份;中国第一个把军训列入中小学及大学教育课程的省份;中国第一个普及全民军事教育的省份;中国第一个由地方政府独立完成大学教育体系的省份。

美国传教士艾迪博士(Sherwood Eddy)在广西视察,有一篇文章叙述感想,其中有一段说道:"若杂处民间而随处可闻人民讴歌官吏之德政者,我惟于广西一省见之。人民之言曰:吾省之官吏皆努力而诚实,其中有一贫似吾辈者,彼等绝无赌博浪费贪污等弊,且早眠早起,清晨七点半即在办公室矣。"在中国各省中,只有广西一省可以成为近于模范省。美国《纽约时报》远东特约记者亚奔特和皮林汉丁1936年合著的《中国的命运》一书,其中专门有一章称赞中国的模范省——广西。❶ 他们说:"新桂系每一时期都有三巨头,开始是李宗仁、黄绍竑、白崇禧,从中原大战失败、黄绍竑心灰意冷退出桂系后变成李宗仁、白崇禧、黄旭初,以后就一直维持到桂系覆灭。广西军队有时由李宗仁统领、有时由白崇禧指挥,这两个桂系头目长期不在广西,广西长期由黄旭初主政,三者之间的工作关系较为独立,没有直接的上

---

❶ 《莅桂中外名人演讲集》,国民革命军第四集团军总政训处,1935年。

下级及指挥隶属关系,却能长期维持桂系集团的稳定性,关系紧密、配合默契,这在中国的政治生态中堪称奇葩。"李(宗仁)白(崇禧)黄(旭初)三人皆能利用各人所长来以身作则,把勤俭朴实刻苦耐劳的风气树立起来,传播到全省,于是地方虽小虽贫,而无游民乞丐。向来多匪,素号难治,现却治安特别良好。广西的特长,不在什么物质建设,实在这点苦干实干的真精神。

白崇禧说:首先,"我们要认识先要内部团结互助,才能对外斗争,实行自卫。80 年前的洪杨革命,洪秀全,杨秀清,石达开等带了 3000 多广西子弟出去,打下湖南,打下武汉,一直打到南京,建立太平天国,眼见要推翻满清,光复汉族的旧业。后来一方面因为曾国藩李鸿章等汉人帮助满清,一方面因为太平天国内部韦昌辉杨秀清等自相残杀,不能团结;所以太平天国,终归灭亡。这就可以明白:我们要实行自卫,先要求内部精诚团结;如果内部有少数不肖分子,认贼作父,企图破坏内部的团结,那么内部的大多数人还是要团结一致,一方面把那些少数败类清除出去,一方面一致努力向我们的共同敌人斗争,绝不可受少数败类的愚惑,而自己陷于土崩瓦解"。再次,"物质未必能够战胜精神,而精神却常常能够战胜物质。这个道理,总理在他所讲的军人精神教育中,已经讲过。我们在统一广西的时候,不过只有 1000 多枝烂枪,水机关枪也只 4 挺,打得几十响就卡壳,炮也才得 2 门,结果我们却肃清了强大过我们的一切恶势力,达到统一广西的目的。北伐之战,护党救国之战,我们的物质,没有一次不远劣于敌人;但结果我们还是得到伟大的成功。这都是精神战胜物质的明证。所以我们不要以为我们物质缺乏就不能担负伟大的责任;只要我们具足革命精神,一方面内部能够团结互助,一方面能够自觉自动起来为民族奋斗,那一定可以贯彻自卫政策,复兴中华民族"。❶ 第三,"本来自卫,自治,自给,并不是没有其他的人提倡过,不过他们提倡虽然提倡,因为找不到一个适当的办法来推行,所以不能收到良好的效果。我们最初觉得,无论讲自卫也好,自治也好,自给也好,都要人民共同起来,共同负责,才能达到目的。不过各人分散的力量是微弱的,集团的力量,才是坚实的伟大的;要人民起来负责,必先把他们组织起

---

❶ 白崇禧:《三自政策》(1935 年 2 月 26 日讲稿),载李宗仁等:《广西之建设》,广西建设研究会 1939 年版,第 52—54 页。

来,造成一个集团的力量。因此之故,我们便决心创办民团,民团就是一种民众组织的力量,就是用来推行三自政策的集团的力量"。"所谓自治,其意思并不是说由地方上散涣的众人,共同来管理地方的事务;而是说,要地方上散涣的众人,组成一个团体,来管理地方的事务。所以自治的自字,不是指着散涣的众人而言,还是指着地方团体而言。中国人民,过惯家族生活,从来缺乏团体的组织,所以突然让他们来自治,他们便多半不理会,理会的,又往往不遵照团体的规律来活动,以前各地方自治办不好,这便是一个重大的原因。我们有了民团组织,便可以解决这个难题。"❶

同一时期,陈济棠主政广东,政治上与南京中央政府分庭抗礼,经济、文化和市政建设方面则颇多建设。他着手整理行政基层组织,改革民政机构。将杂乱的行政基层组织形式和职责不明的机构实行改革,规定在县以下,一律设置区乡村公所(中、小县不设区),明确其职权。设立公务人员考绩委员会,对县长、局长等人员实行考试,以资选拔。主张"军民分治",把民团编为警卫队,令各县、市设警卫队。整顿税务机关,逐渐撤销承商,收回自办,严追欠征税款。大力发展广东的蔗糖业,扩建和新建了获利大的一批造纸厂、纺织厂、麻袋厂、硫酸厂、饮料厂、水泥厂、玻璃厂和发电厂。确定乡村教育实施厉行强迫国民教育,扩充平民学校及成年男女补习学校,实行学校农场化和设立图书馆,城市教育为职业化,学生劳动化。在这段时期,广东各方面建设也取得不少成绩,经济更是广西所不能比翼。然而,模范省的美誉却被外媒授予广西,原因何在? 其中要害,可能是对地方自治目标导向评价标准不同。在地方自治的文化建设方面,陈济棠不仅主张教育要以三民主义为中心思想,培养民族精神,同时,提倡尊孔读经,规定学生读经时间,将《孝经》列为中等以上学校的必修课。设立学海书院,请民社党的张君劢、张东荪分任正副院长,聘教授来讲授《大学》《中庸》,宣传四维八德。而这些做法,却引起了新文化人士的批评。在许多文章中,以胡适之先生的"南游杂忆"和胡政之先生的"粤桂写影"较为典型,在此将他们的评价摘录如下,这也可从一个侧面观察当时广西地方自治的效果。

---

❶　白崇禧:《三自政策》(1935 年 2 月 26 日讲稿),载李宗仁等:《广西之建设》,广西建设研究会 1939 年版,第 63 页。

胡适说："广西是一个贫穷的省份,不容易负担新式的建设。所以主持建设的领袖更应该注意到人民的经济负担的能力。即如教育,岂不是好事?但办教育的人和视学的人眼光一错,动机一错,注重之点若在堂皇的校舍、冬夏的操衣等等,那样的教育,在内地就都可以害人扰民了。我们在邕宁武鸣各地的乡间看见的小学生,差不多全是穿着极破烂的衣袴,脚下多是赤脚,偶有穿鞋,也是穿破烂的鞋子。固然广西的冬天不大冷,所以无窗户可遮风的破庙,也不妨用作校舍,赤脚更是平常的事。乡间小学生的褴褛赤脚,正可以表示广西办学人的俭朴风气。我在邕宁乡间看的那个小学还是广西普及国民基础教育研究院的一个附属小学哩!教育厅长雷沛鸿先生正在进行全省普及教育的计划,要做到全省每村有一个国民基础学校,要使八岁到十二岁的儿童都能受两年的基础教育。我看了那些破衣赤脚的小学生,很相信广西的普及教育是容易成功的。这种教育是广西人民负担得起的,这样的学生是能回到农村生活里去的。"❶

胡政之说："从广东到广西,最易叫人感觉到的便是广东富而广西贫,广东大而广西小。他们因为贫,所以上下一致,埋头苦干;因为小,所以官民合衷,情感融洽。广西最好的现象是官民打成一片。我们从梧州到柳州桂林,随时随地都看得出上下协和,军政民团结一致的精神。广西官民'共苦均贫',这是广西上下融洽的原动力。"胡政之综合粤桂见闻所得的感想说:"一、两省当局对局部建设都有诚意而且努力。二、以他们的才力精神治理桑梓,可说是游刃有余,但如扩大范围,恐不免捉襟见肘。三、两广固然是拆不开,然不一定便是一事,所以两省各有短长,还应分别看待。四、粤诚取精用宏,但商民疲敝已甚,急需休息;桂固淬砺奋发,但限于资本人才,求治不宜太急;谁卤莽轻进,都难收良果。五、粤桂偏在南国,眼光易限一隅,观察全局难免错误;中央对地方也不无漠视,缺乏亲切;应求互信,各谋了解。六、粤桂人物不同,地方性质各异,除非利害关系有迫而合,否则谁也不能左右谁的意志。至两广本身的前途,须取决于他们自己的政治有没有办法,不是外界势力所可动摇的。"❷

---

❶　胡适:《南游杂记》,北京大学出版社2014年版,第56—57页。
❷　胡政之:《粤桂写影》,转引自黄旭初:《八桂忆往录》,《春秋》杂志总第191期(1965年)。

笔者认为,新文化人士胡适、胡政之对广西褒奖可能有着明显的主观性,但他们对广西精神的概括是得体的。广东中山县本来是官办自治,西南政务委员会胡汉民等元老派、孙科等京派和陈济棠地方实力派之间矛盾重重,在复杂的派系中也最后名存实亡。而在广西,领导人之间的团结使得广西建设获得外媒的好评。正如黄旭初说:"现在各省有以军统政的,又军政并立的。以军统政的,往往偏重军事,而忽略政治;军政并立的,又往往意见冲突,各顾单方面的发展。本省虽是军政并立的,却因历史的关系,又充分文武合一的精神;文武双方只有彼此相互促进,绝无彼此相互冲突。本省党政军联席会议,由本省党政军三方面最高级的负责人组成,凡本省一切设施都可在这会议上讨论。议案涉及哪方面,就交给那方面办理。如果是关于军事的,就交给司令部去办;如果关于政治的,就交给省政府去办,这种组织及这种合作精神,是别省少有的,广西这些年来建设稍有成绩,全在于此。"❶

李宗仁说:"本省的建设工作,自开始进行到现在,已经过好几年的时间。在这几年之中,由于我们全体同人的埋头苦干,虽然遭遇到不少的困难,由于财力物力诸多客观条件不够,致使许多必要预定的工作未能全如理想完成。然而颇为自慰的是,我们无能上下都能按照计划尽量克服各方面的困难,从艰苦中去奋斗,去进行。所以,这几年的光阴总算没有白费,而能够获得相应的成绩。这种成绩,我们自己也相信并不是偶然的。不过我们要知道,一种工作的完成,固然各个工作人员的精神之是否振奋,是占着很重要的因素。但是仅凭这一点是不够的,更重要的是,第一各个工作部门在人事上能够协调,第二必须有计划地去使用工作时间。前者的效用是在于策进,后者的效用在于节省浪费。"❷

### 三、特种教育的得失

广西是一个多民族聚居地区,有壮、汉、瑶、苗、侗、仫佬、毛南、回、京、彝、水、仡佬等 12 个世居民族。处理民族问题,协调民族关系,是新桂系地

---

❶ 尤真化:《黄旭初先生之广西建设论》,民团周刊社,民国二十七年九月版,第 59 页。

❷ 李宗仁:《抗战建国中广西应负之责任》,载李宗仁等:《广西之建设》,广西建设研究会出版 1939 年 10 月,第 33 页。

方自治的重要事务之一。特种教育的名词,新创于广西。刘介(字锡蕃)解释道:"广西各民族,除汉外,有苗、瑶、侗、僮,多达十多种,其风俗言语习惯,皆具有特殊的性质,广西推行此等民族之教育,势不能将各个种属的名称冠于其前,因而一特种二字为概括,呼此种民族为特种民族,呼此种教育为特种教育。"❶1928 年 5 月省政府制订《广西省今后教育改进计划大纲》,提出:"凡苗瑶等族非普通学校所能适应者,当有特殊教育以救济之。苗瑶教育均当早日分别筹设。"这是"特种教育"第一次提出。

广西少数民族大多分布在自然条件差、经济落后的山区,历史上受到统治者残酷的压迫和剥削,生活十分贫苦。刘锡蕃记述:"蛮区地方,工商业皆极凋敝;尤其是苗山瑶山,完全为一古代社会之形式,几无工商市场之可言,蛮峒区域,虽则墟市较多,然商品零落,且或含有两性歌会的含义,及其所谓经济制度,亦即纯粹的农业经济制度;其所谓工业,亦即纯粹的家庭工业。"❷而且,新桂系集团对特种民族普遍存在歧视的观点,政府官员梁上燕认为:"蛮族因为文化落后,知识浅陋,种种习尚,未必能够和汉人一样,在他们的生活状态上,在他们的风俗习惯上,显然与汉族画有一个分别,这种分别是最容易看得出的,便是他们的生活没有脱离掉原始时代的生活,并且他们的进步非常缓慢,在风俗上迷信得最深的神鬼,没有医药,遇有疾病,即谓之死亡亲人作祟,开坟聚骨以验吉凶。"❸

1932 年 1 月,兴安瑶民中出现谣言,桐木江一带将会出现瑶王,要求各地瑶民朝觐。10 月间,全州桐木江边的瑶民凤福林自称瑶王,聚众暴动,集中了两千多人围攻罗家坪民团,随后又进攻黄牛市(一个圩场)。桂东北瑶民大有响应之势。新桂系首先采取的是绥抚政策,先后派出全县县长、区长、乡绅等人前往"劝慰",后又派出桂东北民团区指挥官张淦前往宣慰,处决了全州的几个汉族土豪劣绅,以平瑶民之愤。同时又宣布善后八条,要求暂时以瑶民为区长,收编瑶族武装,劝导瑶民剃发易服,兴学通婚,文明开化,但被暴动瑶民拒绝。新桂系后采取谈判的方式诱骗暴动瑶民首领凤福

---

❶　刘介:《广西特种教育的动向》,载李宗仁等:《广西之建设》,广西建设研究会出版 1939 年 10 月版,第 511 页。

❷　刘锡蕃:《岭南记蛮》,商务印书馆 1934 年版,第 129 页。

❸　梁上燕:《谈谈苗瑶教育》,《教育周报》1933 年 4 月 8 日,第 49 期。

林出山,随后将其逮捕处决。暴动瑶民失去领导,遂溃散,第一次瑶民暴动失败。1933年1月31日,桐木江瑶民凤福山等人利用瑶民觐见瑶王及打醮(瑶族仪式)之期,聚集二万多瑶民暴动。此次暴动迅速得到龙胜、灌阳、兴安、全州和湖南永明、江华、道州等地瑶民的响应,声势浩大。新桂系面对桂东北瑶民的大规模暴动,迅速改变策略,改抚为剿。立即勒令新桂系之嫡系第七军军长廖磊,统一指挥桂东北瑶乱地区所有民团,要求"暴乱者无论瑶汉,一律勒缴枪支刀矛","聚众不散,实行痛剿"。在大兵压境之下,至4月1日,各县瑶民暴动基本被镇压。

在镇压桂北瑶民起义后,新桂系当局对民族问题的严重性也有认识,广西省政府民政厅所发布的《绥靖兴,全,灌,龙瑶变始末》中指出:"在此重重政治之诛锄,经济之掠夺,与一切豪滑俎侩之侵渔欺辱之下,固无彼族生存之余地。"而《七十团第一营参与龙胜一隅平瑶经过》一文也指出:"汉人视彼为未开化之人,不独交易占尽便宜,更从而欺凌之,狎辱之,官府以其为化外之人,不加保护,以至积恨成仇,早有乘机待发之意。"时任省主席黄旭初、教育厅长雷沛鸿感于苗瑶之乱,倡议组织特等教育委员会,对少数民族进行教育。而加强特种教育,最为有效的方法就是首先编组乡村甲,彻底改革少数民族地区基层行政体系。于是,1933年4月广西省政府制订并颁行《苗瑶民户编制通则》,内容涉及政治、经济、社会、教育等方面,以加强对苗瑶地区的控制。该通则共25条,基本内容是:废除团总制度,编组乡村,开立户口,采取五进位的编制方法,五户一甲,五甲一村,五村一乡,五乡一区;成立区、乡公所,指定苗、瑶人为乡、村、甲长;委派"助理员"到乡村工作。苗瑶民户之正副甲长及村长,由区公所或县政府委派,呈报省政府备案。新桂系"鉴于过去抚驭之失策,一变从前方式,而完全从教育入手"。其中第14条规定:"凡完全苗瑶民居之村乡,未设有学校者,由区公所或县政府参照苗瑶民户习惯,设立特种学校。"第15条规定:"凡苗瑶青年男女入学,一律免征学费,并得由学校暂给予书籍及笔墨纸张。"❶此通则的颁布为后来的"特种部族教育"打下了基础。

1933年广西省政府公布《广西省苗瑶教育实施方案》,因有忽视除苗瑶

---

❶　付广华:《论新桂系的民族同化政策》,《桂海论丛》2008年第5期。

外其他少数民族之嫌,后改称为《广西特种教育实施方案》。共 11 条,主要内容为:由省政府行政机关组织苗瑶教育委员会,调查苗瑶民户之生活及教育状况;研究解决苗瑶教育的经费、校舍等问题;编辑用于苗瑶教育的教材;设置特种学校;介绍或组织苗瑶区域之乡村保甲长,赴各大都市游历参观以开风气、联络感情,化除其畛域之见;中等以上学校添设苗瑶公费生学额,邻近苗瑶区域各县酌设苗瑶师范班,训练师资等。该方案为"特种部族教育"之准则。在此之后,省政府还相继出台了一系列细则和要求推动上述两法规的执行,例如颁布《广西国民基础学校办理通则》《广西苗瑶教育委员会组织大纲》《广西特种教育区域设校补助办法》《广西各县特种教育区域设校补助金给领支配及报销办法》《广西特种教育师资训练办法》等专门法规,为少数民族义务教育制定了一整套具体实施方案。❶

　　1934 年元月组织省特种教育委员会,教育厅长雷沛鸿任主任委员、省督学张家瑶主持实务,负责规划全省特种教育事务。为便于进行实地调查,于 1934 年 4 月颁布《广西省苗瑶教育调查团组织规则》,成立苗瑶教育委员会调查团。并随后公布《广西省苗瑶教育委员会调查计划纲要》。调查团成员按照该计划纲要分赴各少数民族聚居区实地调查,以为教育政策制定和推行之参考。11 月派员会同省博物馆采集队共赴大藤瑶山(现金秀县)调查各族人口分布、生活状况、历史传说、风俗习惯。翌年 9 月,聘请特约研究员费孝通赴龙胜、三江、资源、全县及大滕瑶山等地考察。12 月制订《特种教育区域设校补助办法》和《广西省特种教育实施方案》。1935 年 3 月在南宁市举办省立特种教育师资训练所,招收各县苗瑶子弟,培养师资。

　　实践证明,新桂系政权特编组乡村甲和特种教育对少数民族地区社会经济发展起了较大的作用。黄旭初说:"广西省政府从民国二十年起,根据民族平等的原则,对蛰居深山大谷中的苗、瑶、侗、僮(壮)等民族,努力作政教的设施,目的在使种族的感情,由隔膜而趋于融洽,由误解而达到谅解,由乖离而进于和谐,祈求这些少数民族达到中华民族化。"❷"中华民族"是 20世纪初提出的,中华民族是中国境内所有族群的总称。日本侵华以来,新桂

---

❶　付广华:《论新桂系的民族同化政策》,《桂海论丛》2008 年第 5 期。
❷　黄旭初:《广西的瑶山》,《广西文献》2003 年第 101 期。

系这种中华民族观表现得更为明显,他们把广西境内的各个不同的族群划分到"种族"的类别中去,而这些族群的融合方才构成中华民族。应该说,新桂系的民族观和特种教育方式客观上促进了特种民族融入现代化的进程。

例如,民国年间,都安县内各乡村制有村规民约。1979年都安瑶族自治县将民国九年福龙乡京口村京峒屯和民国十四年加贵乡金满村两个仫佬族聚居村屯所立的两块村规民约碑文中照录在《都安县志》中,这反映了新桂系对特种教育的重视及其效果。碑文内容如下:

民国九年福龙乡京口村京峒屯的款约是"万古流芳",内容是:"会祖银、梁、潘、吴四姓,由罗邑迁至京峒落业,后龙山自古历来树木不准砍伐,如有偷砍罚款充公,非润私囊。今本村罗日安屋基二间情愿出卖,前至众地石阶为界、后至罗姓寮檐滴水为界,左至银姓基址为界,右至吴姓基址为界,兹阁村议就买获安地二间,价银一百廿毫正,此地永远垂志留作清醮公所,各人不得谋占。至于款规,每年五谷杂粮等物黄熟之后,务宜各管各业,安守本分,无得贪婪出外偷摸,倘有拿获,罚罪充公,大则罚银柒拾贰毫;小则叁拾陆元,重犯加罚不容,知名禀报者,赏花红壹元正,若有抗拗不出,见而不报,是为与贼同党,捆绑打鞭游示众,切不沽宽。有事众人搪塞,勒碑晓谕,勿谓言之不早也。甲长,银敦权、梁燕修、潘安世、吴绍南;六房,罗日辉;中人,吴绍章;代笔,银敦顺。中华民国庚申年五月吉日立碑。"这段记载虽是民国九年的事,但立约人是众甲长,这说明应是新桂系编村之后的回忆。

民国十四年加贵乡金满村两个仫佬族聚居村屯所立的两块村规民约碑文内容是:

新修立款启者,维众立款事。十四区龙满村,前人乾隆世上立村安居以来。八九余代未兴条款。因此,民国年间后到之人十多余家来村居住,众议公取每名一元花银进村上庙。迄今通村敎敎男女无道,谋心偷要杂粮,牛、马、猪只乱放,癸有众议善士人人。李、银、潘、罗、韦、吴、黎、陈、周同共九姓等,挺身立有条款。开例于后:一议奏夜偷盗,勾水进村挖家,名为匪贼。查实,本村拿获者,众议禀县知事,详呈正归款;一议春冬白日出外,男女偷要芋米杂粮五谷等项,拿获者罚银三元六毫上款祭庙;一议众村鱼塘打鱼,轮流神甲,众议鸣角同要,如有私要者,罚银三元六毫归款上庙;一议每年正月十五,围揵禁猪,十一月十五日开楗放猪。倘畜生不知人事走出，设主面议不怪，如有强恶放者，枪炮打死，谢肉三斤洗炮；一议新到之人，入村居住公取花银一元进村上庙，众议例律，以传后人，谨勒片石万代不朽。

民国十四年岁次乙丑八月十五日吉立碑。❶

这些村规民约对公共造产、保护资源环境和维护秩序都有很大作用，与新桂系特种教育的目的相吻合，因此新桂系政权追认了这些村规民约的合法性。1932 年新桂系政权还专门颁布训令，提出"各县乡村禁约实有重行恢复厘定实施之必要"，后来形成了《广西各县订定及执行乡村禁约须知》这一专门性法规。

但是，新桂系认为少数民族的很多婚嫁、丧葬、歌圩等风俗习惯鄙陋怪异，是其愚顽的表现。在特种教育中，他们刻意漠视广西境内广泛存在的民族文化差异，对少数民族文化传统不加区别地进行打击，引起了少数民族的不满。例如，风俗习惯是一个民族最为外显的特征之一，其他族体往往首先根据其独特的风俗习惯来判断其民族属性，因此一个政权的风俗政策在很大程度上反映了它在民族问题上的态度。新桂系政权把广西境内的少数民族视作风俗习惯落后的"特种部族"，因此它始终推行"风俗改良"，强制少数民族移风易俗。早在 1931 年，新桂系政权就颁布了《广西各县市取缔婚丧生寿及陋俗规则》，对婚嫁、丧祭、生寿、游神、歌圩等风俗习惯作出了详细的规定。如关于婚嫁即规定："女子出嫁后须常住夫家，从前不落夫家或逃婚陋习应禁绝之。"同时，成立了省县市各级改良风俗委员会，来推动这一工作。两年后，又修正公布了《广西省改良风俗规则》，成为新桂系政权推行"风俗改良"的总的法律规范。根据该法规，广西各少数民族需要改装易服，摒弃本民族传统服饰；不得早婚和不落夫家，并不准聚集歌圩唱和；不得迎神建醮，奉祀淫祠及送鬼还愿。❷ 强迫少数民族改装易俗的禁令，遭到少数民族的强烈反对。一些地方还发生了抵制和反对"开化"的冲突和斗争。因此，新桂系在少数民族区域强制推行的村街制度和特种教育没有考虑对少数民族优秀传统文化的保护不是实质上的"自治"，而是"官治"。

---

❶ 都安瑶族自治县志编纂委员会：《都安瑶族自治县志·村规民约辑》，广西人民出版社 2001 年版，第 882 页。

❷ 付广华：《论新桂系的民族同化政策》，《桂海论丛》2008 年第 5 期。

# 第五章　抗战时期广西地方
# 自治的模式转变

　　抗日战争爆发后,由于抗战建国的需要,广西的地方自治模式与训政时期有所不同。黄旭初说:"我们今天的革命任务,既然是抗战建国,齐头并进;而我们的抗战建国纲领,又是以三民主义为依归,而为全民族所拥护作行动的准纲。因此在抗战方面,就应该要切实地把握着三民主义的民族主义思想,以'国家至上,民族至上','军事第一,胜利第一'的目标去实行。建国方面,也应该一本三民主义的建国思想,意志集中,力量集中,诚心实意地、脚踏实地地去实践。我省当前局势,实与国家民族存亡攸关,我人苟偷目前之安,必造子孙无穷之祸,能忍一时之痛,必可操最后胜利之权。务希上下一心,同赴急难,使军事政治民众动息相关,合为一体,共抱牺牲之决心,发挥大无畏之忠勇,追逐倭寇,保卫乡梓。"❶因此,抗战时期,广西的地方自治的要项、层次结构和特色也就发生了相应的转变。❷ 至于广西省过去建设之纲领,其民团制度于桂南光复之前发挥了显著实效。随着抗战进入持久阶段,广西作为大量移民的大后方,《广西建设纲领》已不能适应新要求,其建设目标也由此进入了另一新阶段。

## 第一节　地方自治建设要项的转变

　　1941 年 6 月 15 日至 29 日,广西省第一届临时参议会第五次大会通过

---

❶ 黄旭初:《坚定三民主义的建国思想》,载广西建设研究会:《黄旭初先生言论集》,民国三十年出版,第4—5页。
❷ 黄旭初:《为敌军入寇告全省民众》,载广西建设研究会:《黄旭初先生言论集》,民国三十年出版,第49页。

《省府交议广西建设计划大纲案》，8 月 1 日省政府颁布《广西建设计划大纲》，作为广西省新时期各建设工作之根据，其内容揭示了建设的准据、部门（仍分经济、政治、军事、文化四部门）和建设的最高指导原则和目标。其总纲第一条就规定："广西为中华民国之一省，广西省政府为谋领导全省官民，共同努力于复兴中国之任务，在整个建国计划体系之内，积极从事本省之建设。"这说明，抗战时期广西军事、经济、政治、文化建设的纲领已发生变化，地方自治与抗战建国密切联系在一起，地方建设纳入国家抗战建国的全局大业中。

### 一、经济建设要项的转变

抗战建国的严重时期，经济建设对于抗战前途有决定之意义。经济建设不成功，则其他建设不免受其影响而落于空虚。故民国三十年八月省政府颁布《广西建设计划大纲》，特定经济建设为首要。但经济建设千头万绪，抗战爆发后，国民政府在战争紧迫的情况下，加强了中央对经济的干预和管制，广西应如何确立自己的经济建设纲领？大纲第四条规定："根据国民政府建国大纲均权之原则，凡事有全国一致之性质划归为中央者，本省地方政府于中央政府法令指导之下，努力奉行，加速完成之；其有因地制宜之性质划为地者，由本省地方政府分担建设之。"因此，抗战时期广西的经济建设制度设计是根据中央战时经济政策的调整而确定的。

（一）金融货币政策纳入国家宏观调控法律体制

金融货币政策一直是国家经济宏观调控的重要手段，是中央和地方分权的重点领域。抗战前期，从 1927 年到 1937 年国民政府颁布了近百部金融法规，主要有《银行法》《银行收益税法》《储蓄银行法》《证券交易所法》等，逐步统一币制，设立中央银行和中央银行制度，确立了国家金融宏观控制的政策，但由于广西抗战前的半独立局面，广西银行的监管并没有完全纳入国家法律体制。

全面抗战爆发后，1937 年 8 月 15 日，国民政府财政部公布了《非常时期安定金融办法》，确认平时金融已不再适合客观的需要，而改成战时的、强制性的金融管理。11 月 20 日又下达《整理桂钞办法》，规定以桂钞 2 元折合法币 1 元的比价将流通中的桂钞全部收回，换发法币，取消广西银行的发行权。在此之前,广西银行经营的业务,主要有发行省钞、沟通汇兑、农村贷放等,金融上处于半独立局面。为稳定金融,国民政府建立了战时金融体制,对金融实行管制。1938 年 3 月,国民党临时全国代表大会通过的《抗战建国纲领》《非常时期经济方案》作为战时国家经济的基本政策,同时对金融、外汇、进出口货物等实行统制政策,其目的在于依靠国家干预,加强对战时经济的控制。1939 年 9 月 8 日,国民政府公布《战时健全中央金融机构办法》,规定"中央、中国、交通、农民四银行合组联合办事处,负责办理政府战时金融政策有关各特种业务";"财政部授权联合总处理事会主席,在非常时期内对中央、中国、交通、中国农民四银行可为便宜之措施,并代行其职权"。这一办法的公布,对于当时正在实施的战时金融政策是一个巨大的推动,它将四行联合办事总处的性质,确定为一个决策性的机构,负责掌理政府战时金融及经济有关的各种业务。中央银行、中国银行、交通银行、中国农民银行相继在桂林、南宁、柳州、梧州等地设立分行。此后桂省通货的调节,由中交农四行负责统筹兼顾。1939 年 3 月,国民政府在重庆召开了第二次全国地方金融会议,集合各省地方银行共商地方金融贯彻金融政策的实施办法。会议一方面强调省地方银行的重要性,确认省地方银行的地位;另一方面为进一步强化中央金融监管,又对省地方银行提出具体的规定和要求。1942 年 6 月 11 日,四联总处根据国民政府 3 月"限制四行发行钞券,改由中央银行统一发行"的指示,制定了《统一发行办法》,规定"自本年 7 月 1 日起,所有法币之发行,统由中央银行集中办理"。7 月 14 日,财政部又颁布《中央银行接收省钞办法》,规定所有各省地方银行的存券和准备金,均归中央银行保管。于是,十余年来国民政府梦寐以求的货币发行统一于中央银行的计划终告实现,全国出现了统一的货币制度。❶

在国家加强金融货币政策宏观调控的过程中,广西的金融货币政策也就发生了很大变化。自民国二十八年第二次全国地方金融会议后,广西银行即遵财政部令设立信托部,以代理财政部贸易委员会购运全省桐油等物质外销。二十九年将广西出入口贸易处并入后,经营物资业务更为扩展,以

---

❶ 黄旭初:《民国三十年代的广西金融》,载《八桂忆往录》(四十三),《春秋》杂志总第 195 期(1965 年),第 17—20 页。

沟通物资来源、供应军民需要,有力地协助政府平抑了物价。日寇侵入桂南时期,省内缺乏辅币找补,才又请准财政部发行五角国币辅币券五百万元,以应市面的需要。在建立全省金融网方面,二十九年以前由广西银行、广西农民银行和广西省出入口贸易处三个主要机构负责。二十九年四月省政府将广西银行扩大改组,将广西农民银行和广西省出入口贸易并入。不久广西省合作金库成立,专管农村金融的调剂,这对于农村金融的调剂、农工生产的增加、日用物品的调节、农业仓库的举办,都收到相当的效果。

（二）重要交通运输建设纳入国家投资体制

1938 年国民党临时代表大会通过的《抗战建国纲领》中,决定"整顿交通系统,举办水陆空联运,增加铁路、公路,加辟航线"。国民政府遂在后方各省迅速发展交通事业。"为使战时首都与各战场所在之各省交通便利"及"得一国际路线与国外沟通起见",国民政府决定赶筑多条省际和国际交通要道。自抗日战争起后,长江各省人士避难入桂的甚多,社会受其影响,起了若干变动。在全省交通网建设方面,交通部主办建设了湘桂、黔桂两线。湘桂铁路最初确定是由衡阳至桂林,当湘桂铁路建筑伊始,淞沪会战爆发,日本海军封锁中国沿海,为此,国民政府决定将湘桂线由桂林延长到镇南关,与越南铁路接轨,以便当海洋交通被日军封锁时仍可能维持国际的大陆通道。修筑铁路的款项由国民政府、湖南、广西共同分担,广西负担的路款在省内发行铁路公债解决。黔桂铁路 1939 年动土修筑,该路由柳州至贵阳,主要由财政部向美、英两国和实业界借款修建,广西负责协筑路基,征调民工。根据省政府与交通部协定,在修筑湘桂、黔桂两公路中,广西征调民工所耗费的款项,即作为广西对该路的投资。由省政府设立的"湘桂铁路桂段路工管理处"和"黔桂铁路桂段路工管理处"征调民工,征工对象一般为铁路各线民众,由省政府参照内政部颁布的《国民工役法》规定调征,除规定免役外,一律参加,以抽签方式决定,中签者即被征调。在水道运输方面,1938 年至 1939 年,国民政府西南运输处和珠江水利局分别拨款,对广西境内的郁江、浔江、左江进行疏理,提高通航能力。同时投资建立了轮船机械厂 10 个、船坞 5 个、造船厂 7 个,在抗战运输中也发挥了重要作用。在航空运输方面,1937 年西南航空公司从广州迁到桂林,1938 年广州沦陷后全部航线停办。中国航空公司于 1937 年开辟贵州—香港航线,在桂林、柳州设降落站。后改为重庆—香港航线,桂林、梧州为停航站,柳州为备站。

（三）省财政税收纳入国家财政收支体制

整个民国时期的税收体制,有一条主线贯穿始终,那就是如何搭建国家税与地方税的分税架构,以确定地方自治的财政税收基础。北洋政府和南京国民政府为划分国家税与地方税都作了一些努力和尝试,尤其是南京国民政府在划分中央和地方财政收支系统、确立新税制、防止中央与地方发生冲突方面作了有建设性的探索。1928年《划分国家收入地方收入标准案》、1931年《财政部组织法》(修改版)和《营业税法》、1934年《修正预算章程》等,形成了国家和地方财政税收分权的基本法律体系。但由于受到税源广被程度、税源划分原则和政府政治权威和财政权威的影响,北洋政府和国民政府的财政体制和分税制改革取得的成果参差不一。

广西在清代是依赖湘粤协饷的省份,民国以后虽努力建设,经济得到一些发展,但还是属于较穷的省份,抗战前税赋来源的主流还是一些灰色领域。例如,民国二十一年(1932年)年初,广西省政府派专员与云南昆明市商会协商订立《云土运桂办法》,规定滇商烟土一入桂省,即由桂方负保护全责,桂省应对税率特别优惠;且遇销市疲软时,可先向广西银行押借款项作周转金。该项"办法"实施后,云南取道广西运往广东的鸦片源源进入广西。黔土入桂,亦采取了类似"协商"办法。据广西财政厅的决算收入报告,是年广西"禁烟罚金"(鸦片过境税)高达1484.4万元,几占当年广西财政收入3100万元的一半。抗日战争爆发后,由于广西地处战时后方,桂南战事对大部分地区并未直接损害,外省工商业和大量人口的临时转移,以及政府战时经济的统筹安排,为广西经济建设提供了许多机会。广西的饷捐、营业税明显增加,超过了禁烟罚金的收入。

抗战爆发后,地方基层政权承担的事权日益繁重;同时为满足抗战需要,中央政府也需要集中更多财力。1939年通过颁布《县各级组织纲要》,确立了县(市)为一级地方财政,可以有其独立的财源,并能从特定税种中分得一部分收入,这在一定程度上提高了县(市)财政的地位。可以看出,新县制对加强县各级政权组织自治能力的用意十分明显。在这样的背景下,国民政府于1941年11月颁布了《改订财政收支系统实施纲要》,规定:全国财政收支分为国家财政与自治财政两大系统,国家财政包括原属国家及省与直辖市的一切财政收入与支出,自治财政以县为单位,包括县(市)、乡(镇)的一切收入与支出。由于省级财政并入国家财政体系内,各省财政由中央统收统支,地方财政的重心遂由省转移到县(市)。在收入划分上,中央集权的程度加强,原属地方重要税源的田赋、营业税、契税等也由中央直接征收。地方自治财政建立后,省级财政被裁并,县(市)财政失去了对省的依赖,不得不积极整顿地方自治税收。在各项自治税收中,收入较多的是屠宰税,房产税主要在各较大城市或繁华的县城中征收。❶

(四)重要物质由国家统购专卖,国营经济事业迅速发展

1927 年南京国民政府成立不久,就开始了民事、商事法律的制定工作。1929 年 5 月,国民党中央政治会议议决将民法和商法编订为统一法典,至1931 年 5 月,民法典总则编、债编、物权编、亲属编和继承编告成,有关商事的总则、契约方面的行纪、仓库、运送营业等内容也尽量纳入了民法典,无法并入民法典的商事法采用单行法的形式颁布,主要的商事单行法规有 1929 年颁布的《公司法》《票据法》《海商法》《保险法》,以及 1935 年颁布的《破产法》等。民商事基本法律的制定,虽然由于其实施受到军阀割据的限制,但也在一定程度上促进了中国抗战前全国统一市场经济的形成。抗战爆发后,这些自由市场经济的法律难以适应战争需要,国民政府因此将一些重要物质统购专卖,建立了一些由中央国家资本控制的国营企业。

1937 年 8 月,国防最高会议通过《总动员计划大纲》,并颁布粮食管理办法;12 月 12 日,又颁发《战时农矿工商管理条例》,决定对战时经济实行全面统制。条例强调必须由国家资本控制重工业和基本工业,从而加强了国家资本对国家经济的垄断。1938 年初,国民党通过《非常时期经济方案》,提出一切经济设施"应以助长抗战力量,求取最后胜利为目标",积极发展战时生产,力求做到自给并增加"国产之出口"以达"地尽其利,物尽其用,货畅其流",适应战时之需要。1939 年国民政府经济部在桂林设立锡业管理处,取消广西购销锡、钨、锑、锰四种矿砂的权利,广西进出口贸易处把统制权移交中央资源委员会。资源委员会是国民政府统制工矿企业的主要机关,1935 年 4 月在南京成立,隶属国民党政府军事委员会。其前身是

---

❶ 冯海波:《国民政府时期财政体制改革的启示》,《税务研究》2014 年第 1 期。

1932 年 11 月成立的国防设计委员会,隶属国民政府参谋本部。1938 年资源委员会改隶经济部,它实际上是抗战时期国民政府的最高经济领导部门。1941 年 3 月国民党五届八中全会,正式确定实行"统制经济"政策。到 1942 年国民政府公布并实施《国家总动员法》,更是确立了战时"统制经济"的方针,由国家政权依靠行政法律的手段,直接干预或管制生产、流通、分配等国民经济各个部门各个环节,并通过合资、收购发展了许多国营企业。例如,1938 年 7 月,经李宗仁、宋子文协议,由广西省政府与中国银行总管理处合资接办合山煤矿股份两合公司,原有的商股可以退股,也可以改作新股,由广西省政府负责处理。❶ 1939 年省政府与资源委员会合资五百万元成立平桂矿务局,省政府即以望高锡矿、西湾煤矿、八步电力厂并入该局。总之,国民政府通过资委会等部门运用国家资本大力发展国营工矿业,使国家资本的发展速度大大超过民营工业的发展速度。

(五)建立广西企业公司,推行新县制,经济以求自给

抗日战争时期随着国民政府经济统制政策的强化,为保持经济上的一定程度的独立性,广西的经济建设政策也相应发生了重大的变化。在政府公营重要及大规模企业方面,民国三十年八月广西省政府组织成立了"地方公营"性质的广西企业公司,先后将原属省营的厂、矿、农林场等 14 个单位接收经营,总投资额 5000 万元。省营自来水厂,原只梧州一处,新增南宁、桂林、柳州三厂。省营电力厂,原有梧州一厂,新增桂林、柳州、贵县、桂平、龙州、八步、南宁七厂。其他工厂,从前并无省营,现有二十余厂,投资约一千万元;其中独资经营的有硫酸、酒精、制糖、制革、机械、陶瓷、印刷、纺织、造纸、玻璃、士敏土等厂;与中央合办的有纺织机械厂、面粉厂;与商人合办的有铁工、卷烟、火柴等厂。

随着新县制和财政体制的改革,省级财政的取消,广西省政府还加强了对县市和乡镇自治财政的管理和建设,以求提高广西经济的自给能力。抗战前广西新式工业尽属省营,未能推及地方公营和人民私营,使得民营企业普遍扩展。抗战以后,桂柳骤然成为工业区,桂林新办和内迁的新式工厂约近百家,柳州和梧州也有数十家。手工业也因战时日用品缺乏,来

---

❶ 陈佚生:《合山煤矿的前世今生》,《南国今报》2010 年 5 月 13 日。

源短绌、价格飞涨、利益优厚，而迅速发展。于是，《广西建设计划大纲》第四节第 6 条规定："重要及大规模企业，由政府及地方团体公营，但得奖励有经营经验之私人参加，并保障其利益，以促进公营企业之成功。"第 9 条规定："发展粮食及衣用原料生产，并调整与衣食住行有关之工厂，使省内生产渐能自给，趋向于生产社会化。"❶这些规定从法律措施上指导了外来资本、民间资本的投入方向，为地方自治开辟了一些新财源，提供了地方自治的经济保障。在促进农村合作组织和基层经济建设方面，广西也有详密规定。自 1938 年起，逐步扩大合作行政机构，分期训练合作指导人员，力求发展。到 1941 年，合作组织已普及全省，农村经济也取得了一定发展。

但是由于中央和地方关系并没有完全理顺，使得广西建设计划大纲具有短时性，地方自治的事项和权限不断发生变化，广西经济建设目标难以切实地实现。正如黄旭初所说，"广西建设并未能都照计划去实现，距广西建设计划大纲的目标还远得很。业务有计划不合实际待矫正的，有力量不集中和推行不彻底致收效不大而须改正的。中央系统和地方系统不明白划分，事前计划有欠周详所致。指导的只知指导，贷款的只知贷款，技术的只知技术，彼此不相联系，各自为政，想效果良好，自属困难。"❷

## 二、政治建设要项的转变

广西办理地方自治的程序是依照中央规定，分作三个时期进行。第一，扶植地方自治的时期。第二，开始自治的时期。第三，完成自治时期。由民国二十年到二十七年，是第一时期，政府所做的都是扶植人民自治的工作，即是训政。如办户籍、编乡村、办地政、办民团、修道路、设学校、办医院卫生、开村街民大会、督促村街造产种种，都为的是扶植人民自治。有了七年用功的底子，到进入第二时期，人民可以开始自治了。❸ 1938 年 4 月，国民

---

❶　杨乃良：《民国时期新桂系的广西经济建设研究（1925—1949）》，华中师范大学博士论文，2001 年。
❷　黄旭初：《抗战前后的广西经济建设》，载《八桂忆往录》（四十四），《春秋》杂志总第 196 期（1965 年），第 11—14 页。
❸　黄旭初：《二十八年度广西建设的主要工作》，载李宗仁等：《广西之建设》，广西建设研究会出版 1939 年版，第 103 页。

党五届四中全会曾有《改进地方行政组织,确立地方自治基础》的决议案,地方自治成为抗战时期政治建设的核心内容。1939年9月国民政府制订了《县各级组织纲要》,也称为《新县制组织纲要》,抗战时期的地方自治体制得以确立。

新县制,即《县各级组织纲要》,主要起草人和参加者有张群(主持人)、熊式辉(中央党政工作考核委员会秘书长)、甘乃光(曾任内政部次长,时为中央设计局秘书长)、雷殷(原为广西民政厅长,后任内政部常务次长)、王先强(浙江民政厅长、内政部民政司长)、蒋经国(江西赣南专员)、李宗黄(中央党部地方自治委员会主任委员)等,既有张群、熊式辉、甘乃光等新政学系头面人物以及与其接近的行政要员,也有李宗黄等CC系(英文Central Club的简称,名称源于陈果夫、陈立夫1927年9月在上海成立的中央俱乐部)骨干分子。这一起草班子中,中央与地方、党与政、不同派系都有,构成复杂,播下以后"保甲"与"自治"纷争的种子。"新政学系"两个关键人物,一个是担任过蒋介石秘书的杨永泰,另一个就是张群。1932年蒋介石任命杨永泰为豫鄂皖三省"剿匪"秘书长,成为蒋介石的首席智囊,推行保甲制度,在湘、鄂、豫、皖、赣各省设立行政督察专员等都是杨永泰的建议。在《县各级组织纲要》起草班子中,张群可以说是保甲制度的推崇者。李宗黄是CC系中的"县政专家",云南大理鹤庆县逢密村人,1933年曾在他家乡逢密村进行地方自治的实验,由村民直选镇长、闾长、邻长,制定村规定民约,成立校董会,统一办学等,被蒋介石誉为"乡治楷模"。林森也为逢密村题词:"治始于乡"。1939年颁布的《县各级组织纲要》就是各派势力博弈的产物,《纲要》规定"甲之编制以十户为原则,不得少于六户,多于十五户","保之编制以十甲为原则,不得少于六甲,多于十五甲";也规定设置各级"民意机关"。保有保民大会,甲有户长会议,必要时并得举行甲居民会议,做到"寓保甲于自治之中"。

广西省自1934年开始实行三位一体的农村基层组织制度,是保甲制度在广西的一种变通形式,到新县制实施之前,在内涵上已比较固定。实施新县制后,各地民意机构虽然在"寓保甲于自治之中"指导思想下得以建立,但其功能发挥受到很多妨碍。1938年8月17日,广西省政府委员会举行第368次会议,决定广西各县地方自治从速实施。规定自1939年1月1日

起,为各县开始自治时期,其实施概况如下:

1.订定各县地方自治施行办法大纲。1938 年 8 月 27 日,广西省政府修正通过广西各县地方自治施行办法大纲,并于同日颁布施行,其主要内容有:确立县为地方自治单位,县以下为乡镇,乡镇以下为村街,村街内为甲。其区域与编制,以原有地方组织为基础。各县自治程序分为开始自治和完成自治两个时期。自治开始时期的主要程序是由省政府任命县长,成立县参议会;成立乡镇民代表会选举乡、镇长,村街民会议选举村街长。其办法是由乡镇民代表,选举三倍之人数,呈请省政府选择委任乡镇长。由村街民选举三倍之人数,由县政府选择委任村街长,并呈报省政府备案。规定自治完成时期的主要工作有三项:县长民选;成立县参议会;乡镇长完全民选。

2.成立广西省政府县地方自治筹备委员会,制定各种自治章程,并组织训练地方自治干部。1939 年 8 月 21 日,省政府委员会举行第 369 次会议,决定成立广西省政府县地方自治筹备委员会,确定雷殷、李任仁、雷沛鸿、苏希洵、黄同仇、陈树勋、张一气、陈绍虞、黄立生、杨煊、区文雄等 11 人为委员,负责筹备各县自治事宜。广西省县地方自治筹备委员会成立以后,陆续制定了《广西省政府临时参议会章程》《广西省县临时参议会议员选举章程》《广西省县临时乡镇民代表大会章程》等各种自治章程。县、乡镇、村街建立民意机构后,需要一些有能力的自治干部,因此,新桂系还很重视地方自治行政干部的培训。1940 年,为与中央干部训练一致,广西成立了地方行政干部训练团,黄旭初兼任团主任,将原有的县政公务员政治训练班等合并实施,训练地方自治干部。训练的科目主要有三民主义建国大纲、抗战建国纲领、地方自治、广西建设纲领等。

3.任命县长,改组区公所,改善乡镇、村街基层组织。按照县自治施行办法大纲规定,广西各县在自治开始时期,各县县长由省政府任命,报国民政府铨叙局铨叙后由国民政府加以委任。1939 年 9 月,国民政府制定《县各级组织纲要》,首次在正式法规中明确规定"县为地方自治单位""县为法人"。在实施新县制以前,"县政府仅能于省方规定的第三类政务中,稍得按照本县内地方实际情况,约有选择伸缩的余地,在县政实施准则中,各种政务应办到的程度和数量,以及应执行的法令等,也均由省方详细规定,各县政府所拟的施政计划,仅系补充拟定各项政务的进行计划或实施程序而已"。❶ 新县制则要求,各县政府的实施计划,不再受省政府的直接指挥,而由县政府参照省政府各项法令,根据各地实际情况自行拟定。第 25 条规定:"区署为县政府辅助机关。"广西省政府据此决定将区公所改组为区署,作为县政府之佐治机关。乡镇、村街公所是广西行政组织的基层细胞,其三位一体模式就影响了《新县制组织纲要》的制定。《新县制组织纲要》规定乡镇设中心学校,保设国民学校,受教育者包括儿童、成年人和妇女三部分。乡镇长、中心学校校长、乡壮丁队长,保长、保国民学校校长、保壮丁队队长,分别暂以一人兼任。在教育、经济发达的地区,乡镇中心学校校长和保国民学校校长以专任为原则,乡镇中心学校教员,兼任乡镇公所文化股主任及干事;保国民学校教员,兼任保办公处文化干事。从此,广西创办之三位一体制风行全国。❷ 值得一提的是,县政府原设有副县长,由民团副司令兼任,为专司民团训练的现役军官,这是广西训政时期的特色,根据《新县制组织纲要》,广西取消副县长制度,至此,广西县制与全国县制一致。❸

由于新县制借鉴了三位一体制,在其实施过程中广西暴露的问题也就较早。广西"三位一体"由于缺乏或不够重视,实际上更加重要的"养"——经济建设,不少省外学者批评这就是广西三位一体制的"最大的缺点"。因此,新县制将地方自治内容扩充为"管教养卫"四个方面,这借鉴了广西的三位一体制度,而又有所不同。新县制并"寓保甲于自治之中",也就是说使乡镇长、保甲长集军事、教育、行政等权力于一身,实行三个机构合署办公。这就使原本属于地方自治内容的工作,都纳入了基层政权管制的范围,失掉了自治的意义。❹ 1941 年 8 月广西省政府颁布《广西建设计划大纲》,结合新县制对《广西建设纲领》进行了修改。其第九条规定:"政治建设之最高指导原则,为民权主义,训练四权之行驶之能力,启示国民应尽之义务,坚定革命主义之信仰,并确立自治制度,调整自治区域,灌输自治智识,培育

❶ 徐义生:《广西省县行政关系》,商务印书馆 1943 年版,第 14 页。
❷ 胡次威:《国民党反动统治时期的"新县制"》,全国政协文史资料委员会编:《文史资料选辑》第 29 辑(总第 129 辑),中国文史出版社 1995 年版,第 201 页。
❸ 谭肇毅:《新桂系政权研究》,广西人民出版社 2011 年版,第 71 页。
❹ 王永祥:《中国现代宪政运动史》,人民出版社 1996 年版,第 138 页。

自治人才,以完成实施民主政治之必具之基本条件。"该条文与原有规定不同,明确将地方自治制度建构而不是"扶植"作为广西政治建设的核心内容,但因保甲与自治的矛盾性,该建设任务并没有完成。

### 三、军事建设要项的转变

军事建设本不属于地方自治的内容,但与地方自治密切相关。白崇禧曾以"自卫政策"和"自治政策"的关系阐述之。1937 年"七·七"卢沟桥事变爆发后,日本发动全面侵华战争,中国人民奋起抵抗,桂系适应了全国抗战潮流的发展,投入到抗日救亡中来。根据《抗战建国纲领》确立的"国家至上,民族至上","军事第一,胜利第一"原则,国防、军事权收归国民党中央政府,但军事后勤保障、兵役工作、军人家属优抚等工作则需要地方配合,因此,广西的军事建设要项也发生了一些变化。

1937 年 7 月 15 日,李宗仁致电南京国民党中央,请下定决心,实行抗战。17 日,蒋介石发表"庐山谈话",对日态度开始强硬。20 日,李宗仁、白崇禧、黄旭初致电国民党政府,表示"已决誓本血忱,统率第五路军全体将士及广西全省 1300 万民众,拥护委座抗战主张到底,任何牺牲,在所不惜"。7 月 10 日,蒋介石曾以"蒸午"电任命李宗仁为庐山暑期训练团副团长(蒋介石自兼团长)。李宗仁未就任,俱派黄旭初、夏威去庐山受训。8 月 2 日,蒋介石亲电李宗仁、白崇禧,约他们赴京共商抗日大计,并邀请白崇禧就任国民政府军事委员会副参谋总长。李宗仁、白崇禧认为时机已经成熟,遂电复蒋介石,表示即刻入京受命。8 月 4 日,白崇禧乘坐蒋介石派来的飞机由桂林飞抵南京,表示拥护中央抗战的决心。

1937 年 8 月 12 日,国民党中央常务委员会决议撤销原处于中政会之下的国防会议和国防委员会,暂停中央政治会议,设立国防最高会议,融党政军大权于一体,作为全国国防最高决策机关,统筹抗日救亡大局。国民党中央政治委员会通过的《国防最高会议组织条例》赋予主席的特权是:"作战期内,关于党政军一切事项,国防最高会议主席得不依平时程序,以命令为便宜之措施。"8 月 13 日,上海抗战爆发。是日,蒋介石召集最高国防会议,决定以军事委员会为最高统帅部,正式任命何应钦为国民政府军事委员会参谋总长,白崇禧为副参谋总长,1938 年 1 月 17 日又任命白崇禧兼军事委员会军训部部长。8月28日,白崇禧电李宗仁,告统帅部决定将津浦线划为第五战区,拟请李宗仁任司令长官。李宗仁感到效命疆场的时机已经到来,便于10月14日乘飞机离桂飞湘转宁。行前,李宗仁和白崇禧联名发表《告广西党政军全体同志暨全省同胞书》,指出:"民族之存亡,决定于这次自卫的战争;战争的最后胜利,决定于今后长期的战斗;而长期的战斗,则深赖于后方不断的振奋,不断的牺牲,不断的建议,不断的贡献。"因此,希望全省同志同胞"负起我们光荣的任务,争取战争的最后胜利"。同时,李宗仁、白崇禧在抵达南京受命前后,奉命将桂系部队改编北上参战。在"七·七"事变后的两个月内,桂军共编成3个军,除原第七军、第十五军(改称第四十八军)外,另成立第三十一军,组成第十一集团军。全国抗战爆发后,特别是在抗战初期,李、白不仅在言论上,而且行动上实践了他们的诺言,积极投入伟大的民族解放战争,在淞沪战场上和台儿庄等战役中写下了光辉的篇章。

抗战时期军队统率权虽然纳入国家体制,但新桂系还是掌握着对广西地方军事建设的控制。1938年12月成立国民政府军事委员会委员长桂林行营,其职能是节制第三、四、九战区。第四战区向桂林行营呈交报告,但不必咨询或请示桂林行营批准什么。在人事方面和军事行动方面,第四战区受桂林行营指导,而非指挥。白崇禧任桂林行营主任,他必须遵循与传达中央的命令,可以说他并无实权,只是代表中央。但是由于白的背景(军委会副总参谋长),他能指挥夏威的第十六集团军。民国二十八年春,张发奎任第四战区司令长官,兼任军委会战地党政事务委员会四战区分部主任,他回忆说:"关于战区长官部的职权,除了统一指挥所辖地区的军事外,可直接指挥辖区内的党政机构。"可张发奎名义上主掌两广党政军大权,可实际上干预较少。"广西省政府主席黄旭初兼任省党部主任,李宗仁兼任广西省绥靖主任,白崇禧任副主任,权势甚于省主席,连CC系也不能渗入广西省,广西人充满了国民党机关。"❶1940年1月,四战区迁往广西。张发奎说:"我在柳州的岁月里,未能见到广西与中央的关系得到改善,然而从体制上

---

❶ 张发奎:《蒋介石与我——张发奎上将回忆录》,文化艺术出版社(香港)2008年版,第310页。

有些改变,譬如民团得到整编,但是中央连半个人都安插不到广西!人事牢牢控制在桂系的手中,甚至连陈立夫都不敢渗入广西的国民党。我从没把自己视为中央的代表,争取广西靠近中央。广西与中央之间的联络员是白崇禧,故不需要我侧身其间。"❶

　　1939年1月21日,国民党为适应战局变化而召开五届五中全会,研究调整内外策略。会议决定设立国防最高委员会,以取代国防最高会议,国民党中央执行委员会所属之各部会及国民政府五院、军事委员会及其所属之各部会,兼受国防最高委员会指挥。会议宣言强调:"在后期抗战开始,生死存亡所系之关头,尤宜组成中央党政军统一指挥之机构,使全国党政工作,得与军事相切合,以收共同行动之效。"❷国防最高委员会的成立,标志着国民党政权高度集中的中央党政军统一指挥的战时体制最终形成。1940年春,桂南会战失利后,国民政府军事委员会委员长蒋介石命令撤销桂林行营,并于同年6月改组成立国民政府军事委员会桂林办公厅,任命李济深为军事委员会桂林办公厅主任。张发奎说:"我同军委会委员长桂林办公厅主任李济深的关系如何?李济深的职位低于白崇禧原任的国民政府军事委员会委员长桂林行营主任,他无权指挥军事行动,也无权指导党政机关,他的职位是空的。抗日战争爆发后,桂军主力调出广西参加抗战,黄旭初则继续留在广西,受李、白之托经营桂系的总后方。"据张发奎回忆:"抗战时期白崇禧是真正拥有在广西决定一切的人,虽然他身在重庆,但他真正控制着广西省的党政军事务,是广西实际上的灵魂。在我到广西以后,我同广西党政机关的关系有没有变化?我同他们有了更多的直接接触。我必须予以更频密的指导,但是我们之间的关系保持着相当的礼貌。我对他们有求必应。当然,他们不会提出不合理的要求,我这方面也不会强人所难。"❸

　　桂南光复后,广西省政府制定了《广西建设计划大纲》,既肯定了以前

---

❶　张发奎:《蒋介石与我——张发奎上将回忆录》,文化艺术出版社(香港)2008年版,第324页。

❷　《中国国民党第五届中央执行委员会第五次全体会议宣言》(1939年1月29日),载荣孟源主编:《中国国民党历次代表大会及中央全会资料》下册,光明日报出版社1985年版,第548页。

❸　张发奎:《蒋介石与我——张发奎上将回忆录》,文化艺术出版社(香港)2008年版,第309—310页。

《广西建设纲领》的成就,尤其是"军事建设成就多",又指出"时移境迁,广西建设纲领已未能适应今日环境之要求,今后对于三民主义之建国理想,应有更切合实际之实现计划,各级建设之中心工作,亦应有分门别类之重新厘定,方能继续前进,计日程功,以期争取抗战胜利,达到建国完成"。因此,大纲中规定军事建设的纲领发生了很大变化,从《广西建设计划大纲》规定的军事建设要项看,抗战时期地方政府在军事建设方面的任务主要就是管辖地方保安部队、组织国民军训、征兵以及后勤保障工作。

抗战时期,国民政府在省主席下设保安机构或保安部队,管辖地方保安部队。在国民军训方面,《广西建设计划大纲》第十条规定:"军事建设之最高指导原则,为民族主义。实施国民军事训练与兵役法,使武力民众化,以备平时警卫,战时国防之必需,完成民族自卫之要求。"在民国二十四年,为加强民团建设,广西县政府增设副县长1名,以民团副司令兼任。民国二十七年后,为适应抗战建国的需要,民团成员大多被征为现职军人,民团组织规模也发生了很大变化,广西因此将副县长一职取消,县政府增设军事科(亦称第五科),专司承办壮丁调查和征集、训练壮丁等工作。在征兵方面,抗战时期广西也做得比较成功。中国向来是一个募兵制的国家。抗战发动前,真正可算得上国防军的,屈指可数。募兵制不能完成民族解放战争的任务,所以抗战以后实现征兵制是客观时势的必然要求。❶ 中华民国二十五年(1936年),国民政府正式颁行《兵役法》,企图使兵役制度由募兵制完全转变为征兵制,但随着抗日战争的爆发,国民政府正常征兵已不能满足各部队兵员补充之需,因此,在实行征兵制的同时兼行募兵,这也是对广西军事建设经验的借鉴。民国二十七年(1938年),国民政府颁布《战时募兵统制办法》,规定募兵须于未设师管区的地方进行,已设师管区之地不再募兵;各部队募补兵额须呈请国民政府军政部核准,经省军管区划定区域,由县(市)政府负责招募;禁止各部队擅自招募或向地方摊派。

为了协调军队与地方关系,国民政府颁布了《中华民国战时军律》《战时军法案件委任待核办法》等军事法律。尽管桂系在军事建设方面保持了

---

❶ 黄旭初:《现阶段兵役之重要及其价值》,载广西建设研究会:《黄旭初先生言论集》,民国三十年出版,第76页。

相对的独立性,但毕竟抗战时期"军事统一",广西省政府在许多方面受制于战区司令部。例如关于政治犯的处理,战区司令部比省政府权力大。为加强军纪,国民政府军事委员会在抗日战争前下设军法执行总监部,桂林行营时期的组织结构中就设有军法处。为了让地方政府配合,国民政府制定的《战时军法案件委任待核办法》,也赋予地方行政长官代核军法案件的权力。而战区长官部的组织机构中,也设有军法执行部,主要执行《中华民国战时军律》,这就造成军队与地方的军法案件执行的权限并不清晰。1942年8月,胡志明来中国,胡志明的"中国青年新闻学会"以及"国际新闻社"的证件、"军用通行证"都是1940年签发的,均已过期,况且一个人持有国共两党不同的证明,靖西县有关当局认为胡志明既然持有第四战区的军用通行证,便决定将其送往广西省最高军事机关——国民政府军事委员会桂林办公厅(原桂林行营)审查,不久又从桂林折回柳州,交由第四战区司令长官政治部审查,被关押在战区长官部的监狱中。孙科院长曾责成中国国民党中央执行委员会秘书长吴铁城处理此事。吴铁城奉命致电广西省政府,要求"查明释放"。由于胡志明当时正被押解在广西的隆安和同正之间,尚未到达桂林,此案显然未经省政府处理,更无从"查明释放"。11月9日,未见回音的吴铁城再次致电柳州第四战区司令长官张发奎,电文是:"准孙(科)院长函送国际反侵略协会越南分会来电,以该会代表胡志明赴重庆向蒋委员长献旗致敬,抵靖西被扣,伏乞电释等情。查此案前已电广西省政府。特再电转知查明释放,并见复为荷。"❶1943年9月10日,张发奎释放了胡志明。

### 四、文化建设要项的转变

抗日战争爆发后,随着北平、上海、南京的相继沦陷,文化人和文化事业机构撤至重庆、桂林和昆明,并以这三地作为国统区抗战文化的大后方。与20世纪30年代初文化建设相比,广西也从普及国民基础教育、初步形成广西高等教育规模等建设事项转变为全国性文化中心的打造,使得桂林成为

❶　张发奎:《蒋介石与我——张发奎上将回忆录》,文化艺术出版社(香港)2008年版,第349页。

抗战时期的"文化城"。从《广西建设计划大纲》看,广西地方政府采取的文化建设措施主要表现在如下几个方面。

(一)改善新闻出版法律执行的措施

1.改进新闻与广播事业,以辅助政令及社会教育之推行

南京国民党政府成立后,1930年12月颁布《出版法》(1937年修正公布),1932年颁布《新闻记者法》,从表面上看,这些法律申明"保障新闻自由""取消新闻检查",对新闻报刊的限制,不如清末的《大清报律》(1908)和袁世凯政府1914年的《报纸条例》那么苛刻。但一些禁止事项写得空泛,解释权又属于执法机关,仍然使报纸、刊物动辄得咎。抗日战争初期,国民党政府内迁,新闻检查一度缓和。

在广西,由于新桂系地方实力派与蒋介石中央政府之间的矛盾,广西在新闻出版法律执行上政策还相对比较开明。例如,广州沦陷前夕,共产党领导的《救亡日报》由广州迁到桂林复刊,该报总编辑夏衍即向八路军桂林办事处李克农请示复刊事宜,李克农当即决定,由夏衍第三天只身赴长沙,向郭沫若社长和当时也在长沙的周恩来请示复刊后的办报方针;同时根据李克农的意见,为了争取报纸"合法",让桂系当局放心,在夏衍去长沙之前,先请刘仲容陪夏衍去拜访广西文化教育界元老李任仁先生,然后再由李任仁先生陪同夏衍一起,对当时广西省政府主席黄旭初作礼节性的拜访,得到了黄的同意。不久,李任仁与广西建设研究会驻会常务委员陈劭先研究决定,还聘夏衍为广西建设研究会研究员。1939年8月24日是《救亡日报》创刊两周年纪念,李任仁特为《救亡日报》撰文,称赞该报各位工作者在极度困难之中撑持着,愈艰苦愈奋斗,这种不屈不挠的精神,也是值得羡慕的。他还说:"我们希望不断地扩大这团结,扩大这不屈不挠的精神,把中国从危亡中挽救出来。"再如,第二次世界大战中珍珠港事件爆发后,日本进攻香港,一些在香港的中国文化名人,纷纷逃离,回归祖国。1941年春天,由于日本侵略军侵占香港,香港大公报停刊,大公报负责人徐铸成撤退到桂林后,即分任桂林大公报经理和总编辑,先后筹办、创刊桂林大公报和桂林报,这也得到了广西当局的支持。

2.成立全省书刊供应流通网,以利文化之传播

在书刊出版和发行方面,抗战前南京国民党政府实现"党禁",禁止共

产党等一些进步团体的书刊的出版、发行。1928 年《版权法》规定,凡反对
国民党、违背孙中山"三民主义"、试图推翻国民党政府和损害中华民国利
益、破坏公共秩序和败坏善良风俗的出版物,都不能获得版权保护。抗战时
期,国民政府对文化政策进行了相应调整,广西当局更是走在前面。

　　在全省书刊供应流通网建设方面,桂林文化供应社的创立具有非常重
要的意义。1939 年夏,陈劭先、胡愈之、陈此生等人在桂林施家园成立了公
司性质的桂林文化供应社,李任仁为董事长,万仲文、陈劭先、陈此生、李任
仁、胡愈之、沈钧儒等被选举为第一届董事,聘请陈劭先任社长。桂林文化
供应社成立后,编印了五百多种思想进步、内容精彩的通俗读物、青少年读
物和一般学术著作,内容涉及文史哲以及自然科学各个方面,其中突出的著
作有邓初民的《中国社会史教程》,邵荃麟的短篇小说《英雄》,艾青的诗集
《黎明的通知》等。特别是出版《文化杂志》所写的创刊词,是根据毛泽东
《新民主主义论》观点而撰述的,引起广大读者普遍关注。这不仅配合了抗
战建国的宣传,也普及和提高了公民的文化素质,激发了公民的爱国热情。
1940 年国民政府颁布《修正战时新闻检查标准》后,广西当局对新闻出版活
动也进行了限制,但相对来说对共产党还是比较"礼貌"。1941 年 1 月,国
民党军委会下令撤销八路军桂林办事处,周恩来致电要求黄旭初等予以照
顾。黄旭初当即指示有关人员对办事处同志的撤退和物资的处理,要尽量
给予方便。李克农在办事处被特务包围无法脱身,黄旭初借给汽车将李克
农送走。《救亡日报》总编辑夏衍撤离桂林时,李任仁给黄旭初挂电话后,
黄旭初立即派人帮买了飞机票,让夏衍飞往香港。

　　(二)改善教育方面法律的措施

　　《广西建设计划大纲》第十一条规定:"文化建设之最高指导原则为三
民主义。改进社会教育,发展学校教育,适应各部门建设之需要,培养人才,
运用学校力量,协助建设之进行。使全体国民皆有接受完全教育,参与文化
创造之均等机会,以达成在三民主义原则指导之下,发展学术,革新社会意
识,造就能适应三民主义国家生活之健全国民之目的。"

　　1.修订学校教育改进计划,以增强教育效能

　　抗战时期,国民党政府的高等教育政策,仍然是按照民国十八年(1929
年)公布的《大学组织法》《大学规程》相沿施行。表现不同的是:加强了高

等学校的管理和控制。全国高等学校一律实行严格的军事训练和导师训育制。特别是民国二十七年(1938年)全国教育会议后,在全国各大专学校成立了国民党、三青团组织,以加强学校与党务之联系。对于这种统制学校的做法,钱穆也说:由政府来统制全国教育,并非坏事,毋宁说是政府之一种进步的表现,但私人意见,仍望政府能采取较宽的自由主义。

在高等教育自治方面,广西开始还比较宽松。1937年7月7日,抗日战争爆发,北平沦陷。著名法学家、北平大学法商学院院长白鹏飞拒绝日奸的诱逼,秘密回到广西。1938年广西省政府主席黄旭初再三敦请白鹏飞出任广西大学校长(当时是黄旭初兼任校长)。白鹏飞就职后,聘中共一大代表李达为经济学教授兼系主任,讲授马克思主义哲学和经济学,深受学生欢迎。白鹏飞还准备聘用陈豹隐、郭沫若、夏征农、马寅初、马叙伦、许德珩等30多位进步教授到广西大学任教。众所周知,这些教授都是中国顶尖的学者和进步人士,桂系广西当局开始还能容忍,但后来却害怕他们的共产党背景会带来麻烦,于是黄旭初决定将"白鹏飞亲共倾向"情况向陈立夫报告,恳请将省立广西大学改为国立广西大学,便借1939年广西大学"国立运动"机会,转报教育部审批广西大学改为国立,通过教育部免掉白鹏飞的校长职务,任马君武为校长,任命白鹏飞为闲职的"省府顾问"。❶

2.运用学校力量协助地方建设事业进行办法颁行

运用学校力量协助地方建设事业的进行,是广西地方自治比较成功的做法。抗战时期,由于地方自治的要项改变,广西地方的教育政策也进行了改变。1939年1月7日,广西省政府委员会举行第三九三次会议,决定停办位于南宁的广西民团干部学校,另在桂林办广西地方建设干部学校,作为行新政、训练自治干部的学校,以适应抗战建国的需要。会议通过《广西地方建设干部学校组织大纲》,决定由黄旭初兼校长,聘请杨东莼任教育长。地干校的任务是:"适应战时政治需要,培养基层工作干部,充实地方建设,促进地方自治,树立民主政治之宏基,完成抗战建国之伟业。"1939年至1941年,"广西地方建设干部学校"两年内培养了1300多名地方干部,对广西抗日救亡运动的深入开展发挥了很大的作用。杨东莼利用其有利地位,

---

❶ 林仕谋:《一代宗师、御史监军白鹏飞》,《桂林晚报》2009年11月8日。

招聘了一批中共党员、爱国民主人士到地干校任职任教,并招收了大批进步青年到校学习。同时,杨东莼根据中国共产党的抗日民族统一战线的政策策略,拟定了一整套办学方针、方法和内容。杨东莼的办学思想对地干校的建设和发展,并使之成为一所新型的抗战干部学校,起了重要的促进作用。

广西将学校教育与地方自治结合起来的做法得到了国民政府的肯定。1940年推行的新县制规定:"每乡(镇)设中心学校,每保设国民学校,教育的对象为儿童、成人、妇女3部分,使民众教育与义务教育打成一片;乡(镇)长兼任中心学校校长、壮丁队长,以便管理。"1941年的《国民教育实施纲领》规定:"国民教育之普及,以5年为限,分期进行,至民国三十四年(1945年)七月,以期达到每保一校之目的。"这个纲要密切配合着新县制,配合着管教养卫合一的教育,学校也成了管教养卫的中心地方,以完成地方建设中政治、文化、经济、军事建设的管、教、养、卫任务。

(三)加强知识产权和群众性文化活动的法律保障

1.设置艺术奖金,以提高科学技术之研究发明

南京国民政府是比较重视科学技术发明的,颁布了有关科学技术发明的法律有:1928年《奖励工业品暂行条例》、1932年《奖励工业技术暂行条例》和1944年专利法,1930年商标法(1935年修订)。抗战时期,许多知识分子来到广西,这些政策、法律在广西也得到了较好的执行。

正是由于奖励政策,抗战时期广西汇集了许多科学、文艺方面的优秀知识分子,例如田汉、欧阳予倩、宋云彬、艾青、司马文森、夏衍、巴金等人。1937年11月,李四光率中央研究院地质研究所迁广西桂林,桂林成为了李四光的第二故乡。1938年至1944年夏,他基本上以桂林良丰为基地,依靠广西地方当局的支持,开展了广西地质的调查研究,填制了广西地质图。并多次长途跋涉考察南岭东段地质,考察川东、鄂西、湘西、桂北和贵州高原等地的第四纪冰川遗迹,撰写了大量的学术论文。其间还创办了桂林科学实验馆,亲任馆长,为战时研制必要的科研实验器材和仪器。1942年3月茅盾、廖沫沙等人从香港脱险来到桂林,受到了桂林文化供应社负责人陈劭先等人的热情接待。茅盾在桂林写作在完成了长篇小说《霜叶红似二月花》,短篇小说《参孙的复仇》、《列那和吉地》以及《劫后拾遗》等杂文、评论75

篇,共计50多万字的作品。应该说,抗战时期桂林成为全国"文化城",与当局的科学技术奖励政策分不开。

2.改善社会固有文化,对于流行民国之语言、宗教、艺术、礼俗等文化形态,研究其改善办法,指导实施

到抗战时期,广西还是一个农耕社会,群众文化还比较落后。在乡村中,除节期外,没什么娱乐事项。电影院、戏院只邕、梧、桂、柳等大城市才有,且须经过严格审查才能表演。至烟、赌、娼,均规定区域,并科重税,实行寓禁于征政策。民国三十年代初期,还因政府破除迷信,庙会游行、酬神唱戏随之减少。而普通节期,除各家增添酒食之外,也少公共娱乐。不过,广西毕竟是少数民族文化丰富的地区,尽管经过特种教育的淘汰,民间还是保留着一些群众性文化娱乐习俗。例如,依照旧时习惯,年节为民间的共乐时期,在广西无论城乡,都有舞狮之举。此外,各纪念日游艺会以及江湖游唱卖艺等,也是民众借以娱乐的事。这些活动,也为桂系所提倡。

为了丰富群众性文化活动,广西政府支持马君武博士对民间桂剧进行了改革。欧阳予倩是1938年受马君武之托来到桂林改革桂剧的,从而使桂剧这一草台的地方剧种也慢慢地走向了编导的形式,在旦行的化装和舞台美术方面都有很大的革新与改进。他还为艺人开设了文化补习班,不但亲自上课,还请来焦菊隐、田汉、金山等讲课。1941年创办了戏剧学校,使桂剧结束了旧时科班的形式,开设"基本功"、"武工课"、"义化课"、"音乐课"等现代戏剧学课程。他排演了抗日题材的新编桂剧《梁红玉》《人面桃花》和《桃花扇》等,不仅丰富了群众的文化生活,也激发了他们的爱国热情。1944年2月15日,欧阳予倩和田汉在刚落成的广西艺术馆合作组织主持了西南戏剧展览会,来自广西、广东、湖南、贵州、云南、福建、江西、湖北八个省的32个文艺团队千余戏剧工作者参加了大会。在3个多月时间里,除京剧、桂剧、歌剧、民族舞蹈、傀儡戏、杂技、马戏等节目外,有17个话剧团队演出了21个大型话剧,反映了中国戏剧工作者在抗战剧运中所取得的突出成绩。

## 第二节　地方自治层次结构的改善

地方自治的层次结构是地方行政区划在纵向上按照一定关系形成的组

合方式。不同国家,由于历史传统、国家规模、政治体制的不同,地方自治的层次结构不同。新县制以孙中山地方自治思想为指导,县级以下组织自治得以强化。《广西建设计划大纲》将地方自治分为省、县市、基层三级层次,要求在政治建设方面,增加省、县、乡镇临时参议会,突出民意机构的功能。因此,抗战时期广西地方自治的层次结构还是得到了很大改善,尤其是各级民意机构的广泛建立,奠定了广西地方自治的基石。但是,在自治权力配置上,民意机构与地方政府之间还不够协调。

### 一、村街民大会制度

地方自治要从小处做起,舍近而图远,当然是劳而无功的。阎锡山说:"欲实现三民主义,除村政外,无法下手","先总理曾评为藉村政以实行三民主义,最为相当,盖有由也"。❶ 村街是最小的自治组织,也就成为了广西地方自治的抓手。

南京国民政府时期颁布的《县组织法》,规定县以下的自治机关分区、乡镇、闾、邻4级,后因不适应各地实际,1932年《改进地方自治原则》规定县以下的区、乡镇、闾邻各组织由各省斟酌情形存废。广西省政府民国二十二年八月即通饬举行村街务会议,从而形成了民团组织与村街务会议自治组织并存的格局。广西的民团制度,与保甲制度形式上虽不同,但实质是相同的。民团是准军事组织,保甲作为农村基层组织设立的宗旨主要也是为了维持社会治安。"寓保甲于自治之中",通俗地讲,就是既建立准军事化的村甲组织,又建立村街务会议民意机构,使村民自治与政府的"管教养卫"结合起来,这种做法,广西也走在全国的前面。1935年,国民革命军第四集团军总司令部及广西省政府民政厅、教育厅、团务处联合编印《乡村工作须知》下发各县,以指导乡村建设。声称"现在我们广西的自治工作是从最下层做起的,只有这样的做法,才是使人民依据法律管理地方政治,使人民团结互助办理地方事务的真义"。❷ 1936年12月18日省府公布了《广西各县村街民大会规则》,规定村(街)民大会在乡(镇)长指导下每月举行一次,

---

❶ 山西村政处:《山西村政汇编》,1929年卷8,第93—94页。
❷ 《乡村工作须知》,第四集团军政训处印,民国二十六年,第6页。

以村(街)长为主席,主要职权是宣布政府政令和议决执行政令的办法,议决本村(街)"应兴应革"的重大事项、村(街)甲长的提案、总结本村(街)工作等。具体列举为:"一、议决各项政令之推行方法;二、议决本村街禁约;三、议决与其他村街间之禁约;四、议决本村街之预算决算;五、议决本村街应兴应革事项;六、议决各人的提案。议决案件以大会主席名义呈报乡镇公所转呈县政府核定后由村街公所执行。重大的,县政府应转呈省政府核备。"❶

议决村街间之禁约,本是村(街)民大会的职权,可广西却还通过省政府制定了适用全省的《广西乡村禁约》。民国三十二年 7 月 10 日,省政府公布《广西乡村禁约》,共 50 条,内容涉及乡村生产、生活、治安、社会公德、环保、恋爱婚姻的规定及处罚规定,不良习俗的克除等。这说明了广西对乡村建设的重视。在广西,村街禁约是一种普遍的现象,但是有些却是封建族规,例如广西容县宾兴馆,其基层管理体制就具有典型性。宾兴馆是全县名门望族的公共祠堂,势力较大,不但有地有钱,而且有自己的武力(团练),还有自己的法庭和监狱,可以监押人犯,使用刑法,地方案件必须经它的手才能送到县政府去。❷ 为了废止私刑,广西通过省政府公布《广西乡村禁约》是有一定积极意义的,提高了村规民约的法律效力。但是,这种将村街自治公约简单划一的做法也不现实,尤其在广西这样一个少数民族众多的地方,这样容易限制一些少数民族传统村街组织和传统文化的自律功能,例如侗款、瑶族石牌律等。

村(街)民大会的另一职能是选举村(街)长,但这种制度执行是不彻底的。按照《广西各县村街民大会规则》,每村(街)由民众"无记名投票选出三倍之人数,由县政府选择最合适者任村(街)长,并呈报省政府备案"。❸因此,最后如何圈定就由县政府说了算。民国三十一年 6 月 24 日,省政府决定:从 10 月起全省实行村民直接选举村(街)长。可这一规定执行不下去,受到了基层"土劣"的抵制,也最终没能实现。至于村街民大会的构成分子,在广西各县村街民大会规则中有三条规定:本村街人民,无论男女,凡年满二十岁者,均得出席村街民大会(第五条);本村街国民基础学校教职

❶ 雷殷:《地方自治》,桂林建设书店 1939 年出版,第 186—192 页。
❷ 黄绍竑:《李宗仁代理总统的前前后后》,文史资料选辑,中华书局 1979 年版,第 26 页。
❸ 雷殷:《地方自治》,桂林建设书店 1939 年出版,第 186—192 页。

员暨年满十四岁之学生,与本村街民团后备队团丁,一律出席村街民大会(第六条);村街民大会除前条所列员生与团丁应出席外,每户最少须派年满二十岁者一人出席,但无人可派者不在此限(第七条)。因此,参与村街民大会,既是村(街)民的权利,也是义务。与清末《城镇乡地方自治章程》以及北洋政府时期的《县自治法》相比较,取消了居民在选举权与被选举权上的性别、信仰和财产上的资格限制,这是时代的进步。村街民大会规则第十一条还规定:"村街民大会村街长、甲长、教职员、学生、团丁及各户年满二十岁以上者,均有提案权;惟学生、团丁与各户之提案须有十人以上之连署;决议权在规则第十二条规定:村街民大会出席人,除年未满二十岁者外,均有表决权。"可实际上,广西当局并没有将村(街)作为一级自治组织,村(街)、甲组织与蒋介石在鄂豫皖"剿匪"的保甲实质上是一样的,主要发挥所谓的"自卫"而不是"自治"功能,村街民大会直到抗战新县制后才开始在"寓保甲于自治之中"的名义下运行。

在广西当局看来,村(街)民大会的主要功能是教育、组训民众,仅仅将村街民大会定位为民众学习的学校。黄旭初说:"村街民大会规则公布后,各县即成立村街民大会,可是基层民众对开会仪式、会场规则、讨论方法全局茫然,如何能开大会?为使基层民众得一练习民权初步之机会,广西将原有的村街务会议作为村街民大会的预备会议。每月村街民大会召开前,先召开村街务会议一次,其任务为:一、检查上月份村街民大会的缺点,讨论本月份大会应有的改进;二、检查过去一月来工作成绩,准备报告于大会;三、依据'广西各县村街民大会按月查询讨论事项表'所规定的事项拟定实施办法,提出大会讨论;四、预备查询讨论事项表以外本村街特有事项的提案,提出大会讨论。"广西省政府还颁布了《广西各县村民大会开会秩序》《广西各县村民大会会场规则》《广西各县村民大会议事规则》等地方性法规,以训练人民行使"四权"。这样,村街民大会事前既有准备,事后又有检讨,在运用上自然更觉顺利。因此,村街民大会的设立,为可"使最基层之民众得一练习民权初步之机会"。黄旭初甚至把村(街)民大会称之为"民众的政治学校",可"使民众普遍地受政治训练,能够实际参加政治"。❶

---

❶　黄旭初:《抗战的结果与政治演变》,民团周刊社 1938 年版,第 38 页。

抗战后，为什么"寓保甲于自治之中"？究竟村（街）民大会和抗战建国的关系怎样，何以抗战建国很紧急地需要村（街）民大会？黄旭初曾总结，广西村街民大会颇有成绩，尤以征兵为最佳。黄旭初在"地方自治筹备委员会成立大会"中演讲指出："抗战是民力的表现，要希望民力能拿来作抗战之用，就需要推行地方自治，地方自治前进几步，抗战力量就增加几分。"❶黄旭初还说，抗战前期的民团组织，虽然在训练民众之有效方法，但民团训练是由上而下之训练，诟病不少。民团训练导致乡村事务繁多，村街民容易与乡（镇）管理人员对立起来，自觉性不够。所以，抗战时期广西政府设立村街民大会的主要目的是为了与抗战建国这一总目标结合起来，更有利于动员民众参与政府下达的各项建设任务。村街民大会功能定位的行政化，使得乡村不能真正自治。黄旭初也承认，抗战时期虽然建立了村街民大会，但"各乡村的学校，卫生，公路，警卫等事项，是由政府经费和派人员去办理的，并不是各乡村人民自动地筹款和选人来办理"。❷

### 二、乡镇民代表会制度

村街民大会的办理，使新桂系认识到其对"训练民众参加政治"的作用，认为在这样的基础上可以开乡镇民大会，进一步可以开县民代表大会，一县办得好，一县的自治即可以开始。❸广西各县的乡和镇，原来遵照1934年省颁章程设立乡镇务会议，这是乡镇自治的雏形。1938年11月2日省政府举行第383次会议，通过《广西省县临时乡镇民代表会章程》，全省各县即依据该章程成立了临时乡镇民代表会作为议事机构，执行部仍为乡镇公所人员，原有的乡镇务会议仍然保留。1938年11月，省政府还举行第385次会议，议决通过《广西省县临时乡镇民选举章程》，随后各县乡镇开始举行选举。

1939年颁布的《县各级组织纲要》，极为重视乡镇组织的建设，将乡镇

---

❶ 陈此生：《广西的地方自治》，载李宗仁等：《广西之建设》，广西建设研究会出版1939年版，第184页。

❷ 黄旭初：《建设之中心工作》，载广西建设研究会：《黄旭初先生言论集》，民国三十年版，第102页。

❸ 黄旭初：《县镇建设与基层建设》，桂林建设书店1941年版，第317页。

定位为一级法人和自治组织,设有议决机关乡镇民代表会和执行机关乡镇公所,乡镇地位大大提升。1941 年 8 月 9 日,国民政府又公布了《乡(镇)组织条例》等法令,正式实施新县制。国民党"新县制"的重点是强化县以下的行政机构。蒋介石在《县以下党政机构草图》中,特别创制了"乡镇公所"机构,并反复说明:这"是兄弟的创造"。在总共 60 条的《纲要》中,有关乡镇组织的规定达 15 条之多。明定"乡镇为法人","为县以下自治机构"。乡镇公所的任务是:"办理本乡镇自治事项及执行县政府委办事项。"除设政府乡镇长外,增设民政、警卫、经济、文化四股,并组成乡政务会议,这些都是过去乡镇组织中所未见的。❶ 最初县、市下设区,为"自治团体",权力机关为区民大会,执行机关为区公所,区长由省民政厅任命,区调解委员会为准司法机关,区监察委员会为监察机关,均选举产生。实行"新县制"以后,县面积过大或情形特殊者,可以 15—30 个乡(镇)划分 1 区。区为"县政府的辅助机关,代表县政府督导各乡(镇)办理各项行政及自治事务"。区不是一级自治机关,乡镇的地位得以上升。

　　新县制既以倡导"自治"为名,因此在乡镇一级也设有民意机构。《广西建设计划大纲》要求"按期举办村街民会议及乡镇民代表大会,以训练人民行使四权"。《广西省县临时乡镇民代表会章程》规定,"乡镇民代表会由本乡镇内每一村街民大会选出代表二人来组成临时乡镇民代表会"。《广西省县临时乡镇民选举章程》规定,乡镇民代表会代表人资格为:"曾在高级小学以上毕业、或曾任地方法团职员一年以上,年满二十五岁以上,居住本村街一年以上的中华民国人民,无论男女,都得被选为临时乡镇民代表。但现任本乡镇村街公所公务员、现任军人或警察、现在学校的肄业生,概不能被选。"❷同时,仍旧保留乡镇务会议作为临时乡镇民代表会的预备会议。《广西省临时乡镇民代表会章程》规定临时乡镇民代表会职权主要有:议决本乡镇经费收支、财政预算、警卫治安、教育文化、共有财产、自治公约以及乡镇长、乡镇属内公民提交的事项等。

　　按照《县各级组织纲要》和《乡(镇)组织条例》的规定,乡镇长也由乡

---

❶ 忻平:《论新县制》,《抗日战争研究》1991 年第 2 期。
❷ 雷殷:《地方自治》,桂林建设书店 1939 年版,第 213、217 页。

镇民代表会选举产生,可又规定在未办选举之前由县政府委任。但从《广西省县临时乡镇民代表会章程》看,乡镇民代表会职权没有选举乡镇长这一法律条款,乡镇长并不对乡镇民代表会直接负责。如果乡镇长不执行乡镇民代表会交付的议决案,乡镇民代表会可将议决案交付县政府核办。因此,乡镇民代表会还不是一种直接行使民权的办法,广西当局也认为乡镇民代表会不是"正式的民意机构,故职权方面仍有限制","不能直接决定乡镇长的进退,也不能完全控制乡镇长的活动,仅有质问权"。❶

依据《广西建设计划大纲》第六节第二十一条规定,广西乡镇组织设有"乡镇公所""乡镇务会议及村街务会议""民众组织及民团组织""息讼组织"和"乡镇卫生所",可这些组织之间的权力结构如何,大纲并没有明确。而要达到乡镇自治这一建设目的,举办乡镇务会议、村街务会议是关键。如果仅将乡镇民代表大会作为"乡镇公所"的咨询机构,就不是真正的"乡镇自治"。《广西建设计划大纲》还规定,乡镇自治的主要内容有:"依据法令,厉行户籍人事登记";"清理公产,增加收入,实行岁计会计制度,并使财政完全公开";"改善居民建筑及增进民族健康";"禁绝烟赌,取缔游惰";等等。这些内容的完成,也离不开乡镇民代表大会的参与,如果不合理界定县与乡镇、乡镇民代表大会与乡镇公所、乡镇与村街之间的权限关系,乡镇自治也就徒有虚名。

### 三、县临时参议会制度

1938 年 10 月广西省政府委员会第 382 次会议决议修正通过《广西省县临时参议会章程》,第 383 次会议通过《广西省县临时参议会参议员选举章程》,1938 年 11 月后还分别公布了《广西省县临时参议会选举委员会办事细则》《广西省县临时参议会议事规则》《广西省县临时参议会办事细则》《广西省县临时参议会常驻参议员办事细则》《广西省县临时参议会审议稽核县地方办事细则》。这些法律规范是广西在抗战建国时期实施地方自治的重要举措,构成了县自治的组织框架。

县自治是孙中山地方自治思想的一项重要内容。按照孙中山的构想,

---

❶ 黄旭初:《县政建设与基层建设》,桂林建设书店 1941 年版,第 317 页。

地方自治当以县为单位,以实行民权、民生两主义为目的。他说:"无分县自治,则人民无所凭藉,所谓全民政治,必无由实现,无全民政治,则虽有五权分立、国民大会,亦终未由举主权在民之实也。以是之故,吾夙定革命方略,以为建设之事,当始于一县,县与县联,以成一国,如此,则建设之基础,在于人民,非官僚所得而窃,非军阀所得而夺。"❶

民国十六年 6 月,根据国民政府明令,县公署改称县政府,县知事改称县长。1928 年的《县组织法》中规定,县为国家行政区域,作为国家行政机关的县政府隶属于省政府,监督县以下各级地方自治事务。此后,分别于1929 年、1930 年对《县组织法》两次修订,1932 年还颁布了《地方自治改革方案》,将县政府定位为行政机关兼自治机关,并要求县设参议会,由县民选举,但各地应者仍寥寥无几。民国二十二年 8 月广西省颁行了行政会议章程,设立了行政会议这种组织,虽有地方职业团体代表和地方绅士参加,但不能算是正式民意机关。抗日战争第二年,中央已有国民参政会的民意机关设立,于是,广西省政府委员会二十七年 8 月 27 日第 368 次会议通过《广西各县地方自治从速实施方案》规定:县应设立临时参议会,待地方自治完成时期,成立县参议会。同年 10 月 31 日公布县临时参议会章程,同时废止县行政会议。1938 年 11 月 2 日,广西第 383 次省府委员会议决议,公布《广西省县临时参议会参议员选举章程》,令各县于 1939 年 2 月 1 日前一律成立临时参议会。到了 1939 年 2 月 1 日以前,各县都依限一律成立县临时参议会。

1939 年 9 月,民国政府颁布《县各级组织纲要》,推行"新县制"。其主要变化是:新县制是在"地方自治"旗号下制定的,明确规定了"县为自治单位",县长虽然暂时由省府委任,但是设县参议会为民意机关,与县政府采相互制约关系。此外,纲要还规定设"县政会议",由县长主持,秘书、科长等人组成,决议有关县政重大事项及县参议会议案。可是,县长除在省府监督下办理全县自治事项外,还须执行中央及省府委办事项,这就使得县参议会并非真正具有选举、任命、罢免地方行政官员及创制、复决县自治法的权力机构,自治权限还很有限。

---

❶ 陈旭麓等:《孙中山集外集》,上海人民出版社 1992 年版,第 35—36 页。

根据《广西省县临时参议会章程》规定,临时参议会的构成由各乡镇民代表会的代表间接选举产生,每乡镇由乡(镇)民代表会投票选举县参议员1名;除此外,有20乡镇以下加3人,40乡镇以下加4人,60乡镇以下加5人,80乡镇以下加6人,100乡镇以下加7人,由县长加3倍推出合格人数呈请省政府圈定之。县参议会议长,由出席会议的全体参议员投票选出,以得票数最多者为议长、副议长。县临时参议会设常驻参议会参议员1至3名,协助议长、副议长办理闭会期间应办事项。作为民意机构的县参议会,其构成人员还需要省政府圈定,使得省当局从人事上控制了县参议会,民意机构的决议不能违背省令的推行和实施。参议会议长、副议长、常驻参议会参议员也无实权,"办理闭会期间应办事项"根本不明确。同时,参议员的资格也有限制。根据《广西省县临时参议会参议员选举章程》,县临时参议员的选举办法规定,凡年满25岁以上的公民具备下列三个条件之一者可有资格被选为议员:"一在中等以上学校毕业者,二曾在职业团体任职员一年以上者,三曾办地方公益事务著有成绩者"。选举议员时,临时参议会议员之选举由民政厅长为选举监督,选举委员会由监督者派定,这就从程序上进一步强化了县临时参议会对政府的依附。

县临时参议会的职权也有限,主要是:"一、议决县收支预算事项;二、议决县警卫治安事项;三、议决县民生计及救济事项;四、议决县医药卫生事项;五、议决县粮食事项;六、议决募集县公债增加县民负担事项;七、议决促进县教育及其他文化事项;八、议决县单行规则;九、议决县长提交事项;十、答复县长咨询事项;十一、建议关于动员事项;十二、受理人民请愿事项;十三、建议其他应兴应革事项。"❶结合"新县制"解释,其职能就是参与县政府的"管教养卫"。"管"包括预算事项;"教"指县教育及其他文化事项;"养"县民生计及救济事项、县医药卫生事项、县民负担事项和县粮食事项;"卫"指县警卫治安事项。县参议会召开会议时,由县长、县政府下属的处长、科长向参议会作政府工作报告。出席会议的议员对报告人所作的报告如有异议或不明之处,可以在会上提出质询,由报告人作出答复。县临时参议会的议决案咨送县长分别执行。如县长延不执行或执行不当时,县临时

---

❶ 《县参议会乡(镇)民代表会职权说明》,广西省政府公报第2096期,1946年6月17日。

参议会得提出询问,县长应依期答复。如答复不得要领时,县临时参议会得呈请省政府核办。县长认县临时参议会的议决案不当时,应于接到议决案三日内详具理由呈请省政府核定。也就是说,县政府对省政府负责,而不是对县临时参议会负责。

临时参议会无决策权,议决案不能影响政府,政府可以种种理由拒绝。这使得不少参议员心灰意冷,有的几个月不到会一次,参议员不依时办公的为数颇多,有的参议会开会缺席人数差不多占总人数的二分之一。而地方政府对临时参议员也多有抱怨,他们认为一些县参议会成立后,"对于政治事业上少有提倡或创造新建议,对于人民之衣、食、住诸问题,尚少注意"。❶但是县临时参议会的设立,对县政府还是起了一定的监督和辅助作用。例如,全县参议会议长覃展甫会同各乡民代表,向桂林行署、广西省政府、广西临时参议会、广西监察使署等上级机关,检举揭发县长李达能与商会会长徐正初串通,将专卖食盐渗入河沙、木屑等销售,民众食用后,多有发生胃肠疾患及消化不良或其他异状问题,请求严惩贪污舞弊分子,后李达能被撤职拘留查办,徐正初被解除职务,交司法处依法处理。同案主犯秘书卢佩簏、财政科长李达文均被逮捕法办。

由于权力配置的不协调,县临时参议会与县政府既有良性互动中的合作一面,也存在诸多难以调和的矛盾和冲突。设立正式的县议会,达到完全县自治在许多人看来是"过于理想"的制度。因为中国农村文化、经济跟不上,就是发达一点的城市,抗战时期也难实施完全的地方自治。广西当时也只有桂林市,市临时参议会所应用的一切规章,还均以县临时参议会的规章为依据。

因此,《广西建设计划大纲》规定,广西各县除了要"依据地方自治完成标准"设立议事机构外,还应该"参酌本县情形"健全之,限期完成本县地方自治工作。怎样健全执行机构与议事机构?黄旭初说:"本省党政军高级干部一致认为,如想各县临时参议会能达成其任务,收良好的效果,就必须给与它们一个机会,使能明了议会的使命、政府施政的方针和各项重要的政令。二十八年七月广西还专门决定设立'广西地方自治研究会',分期召集

---

❶　邱昌渭:《广西县政》,桂林文化供应社 1941 年版,第 261、264 页。

各县临时参议会的议长、副议长等作集体的研究,互相交换经验。探讨对现行法令应如何协助推行。广西县自治条件应已具备,但中央民选县长的命令始终未下,连民选乡镇村街长也并搁置,因此,县自治也终究没有完成。"❶这说明,所谓的地方自治,在地方官员看来实际上是行政强加下级完成的一种任务,因此,在老百姓看来地方自治只是一种表面光鲜的形式。时任省临时参议会议长的李任仁说:"人民对议会如此冷淡,原因有若干,但主要的还是参议员之产生并不由人民推选","议员不由他们自动推选,就不会认为是他们的代表,在他们的心中,只是政府的公务员之一"。❷

### 四、省临时参议会制度

1937年日本发动全面侵华战争,中国需要在这一主要敌人面前空前团结起来。为了适应抗战需要和团结全国力量,1938年3月29日,国民党在武汉召开临时全国代表大会,4月1日会议通过《抗战建国纲领》,决定成立国民参政会。4月12日国民政府又公布了由国民党五届四中全会制定和通过的《国民参政会组织条例》,决定从"曾在各省市公私机关或团体服务三年以上"(甲项)和"曾在各重要文化团体或经济团体服务三年以上"(丁项)的公民中遴选一百三十八名著有信望的人员作为国民参政员。前甲项参议员,由各省市临时参议会用无记名连记投票法选举之,以得票多者当选;在临时参议会尚未成立之省市,由该各省市政府会同各该省市党部,按分配参议员名额加倍提出候选人,送请国防最高委员会提中国国民党中央执行委员会选定之。6月21日,国民政府公布国民参政会名单,并定7月1日召开国民参政会。

第一届依照《国民参政会组织条例》第三条甲项遴选者,广西省三名:林虎、黄同仇、陈锡珖;依照国民参政会组织条例第三条丁项遴选者马君武、梁漱溟。由于广西省临时参议会在1939年5月21日才正式成立,因此林虎、黄同仇、陈锡珖应系省政府会同省党部推荐人选。由于梁漱溟原籍广西桂林,《广西通志·人民代表大会志》就将其列为广西参议员,实际上梁入

---

❶ 黄旭初:《记广西的地方自治》,《春秋》杂志总第204期(1966年),第13—16页。
❷ 李任仁:《议会三年》,《广西建设》第七卷第六期,1942年。

参议会与广西并无关系。据梁漱溟回忆,在抗战爆发后,国民党政府在所谓"最高国务会议"之内,成立了一个咨询性质的机构叫"参议会",这时候的"参议会",正是后来在武汉成立又迁至重庆的"国民参政会"的前身,他是作为无党无派的社会贤达被邀请去参加参议会的。

国民参政会成立后,1938年9月26日,国民政府公布了《省临时参议会组织条例》,决定在各省设立临时参议会,作为省级民意机关,以"集思广益,促进省政兴革"。《省临时参议会组织条例》规定:"具有各该省之籍贯并曾在该省市公私机关或团体服务二年以上著有信望者","曾在该省市文化团体或经济团体服务二年以上著有信望者"可被选为省参议员。同年12月28日,行政院通令各省限期成立省临时参议会。

广西省政府接到行政院的命令后,即着手筹建省临时参议会。1939年5月21日,广西省临时参议会在桂林召开成立大会。会议发表宣言,宣告广西省临时参议会成立;号召广西人民要"集中意志,集中力量",以争取最后之胜利;明示了参议会的两大使命,一为"本诸军事第一胜利第一之旨,泯灭党系派别之成见,捐除阶级职业之私益",发动民力,援助军队,全民动员,全面抗战;一为"奉公守法,以身作则",将所见所闻贡献于政府,将政府的施政意旨传布于人民。❶

至于省临时参议会人员组成和组织形式,根据《省临时参议会组织条例》的规定:广西省临时参议会参议员的名额为35名,其中设议长1人,副议长1人,议员若干人组成;议长、副议长由行政院从本省参议员中遴选,并报经国防最高会议决定。1939年2月,广西省将各县遴选出来的参议员候选人和由省政府、省党部联合推出的参议员候选人名单呈送国防最高委员会决定。3月13日,国民政府任命区文雄为省临时参议会秘书长;4月中旬,任命李任仁为省临时参议会议长、陈树勋为副议长,同时公布了参议员和候补参议员名单。李任仁为广西桂林人,1911年参加中国同盟会,后在桂林中学、平乐等地从事教育工作,为白崇禧的老师,在白的支持下推举为议长。

《省临时参议会组织条例》还规定:省临时参议会参议员任期为1年,

---

❶ 王晓军:《略论抗日战争时期的广西省临时参议会》,《广西社会科学》2010年第1期。

有必要时,可以由省政府呈报行政院批准后延长1年;省临时参议会参议员为无给职但开会时应给旅费;省临时参议会开会时,出席的参议员人数超过半数才能开议;只有出席的参议员过半数同意,大会才能进行决议;省临时参议会每6个月开会一次,每次开会的时间为两个星期,省政府认为有必要时,可以延长会议,或召开临时会;省政府主席、秘书长、各厅长,以及省政府各委员可以出席省临时参议会,但不参加会议表决。省临时参议会休会期间,设置省临时参议会驻会委员会,由参议员互选5人至9人组成。驻会委员会的任务是:听取省政府各种报告,以及省临时参议会决议案的实施经过;整理经大会通过的各种议案。如发现问题确与事实法令相左的,可以请提案人详细解释,经解释后,如果再经驻会委员会委员三分之二同意,可以暂缓送案,并通知原提案人,留待下一次大会解决;审查临时参议会每月收支经费数目。驻会委员会每月举行2次会议,有必要时也可以由议长临时召集。在省临时参议会召开大会时,驻会委员会负责把经办事件向大会报告。

省临时参议会的成立,并不意味着省是一级地方自治组织。关于省的法律地位,《抗战建国纲领》并没有明确。黄旭初说:"现在一般同志都有这种感觉,本省今后无须作任何打算,只要遵照中央所颁布的法令,按部就班做去就行了。诚然一省是不能独立,在中央统辖下不能单独有什么作为,不过在抗战时期,要想力量增大,全靠各省多多自动才行,中央不过指示一个大纲,至于如何实施这个纲领,仍须自身努力,力量方可增强。目前全国人士都主张提前实施宪政,宪草通过国民大会通过即可颁布,照建国大纲所规定'在宪政开始时期中央与省之权限,采均权制度,凡事务有全国一致之性质者,划归中央,有因地制宜之性质者划归地方,不偏于中央集权或地方分权'。将来制定宪法,必须仍本着这种原则,采用均权制度,那么以后各省地方,仍有很大的自由,在省内进行应做的事情。由此可见全国故应统一,但各省地方仍有一自由范围;在这范围内应该有他的计划,推进他的政策,无论在宪法颁布以前,或颁布以后,都应有这样的打算。在战后本省情形与战前似乎有了很多不同,在战前我们有许多单行法规,有独特的民团制度,今后这些法规制度有许多是应该取消而遵照中央所规定来施行的。但有一点是要大家注意的,就是近些年来,无论任何党派,任何阶层,都高呼彻底奉行三民主义。彻底奉行三民主义,就是为求三民主义的实现。要实现三民主义一定要有实现的政策。本省的三自政策,即促进三民主义早日实现的一种手段,故不但战前要努力推行,即战后也绝无变更的理由,且有继续推进的必要,因为实现三民主义,已成为全国一致的要求了。"❶

　　既然省的法律地位没有明确,省临时参议会与省政府的关系就更加模糊了。根据 1938 年 9 月国民党政府颁布的《省临时参议会组织条例》,广西省临时参议会具有如下职权:在抗战期间,省政府重要的施政方针,在实施前,应提交省临时参议会决议;省临时参议会,可以向省政府提出省政兴革的建议案;听取省政府施政报告;可以选举国民参政会参政员;在临时参议会开会期间,有权向省政府提出询问;根据《广西省临时参议会参议员视察规程》的规定,参议员还具有视察权;等等。

　　广西省临时参议会从 1939 年 5 月 21 日正式成立,至 1946 年 6 月省参议会成立前,历时 7 年,共产生 3 届参议员,前后召开 9 次大会。作为抗战时期国民党政府在广西设立的省级"民意机关",省临时参议会也曾提出过一些有利于抗战和事关广西经济、政治、文化、社会等项事业的议案。例如,省第一届临时参议会第二次大会的《发起普遍的实施宪政运动》议案,第三次大会的《扶植地方自治促进宪政实施》提案,第四次大会《拟建国民参政会请修正省临时参议会组织条例转咨行政院施行》《拟请立即实行废除区制》《请政府限期完成民选乡、镇、村、街长确定宪政基础》等提案;第五次大会通过的各种决议案,其中比较重要的有《省政府交议广西建设计划大纲案》《省政府交议广西企业公司章程案》《拟请减轻广西田赋以苏民困案》《拟请省政府转咨军政部核减本省征兵名额而维后方生产案》《拟请切实注意粮食之调整与补充,以安军民而利抗建案》《复议民选乡镇村街长副案》《请省政府咨交通部将湘桂铁路赶速先筑由来宾至贵县一段案》《严令保护林木以维生产案》《拟请处置流氓逃兵严禁赌博以维治安案》《拟请省政府扩充中等学校数量并充实其设备案》等。❷ 这一系列决议案,不仅促进广西省地方民主政治的进步,也为广西省的战时建设工作及抗战的胜利作出了

---

❶ 黄旭初:《继续推行三自政策完成抗战建国大业》,载《黄旭初先生言论集》,广西建设研究会民国三十年版,第 132—133 页。

❷ 广西省临时参议会秘书处:广西省临时参议会第一、二、三、四、五、六次大会记录。

一定的贡献。但是从《广西建设计划大纲》第十三条规定的省政治建设目标来看,主要内容有:颁布县地方自治完成标准,限期完成地方自治;健全各级民意机关之组织,促进人民行使四权之训练,以加强民众使用民权之习惯。大纲并没有提到省自治,因此,广西省临时参议会还不是自治机构,权力还是有限的。

## 第三节　抗战时期广西地方自治的特色

广西省自抗战以后建设同战前有了显著的不同。即抗战开始以后,无论是军事还是政治方面,都绝对遵照中央的法令,不像战前自由的程度比较多一点。但是,新桂系为维持自身与蒋介石对垒的资本,还是很重视地方自治的。因此,抗战时期广西的地方自治的模式具有一些新特点。

### 一、宪政运动对地方自治的影响

1939 年 9 月 9 日,第一届国民参政会第四次会议在重庆召开,中共和各民主党派的参政员,要求国民党结束党治,实施宪政。张君劢说:"有人认为宪法是平时讲的,而不是战时讲的。现在处在我们这种环境下来讲宪法,不是不妥当吗? 其实不然;在我们中国,有许多事情,而在战时办了。" "在欧美各国的宪法,战时规定国会停止选举,或停止言论自由,使战时大众的意见,得趋于一致。我们的情形,稍稍与欧美相反:我们平时的意见是不一致的,而且内部争执较多,战时政策是全国同意的。集思广益的参政会也成立了。可见有宪法,正所以增进举国一致,而不至引起意见分歧。"❶9月 16 日,经过激烈争论,大会审议通过《请政府明令定期召开国民大会,制定宪法,实施宪政案》。会后,国民参政会议长蒋介石根据大会的决议,指定各党派和无党派参政员董必武、黄炎培、张澜、左舜生、罗隆基、史良、褚辅成、钱端升、罗文干等 19 人组成宪政期成会。其任务是协助政府修改宪草,促成宪政。同年 11 月,国民党召开五届六中全会,表示接受国民参政会的决议,决定于 1940 年 11 月 12 日召开国民大会,制定宪法。随后,第一次宪

---

❶ 《国民参政会第四次大会纪录》,国民大会秘书处 1939 年 11 月编印,第 54 页。

政运动如火如荼地进行。

在国民参政会中共产党和中间党派的推动下，一场结束党治实施宪政的运动迅速在各地兴起。1940 年 2 月，延安各界人民成立了宪政促进会。桂林各界民众于同年 5 月 28 日也在桂林乐群社正式成立了广西宪政协进会，与延安宪政促进会相互呼应。广西临时参议会议长李任仁为会长，进一步从行动上强化了民意机构与宪政、地方自治的关联。广西宪政协进会的成立大会通过了张志让、胡愈之等人起草与李任仁先生定稿的大会宣言。该会主张实行孙中山遗教，修改"五五"宪章，中央、地方均权，耕者有其田，土地国有。李任仁还在建设研究会内安排了"宪草"专题讨论会，在桂林电台组织"广播座谈会"，组织不少文章在《建设研究》上发表。这些文章用孙中山有关宪政的观点，批驳蒋介石"五五宪草"的虚假面目。最后研究会还起草了一个对"宪草"的《广西宪政协进会宣言》，刊印出来，分发全国，并通过金仲华的关系在香港《星岛日报》全文披露。

1939 年 10 月沈钧儒来到桂林，与救国会胡愈之等同仁商讨会务及推进宪政运动。在桂林，沈钧儒亦极力宣传宪政与地方自治学说，他认为抗战与建国二者是相容的，驳斥了"军事第一，谈不上宪政，也不要宪法"等错误观点。他认为"我们的抗战是长时期的，我们的抗战与建国是分头并进，相辅相成的。我们为要实现一面抗战，一面建国的目的，实施宪政，是十分需要的"。"我们要坚信，实行宪政可以建设我们的国家，可以使我们的抗战早日获得最后胜利。"❶沈钧儒参加过"天坛宪草"的制定，对地方自治与宪政关系的重要性有着较为深刻的认识。他认为，"天坛宪草"在其后的修正过程中，增加"地方制度"和"国权"两章，详细规定了"国家事项"和"地方事项"的范围，明确划定了中央与地方的权限范围，但因袁世凯的破坏而未能颁布。他批评"五五宪草"加强了中央集权与个人独裁，说"五五宪草把地方权力集中于中央，又把中央权利集中于一人，这个问题实在重大"。❷沈钧儒的到来促进了广西宪政协进会的产生和地方自治思想的复兴。

1940 年 3 月，国民参政会宪政期成会的罗隆基、罗文干、傅斯年、陶孟

❶ 《关于宪政的几件事》，载周天度：《沈钧儒文集》，人民出版社 1994 年版，第 421 页。
❷ 《关于宪政的几件事》，载周天度：《沈钧儒文集》，人民出版社 1994 年版，第 424 页。该文是沈钧儒 1939 年 11 月 15 日在广西建设研究会发表的演讲。

和等一些在昆明的会员,对"五五宪草"进行多次研究,由罗隆基主持,写成《五五宪草修正草案》(简称期成宪草),又称"昆明草案"。全案共七章 120 条。经一届五次参政会议决送国民政府参考。该案对"五五宪草"最大的修正,于"五五宪草"第三章中增设"国民大会议政会",作为国民大会闭会期间之常设机关,以便"人民政权得到有效之行使",使"主权在民"名副其实;于"五五宪草"中增添"中央与地方"一章,以"划清中央与地方之职权"。"国民大会议政会",以议政员 150 至 200 人组织之,作为国民大会的常设机关。有人说:"该批改草案中关于原宪草的严重修正就是在第三章参加'国民大会议政会'一节,这是关于整个宪草的严重改动,是一切谈宪政的人所不该无视的。"❶因为,根据 1938 年 4 月 12 日由《国民政府公报》公布的《国民参政会组织条例》规定,国民参政员的权力仅为:"政府对内对外之重要施政方针,于实施前,应提交国民参政会决议";"国民参政会得提出建议案于政府";"国民参政会有听取政府施政报告暨向政府提出询问案之权"❷。而设立国民大会议政会,就必然加强了民意机构的权力。

　　"期成宪草"虽在中央政府层面引入了分权制衡机制,但在中央与地方关系上仍采中央集权制,与"五五宪草"在中央与地方的关系上如出一辙。稍有不同的是,"期成宪草"规定省议会享有"议决省预算、省决算"、"议决省单行规章"和"向中央提请罢免省长"等权力。❸ 抗战爆发后,作为民意机关的省临时参议会制度尽管从表面上已经建立,但由于没有宪法层面的地方制度界定省临时参议会与省政府的关系,广西省临时参议会与省政府之间常形成一些激烈的冲突。例如,基层政权机构实行民选,这是广西省临时参议会所追求的目标。在第一届第一、二、四、五次和第二届第一、二次大会上,省临时参议会屡次向省政府提出实行乡镇长民选,"庶以慰人民喁喁望治之心"❹,但省政府却并不想将基层的政权放手让省临时参议会的势力

---

❶ 陈体强:《论设置国民大会议政会问题》,《今日评论》第 3 卷第 22 期,1940 年 6 月 2 日。
❷ 四川大学马列主义教研室编:《国民参政会资料》,四川人民出版社 1984 年版,第 7 页。
❸ 缪全吉编著:《中国制宪史资料汇编》,台湾"国史馆"印行 1991 年版,第 579 页。
❹ 广西省临时参议会秘书处:《广西省临时参议会第四次大会纪录》,1941 年,第 170—172 页。

渗入,因此不是以"时值抗战,民选不易",民选"在法律上缺乏依据"❶为由加以拒绝。黄旭初认为:我们对于乡村长民选问题,并没有什么迟疑,随时都可以颁布命令实施。不过我们应该知道,乡村长实现民选以后,基层政治不一定马上能够办得好;比如县长实现民选以后,并不是地方自治就算完成。过去容县就一度实现过县长民选,以前广东也好像实现过县长民选,结果成绩并不很好。此刻我们要推行地方自治,第一必须充实乡镇村街的经费,第二要训练任用大批有才能的干部人员。因为民选者大多为资望较高的人,但是有资望的人不一定有才干,要补救这种缺陷,对于各级机构内的人员,必须选用有才干的人充任,使有资望的人与有才干的人互相配合,工作效率才能提高。❷

宪政运动极大地推动了省临时参议会的职能发挥。1940 年 6 月 6 日至 19 日广西省临时参议会第三次大会在桂林举行。大会主要讨论十项内容,其中主要的两项就是:加强地方自治;宪法及宪政。期间,通电声讨汪精卫。民国初的名流蒙民伟说:"报告一些关于咨议局的掌故,藉以显示议会的权威。"杨煊说:"省政府应按照省临时参议会的决议照案执行。"❸1942年,国民党中央军事委员会桂林办公厅主任李济深在评价广西省临时参议会与省政府的关系时称,"照个人的观感,觉得广西参议会同政府之间是比较各省有点议会的气味"的,"广西参议会还没有变成'御用'的机构,现在我觉得这种严正可爱的作风仍然未变,而且正在天天加强"。❹

但是省政府主席黄旭初则认为,本省办理地方事务的程序,是按照中央规定,分作三个时期进行,即扶植自治时期、开始时期、完成时期。在地方自治开始时期,省临时参议会等民意机构仍然离不开政府的指导,脱不了政府的监督。即是有许多地方,仍然如第一时期一样,需要政府的扶植,方免颠

❶　广西省临时参议会秘书处:《广西省临时参议会第二届第二次大会纪录》,1943 年,第264 页。

❷　黄旭初:《当前抗战局势与本省今后建设》,载广西建设研究会:《黄旭初先生言论集》,民国三十年版,第 164 页。

❸　广西省临时参议会秘书处:《广西省临时参议会第一届第一次大会记录》,1939 年,第92 页。

❹　广西省临时参议会秘书处:《广西省临时参议会第二届第二次大会记录》,1943 年,第76 页。

簸挫折。政府与议会,同是负担抗战建国责任的,是两位一体的,要互相联系,议会机关要帮助执行机关。所以要消除相沿的错误观点,即认为议会是监督政府、弹劾政府的。如果这样,只有消极的作用,对于政府徒多一份制肘,对于建国没有多大益处;对于抗战,更有很多害处。想进入第三时期完成自治就更加难了。❶

　　蒋介石见到人民议论宪政将要危及国民党统治,便慌忙出来"灭火"。蒋介石发表了一篇批驳"期成宪草"的长篇演说,公然对议政会"牵制政府权力之规定表示不满"❷,"力斥修正案之意见(议政会之主张),为袭取欧西之议会政治,与总理遗教完全不合"❸。参政会秘书长王世杰在会上宣读议长蒋介石的意见,说将宪政期成会所提出的"五五宪草修正案"及其所附建议,连同反对这一修正案的意见一齐送政府斟酌处理。貌似公允,实为"冷处理",由此一棍子把正在兴冲冲地谈宪政的人们打下了冰窟窿。接着国民政府又于1940年4月18日公布了《宪政问题集会结社言论暂行办法》,对各地有关宪政的活动作了种种无理限制,国民党特务甚至公然地对各地宪政座谈会以卑劣手段进行破坏。1940年9月18日,国民党中常委以"各地交通受战事影响,颇多不便"为借口,宣布国民大会不能按期召开,会期另定。同年,蒋介石密令白崇禧、黄旭初禁止广西宪政促进会活动,该会无形中解散,大后方第一次宪政运动至此退潮。

　　1943年第二次宪政运动又发展起来,中国共产党作为积极的参与者和政治领导者,适时提出了"地方自治"和"民主联合政府"的主张,使运动达到了新水平。1944年3月12日,周恩来在延安发表《关于宪政与团结问题的演说》明确指出,实施宪政的先决条件有三条是最重要的:一是保障人民的民主自由;二是开放党禁;三是实行地方自治。1944年9月15日,中国共产党代表林伯渠在重庆举行的三届三次国民参政会上提出成立民主联合政府的主张。5月,中国民主政团同盟发表"对目前时局的看法与主张",批

---

❶　黄旭初:《二十八年度广西建设的主要工作》,载广西建设研究会:《黄旭初先生言论集》,民国三十年版,第173页。

❷　《王世杰日记》,1940年4月6日,台北"中央研究院"近代史研究所1990年影印本。

❸　梁漱溟:《论当前宪政问题》,《梁漱溟全集》第6卷,山东人民出版社1993年版,第553页。

评了国民党排斥异己、拖延训政、拒绝民主的态度。工商界代表在宪政月刊社组织的座谈会上,呼吁实行政治民主,生产自由,取消统制政策。1944年5月29日黄炎培在复旦大学召开的宪政研究座谈会上指出,民主宪政必须成为一个大的运动,我们自己不动,休想别人把礼物送上门。1944年,李济深、何香凝在广西从事抗日民主活动,为另一个国民党民主派的组织——中国国民党民主促进会(简称民促)的建立奠定了基础。1948年2月民促在香港制定的《中国国民党民主促进会行动纲领》就明确呼吁:"实行中央地方均权制,各省省宪,由各省人民代表大会依照国宪基本原则,自行制定,各省市县行政首长,实行民选。""地方自治为民主政治之基础,县为自治单位,县以下各级机构,应由人民选举之代表治理,现行之保甲制度,及其类似机构,皆应立即废止之。"因此,第二次宪政运动在更高程度上推进了地方自治的理论深化与实践运行。

## 二、文化建设政策相对开明

抗战时期,蒋桂矛盾并没有因"共赴国难"而烟消云散。为了防止蒋介石势力迅速渗入广西,桂系经过一番谋划后,决定建立一个维系内部团结、维持桂系在广西的统治的组织。李宗仁认为既已同蒋介石合作,就不便再搞秘密组织,但可利用广西多年来"建设广西,复兴中国"的口号,成立一个名叫"广西建设研究会"的组织。这个名称貌似学术团体,即使蒋介石不愿意也无法指责。❶

广西建设研究会是1937年10月9日宣告成立的,主要职能是为广西省进行各项建设提供咨询意见,主要负责广西的文化建设。该会由李宗仁任会长,白崇禧、黄旭初任副会长。在李济深担任军委会桂林办公厅主任时,曾也被聘为名誉会长。会长之下,设有常务委员,处理日常会务,李任仁、陈劭先都是常务委员,负责研究会的日常事务。该会的会刊为《建设研究》,广泛宣传抗日民族统一战线。它还创建了《时论分析》《敌国舆情》等刊物,收录了黄旭初、梁上燕等人关于地方自治的演讲、言论,为广西地方自

---

❶ 陈劭先:《广西建设研究会的成立和结束》,载中国人民政治协商会议广西壮族自治区委员会文史资料委员会编:《广西文史资料选辑》第四辑,1963年版。

治提供了一些理论上的参考和舆论支持。❶

　　从广西建设研究会建立后的活动来看,广西的文化政策还是相对开明的。抗战时期为了加强民众动员,1938 年 2 月 19 日国民政府军事委员会成立政治部,部长陈诚,副部长黄琪翔、周恩来,下设一、二、三厅、总务厅、秘书处和设计委员会等部门。第一厅主管军队政训,第二厅主管民众组训,第三厅主管宣传。郭沫若为第三厅厅长,中共长江局决定把三厅作为抗日统一战线的机构,动员安排了大量文艺界抗日名流人士入三厅工作,包括胡愈之、阳翰笙、沈钧儒、田汉、冼星海、洪深等。当时《救亡日报》社长也是郭沫若,总编辑夏衍,当《救亡日报》迁桂林出版后,广西建设研究会还吸纳过夏衍等共产党员为研究员。

　　在广西建设研究会的支持下,广西当局的文化政策开始还是有利于抗日民族统一战线建立的。文化供应社就是广西当局和共产党以及进步人士联络的产物,它是胡愈之奉党的南方局之命,到广西开展工作而设计并参与筹建的。参加人员中,有文供社原社长陈劭先、邵荃麟、陈此生、宋云彬、傅彬然等。文化供应社接受三联书店委托为总代理,也代发重庆《新华日报》,成为桂林唯一输送进步书报的渠道,深得群众欢迎。但是,这并不是说桂系放弃了反共的立场,而是相对其他地区较为开明。桂系在《广西建设计划大纲》总纲第十一条中规定:"文化建设之最高指导原则为三民主义。"对这一款的解释,黄旭初说,我们中国需要什么文化呢? 大家既已公认三民主义是抗战建国的最高原则,自然抗战建国需要的文化就是三民主义的文化。所谓三民主义的文化,不是封建主义的文化,也不是资本主义和社会主义的文化,它是此时此地适应中国需要的一种文化。❷ "现在抗战才到第二期,离结束还远,对敌人的思想侵略、文化侵略的斗争,固然每个国民都有责任,然党的同志尤其应以大无畏的精神。从事种种工作,争取最后胜利。对党外的同志,应该用理性来说服他,使之欣然乐意到三民主义思想中来,到中国国民党中来。"❸

---

❶　白崇禧等:《建设研究》第六卷第一期,广西建设研究社 1941 年 9 月。
❷　黄旭初:《广西文化建设的展望》,载广西建设研究会:《黄旭初先生言论集》,民国三十年版,第 185 页。
❸　黄旭初:《广西文化建设的展望》,载广西建设研究会:《黄旭初先生言论集》,民国三十年版,第 192 页。

　　《抗战建国纲领》第二十六条虽然规定："在抗战期间,于不违反三民主义最高原则及法令范围内,对于言论、出版、集会、结社当与以合法之充分保障。"但武汉失守以后,国民党借口"战时需要",逐步加强文化控制。1938年7月专门通过《战时图书杂志原稿审查办法》,将审查"成书"改为审查"原稿",强调对"鼓吹偏激思想,强调阶级对立"的所谓"反动言论",必须加以查禁。1939年6月,成立国民党军事委员会战时新闻检查局,随后在各地也成立了相应的新闻检查机构。并制定《战时新闻禁载标准》《战时新闻检查标准》《战时新闻违检惩罚办法》以及战时新闻检查局的《组织大纲》《服务规则》《办事细则》《审查室规则》等一系列新闻检查法规。

　　为维持新桂系自身的利益和地位,黄旭初及其他桂系人物奉李宗仁、白崇禧的指令行事,反对军委会战地党政事务委员会对地方文化的垄断。由于各地方实力派都对军委会战地党政事务委员会不满,国民党中央只得决定撤销各战区政治分部。第四战区分部于1940年撤销后,战区司令与广西党政联络工作再次由战区政治部执行。省党部与四战区政治部协助省政府负责有关出版自由等问题。1940年蒋介石以改组政治部为由撤销了第三厅,另设文化工作委员会。法学家张志让,原在周恩来参加领导的军事委员会政治部第三厅任第一科科长,负责战地宣传工作。武汉沦陷后,辗转到达桂林,任广西行营政治部宣传组长,并加入了广西建设研究会。在广西建设研究会张志让积极从事民主、宪政运动,并拒绝了陈诚拉他加入国民党的图谋。同时张志让与千家驹等文化界名流发起成立了广西宪政促进会,与胡愈之等轮流主编《国民公论》,被广西省政府聘为高等顾问兼广西大学教授。这期间张志让在《建设研究》《国民公论》等刊物上发表一系列有关宪政与民主的文章,批驳文化专制,反对国民党禁锢进步报刊的"图书杂志原稿检查制度"。

　　1940年后,国民党中央加强了对新闻舆论、书刊杂志的控制,正式发布《修正战时图书杂志原稿审查方法》。1941年,国民党拟定并颁布《电影片检查标准》和《电影片送审须知》,对戏剧与电影剧本取材与作风方面作了规定,加强了文化专制。❶广西当局态度也发生改变,开始查封进步期刊和

---

❶　中国第二历史档案馆:《中华民国史档案汇编(第五辑第二编　文化)(二)》,江苏古籍出版社1997年版,第218页。

书店。1941年2月广西当局成立戏剧审查委员会,对进步戏剧进行控制；1942年3月24日公布《广西省戏剧审查规则》。6月27日,广西省图书杂志审查处召开桂林市印刷所负责人座谈会,宣布各印刷所不得承印未审查的原稿,违者依法处理。尽管如此,广西当局还是有所保留。1942年,广西驻渝代表电告国民党广西省主席黄旭初,说蒋介石对桂林文化供应社的发展很感兴趣,已手令国民党中央秘书长吴铁城予以资助。所谓"资助",实为收买。陈劭先等进步人士以文化供应社是私人集资创办起来的,吸收股金须经股东大会讨论通过为由,拒绝国民党中央的"资助"。吴铁城又致电黄旭初:"桂林文化供应社由中央宣传部接办,原有主要工作人员均应辞职。"李任仁和陈劭先一再向黄旭初进言,强调文化供应社是民间股份有限公司,应以广西事业为重,希望阻止重庆插手。广西当局保留了桂林文化供应社,但也要陈劭先等进步人士辞职。

1943年9月各民主党派掀起第二次民主宪政运动,广西的文化政策不得不又有所松动。从1944年起,一些争取民主宪政的团体又活跃起来。国民党内的民主派李济深、柳亚子等倡议,在广西成立了"抗战动员宣传工作委员会"和"桂林文化界抗战工作协会",主张立刻动员民众,坚决抵抗,痛斥抗战中的失败主义者,成为了广西文化界的又一亮点,对抗战后期国民党的文化专制政策进行了抵制。广西建设研究会还支持民盟在广西出版《民主》桂林版,揭露国民党顽固派搞独裁、分裂,准备内战的本质,刊登周恩来、张澜等关于国民党撕毁政协决议、准备内战的有关报道。《民主》在《广西日报》印刷遭到国民党特务的阻挠,陈劭先毅然同意《民主》在他的广西建设印刷厂承印。❶

### 三、地方经济建设成为关注点

中央与地方事权的划分问题始终是民国宪政面对的一个非常重大的现实问题。抗战时期,国防、外交、司法、航空、国道、国有铁路、航政、邮政及电政、国营经济事业、币制及国家银行等事项事关国家全局,因此中央逐步将

---

❶ 《陈劭先纪念文集》,载中国人民政治协商会议广西壮族自治区委员会文史资料研究委员会:《广西文史资料选辑(第23辑)》,1962年。

这些权力集中起来,由中央立法并执行之,或交由省县执行。由省立法并执行之,或交由县执行之权限,主要集中在地方经济建设方面。可是由于没有正式宪法对中央与地方、省级政府及民意机构的关系明确定位,为此常发生省议会和省政府在地方经济建设决策问题上的权限之争。抗战时期广西工商业虽然得到一定程度发展,但农业仍是其主要产业,在土地、农业政策制定方面,省临时参议会与省政府发生过多起冲突,显要者主要有以下几端。

(一)关于扶植自耕农实验的冲突

土地问题是影响社会稳定的大事,如何妥善解决土地问题,是国家宪政和地方自治都极为关注的问题。对处于农耕社会的广西来说,土地问题也就成为地方自治所需要解决的焦点问题。

国民政府1930年6月30日公布《土地法》,这部《土地法》名义上规定土地归全体国民所有,但实质上肯定了地主阶级对土地的占有和租佃,如第七条规定:"中华民国领域内之土地,属于中华民国国民全体,其经人民依法取得所有权者,为私有地。"为了体现孙中山平均地权的理想,国民政府的"土地法",将地价税及与之相关的土地增值税确定为土地改革的方案以实现孙中山"平均地权"的思想。但这部法律与各地区土地权属实况有很大出入。同时,由于南京国民政府并没有真正实现全国法律统一,因此该法在很多地方并不能得到执行。该法第五条也只好规定:"本法之施行法另定之。"第六条规定:"本法各编之施行日期及区域,分别以命令定之。"1935年5月国民政府公布《土地法施行法》,第二条规定:"本法之施行日期及区域与土地法同。"到1936年2月,国民政府才公布《各省市地政施行程序大纲》,明令《土地法》《土地法施行法》与此法于1936年3月1日同时施行。❶

广西省山多地少,土地贫瘠,大多荒山适合公耕。在20世纪30年代广西制定《广西建设纲领》《广西平民借贷所章程》《广西省办理村(街)仓章程》和《广西省村(街)公耕章程》。❷《公耕章程》规定:"每村每年应利用农闲征用劳力,由村甲长督率从事公共耕作;公耕所需耕牛、农具、种籽和肥料

---

❶ 吴文晖:《中国土地问题及其对策》,商务印书馆1943年版,第276页。

❷ 《广西省村(街)公耕章程》,《正路》(月刊)第1卷(1935年10月15日出版)第2期,第69页。

由村内各户分担;公耕收获物交村公所统一保管,作为全村公产,补助学校和村公共事业费用。"❶在 1941 年制定的《广西建设大纲》中,第四节规定,省级经济建设要项如下:"推进土地行政,实施土地测量,完成土地陈报,举办地价申报,实行按价征税及自然增值归公;公地荒地,由人民租用,停止发卖,并规定私人面积之最高额;私有荒地逾限不垦者归公;私有土地出卖,尽先由公家承受;奖励耕地之合作经营。"因此,1941 年以前广西地方土地政策与国民政府 1930 年《土地法》的基本精神是相同的,但重点是集体经营。日寇入侵广西,使"公耕"缺少一个和平稳定、安定团结的社会环境。而且战争时期人口流动频繁,难民流动和生存需要土地,粮食供给不足。通过"公耕",依靠合作社日积月累的方式达成"耕者有其田"无法推行。

扶植自耕农旨在变佃农为自耕农。这一政策由中国地政学派提出,其要旨是尊重国民私有土地产权,以交易的方式变革产权。1941 年 12 月 15 日召开的国民党五届九中全会,通过了蒋介石提交的由地政学院拟出的《战时土地政策纲领》,作为扶植自耕农的主要政策依据。纲要第八条规定:"农地以归农民自耕为原则,嗣后农地所有权之转移,其承受人均以能自为耕作之人为限。不依照前定规定移转之农地或非自耕农所有之农地,政府得收买而转售于佃农,予以较长年限分年偿还地价。"行政院为此还设立了地政署以贯彻实行,制定了《战时扶持自耕农实施草案》和《试办扶持自耕农实验区方案》。为了贯彻落实上述政策,以推行扶植自耕农运动,国民政府曾在国统区进行过相当程度的试验。其基本做法是:由政府负责征购地主的土地,银行贷款支持农民购买土地,还款时间较长,利率也低,以扶植佃农转为自耕农。

1942 年 10 月,广西省政府第 613 次会议通过了《广西省扶植自耕农实验办法》,并在桂平、玉林、全县进行实验。同年 12 月,省政府方才将此案提交省临时参议会第二届第一次大会审议。双方在该办法是否有法律依据、以何者为实验标准、土地的征收是以人民报价为准还是以政府定价为准、以何种方式结算、是否会损害社会公共福利事业等问题上发生严重分

---

❶ 《广西省办理村(街)仓章程》,载《正路》(月刊)第 1 卷(1935 年 10 月 15 日出版)第 2 期,第 70—72 页。

歧。在该办法是否有法律依据方面,省临时参议会认为中央立法机关正根据《战时土地政策纲领》制定相关实施办法,省政府即自行制定《广西省扶植自耕农实验办法》,有可能与将来中央立法有出入。在以何者为实验标准方面,省临时参议会认为该办法"以乡镇区段为对象,而不以田亩多少为对象",实与孙中山所主张的平均地权扶植自耕农的宗旨相违背。在土地的征收是以人民报价为准还是以政府定价为准上,省议会认为应由人民报价为准,土地的征用应在地价申报之后。在以何种方式结算方面,临时参议会认为实验办法以分期结算的办法支付被征地价,既无利息,又无年限,实是损害人民。在是否会损害社会公共福利事业等问题上,省临时参议会认为实验办法对学校等公共福利事业没有例外免征的规定,不利于教育文化事业发展。最后,省临时参议会以该办法"利少害多"为由加以否决,而省政府却以"实验工作、未便中辍",实验办法与《土地法》《战时土地政策纲领》完全符合为借口,拒绝采纳省临时参议会的决议,并于 1943 年 6 月将该办法再次提交广西省临时参议会第二届第二次大会要求复议。在复议会议上,双方不但未能解决原有分歧,反而在实验区的数目和土地面积上又生争执。最后临时参议会没有通过复议案,而是要求省政府"照原决议案办理"。对此决议,省政府以《省临时参议会组织条例》为依据,拒不接受,将该提案提交行政院核准免予执行。❶

(二)关于田赋征实附带军粮的冲突

田赋是旧中国时历代政府对拥有土地的人所课征的土地税,在民国税制框架中属于地方税,是地方政府财政收入的最基本来源。田赋征实是征收田赋的一种方法,即将原来的货币纳税改为农产实物交税。1940 年 7 月 30 日,为了应付日渐浮现的军粮严重不足的问题,国民政府设置了专责政府机构——粮食部,保证军需民粮供应。1941 年 4 月国民党五届八中全会通过"为适应战时需要,拟将各省田赋暂归中央接管,以便统筹,而资管理"一案,将地方税系统的田赋收归中央政府接管。同年 6 月的第三次全国财政会议决定,自 1941 年下半年起,全国各省田赋一律改征实物。这一改变,

---

❶ 王晓军:《权与能之争:抗战时期广西省临时参议会与省政府》,广西民族师范学院学报 2011 年第 5 期。

张发奎认为最大的成效就是避免了军队与民众的冲突。他说："部队的食米供应方面,由中央向各省规定每年应征粮的总数,各省主席再将征粮数摊派到属下各县,然后保长告诉民众把应缴粮食送到县政府,由县府报给行政专员,后者依次呈报省政府。省政府交给我一张全省各县的征粮统计单,我将食米定量分派给军级单位。"❶军粮供应,由军队和地方政府接洽,军队不再和民众直接发生关系,避免了军民关系因此恶化。

在征实中,国民政府一再标榜要做到公平、除弊、便民、省费四大原则。1942 年 1 月,在广西省临时参议会第二届第一次大会召开的第六次会议上,广西省政府交议《审议广西省各县市征收田赋带征军粮办法案》。实际上征收田赋带征军粮办法已经实现。在审查该办法时,省临时参议会即对该办法存有疑义,认为"不照中央意旨,不问有无,不分多少,只由田赋带征军粮,于法于理均为不合",比如说同一亩土地产粮的差别也很大,土地也分为三六九等,而且同一等土地同一数量之土地,征收货币亦不同。因此要求撤销该办法。对此,省政府则以"未便中途变更"为由,要求省临时参议会复议该案。1942 年 12 月 12 日第二届第一次大会第十次会议上,在复议该案时,省临时参议会以"本案办法,事属过去,且中央对于征收田赋带征军粮,已另有明令通饬遵办"为由而加以否决。对于省临时参议会的复议决议,省政府并不接受,而继续我行我素,并称已经得到"粮食部核准"。❷

1942 年度,田赋征实远不能满足战时需要,于是,从 1942 年起在征实外再加大约与征实标准相当的粮食征购任务,3 成付给现金,7 成付给粮食库券。1943 年起,于川、滇、康、陕、甘、闽、桂、粤、浙 9 省又将征购改为征借,只发粮食库券,不付现金。1944 年度开始,又废除粮食库券,只在交粮的粮票上另加注明,作为借粮凭据。从 1941 年到 1945 年抗战胜利,通过田赋征实征购征借,国民政府较为成功地解决了军粮供应问题,部分地保障了公教人员的生活,对于日益高涨的粮价亦起到了一定的抑制作用,奠定了抗战胜利的物质基础。但是该方法实行之初比较仓促,执行过程中体制腐烂,

---

❶ 张发奎:《蒋介石与我——张发奎上将回忆录》,文化艺术出版社(香港)2008 年版,第 236 页。

❷ 王晓军:《权与能之争:抗战时期广西省临时参议会与省政府》,广西民族师范学院学报2011 年第 5 期。

没有顾及民意机构的意见,其后来所体现的消极影响也是必然的。

(三)地方自治监督问题之提出

广西省临时参议会在成立的 7 年时间里为广西省政的兴革贡献了不少的建议,但是,其建议功能却并不能够充分发挥。在整个广西省临时参议会的存续历史中,曾通过了 586 件决议案,但是,省政府对于省临时参议会通过的这 586 件决议案,"十分之六七没有实行"。政府不予施行参议会的决议案,则意味着参议会所有的努力都是白费,其地方自治的主体功能未能发挥。

从国民政府对地方自治的权力配置来看,省临时参议会还不是真正的议决机构,只是参谋机构。省政府也不是简单的执行机构,它还是中央在地方的代表。因此,抗战时期的地方自治实施是不彻底的,省临时参议会与省政府的权限并没有得到法律明确的界定,地方政府并不是对选民或参议会负责,而是对中央政府负责。同时,省议会制度也需要改革,其组成人员成分复杂,有受士绅阶层利益影响的危险。国民政府在土地问题上的不成功,缺少的是认真执行土地改革政策的地方政权力量和民众的真正参与。

从中央和地方的权限划分来看,省的地位也较尴尬。国民政府抗战时期,重县轻省,回避了北洋军阀时期关于省制问题的死结,新县制只是确立了县级以下组织的自治主体地位,这造成相应的自治权限纠纷无法解决。与西方实施地方自治的国家相比,还缺乏一种地方自治权限纠纷的监督机制。

综上所述,广西省临时参议会与省政府之间关于扶植自耕农实验、田赋征实附带军粮的冲突,反映了抗战时期国权和地方自治权限的变更态势以及建立地方自治监督制度的必要性。没有地方自治监督体制,地方自治就难以实施。

# 第六章　民国广西地方自治的得失

　　一局博弈场域中结局时的结果称为得失。对博弈得失的不同价值评估,决定着对地方自治的不同评价标准。实用主义法社会学论者坚持的是一种工具论地方自治,他们认为地方自治的成功与失败是以社会效果来衡量的。民国广西地方自治之"得",是新桂系利益集团"走向中枢";民国广西地方自治之"失",是新桂系利益集团在解放战争中的覆灭。规范主义法社会学者认为,地方自治的目标导向是"民主"、"法治"等规范性价值。因此,地方自治的得失应该是以"民心所向"为评价标准。民国广西地方自治之"得",是广西在民国时期赢得民意的护国、护法、抗日等行为;民国广西地方自治之"失",则是广西参与蒋介石中央集团发起的内战,最后失去民心而功亏一篑,我们应吸取其相关经验教训。

## 第一节　民国广西地方自治之"得"

　　抗战的胜利,紧接着国民党宣布结束训政,实施宪政。但是中国共产党和中国民主同盟认为"国大"行宪,仍是国民党一党独大和一党操纵,并不能代表当前中国的政治力量的分野,也不能代表全国人民的意志,不具有合法性。❶ 在两大政治力量的博弈中,新桂系领导人紧随蒋介石集团,走进了这一博弈场域。凭借曾经经营广西"模范省"的美誉和实力支持,新桂系在这场政治博弈中一开始似乎收获颇多。

---

❶ 胡明:《胡适传论》,人民文学出版社1996年版,第960页。

### 一、制宪各方关于地方自治的争论

1945 年 8 月,中国人民抗日战争取得胜利。10 月 10 日,在全国人民和各民主党派、爱国民主人士的推动下,国共两党在重庆签订了《双十协定》。一个和平、民主建国的曙光展现在中国人民的面前。在抗日战争结束之时,在国内和美国的压力下,蒋介石政府不得不勉强于 1946 年 1 月 10 日召开政治协商会议,此即旧政协。在国内和国际都要求民主、实现宪政的压力下,国民党政府抛出尘封多年的"五五宪草"供代表们审议。

1946 年 1 月 10—31 日,政协会议在重庆召开。参加者有国民党代表 8 人,共产党代表 7 人,民主同盟代表 9 人,青年党代表 5 人,无党派人士 9 人,共 38 人。1946 年 1 月 16 日,中共代表团向政治协商会议提出的《和平建国纲领草案》专门列有地方自治一章,主张"积极推行地方自治,废除现行保甲制度,实行由下而上之普选,成立自省以下的各级民选政府","省得自订省宪,各地得采取因地制宜的措施"。民盟代表沈钧儒也主张地方分权,省得以制定省宪,省长民选,其实质是以省宪的名义来保障解放区,给解放区以法律上的承认。[1] 1946 年政治协商会议期间,成立宪草组,专门讨论其修订问题。该组成员共 10 人。国民党代表为孙科、邵力子,中共代表为吴玉章、周恩来,民盟代表为罗隆基、章伯钧,青年党代表为陈启天、常乃德,无党派代表为傅斯年、郭沫若。国民党代表孙科首先对 1936 年公布的"五五宪草"要点进行了说明,认为"五五宪草"虽然有缺点,也可以修改,但要坚持。中共代表吴玉章在会议讨论时说:"过去对省的地位和制度争论颇多,中国政治能否搞好,这是一个重大问题。我们主张省为自治单位,自下而上的普选,依据中山先生遗教省长民选,省自制省宪。"张君劢批评"五五宪草"的国民大会制度是间接民权,不是直接民权。他主张直接起用公民的选举、罢免、创制、复决四大权利代替国大;以立法院为最高立法机关;行政院为最高行政机关,对立法院负责,而不对总统负责;限制总统权力,使之成为虚位元首。结果张君劢提出了以五权宪法之名行英美宪政之实的宪法方案。这次政治协商会议经过激烈的斗争,终于通过了和平建国纲领、关于

---

[1]　肖光荣、肖建平:《历史的抉择——沈钧儒与新政协会议的召开与维护》,《湖湘论坛》2014年第 4 期。

军事问题的协议、关于国民大会的协议、关于宪草问题的协议、关于改组政府的协议等五项协议。

依照政协决议,国民大会成为无形机构,立法院直接民选产生,监察院职权扩大,且地方制度称为联邦体制,省得制定省宪。1月31日,政治协商会议一致通过的《和平建国纲领》写道:"积极推行地方自治,实行由下而上之普选,迅速普遍成立省、县(市)参议会,并实行县长民选。"《宪草修改原则》在地方制度方面规定得更详细:"省为地方自治之最高单位","省与中央权限之划分依照均权主义规定","省长民选","省得制定省宪,但不得与国宪抵触"。❶ 但对于政治协商会议通过的针对"五五宪草"的十二条修改原则,据亲临其会的梁漱溟回忆,"在野各方面莫不欣然色喜,一致赞成",周恩来表示"佩服",国民党代表孙科也表示支持,梁漱溟用罕见的赞扬口气指出,这"十二条原则"是张氏"用偷梁换柱的巧妙手段,保全五权宪法之名,运入英美宪政之实"。❷

政治协商会议关于修改宪法的决议,在1946年3月1日至17日国民党在重庆召开的六届二中全会上引起了强烈的反弹。据在国民党六届二中全会上当选为国大代表的程思远回忆:"以 CC 系为主,结合黄埔系和三青团系的革新派认为,政学系利用与总裁接近的关系,提出各种建议,然后挟总裁手令以压人。例如此次政治协商,本党中央并未作出任何决策,本党八个代表,也没有一个共同的方案。某些代表不惜牺牲本党的立场以谋与共产党达成妥协,藉此维持其既得的权位。此种走私勾当,再不能这样继续发展下去了。"❸蒋要的只是对政协的表面敷衍,而在实际上他也照顾到国民党内的情绪。对于最为党内反对的宪草问题,蒋表示"有若干点实在与五权宪法的精神相违背,这不仅各位已经感觉到,我个人也有同样的感觉";"宪草正在审议,而且将来要提到国民大会去采纳,国民大会的权限,自不受任何的约束,所以我们尽有讨论的余地,各党派如有真诚合作的诚意,也

❶ 中央档案馆编:《中共中央文件选集》第十六册(1946—1947),中共中央党校出版社 1992年版,第 48 页。

❷ 梁漱溟:《我参加国共和谈的经过》,《梁漱溟全集》第 7 卷,山东人民出版社 1993 年版,第 195 页。

❸ 程思远:《政海秘辛》,北方文艺出版社 1991 年版,第 188—189 页。

不能漠视本党的立场"。❶ 在结束了有关政协的讨论后,六届二中全会决定由 63 人组成政协报告审查委员会,以张知本(中监委、行政法院院长、前西山会议派)、谷正纲、林彬(中监委)为召集人,负责起草有关政协报告的决议。六届二中全会通过《对于政治协商会议报告之决议案》,决议明确提出"五权宪法乃三民主义之具体实行方法,实有不可分离之关系……所有对于五五宪草之任何修改意见,皆应依照建国大纲与五权宪法之基本原则而拟订,提由国民大会讨论决定"。这实际上是推翻政协决议的主张。❷

政协会议闭幕后,所余宪草问题交由宪草审议委员会处理。在首次宪法审议委员会上,国民党代表王宠惠根据蒋介石的指令,提出了修改十二条原则的三点要求:(1)国大为有形国大;(2)采总统制,反对责任内阁制;(3)省不能自制省宪,只能制定地方自治法规。国民党这三点要求立即遭到中共的反对。周恩来认为"宪草与政协全部决案有关,不能单独解决,国民党方面是否负有遵守国大及宪草决议的责任,应当明白表示"。张君劢、章伯钧也指出,民盟"坚持一贯主张,认为宪草问题应与其他问题一并解决"。此后,国共围绕这三点发生多次争执,会议陷入僵局。❸ 由此,国共本已达成的妥协又成悬案,从此双方再无在此问题上互相妥协之机会与驱动力,国共关系急转直下,东北炮声已起,大规模内战战火之重起也已无可避免。❹

抗战后,原有的地方实力派力量大减,因此国民党中主张省宪的基本没有。例如,抗战时期云南省主席龙云从政治、军事、经济、文化、教育等诸方面实行了一系列的整顿和改革,这些措施收到了相当好的成效,使地处边疆的云南成为抗战时期国民党统治区一个引人注目的省份和抗战大后方。但抗战胜利后,蒋介石趁命卢汉率领几乎全部滇军入越接受日军投降期间,策划昆明防守司令官杜聿明发动军事政变,撤销龙云在云南本省兼各职,调军事委员会军事参议院院长;由民政厅长、曾任国民党中央地方自治计划委员

---

❶　秦孝仪主编:《先总统蒋公思想言论总集》卷 21,台北中国国民党"中央委员会"党史委员会印,1984 年,第 261—277 页。
❷　汪朝光:《战后国民党对中共政策的争论和决策过程》,《历史研究》2001 年第 4 期。
❸　郑大华:《重评 1946 年中华民国宪法》,《史学月刊》2003 年第 2 期。
❹　汪朝光:《战后国民党对中共政策的争论和决策过程》,《历史研究》2001 年第 4 期。

会副主委、代主委李宗黄代理,以地方自治的名义消除了云南地方实力派。

地方实力派最强大的就是桂系,但他们的主要成员大多已经任职于中央机构,对省宪也就不会关心。在国民党六届二中全会上,白崇禧也极力反对政协五项决议。3 月 5 日,王世杰在全会作外交报告,王世杰就在日记中写道:邹鲁、白崇禧等 9 人"均以激烈攻击之语调",虽然反映的是白崇禧在对苏外交中的立场,但也说明了白抗战后在国民党中的地位和影响。政协宪草原则中"省得制定省宪"的条款,为中共提出,意图是以此保障解放区的地位。国民党对此条款大为不满,一再强调根据《建国大纲》的规定,省不是自治单位。3 月 14 日主席白崇禧答称:"主席团研究过这个问题。如果他们(指中共)没有诚意,我们当然还要考虑,不过现在不问有无诚意,我们还是照着做。"于此反映出国民党决策层不愿政协与宪草问题再成为争论焦点的用心,而将重心放在与中共争夺东北问题上,实际就是为了发动内战。1946 年 8 月下旬,白崇禧回到广西慰问灾区,他多次向省政府、省参议会说明"中央以武力解决中共的决心",鼓吹"统一军令、统一政令",攻击共产党破坏军令政令的统一。新桂系的另一个人物,广西省主席黄旭初参加国民党六届二中全会后,也撕下"和平、民主、进步"的面纱,积极进行反共宣传。黄旭初在省政府、参议会等会议上,竭力进行"反苏反共"宣传,说"世界本太平,只因苏联不断要扩大安全范围,殊不知范围愈大愈不安全,问题于是闹得严重了。苏联不惜侵我主权,英美也不得不谋求应付了。中国本无事,而问题却如此之多,原因都在于中共之有求无厌,得陇望蜀,这个要求还不待政府实践,第二个要求又来了,第三个要求又准备了,于是纷争无已,内战很难避免"。接着,黄旭初到广西师范学院附中演说时,更露骨地说:"中国只有两条路:一是赤化,一是防止赤化,绝无他途可循。"他对民主人士说:"内战一定要打下去,否则乃难以应付中共。虽然打起来有困难,但非打不可。"他声称:"国家的统一必须巩固,断不容一个国家之内,有两种法令,有两个政府,所以对于一切恶劣反动势力,必须排除消灭之。"❶新桂系如此积极追随蒋介石进行反共内战,广西形势遂发生变化,迅速进入战争轨道。

---

❶ 谭肇毅:《新桂系政权研究》,广西人民出版社 2011 年版,第 311—312 页。

## 二、中华民国宪法中地方自治制度的建构

1946 年 10 月国共军事冲突扩大,为了从"法统"上维持国民党的统治地位,国民党拉拢民社党人员从民盟中分离,于 11 月 15 日在中国共产党和民盟拒绝参加的情况下于南京单独召开制宪国民大会。会议期间,因国民党籍国大代表对政协宪草远离孙中山五权宪法理论颇为不满,在开始的一周审议(因民社党尚未到会)中,将宪草重新修改回"五五宪草"的式样。中国民社党蒋匀田为维护政协宪草,宣称民社党将离席抗议。在这种情况下,为了欺骗舆论,诱使中间党派和社会贤达出席国民党单方面召开的国大,蒋介石决定采用张君劢起草的宪草,并派王宠惠、吴经熊加以修改,由蒋最后定夺。蒋介石删去了政协修正十二条原则的第九条第四项规定:"聚居于一定地方之少数民族,应保障其自治权",并将"涉外经济事项"从中央与地方共同拥有的权力移入中央专有的权力之中。后来因为出席国民大会的蒙藏代表的坚决要求,才在宪法第一章末尾增加了"蒙古各盟旗地方自治制度,以法律定之"和"西藏自治制度,应予以保障"这样两条条文。1946 年 11 月 28 日国民政府主席蒋介石向大会提出基于政协宪草蓝本的《中华民国宪法草案》,12 月 25 日三读通过,1947 年 1 月 1 日宪法正式公布实施。

1946 年《中华民国宪法》明示中央与地方权限划分采取均权制度,在地方制度方面,省可以制定自治法。与曹锟宪法一样,由于同受到张君劢的影响,条文规定大同小异。但毕竟国民党此时的情形不同于直系军阀的时候,因此也有许多变动。

在中央与地方权限划分方面,《中华民国宪法》第一百零七条列举了 13 项中央专属权,即由中央立法并执行之权限,包括:外交;国防与国防军事;国籍法及刑事、民事、商事之法律;司法制度;航空、国道、国有铁路、航政、邮政及电政;中央财政与国税;国税与省税、县税之划分;国营经济事业;币制及国家银行;度量衡;国际贸易政策;涉外之财政经济事项;其他依本宪法所定关于中央之事项。第一百零八条列举了 20 项中央与地方执行权,即由中央立法并执行之,或交由省县执行之权限,包括:省、县自治通则;行政区划;森林、工矿及商业;教育制度;银行及交易所制度;航业及海洋渔业;公用事业;合作事业;二省以上之水陆交通运输;二省以上之水利、河道及农牧事业;中央及地方官吏之铨叙、任用、纠察及保障;土地法;劳动法及其他社会

立法;公用征收;全国户口调查及统计;移民及垦殖;警察制度;公共卫生;赈济、抚恤及失业救济;有关文化之古籍、古物及古迹之保存。前项各款,省于不抵触国家法律内,得制定单行法规。宪法第一百零九条列举了 12 项省县执行权,即由省立法并执行之,或交由县执行之权限,包括:省教育、卫生、实业及交通;省财产之经营及处分;省市政;省公营事业;省合作事业;省农林、水利、渔牧及工程;省财政及省税;省债;省银行;省警政之实施;省慈善及公益事业;其他依国家法律赋予之事项。前项各款,有涉及二省以上者,除法律别有规定外,得由有关各省共同办理。各省办理第一项各款事务,其经费不足时,经立法院议决,由国库补助之。除此外,第一百一十条还专门规定了 11 条由县立法并执行的事项。

与曹锟宪法相比,不同之处除蒋介石修改的地方外,还有将中央立法并执行的条文中,将原曹锟宪法中的"关税、盐税、印花税、烟酒税、其他消费税,及全国税率应行划一之租税"改为"中央财政与国税、国税与省税、县税之划分",使得国税种类抽象化,中央权限更集中。同时,将"中央及地方官吏之铨叙、任用、纠察及保障"条文挪到第一百零八条"由中央立法并执行之,或交由省县执行之的范围",同时在此条文下增加了"土地法、劳动法及其他社会立法"。结合第一百零九条由省立法并执行之,或交由县执行之事项,这样,对各自治省的立法、财政预算、银行、税收和人员等就规范得更明确,处理事项也更清晰。

宪法第一百一十条还专门规定了由县立法并执行之事项,毕竟实施县自治是国民党内部分歧最少的部分,而曹锟宪法对县自治事项没有明确规定。对于未列举的事项,其调控权力根据其性质而加以划分:具有"全国一致"性质的属于中央,具有"全省一致"性质的属于省,具有地方(县)性质的属于县,立法院解决权限争议(第一百一十一条)。这一条与曹锟宪法第二十六条规定"由最高法院裁决之"相比也更合理,因为最高法院毕竟不是立法机构,不适宜裁判立法权限争议案件。

在地方制度方面,1946 年《中华民国宪法》第十一章有明确规定,内容主要有:省得召集省民代表大会,依据省县自治通则,制定自治法,但不得与宪法抵触。省设省议会,省议会议员由省民选举之;省设省政府,置省长一人,省长由省民选举之;省自治法制定后,须即送司法院。司法院如认为有违宪之处,应将违宪条文宣布无效。县得召集县民代表大会,依据省县自治通则,制定县自治法,但不得与宪法及省自治法抵触。县民关于县自治事项,依法律行使创制、复决之权,对于县长及其他县自治人员,依法律行使选举、罢免之权。县设县议会。县议会议员由县民选举之。属于县之立法权,由县议会行之。县设县政府,置县长一人。县长由县民选举之。蒙古各盟旗地方自治制度,以法律定之。西藏自治制度,应予以保障。

宪法在地方自治制度的设计上,虽然融英美法系于其中,但主体还是大陆法系。欧洲大陆法系之特点,在中央设强有力之政府,统辖全国政治。凡百设施务求一致,是以人民遂养成仰承中央指令之习惯。对于地方自治,不以为是地方应有之权力,却视中央允许地方权限之增加为地方受中央之赐予。其中央与地方政务虽有详细类别两不相混,但地方政务大部分须受中央严格节制。如教育、卫生、警政等,在英美法系制度下,本多为地方政务,然大陆法系则列入中央范围。执行中央政务之官吏,由中央委任之,或授之于半官机关,甚至利用地方选举之代表执行中央政府之意志。地方自治模式为行政集权,立法分权,即地方各察本地情况,应付一切要求,而实际上只准驳权则操诸中央。故大陆法系之地方自治权,必须受中央行政之节制。地方行政官如果违法,则受行政法庭之裁判。英美法系之特点,以地方自治为人民权利,非中央政府之赏赐。中央与地方行政划分界限,系由行政上之方便,与政治思想之习惯,自然演成。如外交、陆海军、关税等,固属于中央政府,而一般内务行政则大部分归之于地方机关。在地方自治的模式上,英系制度为立法集权,行政分权,即地方自治机关为各级民意机构,议会中有委员会,为议会常设机构,亦即行政执行机构。中央节制地方行政之性质与方法与欧陆制度大相差异,国会为谋全国幸福制定各种行政法案,而执行权则操之地方机构。中央对于地方政务,可由普通法院间接节制其举动,中央各行政部之直接节制,仅有监视指导权。❶

1947 年 1 月 1 日,"中华民国宪法"正式公布后,中华民国政府和中国国民党立即开始了行宪的准备。1947 年 3 月 21 日公布《行宪国民大会组

---

❶　冯洗凡:《英法两系地方自治制度及其相对的改造趋势》,载何勤华、李秀清主编:《民国法学论文精萃(宪政法律篇)》,法律出版社 2002 年版,第 886 页。

织法》《行宪国民大会代表选举罢免法》《总统、副总统选举罢免法》《立法委员选举罢免法》《监察委员选举罢免法》和《五院组织法》。1947 年 4 月，国民政府改组，容纳各党派参与，并准备行宪。在广西，1947 年 4 月 20 日成立广西实施宪政协进会，推黄旭初为会长，蒋继伊为副会长，李宗仁、白崇禧、李任仁、林虎为名誉会长。12 月，各地召开村（街）民大会，选举村（街）长。但是，直到国民党在大陆的统治最后结束，也没有实行真正的地方自治和省、县长民选。国民党召开国民大会、制定宪法、施行宪政、还政于民这一套做法的真实意图，1945 年 3 月 1 日蒋介石在宪政实施协进会的演说中作了表述。他说："共产党最近的要求是要中央立即取消党治，将政权交给各党各派组织的联合政府；而我们政府的立场，是准备容纳其他政党（包括共产党）与全国无党无派的有志之士参加政府。但在国民大会召集以前，政府不能违反《建国大纲》，结束训政，将政治上的责任和最后决定权，移交于各党各派，造成一种不负责任的与理论事实两不相容的局面。""国民政府如将一切政权或责任交给于各党各派，则中央政权势必日日在风雨飘摇之中，其结果必使抗战崩溃革命失败，将使国家引起可怖的变乱，而陷民族于万劫不复的境地。因为我国情形与他国不同，在国民大会召集以前，我国便无一个可以代表全国人民、使政府可以征询民意之负责团体。所以吾人只能还政于全国民众代表的国民大会，不能还政于各党各派的党派会议，或其联合政府。""中国国民党已负起了伟大艰难领导全国的责任，所谓还政于民，就是交付这样巨大的责任于全体人民。故必须经过国民大会的一个机构，始可有所诿付。"❶

### 三、广西在民国地方自治中的重要地位

1948 年 3 月至 5 月，南京召开所谓"行宪国大"，选举蒋介石当"总统"，李宗仁当选为中华民国副总统。根据"宪法"规定，副总统是个"吃闲饭"的位置。李宗仁认为竞选副总统，这正是他摆脱困境之途。如成功，可望桂系再兴；若失败，也好"乘机表示消极"，"离开故都"。❷ 在竞选之前，桂系首

---

❶《蒋主席于宪政实施协进会致词》，1945 年 3 月 1 日，载《抗战第八周年纪念册》，中国国民党中央执行委员会宣传部 1954 年编印。

❷《李宗仁回忆录》（下），广西师范大学出版社 1980 年版，第 875—876 页。

脑白崇禧、黄绍竑等,认为成功的希望很少,竟一致反对。他们估计,李参加竞选蒋定不会支持,李之落选势在必然;如李不顾蒋意旨硬要竞选,势必引起李、蒋之间的严重摩擦,于是力劝李打消此念,另行竞选监察院院长。李宗仁对白、黄的建议毫不理睬,仍照旧进行竞选活动。白崇禧见李宗仁主意已定,也就不再阻拦,并拉来黄绍竑主持李的"助选委员会"。根据"国大"公告,副总统候选人有国民党的李宗仁、孙科、程潜、于右任,民社党的徐傅霖,"社会贤达"中的莫德惠。其中最有力的竞争者为李宗仁和孙科。国民党各派围绕副总统的选举,展开了十分激烈的争夺。李宗仁如愿以偿地当总统,这集中反映了新桂系的实力。广西数年来为桂系"一统天下",抗战前后其地方自治的业绩为李宗仁当选副总统打下了良好的民意基础。❶

　　1903 年,有个法国军官去广西,参加为一个遇害的传教士立碑纪念的揭幕式,他对广西和法国在越南的殖民地之间的差异感到惊讶。他看到广西是个"崎岖、多山的省份,遭到内战破坏,受到强盗威胁,因官吏的勒索而贫穷,又因贫穷而人烟稀少"。❷

　　自古以来,八桂地处南疆,以风土人情为人所赞。虽时有豪杰为中原人识之,多以尚武称著,故有"南蛮"之名。史记名门略有:冼夫人平叛归隋,侬智高起兵反宋,瓦(氏)夫人北上抗倭,石达开、杨秀清师往太平(天国),冯子材、刘永福领兵抗法(国)。然,如桂系军阀之势,一统两广,出兵北伐,共赴抗日,雄居西南,势倾朝国,终至土崩瓦解,实属仅有。桂系,尤以新桂系,分别沉浮民国十三年,民国三十八年。是为现代中国一支十分独特的新军阀。桂系派阀和蒋氏中央政府便是这样一个复杂的权力角逐关系,既离不开对方却又相互有排斥。蒋介石认为,桂系的存在也是构成国民党内部不稳定不团结的一大原因之一。国民党败退大陆之前,彼此竞选副总统力量的角逐,蒋的下野,李的升任,也是重重矛盾纠结后戏剧性的一幕。蒋介石一生除了共产党以外,就以李宗仁三人为劲敌,可见新桂系的力度所在。按照白先勇先生(白崇禧之子)的引述,剑桥大学出版英国历史学教授戴安娜·拉里所著的《地方与国家:中国政治中的桂系——1925 至 1937》,分析

---

❶《李宗仁当选副总统》,《广西日报》,民国 37 年 4 月 30 日第 1 版。

❷ [英]戴安娜·拉里:《地方和国家:中国政坛上的桂系》,陈仲丹译,江苏教育出版社 2010 年第 1 版,第 26 页。

桂系的政治定性,结论是桂系远超出当时中国的所谓"地方势力",实达到全国性的身份。

地方自治在民国时期,人人会说,人人爱说。当局者尤其吧吧从事,国民政府督促于上,各省政府赶办于下,即要克期完成。可是直到中华民国败退台湾,地方自治效果却不尽如人意,这就可以证明此事推行之困难。梁漱溟曾猛烈抨击国民政府的"地方自治"毫无成效,所办的事情,只不过筹经费,定章程,立机关,振人员,人员虚掷经费,最终变成土豪劣绅狂欢的舞台。在梁漱溟看来,"以国家的力量来推行地方自治,无非求社会加速长进,但不能不顾社会形势之如何,而本着我想要怎样就怎样,强迫为之,不独白费力气,而且弊害百出。所谓社会之自然形势,即政治经济文化达于相当之阶段,自己实际有需要而可能践行。要促成地方自治,若其办法不协于中国社会的经济条件、精神条件,就是鲁莽"。❶ 在民国各省地方自治落败时期,广西却能有所成就,实是奇迹。

民国以来,广西备受国人关注,有恭维为"模范省"的,也有斥责为"桂系军阀"的。客观地讲,广西在地方自治方面还是作出了一些成就。李宗仁回忆广西建设时说:"因省政安定,人事无甚变动,党政军之间颇少摩擦,因而湘、鲁两省的治安亦差强人意,省内政治,经济设施,八年以降多有可观。因中国积弱太久,当政者不论贤与不肖,只要给以机会,他们总会给国家、人民做点建设事业。"❷黄旭初曾从人与事两方面总结地方自治的经验,他说道:"在人方面,中央政府的爱护,好领袖的积极领导,各级干部的忍苦耐劳,民众的拥护是成功的关键原因;在事方面,方向正确,秩序安定,统一政令,周密的计划等是成功的关键因素。"❸

邱昌渭曾总结说:"这些年国人对于广西真是太注意了。文人学士,与夫党政名流,凡是足迹来过广西的,都恭维广西如何好——恭维它是模范省。就是没有来过广西的人们,大家见了面,也不免要对广西夸奖一番。""我以为广西值得称赞的,不是学校的数量多,也不是民团的人数众,而是

---

❶ 许章润:《论梁漱溟对西方法律的理解》,《二十一世纪》网络版 2008 年 10 月号。
❷ 李宗仁口述、唐德刚撰写:《李宗仁回忆录》,广西师范大学出版社 1980 年版,第 620 页。
❸ 黄旭初:《广西建设成就之由来》,载广西建设研究会:《黄旭初先生言论集》,1941 年版,第 105—109 页。

一般人在行政的实施上,知道本末先后的区别。广西经过数年的兵炎匪祸,到民国二十年省局才算底定,同年一月省政府正式成立。广西党政军的领袖先生们,在那个时候既没有高谈什么几年计划,复没有提倡什么建设方案。他们只抱定决心,切切实实要做到左列的几件事:第一件事就是绥靖地方,第二件事是统一政令,第三件事是铲除贪污树立廉洁政风。绥靖地方,统一政令,铲除贪污,三者是一切建设的起码工作,完成了这三件工作之后,才能有资格走上建设之路——方能运用财力与技术专家,去从事农工商业的发展。"❶全国之内能满足这三个起码条件者不止广西一省,而广西独能获得一般人们的赞许,邱昌渭认为广西有三种精神与一个政策值得提出来介绍一下。第一是广西的刻苦精神,广西本来是一个穷困的省份,在广西做事根本就讲不到享受二字。第二是广西的建设具有创造的精神,因为我国数十年所颁布的法令制度多是照搬欧美日本等工商业社会的法律制度,与我国农业国家不相吻合。广西的三自政策完全是根据广西社会环境需要创造的。第三广西建设表现为一种科学的精神,重事实而不尚空论,尽人力而不靠天命,以自强不息的毅力,向着"苟日新,日日新,又日新"迈进,就是科学精神的最积极体现。最后还有"行新政用新人"的政策,用很大的决心贯彻新政的法令。

民国广西,也引起过国外学者的关注,芝加哥大学学者赖维奇教授所著《国民党中国的广西模式:一九三一——一九三九》中说:"三十年代的广西政府,在多数方面,可称为一个贤明政府。广西政府平靖匪乱,其动员群众、村仓、水利、筑路、减租减息等政策,稳定并改善了农村经济,全面实施儿童及成人团民教育,付出代价颇低,发展省内工业,并设立政府管辖之销售及收购机构,平衡了贸易赤字。广西政府创立一个廉洁勤勉的行政系统,组成了一支纪律严明、训练有素,具有爱国思想的军队,参加抗日战争,并成立地方自治机构,广布地方自治思想。毋庸怀疑,广西比当时中国其他多数地区治理得要好。"赖维奇教授在他的书中,把三十年代的广西当作一个建设中国的政治模式来研究,并与当时同时存在的蒋中正领导的南京政府、毛泽东

❶　邱昌渭:《从政治学的立场谈广西建设》,载李宗仁等:《广西之建设》,广西建设研究会1939年版,第137—142页。

领导的延安政府做了一个比较,他认为"南京中央政府最后在大陆崩溃,其中有几个主要原因,一是未能将政府组织深入农村,二是未能有效创立民众组织,再则未能铲除贪污腐败。而当时广西及延安政府成功的要素之一即是应用政府机构及民众组织有效地动员了人民"。❶

　　国外的戴安娜·拉里(Diana Lary)对桂系做过很好的研究,她发表的研究专著也是她的博士论文——《地方和国家:1925—1937年中国政坛上的桂系》(Region and Nation:The Kwangsi Clique in Chinese Politics 1925 - 1937),影响很大。该书探讨的是李宗仁领导的桂系,从统一广西到被凝聚在抵抗外侮旗帜下,坚持的是地方主义,还是民族(国家)主义?以1937年为界,自然有其深意,用拉里的原话表述:"1936年广西自治地位的丧失,意味着桂系作为一个独立地区派系的终结……不到一年时间,中国与日本交战,桂系领袖从国民政府顽强的对手变为抵抗日本侵略的政府的保卫者。"桂系领袖除了在1928年和1929年这一短暂时期外,从来没有只关注获得并维持对地方权力的控制,他们要将地方主义和民族主义这两种压力协调起来,将两者安排在不同层次,某种程度在理论上民族主义要占优势。对这一份忠诚带有讽刺意味的是,对地方主义的坚持消弱了民族主义,也就消弱了维系国家统一的民族主义。1937年日本的全面入侵,民族主义被赋予了一种具体而明确的内涵,这就是抵抗日本的侵略。地方主义被淹没在民族危机之中。国民党得到了一次掌握民族主义领导权的机会。但国民党中央的独裁和内部派系斗争、贪污腐化使得战后地方主义思潮再起泛起。❷拉里的评述从一个侧面看出了广西经济、政治、文化、军事四大建设在抗战前后地方自治中不同的模式特征。抗战前广西以"建设广西、复兴中国"名义进行的建设带有很强的地方主义色彩;抗战后新桂系地方自治的地方主义色彩虽然减少,但却在更广泛的范围内扩充了新桂系的实力,以致李宗仁能成功竞选副总统。

　　当然,新桂系地方自治是不彻底的,所以戴安娜·拉里将其称为"地方主义"而不是"地方自治"。李、白在广西搞的建设不是根本性的制度变迁,

---

❶　白先勇:《建设广西模范省:白崇禧的"新斯巴达"》,《温故》2010年8月27日。

❷　[英]戴安娜·拉里:《地方和国家:中国政坛上的桂系》,陈仲丹译,江苏教育出版社2010年版,第256页。

他们无意主张乡村革命,无意推翻地主土地所有。❶ 这反映了新桂系的阶级局限性,以致后来积极跟随蒋介石南京政府发动内战,使广西人民的生活陷入灾难之中,其教训也是深刻的。

## 第二节　民国广西地方自治之"失"

李宗仁曾感叹:"我本人痴生七十年,为中国革命运动重要一员亦垂三十年。北伐之役,我们以数万之众,不旋踵便从镇南关打到山海关;抗日之役,我们以最落后的装备陷数百万现代化的日军于泥淖之中,终至其无条件投降。此非吾辈革命党人有三头六臂,只因革命浪潮为不可阻遏的历史力量而已。嗣后中共的席卷大陆,其趋势亦复如此。我本人亲历如火如荼的革命运动凡数十年,深知其势不可遏。任何反动力量,试其锋,必遭摧毁,深愿今后国家的秉政者能三复斯言。"❷

### 一、省参议会选票纠纷的症结

1943 年 9 月,蒋介石继因车祸去世的林森任国民政府主席,同月召开国民党五届十一中全会。当时,世界反法西斯战争的胜利将要到来的形势已十分明显。国民党着手战后统治中国的筹划,因而在这次全会上作出了"国民政府应于战争结束后一年内召集国民大会制定宪法而颁布之"的决议。同月举行了国民参政会三届二次会议,决议设立"宪政实施协进会",以国防最高委员会委员长蒋介石为会长,要求各地研究宪法草案,提出修改意见。中国共产党和爱国民主党派利用这一合法机会,在宪政的大题目下,把这次宪政运动的方向从国民党所提出的"研讨宪法"改为要求国民党进行民主改革,完成地方自治。

(一)地方自治的制度性症结

1944 年 12 月 5 日,国民政府颁布了《省参议会组织条例》和《省参议员

---

❶ 《二十世纪三十年代的广西建设学术研讨会》,广西师范大学、广西史学会举办,2012 年 5 月 22 日。

❷ 唐德刚:《李宗仁回忆录》,广西师范大学出版社 2005 年版,第 785 页。

选举条例》,省参议员由委任制改为选举制。1945 年 5 月 14 日,国民党第六次全国代表大会通过了促进宪政实施之各种必要措施案,规定:在六个月内,后方各县、市临时参议会应依法选举,俾成为各县、市正式民意机关。后方各省所属各县、市参议会有过半数已经成立时,立即依法选举,俾成为各省正式民意机关。1946 年 6 月 10 日,广西省参议会正式成立,成立之后即选举正副议长。

议长候选人是李任仁和陈锡珖。从 1939 年 4 月 5 日起,李任仁历任广西省临时参议会议长三届,可算作新桂系的元老。陈锡珖,广西玉林人,曾在日本法政大学学习。李宗仁在玉林起家之时,在筹措军费方面得到了其叔父陈懿庭的支持,以后陈锡珖的官运亨通,多靠这个关系。

根据《省参议会组织条例》规定:"省设参议会,由县市参议会选举省参议员组织之。前项省参议员名额,每县市一人(第一条)。""省参议会置议长副议长各一人,由省参议员用无记名投票互选之。议长或副议长因故去职时,应依前项规定补选(第八条)。"广西当时有 99 县 1 市,省参议会议员应为 100 人,但省议会开会时实际选出省议员才 97 人,到会 94 人。《省参议员选举条例》第二十条规定:"省参议员选举,以得出席者总额过半数之投票为当选,选举结果无人当选时,应举行再选,以得票较多者为当选。"议长选举结果,李任仁得票 40 张、陈锡珖得票 39 张,另有 5 张选票因书写问题而存有疑义,其中 1 张选票不按格式书写,4 张选票则将陈锡珖的"锡"(繁体写法)字写错了。将陈锡珖的"锡"字写错的选票中有 3 张选票将"锡"字的"易"字边多写了一横,即"日"与"勿"之间多一横;另有 1 张选票将"锡"字的"易"字边少写一撇,即"勿"字少一撇。李任仁、陈锡珖两人的有效票俱没有超过半数,这些有问题的选票是否有效,是决定陈锡珖能否当选为正议长的关键。于是,围绕如何界定有疑义的这 5 张选票,李、陈双方展开了激烈的争斗,并最终形成了拖延时间长达 80 余日的选举纠纷。❶

根据《省参议员选举条例》第十九条规定,选举有左列情形的无效:一不依式书写者、二夹写他事者、三字迹模糊不能认识者、四不宜制发之选举

---

❶ 陈学澧:《广西省参议会议长选举纠纷述要》,载广西壮族自治区政协文史资料委员会编:《新桂系纪实(下)》,广西壮族自治区政协文史办 1990 年版,第 71—84 页。

票书写者。因此,几张不合规的选陈锡珖的选票应无效,可由什么机构来作出裁定,法律并不明确。《省参议员选举条例》第三条规定:"省参议员之选举,以内政部部长为选举监督。""省参议员选举事务,由省政府办理之(第五条)。"该选票纠纷是属于"选举监督"的范围还是"选举事务"的范围,省政府不愿作出裁定。为了解决纠纷,按法律程序选举纠纷可由内政部仲裁。可内政部部长张厉生属于国民党的 CC 派,对与共产党频繁接触的李任仁并不支持,也不表决。最终,白崇禧在征得蒋介石的同意下,由内政部作出决定,要求李任仁与陈锡珖放弃议长选举。在排除了李任仁与陈锡珖为正副议长候选人、确定蒋继伊与岑永杰为正副议长人选之后,纠纷方得以解决。❶ 省议会的选票纠纷,涉及对自治权的主体、权限以及监督进行制度设计,本应有相应的法律解决渠道,可最后只能通过行政手段裁决。可见,国民党政府虽以完成地方自治为名设立省议会,但并没有相应的法律制度保障。

(二)地方自治组织的民主性症结

从民国建立以来,如何配置有关地方自治的议决权和执行权一直是个争论问题。有主张议会统一行使自治权的,也有主张议决权、执行权二元分立的。在北京国民政府时期,前者是主流观点。南京国民政府成立后,由于实施训政,地方行政机构权力越来越大,因此在地方自治的权力配置模式选择上主张后者。对于议会制度,章太炎就明确反对,他说:"以中国行立宪代议之政,其蠹民尤剧于专制。"使得原有地方豪强"今超然而为议士,为虎著冠",扰乱百姓更为厉害。孙中山对议会制度也没好感,他主张"县自治,行使直接民权"。他说:"能够有直接民权,才算是真正民权。"所谓直接民权,就是说:"一完全自治之县,其国民有直接选举官员之权,有直接罢免官员之权,有直接创制法律之权,有直接复议法律之权。"但是他还说:"我中国人民,久处于专制之下,奴性已生,牢不可破,不有一度之训政时期,以洗涤旧染之污,奚能享民国主人之权利。"所以,他主张由"革命党人"来训政,这就使得地方自治的权力配置偏重于地方政府,选民也难以脱离"训政"的

---

❶　姚璋:《白崇禧回老家做什么?》,《文萃》1946 年第 46 期。

窠臼。❶

如何协调直接民权和间接民权的关系,成为民国地方自治难解的症结。对于这场选举纠纷,许多老百姓认为是劳民伤财。据《广西日报》事后报道,可知花费了"一亿元以上的巨款"。对此有人评价认为"一亿元对于本来是贫瘠,经过了八年抗战,两次沦陷的空前的浩劫,继以遍地饥馑,又加旱灾、水灾、虫灾频仍的本省人民,更不是一笔轻的负担"。另外,用于双方互相攻击的灰色支出又为多少? 李方阵营每日在建设研究会八桂厅、陈方阵营流连于漓江花艇上的费用又几许? 所有这些,实无法估算。本次议长选举纠纷,并非为公众利益而发生,只是参议会的内耗而已。纠纷的发生与拖延,不仅贻误广西省政,而且从这一派系斗争引发出来的丑闻越闹越大,严重影响了参议会及参议员的形象和声誉。纠纷使人们对于自称为"人民代表"的参议员更为不信任。有的认为"议长问题之争,并非陈李二公之事,实为全体参议员之过"。有的主张"停止负担省参议员之生活费及其他费用,以免置无数饥民而不救,而靡费于毫无利益的争执时间之延长"。❷ 这说明抗战后公众民主参政的意识强化,对花瓶式的参议会制度已不感兴趣。

(三)参政会与政党制度的关系

事实证明,国民党一手操办的参议会选举不是真正的民主。李任仁在选举中的失败,表面上是民主选举的结果,实际上是国民党内有派系斗争,外又排斥其他党派参与组建联合政府,坚持一党独裁的体现。

当代著名政治学者塞缪尔·亨廷顿认为,现代与传统政治体系的关键性区别就在于现代政治体系建立起了现代政党体系。❸ "皖南事变"以后,各民主党派、文化团体深感有为民主与反内战而团结之必要。1941 年 3 月 19 日,在中国共产党的帮助下,一个新的政党——中国民主政团同盟在重庆诞生。紧接着,中国民主政团同盟参政员张澜、罗隆基等向二届二次国民参政会提出"实现民主以加强抗战力量树立建国基础案",要求国民党"结

---

❶ 张国华主编:《中国法律思想史》,法律出版社 1982 年版,第 488 页。

❷ 王晓军:《1946 年广西省参议会议长选举纠纷的影响》,《广西师范大学学报》2009 年第 6 期。

❸ [美]塞缪尔·P.亨廷顿:《变化社会中的政治秩序》,生活·读书·新知三联书店 1989 年版,第 84 页。

束训政,实施宪政";"成立抗战时期正式中央民意机关";"政府一切机关不得歧视无党或异党分子";"保障人民身体、信仰、思想、言论、集会、结社、入党、看报、旅行等等自由";"停止特务机关对内之一切活动"等政治主张。国民党被迫默认了这一事实。从此,中国民主政团同盟以中间党派的身份出现在国民党统治区,开展独立的政治社会活动。❶

由于民盟是一个以知识分子为主的民主政党,要和国民党右派进行斗争力量还不够。国民党军事委员会桂林办公厅主任李济深同何香凝、李任仁等接着酝酿组建"中国国民党民主促进会"("民促"),与民盟互相配合,共同推动民主宪政运动。中国民主同盟在重庆秘密成立时,决定派中央常委梁漱溟去香港办报,途经桂林,就得到了广西建设研究会名誉会长李济深的大力帮助,才安然到达香港。

因当时抗战形势紧张,直到1946年3月6日,中国国民党民主促进会才正式在广州成立。李任仁参与了"民促"的筹办,其行为虽是秘密的,但李任仁对共产党和中间派的态度引起蒋介石大为不满。开始时,尽管白崇禧对李任仁有意见,但对他还是保护的。李任仁主持广西建设研究会期间,聘请了大批进步文化人士和民主人士作为研究员。中统陈立夫多次建议白崇禧撤销广西建设研究会,但白崇禧都敷衍过去。因有白崇禧的保护,中统特务并不敢伤害李任仁。1946年3月,李任仁参加国民党六届二中全会期间,与李济深等出席了由周恩来授意,冯玉祥、民盟代表张澜等牵头,在重庆的广东酒家举办的民主人士联络酒宴,白崇禧对此大为不满。事后,白崇禧在渝对广西籍的参政员黄钟岳、苏希洵等说:"广西正式参议会成立,再也不能让李任仁连任议长,议长一职应必由陈锡珖担任。"广西省参议会即将正式成立时,白崇禧再次叮嘱黄旭初:"不要再让李任仁当选为议长。"因此,1946年6月广西省参议会的议长选举,李任仁最终竞选失败。❷

## 二、行宪与戡乱的悖论

按照国民党的宪法理论,地方自治完成后,下一步就是实施宪政。20

---

❶　汪东林:《梁漱溟问答录》,湖北人民出版社2004年版,第20页。
❷　曹裕文:《李任仁与白崇禧的师生谊(下)》,《侨报》2009年12月30日。

世纪 40 年代后期,国民政府在大陆召开两次"国大",1946 年的"国大"在近代史上叫"制宪国大",1948 年的"国大"叫"行宪国大"。宪法颁布后,在正式施行前仍有一年时间,依照国民政府于三十六(1947)年一月一日公布的《宪法实施之准备程序》,需在宪法实施前产生民选的国民大会代表和立法委员,并在宪法实施后即召集行宪国民大会,产生中华民国总统和中华民国政府。根据选举法,国大代表和立法委员的选举为直接普选,监察委员则由各省、市参议会以间接选举法选出。

1946 年底,国民党召开制宪国大,通过其主导制定的宪法,继之于 1947 年 3 月断然破裂国共关系,继而占领延安,表现出政治与军事的强势。然而不出数月,国民党即为山东战场之挫败及中共在东北的大规模军事反攻所震撼。1947 年 6 月 30 日,蒋介石在国民党中常会上作了《当前时局之检讨与本党重要之决策》的讲话,提出了"戡乱总动员"等政治决策。7 月 4 日,国民党政府第六次"国务会议"上,通过了蒋介石交议的所谓"厉行全国总动员,以戡平共匪叛乱,扫除民主障碍,如期实施宪政,贯彻和平建国方针案",并颁布了"戡乱共匪叛乱总动员令"。该动员令称政府决心动员全国力量,加紧"戡乱"。7 月 18 日,根据动员令又在国会通过了《动员戡乱完成宪政实施纲要》。❶ 于是,国统区各省市参议会和所谓"人民团体"纷纷通电表示拥护"戡乱",并在各地召开"戡乱建国动员大会"。这就是国民党的戡乱救国"总动员"。

在 1947 年中,国民党当局为稳定后方形势,对外维持"民主"形象,行宪准备工作没有停止,各地国大代表、立法委员和监察委员的选举也紧锣密鼓地展开,可整个选举过程表面上民主,实际上徇私舞弊。例如,民国三十六年,广西田阳县进行选举国大代表,设选区 23 个(每个乡镇各设一个)。候选人是:韦耀祖(那坡)、卢璞卿(那坡)、黄奕勋(那坡)、何成銮(那满)、黄体亲(甫圩)。临选时,黄体亲放弃参加竞选。选举前,韦耀祖派亲戚、朋友到各乡拉关系,自己也到处串联,讨好选民。卢璞卿亲戚朋友也到处活动。黄奕勋对选民施小恩小惠,分别送给每个选区 20 万元(光洋),还声张道:"哪个选区有 50% 以上的选民选他,还要另送给一笔钱;哪个选民投他

---

❶ 中国第二历史档案馆:《国民政府训令》,《中国现代政治史资料汇编》第四辑第 4 册。

的票,可以到他的粉摊去白吃一次粉。"选举结果,韦耀祖和卢璞卿分别以得票第一、第二获选。❶

不仅一般民众将行宪看作是一种表面形式,就连国民党的高级领导也认为如此。黄绍竑说:"所谓'行宪',就是要选举大总统,实行总统制。这样,我想用来观望风向的地位(那时我任监察院副院长),不复存在了,我又作什么打算呢?我既想'竞选'立法委员,自然也得学学欧美的民主选举方式,回到自己的选区(广西梧州、玉林地区),进行竞选。"在桂林黄绍竑遇到主持广西选举的韦赘唐,韦赘唐当过黄绍竑的秘书,私下对黄说:"季公想要当立法委员,只须吩咐我们一声就得了,准能选上,用不着亲自出马,费那么大力气同他们竞选,反而降低了你的身份,真不值得。"❷

国民党对行宪的操纵,不仅表现在地方层面,更体现在对中央政权的组织设计上。蒋介石对宪法规定的责任内阁十分恼火,他在1948年4月4日国民党中央执行委员会临时全体会议上愤然地说,他自己不当总统候选人,并建议首任总统由一位党外人士来担任。临时全体会议对蒋介石不任总统,众论纷纭,莫衷一是。最后会议作出决议,授权中央常务委员会去考虑。4月5日下午举行的中央常务委员会会议,由张群、陈布雷、陈立夫去征得蒋介石的同意,作出了这样的决议:"确认国家现实需要总裁的领导,本届国大仍推总裁为总统候选人。惟国民大会应制定特别条款,授权总统在特别时期执行紧急处置的权力。"一句话,蒋介石要把责任内阁制变成总统制。1948年4月,国民党召开第一届国民大会第一次会议。在会上,张群、王世杰等一批人拼凑721名"国大代表"联名提出了"制定动员戡乱时期临时条款"一案。4月18日,大会正式通过了王世杰、莫德惠、谷正纲等代表提出的《制定动员戡乱时期临时条款案》,解除了宪法对总统的一些限制。该案规定"总统"在"动员戡乱时期","为紧急处分,不受宪法第39条或第43条所规定程序之限制",使得蒋介石"总统"不经"行政院"、"立法院"批准即可采取重大行动。"临时条款"的性质相当于"宪法修正案",被称为

---

❶ 田阳县志编纂委员会:《参议会和竞选国大代表》,《田阳县志》,广西人民出版社1999年版。

❷ 黄绍竑:《李宗仁代理总统的前前后后》,载广西壮族自治区政协文史资料委员会编:《新桂系纪实(下)》,广西壮族自治区政协文史办1990年版,第126页。

"战时宪法"。宪法原文与之相抵触时,以"临时条款"为准。实际是以临时条款作为统治的"根本大法",架空"宪法",成为蒋介石在"戡乱时期"进行独裁统治的重要法律依据。该条款是仿效1919年《魏玛宪法》的总统紧急命令权而出台的。德国1918年制定《魏玛宪法》,采用责任内阁制,但总统有紧急命令权,可以暂时停止宪法中部分规定的效力。1933年希特勒建立独裁统治后,先用紧急命令宣布《魏玛宪法》中许多关于人民权利的条文停止生效,又制定了《消除国民与国家危机的法律》(《授权法》),规定政府可以自行制定与宪法相抵触的法律。于是《魏玛宪法》名存实亡。

关于《魏玛宪法》中"紧急命令权",德国著名宪法学家施密特在1928年出版的《宪法学说》中曾为之辩护说:"宪法可以区分为绝对意义的宪法和相对意义的宪法法规,前者指制宪主体的一次性政治决断,后者仅指由政治决断引出的一套调节生活秩序的具体法规。"施密特认为,"作为整体的宪法是一个民族的政治决断,则其中规定的基本权利、民主共和政体就不可被修宪机构的行为凭借法律程序而修改"。施氏的这一问题来自对魏玛宪法的深刻体察:魏玛宪法规定"德意志为民主共和政体",该宪法第七十六条又规定了宪法修改的程序,如果将来2/3议会多数通过,能否修改德意志民主共和政体呢?在施氏看来,万万不可,因为"作为民主制度下制宪权主体的民族,其民族认同并非来自其所制定的宪法法规,民族认同乃是一先于宪法法规、历史的客观存在,其归属是无法自由决定的绝对意义的宪法。"绝对宪法的依据不是来自宪法法规中的"不得修改条款",而是来自民族的"一次性政治决断"。❶ 但是,希特勒还是利用《授权法》变更了《魏玛宪法》的"民主共和政体",使德国在二战中变为了法西斯帝国。而民国国民政府修宪通过的《制定动员戡乱时期临时条款案》,是从根本上违反了宪法确立的民主共和国的"政治决断",与希特勒《授权法》如出一辙,使中国处于内战之中。

而对广西当局而言,新桂系集团与蒋介石集团虽然有着很大的矛盾冲突,但此时的新桂系领导人李宗仁、白崇禧等已经进入了中央的权力中枢,

---

❶ [德]卡尔·施密特:《宪法学说》,台北联经出版事业股份有限公司2004年版,第144—151页。

因此广西地方政府也就紧随蒋介石集团"戡乱剿匪",地方自治也就无从谈起。

### 三、新桂系政权的覆灭

广西在抗日战争期间,两受日军的侵入蹂躏,使广西的社会经济遭到严重的破坏,城市凋敝,农村荒芜,元气断丧殆尽。战后,在急需恢复经济的关键时期,广西各地从1945年始连续数年发生水、旱、风、虫、疫灾,灾情之重,灾区之广,实属罕见。战争浩劫后的广西,社会经济凋敝,加上自然灾害,人民生活困苦,急需休养生息。

为振兴广西经济,广西当局进行了土地改革。1946年4月,国民政府修正《土地法》,规定"私有农地所有权之转移,承受人以承受后能自耕者为限;省或院辖市政府得限制每一自耕农之耕地负担最高额"等。1946年广西省行政会议时,田西县长高君仁,根据中央新土地法之规定,提出广西如何限制私有土地最高额议案,交由审查会拟定了几项标准,交大会讨论后,遂通过了原则,由省府立法。1947年4月1日至18日,省参议会第二次会议在桂林举行。会议通过《限制私有土地最高额案》,要点为:私有土地面积最高额每人不得超过上田5亩,中田7亩半,下田10亩。一家10口以下照10口计算,10口以上每加一人,得增上田5亩、中田7亩半、下田10亩。所有超过限额的土地,应依省政府规定于3年内出卖。省府接着拟定了《广西省限制私有耕地面积最高额实施办法》,于1947年8月12日经省府第880次会议通过,然后呈中央行政院核准公布。12月5日至21日,省参议会第三次会议在桂林召开。大会通过《电请中央按损失程度面发日本赔偿物资,以弥补本省在抗战期间所受之巨大损失案》《请省府督饬各县举办土地复查复丈,以解民众不合理之负担案》等提案。

可是,新桂系的土改进行不久,就转向了"戡乱剿匪"。1947年10月,黄旭初在一次行政会议上说:"我们当前的大患为共匪,我们当前中心任务为勘乱剿共。共匪不除,大家决无安宁的日子……这时期我们和共匪之间,是'你死我活'的战争时期,任何人无中立或袖手旁观的可能。"由此可见,黄旭初已死心塌地追随蒋介石打内战了。黄旭初民国三十七年一月五日在省政府省保安司令部军管区司令部会议上作了"一年之计"的报告,指出当

前工作的重点是剿匪、减租和征兵。❶

　　中华民国"行宪"与"戡乱剿匪"并行发生,使得地方自治虚化并危及重重。从表面上看,在地方上,国民政府及后继之民国政府组织了省县自治。凡国军控制的县市,由人民直接选举县(市)长和地方参议会;凡国军驻扎的各省,由人民选举省议会并制订省自治法。1948 年 7 月 16 日至 8 月 2 日,省参议会第四次会议在桂林举行。大会通过《请中央迅速颁布县长选举罢免法以便实行民主选举》、《请省府限制城市土地所有额,使与限田政策齐头并进,以免城市土地集中案》、《请省府限制所有房屋,实行居者有其宅,以维平均地权案》、《本省限田政策,应即迅付全面实施,以求全省土地改革之初步完成,而促耕地分配合理化案》等提案。表面上虽然开始行宪和实施地方自治,实际上由于广西积极参与反共内战,导致了社会秩序的严重混乱和自治危机。所谓广西的限田政策,法令制定后一直都不能得到实施,省府总以无钱运作来推诿。1949 年 6 月 17 日,中国农村复兴委员会给广西一大笔经费,用于补助省、县、乡三级督导员支付,以推行限田政策这项计划。可是,由于国民党土改本身弊端丛生,实行尤难,李宗仁、白崇禧在家乡的兄弟,每个都有很大数目的田产,限田工作人员对他们无可奈何。白崇禧要人转告他大哥白佐廷,要按照省府规定,除了留出家中的田地之外,多余的照规定卖给农民,白佐廷却说家中人口多,田地还少,哪里还能多出卖给别人。桂系尽管试图通过"限田制"、"保农会"来缓和农民和地主的斗争,但是实施到白佐廷之类的人那里,就行不通了。❷

　　1948 年底,国共力量对比发生逆转,国民党在同中共的军事对抗中连续在辽沈、淮海、平津三大战役中失利,这对蒋是一个致命的打击,使其失去了抗击党内反对派的实力。桂系也对其逼宫,提出举行国共和谈的主张,企图利用和平谈判的手段,达到"划江而治"的目的。1949 年 1 月 1 日,蒋发表《元旦文告》,宣告下野,由副总统李宗仁代行总统职权。以此为标志,蒋介石退居幕后,李宗仁走上前台,寻求与中共进行和平谈判。李宗仁之所以急于摇起和平的橄榄枝,其实有他自己的如意算盘,那就是通过国共和谈,

---

❶ 黄旭初:《一年之计》(出版者不详),1948 年,广西师范大学图书馆馆藏。
❷ 钟鑫:《新桂系的土地改革》,载广西壮族自治区政协文史资料委员会编:《新桂系纪实(下)》,广西壮族自治区政协文史办 1990 年版,第 223—224 页。

实现"划江而治",最终取蒋而代之。

李任仁等进步民主人士也极力赞同中国共产党的和平、民主、团结建设新中国的方针,多次劝说李(宗仁)、白(崇禧)接受中共和平条款,推动和平解放广西。❶ 就在李任仁等为李宗仁重开和谈出力的时候,白崇禧从武汉回到桂林。4月底,白崇禧在李宗仁官邸,召开新桂系高级军政官员会议,讨论和战问题。会上,和战两派争斗十分激烈。李宗仁、白崇禧二人不表态。会议结束时,白崇禧说:"和战取决于德公。"此后,白崇禧又召开一次高级军官会,他说:"以后谁再言和谈者,给我抓起来。"自此之后,桂林的主战派言论甚嚣尘上,和平谈判已经无望。❷ 白崇禧还根据广西的区域特点,划分六个军政区,每一个军政区就成了一个反共救国军,实际上他是把正规军跟民团结合,给不久后的解放军围剿战斗带来了不小的阻力。❸

解放战争时期,在广西民团制度基础上,白崇禧在华中地区创造了效能更大的总体战和党政军一元化的办法,要求军事、政治、经济三位一体,以军事为主,绥靖区长官统一指挥、监督辖区内之一切,强化保甲制度。❹ 淮海战役结束之后,为将广西重建为反共游击根据地,新桂系高层遂向国民党中央建议,成立"桂林绥靖公署",直接隶属华中军政长官公署指挥(长官白崇禧),并推荐其副长官李品仙兼任桂林绥靖公署主任。此议得到国民党中央的批准,爰于1949年5月1日撤销广西省保安司令部,另在广西省会桂林成立"桂林绥靖公署"(简称"桂绥"),在广西实施总体战和党政军一元化的统治。该署班底人马,由李品仙在省外带回一部分,与省内的黄旭初保安司令部合并而成。"桂绥"主要工作:与省政府每双周举行一次联合汇报,主要为阐述省外解放军的动向,研究军政有关的重要措施,例如:征兵、征粮、修筑公路、民枪登记、联防联保、增设团队、组织军政督导团、空室清野、公开烟赌、一甲一兵一枪、附加税收等等。

为了解决实施总体战的财政危机,新桂系军阀公开贩卖烟土。据桂系

---

❶ 王鹏:《李任仁:坚持抗战的同盟会会员到新政协会议代表》,载《人民政协报》2009年11月5日。

❷ 曹裕文:《李任仁与白崇禧的师生谊(下)》,《侨报》2009年12月30日。

❸ 刘维楷:《解放前夕桂林绥靖公署的反动措施》,载广西壮族自治区政协文史资料委员会编:《新桂系纪实(下)》,广西壮族自治区政协文史办1990年版,第225页。

❹ 朱宗震、陶文剑:《中华民国史》第三编第六卷,中华书局2000年版,第156—157页。

人物莫树杰回忆,1949 年夏秋之间,有一个晚上,省府与保安司令部各高级人员为了庆祝黄旭初"金婚之喜",在黄的公馆大开宴会。财政厅韦贽唐趁未开席前,向各方负责人交换了"大开烟、赌抽税问题"的意见。他说:"关于烟、赌抽税问题,已征得德(李宗仁)、健(白崇禧)、鹤(李品仙)各公同意了。因为目前扩军开支,唯一的经费来源只有烟、赌抽税,如无意见,我们拟定办法,即时办理。"当时大家无意见。会后发表韦云淞为广西禁烟督办。韦接事后,任用他的私人,在各处设卡收税,命令各县强迫农民种植鸦片,限期收税,不管农民有无收获都要派兵去收,层层敲剥,农民苦不堪言。❶

1949 年 10 月,解放军第四野战军发动衡宝战役消灭新桂系主力部队后,联合第二野战军、第一野战军在雷州半岛、贵州等地对新桂系部队进行大包围。最后攻入广西,将新桂系十余万部队消灭。由于新桂系盘踞广西二十多年,长期实行保甲制度,地方军事武装很多。新中国成立初期,发生在广西境内的大规模的剿匪作战,是新中国确立初期的重大事件,中国人民解放军出动了作战部队两个兵团,计 4 个军、17 个师,加上地方部队和武装民兵,累计投入总兵力超过百万,作战时间长达三年。从 1949 年 12 月到 1952 年 12 月,人民解放军参与广西剿匪前后历时三年之久,作战时间之长相当于打了另一场解放战争。❷

## 第三节　民国广西地方自治的反思

梁漱溟在 1935 年时感叹道:"中国提倡地方自治差不多有 30 年的历史,而总不成功。"地方自治在中国为何总难以成功? 美国杜克大学政治系终身教授、上海财经大学公共经济与管理学院院长牛铭实也对此进行了追问。牛铭实教授认为,地方自治不是舶来品,中国存在久远的关于地方自治的讨论和实践,如顾炎武认为:"寓封建之意于郡县之中,而天下治矣。……封建之失,其专在下;郡县之失,其专在上。"清末更是以地方自治来挽救时局,可是地方自治在中国还是没有成功。牛铭实说:"清末地方自

❶ 莫树杰:《解放前夕新桂系在广西的反动措施片段回忆》,载广西壮族自治区政协文史资料委员会编:《新桂系纪实(下)》,广西壮族自治区政协文史办 1990 年版,第 275 页。
❷ 参见《人民解放军广西剿匪相当于打了另一场解放战争》,凤凰卫视 2012 年 9 月 1 日。

治的花朵后来并没有结果。虽然当时清廷推动宪政和地方自治的方向是正确的,然而已阻挡不住革命的洪流,挽救不了其覆亡的命运。民国成立后,北洋政府、北京政府、南京政府虽然都曾推行自治,都有选举地方议会的制度和实践,但总因政权更迭或战争打断,一次次重来,每次都没有机会持续发展,结果都不理想。"❶前车之鉴,后人之师,因此,中华民国实施地方自治的失败是制度问题还是地方自治的行政生态问题,仍值得思考。

### 一、地方自治的构成要素

地方自治的构成要素,也就是地方自治应具备的要件。清末改制以来,地方自治的自治要素就一直是人们讨论的热点。法学界一般认为,地方自治必须具备三大要件方能成立,即:自治机关、自治法律,自治权限。有论者还将地方自治的构成要素作为要点阐述,认为"所谓地方自治之要素者何耶? 一言以蔽之,要在于国民有公共心而已"。❷ 还有论者认为,"顾天下事非财不举,地方而欲自治,必有财以为实现自治之支费,而后乃可以收效;否则虽日讲自治利益,日颁自治制度,亦犹海市蜃楼,终归乌有而已。"❸

笔者认为:地方自治的构成要件是在一定行政生态环境中实施地方自治需要具备的条件,可分为主、客观要件。客观要件包括自治机关、自治经费等组织要件和自治法律、自治权限等法律要件;主观要件就是团体精神和法治观念。笔者对地方自治构成要素的如此划分,是借鉴美国学者庞德关于法的概念的分析,以中华民国建立以来地方自治实施过程中的模式变迁为事实依据而得出的结论。庞德认为,法律是"律令、技术和理想"构成的模式,与之相类似,地方自治的法律要件就是权威机关颁布的自治"律令";政治组织筹办自治机关、自治经费的活动相当于"技术"要素;地方自治需求的团体精神和法治观念则为"理想"构成要素。

---

❶　牛铭实:《中国地方自治历史实践的三个起点》,《南方都市报》2014 年 8 月 18 日。
❷　汪太贤:《从治民到民治:清末地方自治思潮的萌生与变迁》,法律出版社 2009 年版,第 335 页。
❸　汪太贤:《从治民到民治:清末地方自治思潮的萌生与变迁》,法律出版社 2009 年版,第 339 页。

（一）地方自治的行政生态

所谓行政生态，是处于特定行政系统边界之外的，能够对该系统的存在、运行和发展产生直接或间接影响的各类实体、情势与事件的总和。❶ 行政生态虽然不是地方自治的构成要素，但它影响着地方自治各要素的配置和功能发挥，因此，在分析地方自治的构成要素前，我们应明确这一概念。

1946 年受聘为民国司法行政部顾问的庞德（Roscoe Pound），曾就中国制定宪法与地方自治作了一些告诫。他说："中国需要一种具有中国性格，合乎中国国情之中国宪法，不必抄袭外国。制定宪法时最应注意之点，乃使宪法之内容配合一国之历史与文化背景及社会环境。立宪政府必须在一国之人民原有之文化制度及传统之理想中逐步形成发展，决非一种长成后可任意由一国移诸他国之物。""宪法之制定须顾及时间、区域及人民三者需要。中国所需要者乃一种具有中国性格，适合中国情形之宪法，非抄袭外国之宪法。""中国既缺乏美国当年之历史及社会背景，并无采三权制之必要，且三权制对于今日中国政治上之迫切需要亦未必适合。"他还就中国是否可使用联邦制进行了阐释，他认为："联邦政体大都为历史之产物，殊不足以充实国防，抵抗强邻之侵略。当国家有外患之可能时，宁牺牲联邦制而建立强有力之中央政权。美国、加拿大、英属澳洲殖民地，及南非共和国向无严重之外患，故无建立强有力之国防制度之必要，其采行联邦制似无不可。中国今日之处境不同，制宪者应顾及国防之需要，故单一整体较为可取。"❷ 庞德对中华民国推行宪政的观察不一定都正确，但他认为不同的行政生态具有不同的地方自治模式的观点，笔者认为是正确的。

历史经验证明，一个国防强大，统一、稳定的中国是实施地方自治的保障。而民国时期外国势力的干扰、中央与地方之间的武力较量以及地方军阀的割据，这些因素都时时影响着地方自治的实施，中华民国地方自治模式也因此出现了独立、自主、联省自治、新县制等不同样态。因此，地方自治的实施，在不同的行政生态环境中，其模式是不同的。各国必须按照本国的政治、经济、文化、人情、风俗、地势、气候、习惯等行政生态，选择地方自治的适

---

❶ 丁煌：《行政学原理》，武汉大学出版社 2007 年版，第 57 页。

❷ ［美］庞德：《论中国宪法》，《中央日报》1946 年 12 月 13 日。转引自王健编：《西法东渐：外国人与中国法的近代变革》，中国政法大学出版社 2001 年版，第 123—127 页。

当模式。

（二）组织要件

地方自治的组织要件是地方自治赖以开展的物质条件，包括人力、物力、财力、权力等一切要素及其组合形式的总称。民国时期，政府对地方自治应该说投入了不少人力、物力、财力等资源，但收效甚微，其中原因之一就是组织形式是通过"官治"而不是"民治"，因此其最后目标落空。

梁漱溟说："要改造中国政治，必须从基础做起。国家宪政要以地方自治为基础，省也是地方，但是太大。从基础做起，就要从最基层开始做，搞乡村的自治，一乡一村的地方自治。一乡一村的自治搞好了，宪政的基础也就有了。"而从基层做起，就必须先投入一些人力、物力、财力、权力，梁漱溟认为乡村农民的科技、教育、经济水平都很弱，国家要从科技、教育、经济给与支持。农民也很散漫，没有团体，这也需要通过教育来组织。他说："经济上的合作组织和政治上的地方自治团体是相因而至的。随着经济上合作组织的建立，农业生产的发展，农民生活的改善，他们参与过问国事的要求和可能就增强了。这样政治上的地方自治团体也就会搞起来，总之，乡村工作搞好了，宪政的基础就有了，全国就会有一个坚强稳固的基础，就可以建立一个进步的新中国。"❶

梁漱溟的观点虽然不一定正确，但他还是点出了在中国环境中实施地方自治的困难性。从地方自治的资源来看，地方自治不仅是设立议会等民意机构那样简单，还包括必要的人力、物力、权力等资源的投入。广西历史上是一个贫瘠的地区，其自身能够投入地方自治的人力、物力、财力、权力等资源是有限的，因此，清末开始的地方自治在广西实施是被动的。辛亥革命时期，广西独立的原因之一就包括"没有协饷"，桂系据粤也因为广东富有而广西贫困。20世纪30年代初期广西建设自治政策与自卫、自给政策是相互配套的，因此，地方自治赖以开展的人力、物力、财力、权力等构成了地方自治实施的构成要素。

（三）法律要件

地方自治的实施，需要通过法律处理好中央与地方之间的关系，以及地

❶ 梁漱溟：《回忆我从事的乡村建设运动》，《中国青年报》2006年11月11日。

方政府内部机构之间的关系,因此对中央和地方的权限划分,以及地方制度的确立构成了地方自治的法律要件。而在这方面,中国的地方自治有着先天不足之处。

在中央与地方的关系处理方面,中国历史上中央对地方的掌控不是靠现代意义的"法治"而靠"礼"或"法"的专制。中国古代的法家认为,"法"与军事是相通的,所谓"刑起于兵"之说。秦、汉时期主掌中央司法权的官员称"廷尉",而"尉"就是一种军事官名。主张"刑名法术"的人称"法家",被人常称为行"霸道"。秦始皇就是采纳法家之言,通过武力统一中国,使"海内为郡县,法令由一统"。而儒家则认为,中央对地方的掌控应该靠"礼",通过教化来行"王道"。西周时期通过宗法制、"亲亲尊尊",形成了典型的封建制国家,周王为"大宗"、"天子",奉行"普天之下莫非王土";诸侯为"小宗","小宗"要忠于"大宗"。西汉贾谊综合先秦时期的儒家、法家思想,提出了以"权势法制"来"削藩",以"仁义礼乐"促"尊贵"的儒、法结合的思想,成为了我国封建社会处理中央与地方关系的正统思想。以后,无论儒家、法家,都推崇"大一统"的理论。只是在明末之时,出现了黄宗羲、顾炎武等"以地方分治代替中央集权"的学说。黄宗羲就认为:"封建之弊,强弱吞并,天子之政教有所不加;郡县之弊,疆场之害苦无已时。"他提出将两者结合起来的办法是,"一方之财,自供一方","一方之兵,自供一方"。顾炎武也认为,治世应该"寓封建之意于郡县之中"。❶ 黄宗羲、顾炎武等提出的对策有其时代局限性,虽然有地方自治思想的萌芽,但忽视了这种从西方移植过来的地方自治制度的法律构成要件。

从中华民国地方自治的实施情况来看,笔者认为实施地方自治,必须具备三方面的法律要件。首先,中央与地方的关系的法制化,这是"地方自治"的法律要件之一。纵观世界发展趋势,军事权都属于国权,地方自治的事项多关于地方财政、经济、教育、卫生、警卫等事项。民国时期军阀割据是导致地方自治不能成功的重要原因,我们应引以为戒。因此,地方自治的一个基本要求,就是必须实现中央与地方关系的法治化。第二,要有良好的地方制度作为保障。自治体地方政府是具有独立法律地位的公法人,拥有法

---

❶　张国华:《中国法律思想史》,法律出版社1982年版,第377、383页。

律赋予的独立财政等自治权力,但地方政府的议决机构和执行机构之间,政府与公众参与之间的关系如何处理,权力如何配置,这还需要地方制度予以规范。宪法和法律不仅需要明确划分中央政府与地方政府的权限范围,也应该明晰地方政府内部机构之间权力配置和相互关系,这样地方政府才可能有效行使自治权。第三,要完善地方自治的监督制度。在法律分权的基础上构建地方自治的主体、权限范围和自治事项后,为了避免地方政府权力的盲目膨胀和民意机构民主制度的虚化,中央政府还需要通过制度建设加强对地方自治的监督。民国时期地方自治总难以成功,缺乏有效的监督机制也是其中原因之一。

（四）团体精神和法治观念

地方自治需要团体精神。清末广西筹办地方自治时,巡抚林绍年就认为,设立自治机构"须视程度,民知濬开之地,自宜速设;民知未开之地,设之转阻进步。因时因地,当有变通,势难一律"。❶ 广西位置在中国大陆的南瑞,地处边陲,从前交通不便,居民与中原各处很少往还,社会风习自多殊异。中国社会,向称一盘散沙,但广西民性独富于团结精神,故凡一切集会,民众都能遵守时刻,踊跃参加,秩序井然。至如其他比赛会、展览会等等,也都表现出民众的集会意识。因此,民国时期各军政首长对建设上的报告或宣示,召集民众听讲时,大家无不乐从;建设的推进,政令的施行,因而俱易敏捷收效,广西也就成为了地方自治的模范省。因此,地方自治不是分裂,更应是合作。"现代国家的地方公共团体并不是建立于国家对立、紧张关系之上的自然权和人格权主体,而是作为民主的国家构造的一环,和国家一起,为了服务于国民生活福利的提高,把由国民主权出发的公权力从国家独立出来,在各地自己的责任之下所行使的制度,自发尊重这种制度的意义,并把它作为一种在本质性内容上不容侵犯的公制度来保障。"❷

西洋各国历史政治及社会情形者,皆信各自由国家公民资格之培养,借

---

❶ 中国社会科学院近代史研究所近代史资料编辑部编:《近代史资料(总76号)》,中国社会科学出版社1989年版,第60页。

❷ [日]山内敏弘:《分权民主论的50年》,载张庆福主编:《宪政论丛》,法律出版社1998年版,第372—373页。

地方自治之力甚多。英国的政治学者和历史学者詹姆斯·布赖斯(James Bryce)说过,"地方自治是民主政治最好的学校"。❶ 从讨论公共事务中,可以发生公共事务之观点;在自治责任下,可以鼓舞改进政治之精神。且自治制度又不仅能训练人民顾全公益之观念,更能训练人与人合作之习惯。"如果宪法背后,没有一贯的意志,即有宪法,亦难于施行。"❷

民国成立以来,中国事实上既不再是一个中央集权国家,也尚未建立普遍施行的地方自治制度。从中华民国广西地方自治的实施情况来看,地方自治在中国的失败,很大程度上是团体精神、法治观念这样的文化建设的不配套。为此,这就需要文化、教育建设的跟进。1947 年 12 月 25 日施行的《中华民国宪法》第一条规定"人民有言论、讲学、著作及出版之自由"。在后面又规定"全国公私立之教育文化机关依法律受国家之监督"。萧公权在同年三月上海《观察》杂志第二卷第二期所载《论教育政策》一文中提出如下的意见,"发展教育最妥的方法是把地方自治的原则应用于教育文化机关"。他说:"这不是说政府要采取放任政策。学校里的师生都是国家的人民,和其他人民一样受法律的保护与制裁,并不享受法外的特权。他们如果有犯法的言行,只要他们有法律上的行为能力,司法机关应当加以法律的制裁。这是司法机关职权范围内的事,不是教育范围内的事。以往政府似乎不曾认清这个界限,有时越出法律范围之外,直接或间接干涉学校师生的生活。到了学生有违法行为(尤其是群众违法行为)的时候,却又不能让司法机关执法以绳。用这种办法不但不能发展国民道德和自治精神,反养成一些青年人蔑视法纪的习惯。"❸

## 二、民国广西地方自治的经验

地方自治不是一个可以从社会中分离出来的独立法律规范体系,不是一些法律构成要件的简单堆积,而是社会整体中一个有机的与其他部分相

---

❶ 冯洗凡:《英法两系地方自治制度及其相对的改造趋势》,载何勤华、李秀清主编:《民国法学论文精萃(宪政法律篇)》,法律出版社 2002 年版,第 884 页。

❷ 夏新华、胡旭晟等:《近代中国宪政历程:史料荟萃》,中国政法大学出版社 2004 年版,第 1065—1066 页。

❸ 萧公权:《是亦为政——谈教育》,《观察》杂志 1947 年第 2 卷第 2 期。

互作用的法律秩序体系,是一系列组织目标设置和团体行动的过程。因此,从动态意义上理解地方自治,地方自治不是一种静态的制度,而是地方团体主动参与国家建设的系统工程,其实质是指地域或社区的居民以国家法律为依据,既顾全大局,又能发挥首创精神的地方治理过程。

清末民初地方自治思潮初起时,人们更多将地方自治的构成要素理解为自治机构等一些硬件设备。具体如何去搞"地方自治",一些人认为"开国会"、"立宪法"就能实现"地方自治",清末广西筹办地方自治,不仅设立了广西咨议局、地方自治会、自治讲习所等机构,还颁布了《府厅州县地方自治章程施行细则》、《革除陋规归为地方自治经费案》、《就地养练应归自治团体办理案》等规章。但由于清政府并没有认真实施,收效甚微。民国成立之初,立宪派及一些宪政主义人士等醉心于议会政治,寄希望通过议会制度实施地方自治,但议会却蜕变为权力角斗场。自治不是无规则,有些议员为了省界或私人恩怨而纠纷不断,议院甚至成为了斗殴场。正是由于议会内耗和自治功能的减弱,给了袁世凯等军阀专制复辟的机会,使得地方自治无从谈起。

清末民初地方自治的实践,说明了中国的地方自治不是一蹴而就的,而是一个复杂的矛盾处理过程,涉及中央与地方关系之理顺、地方制度的配置等多种矛盾的协调。孙中山比较了世界上的两种民国:一为"自然进化者",譬如瑞士,"人民极富自治能力,遂有直接民权之制";二为"人为之建设者",譬如美国、法兰西之政。❶ 从法学理论上讲所谓"自然进化者",即西方自由主义的地方自治思想。在自由主义者看来,地方自治制度不是人为规划的,而是历史向前发展水到渠成的结果。法律秩序并不是哪个心智超群之人设计出来的,而是千百年来自发生成的传统秩序。哈耶克对这种自生自发秩序有过精彩的论述:"只在一定意义上合乎目的的各种制度是如何复杂而有秩序地不通过人们的有意设计,而在人们的相互交往中形成的,它们不是源自某些人的发明创造,而是源自很多人的分别行动,而这些人当时并不知道他们在做些什么。"而所谓"人为之建设者",即建构主义的地方自治之谓也。

---

❶ 《孙中山全集》第 3 卷,中华书局 1984 年版,第 327 页。

　　孙中山先生认识到了地方自治的复杂性,不仅知难,而且行也难,因此他提出了既不同于建构主义又不同于自由主义的宪政具体实施之路。孙中山的《民权初步》和《地方自治开始实施法》主要致力于研究和说明"地方自治做些什么和如何做好这些工作",侧重说明地方自治工作实务。南京政府成立后,在遵照"总理遗教"的名义下开展了轰轰烈烈的"地方自治"运动,可理想和现实的矛盾总难以解决。

　　既然地方自治是一个过程,所以应该践行而不虚谈。潘公展说:"所谓实施宪政,它必须具备的政治的、社会的基础是什么? 在我国就无过于地方自治的完成。可见,省、市地方自治如果没有切实办好,收到成效,纵然请了法律专家,闭门造车地制定了宪法,实际上丝毫无补于宪政。"❶钱端升也认为"宪法乃不急之务",并从实现民主政治、维护民权、确立法治局面三方面分析了暂缓立宪的原因。钱端升认为国民政府立宪只是想堵住一部分知识分子之口,不是从法律贵有信用、贵在切实可行的角度考虑宪政实施的。

　　民国二十年以后,广西地方政府还是很重视地方自治的实施的,因此取得了一些成绩。李宗仁说:"我国的政治组织只是注重上层,而不注重下层","所以政府的命令只是到县为止,民众没有理会,结果不过大家敷衍一下就完了。不独政府的法令行不通,就是中央会议的决议案也是没有通行的。我们看到哪次会议不是有很多的决议案,到底行了哪几件? 所谓会而不议,议而不决,决而不行,实在是事实。"❷地方自治计划化、法律化是广西践行的重要举措,民国时期广西制定的《广西建设计划大纲》第二部分就专门列举省、县市和基层各级建设的要项,纲举目张,使各级干部知所努力;第三部分为建设实施程序,务期计划缜密,执行切实,考核认真,使这三项能紧密配合,稳健进行,以求这计划大纲的全部实现。"每项计划或整个计划之实施,负责执行者应随时记录,按期检讨其工作之成绩,如实施与预定计划有出入时,应寻求其原因,指出其缺点,以积累自己之经验。(第三十三条)"第三十四条规定:"上级接到下级执行计划结果之报告后,应即审定其成绩并据以奖惩,以之激励。"

---

❶ 夏新华、胡旭晟等:《近代中国宪政历程:史料荟萃》,中国政法大学出版社 2004 年版,第 1067 页。

❷ 李宗仁等著:《广西之建设》,广西建设研究会 1939 年 10 月 10 日初版,第 56 页。

践行,是民国广西政府的优点。《广西建设纲领》、《广西建设计划大纲》不仅是地方自治的"律令",更是地方自治的实施"技术"或行动方案。庞德指出,所谓"技术成分"是指解释和适用法律的规定、概念的方法和在权威性法律资料中寻找审理特殊案件的根据的方法。技术与律令的关系是非常重要的,"律令从发展和适用它们的技术中获得全部生命"。❶《广西建设纲领》、《广西建设计划大纲》不仅对地方自治的原则、建设部门、建设要项明确进行了规定,还规定了实施的具体步骤和方法,要求干部努力宣传,调动民众积极参与,将各项建设切实实施,而不是仅以命令行之。正是广西当局对"律令"的践行和"技术"的运用,地方自治才取得了一些成绩。

### 三、民国广西地方自治之检讨

从民国时期广西实施地方自治的情况看,地方自治制度能够吸引当地居民参与本地事务管理,有效监督政府行为,可以提高政府民众的民主意识和民主技能,提高政府的工作效率。但是地方自治同样存在一些不足之处:一是传统社会中长期存在的"大一统"、"尊尊、亲亲"等传统思想容易导致中央集权;二是传统社会中的地域观念也容易导致地方自治团体存在本位主义,更多地考虑本地局部利益而忽视国家整体利益;三是西方的地方自治理念与实践模式如何与中国的本土资源结合也是个难题。因此,民国时期地方自治在广西和全国各地方实施时总难以成功。

黄旭初说:"清末广西各地所办的地方自治会,民国建立以后,自然沿袭下来。但总统袁世凯厌恶民主,醉心专制,三年一月十日令解散国会,二月二日令停办各地方自治,二月二十八日令解散省议会,一时全国上下的民意机关全归消灭。五年六月六日袁死,黎元洪继任总统,各级民意机关才得恢复。其后,南北纷争,地方又多故,无论中央或省,对地方自治都无暇顾及。广西在民十以前,省内幸无战祸,地方无事,本来是地方自治发展的良好时机。但那时期的政治,一切多沿前清旧习,无所改进。就县级说,省对县署的经费采包办制,县署用人多少,经费如何开支,概由县知事的自由。省对县的要求,唯一是征收粮赋和维持治安,其他多不过问。在这种消极政

---

❶ [美]庞德:《二十世纪西方法哲学思潮研究》,法律出版社 1996 年版,第 371、374 页。

治作风之下，县知事也就不想多所举动。县议会虽然成立，也不过多一个机构安插了若干人而已，对地方事不见得有何补益。县级如此，乡镇纵然设立自治会，其不易发生很大的作用是可想象得到的。由十年到十四年，省内战事连年不息，地方自治无从说起。全省统一后归依国民政府，十五年一月中国国民党广西第一次全省代表大会决议：撤销省议会和县议会，以省党部和县党部代替其职务。于是各级民意机关，在国民政府统治下，直到抗日战争的初期，完全为中国国民党取而代之了。广西因十八年武汉事变的牵累，动乱了两年，到二十年夏才恢复常态。七月一日重组省政府，决心奉行孙中山先生的三民主义，推行自卫、自治、自给的三自政策以期其实现，其中的自治政策便是要完成地方自治的。在动乱期间，广西受湘、滇、粤三省重兵的合击，兵力深感不敷，乃将地方原有的民团，加以新的组织和训练，使之协助正规部队对敌，竟著成效。时局既复和平，为谋地方自卫，更将民团办法从根本大加改进，如编制户籍、组织乡村、训练干部等项。而这些措施，刚好也就是地方自治的基本工作，办民团无异乎为地方自治打好了基础。省政府先后制颁地方自治有关的法令，逐步进行：二十二年各县组织村街公所和乡镇公所；二十三年设立村街务会议和乡镇务会议；二十五年各村街民大会开始；二十七年各乡镇民代表会开始；二十八年各县临时参议会成立；三十一年村街长民选开始；三十四年乡镇长民选开始。三十五年二月六日省政府委员会决定本年内选自治成绩较好各县实行县长民选，后来因故未能实现。所以地方自治在广西终未完成。"❶黄旭初只是从表象谈及了地方自治失败问题，并没有涉及实质。民国地方自治在广西，甚至整个大陆的失败，有多方面的因素影响。笔者认为，主要原因有：

首先，与中华文化传统的地域观念有一定关系，地方自治与地方主义混同。"中国有很坚固的家族和宗族团体，中国人对于家族和宗族观念是很深的。譬如中国人在路上遇见了，交谈之后，请问尊姓大名，只要彼此知道是同宗，便非常之亲热，便认为同姓的伯叔兄弟。……此外还有家乡基础，中国人的家乡观念也是很深的。如果是同省同县同乡村的人，总是特别容

❶ 黄旭初：《记广西的地方自治》，《春秋》杂志总第 204 期（1966 年）。

易联络。"❶民国所推行种种"地方自治",多半属于新式事业,理应加强中央与地方之间的相互合作与支持。然而,在"省界"意识的影响下,"地方自治"竟成为利益地方化的托词。地方意识越强,国家意识就越弱。一个人如果爱了他不该爱的东西,那么他的感情就会有局限。如果我们中国人过于关注自己所在的地区,那么很自然我们就会难以认同在地区之上的国家。❷ 陈炯明叛变后,孙中山在赴上海途中专门同随员谈到联省自治的危害。他说:"中国此时所最可虑者,乃在各省藉名自治,实行割据,以启分崩之兆耳。故联省自治制之所以不适于今日之中国也。至言真正民治,则当实行分县自治。……至如今之所称为联省自治者,如果成立,则其害:上足以脱离中央而独立,下足以压抑人民而武断;适足为野心家假其名而行割据之实耳。"❸地域观念在国民党派系冲突中到底起了一种什么样的作用,的确是一个引人深思的问题。

其次,要做到地方自治,就必须建立中央与地方的和谐关系。而这种和谐关系的建构,又必须是符合社会发展潮流的。国民党内部派系争斗不断,影响了中央与地方和谐关系的构建。国民党派系可分为两大类:一类属于政治派别,如西山派、改组派、汪派、再造派、政学系等;另一类属于地方实力派,如冯系、阎系、西南地方实力派等。这些派系既有对中央的表面从属关系,又有各派之间的横向关系,横向间的矛盾虽时有发生,但往往是局部的、短暂的,而他们与国民党中央之间的矛盾和斗争却是普遍的、长期的。❹ 民国时期广西地方自治的失败,其中重要的原因就是新桂系与蒋介石中央政权的矛盾,这从蒋介石与桂系首脑之间的互相抱怨中可以看出端倪。桂系是国民党的重要军事派系,后来逐渐发展成为重要的政治派系,蒋介石的第三次下野,和桂系的"逼宫"紧密相关。❺ 蒋介石迁台后,对桂系仍恨之入骨,称之为"广西子"。他批评李宗仁与白崇禧"害国害民"、"伪言伪行",

---

❶ 《孙中山选集》,人民出版社 1981 年版,第 674—675 页。

❷ 王造时:《中国问题的分析》,上海商务印书馆 1935 年版,第 48 页。

❸ 蒋介石:《孙大总统广州蒙难记》,民智书局 1926 年版,威斯康星大学麦迪逊分校图书馆馆藏,第 48—49 页。

❹ 胡杨:《民国时期国民党主要派系的政治角逐》,《党史纵横》2007 年第 9 期。

❺ 《蒋介石日记》,1949 年 1 月 10 日,美国斯坦福大学胡佛研究院档案馆藏。

"无廉无耻"。1952年,蒋介石批阅1948年4月至5月之间的日记,认为桂系当时声势浩大,压倒一切,所造成的"党内斗争"形势,较之中共的"围攻"还要险恶。李宗仁则说:"自北伐完成后,中央政府中,事实上是蒋先生一人当国。由于他蓄意排除异己,造成由他一人控制的党政军系统,因此引致内战频仍,兵连祸结。中央当局为政既不以德,则中国真正统一便永远不能完成,为应付这一错综复杂的政治局面,蒋先生在中央各部门,及其权力能到达的省份中,全是因人设事。不是用人唯材,励精图治,而是以政府名器作酬庸,来拉拢亲蒋人士。因而在中央能彻底控制的省份中,其行政效率与各项建设,反不若中央政令不能贯彻的各省。"❶桂、粤、晋、川、滇等省曾与中央有过对立或隔阂,姑且不论,即以与中央比较接近的鲁、湘二省为例,亦可见一斑。"再者,蒋先生对地方政府的驾驭,一向是采用'分化统治'的方式。故意使一省内的党、政、军互相对立,不时倾轧,以免一省首长的权力太大,不易控制。所以湖北七年内的五个省主席中,虽然有四个是职业军人,但是他们对驻军却无丝毫监督和调动之权。"❷

　　第三,地方自治失败的另一方面原因是就是国民党自身的问题。从政党因素检讨,国民党在大陆最后的统治已不得民心,政党腐化,许多政策违背历史发展趋势。1949年9月8日,蒋介石与人谈往事,觉得民主、宪政、国民大会等一套做法"到处束缚军政",以致无法"剿匪"。他心有余愤地表示:"所谓民主与宪政,其害国之大,竟如此也,诚悔莫及矣。"在蒋看来,听美国人的话,实行"民主"与"联共",是促使国民党政权崩溃的重要原因。对此,蔡定剑教授评述说:"民主导致分裂,也是吓唬人的,是对民主的一个很大误解。民主本是国家凝聚、民族团结的力量,但却被人妖魔化为国家解体的因素。多数中国人都不希望国家分裂,这一点有共识。在清王朝崩溃、各省宣布自治以及后来的民国战乱时期,中国都没有分裂。要相信中华民族的凝集力。推进民主是不是有分裂危险?确实有。比如苏联和南斯拉夫进行的都是不可控的民主转型。靠价值观的凝聚而不是靠强力维系,才是国家团结的有力基石。世界上有很多联邦制国家都是靠民主的制度和价值

---

❶ 唐德刚:《李宗仁回忆录》,广西师范大学出版社1980年版,第619页。

❷ 唐德刚:《李宗仁回忆录》,广西师范大学出版社1980年版,第621页。

来维护。举一个例子,印度的宗教、语言非常复杂,有人说如果印度没有民主制度,分裂和战乱比巴基斯坦有过之而无不及。印度没有大的社会动乱,靠什么?就是靠民主制度维系。执政者可在有能力、有资源的情况下,主动有力地推动民主转型。分裂、失范不是民主必然的结果。稳定压倒一切,是在一定的条件下,我们不能把它绝对化。什么是好政府,好政府有两个职能,一个职能就是进步,第二个职能就是秩序。一个好的政府应该是推动进步的政府,而不应该仅仅是维护秩序的政府。所以我们不应该把稳定绝对化。"❶

　　的确,地方自治的内在困境可以概括民主与集中的两难选择。地方自治是民主政治的表现,这是为人所公认的,但地方自治也需要在全国的范围内谋划,离开了全国范围的战略谋划和信息沟通,地方自治的目标和行动均无法实现。同时,地方自治应通过法律规范中央与地方、自治团体与个人之间的关系,建立有利于协商民主的法律保障机制。国民党在大陆的地方自治没有成功,是有其历史必然性的;而中国共产党在民主集中制原则基础上所创立的人民代表大会制度、政治协商制度、少数民族区域自治制度、特别行政区制度、基层群众组织自治制度等,反映了广大人民的利益追求,体现了地方服从中央、局部服从全局的战略思想,比较成功地协调了民主与集中的关系,这些政治制度符合中国的国情和历史发展方向,所以取得了成功。

### 四、地方自治与当代地方治理的关联

　　地方治理的含义是什么?当代最负盛名的地方治理研究专家之一英国学者斯托克提出:现代公共管理应该将注意力从单个地方政府单元的内部操作和管理转向地方层面的多种组织在所处环境中的相互关系。因此,斯托克从五个方面对治理的含义作了阐释:第一,治理的主体范围不仅仅局限于政府组织;第二,政策在执行过程中,不只是由政府组织承担,而是由多个主体分担管理职能;第三,治理一定是在涉及集体行动的各个机构之间存在着权力的相互依赖关系;第四,治理指社会中各类行为者网络组织的自主自治管理;第五,治理意味着办好事情的能力并不限于政府的权力,不限于政

---

❶　蔡定剑:《中国改革的新动力》,南方网 2008 年 12 月 8 日。

府的发号施令或运用权威,在公共事务的管理中,还存在着其他的管理方法和技术,政府有责任使用这些新的方法和技术来更好地对公共事务进行控制和引导。从斯托克的定义可以看出,建立自主自治的主体,是地方治理的基础。因此,地方自治与当代地方治理是有很大关联的。

为提高地方治理能力,中国作为统一国家,建立稳定、规范的地方自治制度是必要的,也是可行的。我国宪法中民族区域自治原则的确定和实践,可看作是地方自治制度在新中国的发展。抗日战争胜利后不久,全国各党派召开政治协商会议,议决对于《中华民国宪法草案》的修改原则,规定中央与地方采取“均权主义”,实现省自治,各省可以制定省宪。在这一形势下,各解放区先后修改原来抗战时期的施政纲领,强调解放区政权的独立自主性质。较为典型的施政纲领有 1946 年 4 月制定的《陕甘宁边区宪法原则》,1946 年 8 月制定的《东北各省市民主政府共同施政纲领》,1947 年 4 月制定的《内蒙古自治政府施政纲领》等等。《陕甘宁边区宪法原则》、《东北各省市民主政府共同施政纲领》等施政纲领都规定了各民族一律平等,少数民族聚居区可组织民族自治政府,制定民族区域自治法规。1947 年 5 月成立的内蒙古自治区政府就是第一个民族区域自治政府。《内蒙古自治政府施政纲领》宣布:自治政府是“内蒙古蒙古民族各阶层联合内蒙古区域内各民族实行高度自治的区域性民主政府”。1949 年《中国人民政治协商会议共同纲领》中明确规定:“各少数民族聚居的地区,实行民族区域自治,按照民族聚居的人口多少和区域大小,分别建立各种民族自治机关。”❶后来,民族区域自治又明确载入历次宪法,成为我国的一项重要政治制度。

中国 1949 年后曾进行了少数民族的认定,官定的少数民族共有 55 个,其中人口最多的是壮族和满族,都在 1000 万人以上;壮族在宋代史籍中称为“撞”、“僮”。新中国成立后称“僮”。1965 年 10 月 12 日,经广西僮族自治区人民委员会报请国务院批准,改族名为“壮族”。壮族人民曾多次发动反封建、反压迫的农民起义,广西桂平金田村是太平天国的发源地。1929 年 12 月到 1932 年,在广西建立的左右江革命根据地为中国革命作出贡献。

---

❶ 《中国新民主主义革命时期根据地法制文献选编》第 2 卷,中国社会科学出版社 1981 年版,第 67 页。

新中国成立后,1952 年 12 月 9 日在广西的西半部建立桂西壮族自治区,1956 年春改为自治州。1958 年 3 月 5 日建立以原广西省地区为范围的广西壮族自治区。

中国的民族区域自治是以一定的区域(聚居区)为基础的少数民族的自治,它包含"民族"和"区域"两个基本要素,既不是单纯的民族自治,也不是单纯的地方自治,而是二者的有机结合,更多体现为中央对民族区域自治地方发展的支持和利益保护。周恩来指出:"我们根据我国实际情况,实事求是地实行民族区域自治,这种民族区域自治,是民族自治与区域自治的正确结合,是经济因素与政治因素的正确结合,不仅使聚居的民族能够享受到自治权利,而且使杂居的民族也能够享受到自治权利。"❶实行民族区域自治,有助于把国家统一和少数民族自治结合起来,既维护了国家主权统一,又保障了少数民族管理本民族地区事务的权利,做到因民族制宜,因地区制宜,从而有利于民族自治地区经济、文化和社会各项事业的发展。

处理央地关系,一直存在行政体与自治体的两种模式。行政体是一种中央集权模式,优点是政令统一,缺点是不存在代表民意的机构,民主性不够;自治体是西方国家常用的一种模式,优点是能吸引当地居民积极参与本地事务的管理,缺点是容易滋生地域性观点。❷ 我国民族区域自治是一种混合体。根据我国宪法和地方组织法的规定,我国行政机关实行双重领导制。地方政府除从属于地方国家权力机关以外,还必须接受中央政府的统一领导。少数民族地区的自治机关有自治权,但也要服从中央和上级行政机构的领导。这种体制的缺点是,如果没有处理好央地关系,就会出现一统就死、一放就乱的局面。

全球化的产业组合和资本流动,一方面推动着地方政府作为"自治主体"参与经济、政治、文化、生态和社会等地方事务治理的主体角色加强,另一方面,使得地方政府作为"行政主体"参与涉外活动的合法性问题得以凸显。尤其在涉外活动方面,中国的地方政府不具有"行政实体"的地位,而只是作为中央政府和上级政府的执行体而存在。随着中国加入世界贸易组

---

❶ 《周恩来统一战线文选》,人民出版社 1984 年版,第 373 页。
❷ 方雷:《地方政府学概论》,中国人民大学出版社 2010 年版,第 46—48 页。

织,中国—东盟自由贸易区的建成,广西加入世界城市和地方政府联合组织等国际性组织,全球化对地方政府的管理方式产生了深远影响,迫切需要地方政府改变职能,根据我国参与的国际条约,在宪法和法律的框架下参与国际合作。因此,为了解决全球化背景中地方政府涉外活动的法律难题,加强地方治理体系和自治能力的现代化,更好发挥地方政府在地方治理中的核心功能,需要我们理清中央与地方的法律关系,加强地方人大等民意机构的监督和议决功能,使地方政府的行政行为合法化。在民族自治地区,更是需要从理论上进一步理清我国民族区域自治制度的本质,从法律上合理界定地方政府的行政主体角色地位。只有通过宪法和法律对民族区域自治进行改善,民族区域自治制度和地方政府的治理能力才能得到发展。脱离了宪法,缺乏规则意识,走上非法治化的道路,民族区域自治是不可能实现的。

考虑到地方政府管理的事务直接与公民的生活相关,加强地方政府的治理能力也就是全球治理的必然趋势。❶ 一个世界性地方政府的联合会,即国际地方自治联盟(IULA),在 1985 年第 27 届会议上发表了《世界地方自治宣言》(The Worldwide Declaration of Local Self-Government),并再次于 1993 年 4 月多伦多第 31 届会议上修改通过。宣言共 11 条,总原则是加强地方政府(地方自治)在全球化环境保护、文化多样性维护等方面的治理功能。为了在全世界范围内更广泛地推动地方政府间合作,2004 年 5 月在法国巴黎成立了世界城市和地方政府联合组织(UCLG),它由世界城市协会联合会、地方政府国际联盟和世界大都市协会合并组成。目前 UCLG 会员遍布 120 多个国家,代表全球一半以上人口,截至 2010 年,UCLG 在 136 个联合国承认的国家拥有会员,其中直接城市会员 1000 余个,地方政府协会会员 60 余个,成为世界上最大的地方政府联合组织。

1997 年 UCLG 与联合国人类居住委员会在纽约签署合作协议,倡导起草联合国《世界地方自治宪章》。这些国际政府组织和非政府组织的活动必然促进地方政府在更广泛的领域开展国际合作。当然,地方政府不是国际法上的主体,只是地域性行政主体或自治主体,其涉外活动必须在主权国

---

❶ [英]戴维·赫尔德等:《治理全球化——权力、权威与全球治理》,曹荣湘等译,社会科学文献出版社 2004 年版,第 15 页。

家的宪法和法律的框架下进行。地方政府不可能直接参与外交等国事活动,但它是建立国家之间互信交往的纽带,能加深各国民众之间相互的理解,而这些正是维系国际关系的基础。1985年通过的多国条约《欧洲地方自治宪章》(The European Charter of Local Self-Government),为地方自治确立行动指南,宪章明确规定:地方自治应建立在主权国家的宪章和法律基础上。

中国人民对外友好协会于1999年3月代表我国各级地方政府加入UCLG前身组织——地方政府国际联盟(IULA),并负责协调和管理对UCLG的工作。为更好地利用UCLG所提供的地方政府参与国际交流的渠道,经批准,中国人民对外友好协会有计划、有步骤地推荐了我国一些省、市加入该组织。到2009年底,我国共有15个会员城市,分别是北京、上海、广州、天津、杭州、沈阳、重庆、武汉、长沙、海口、大连、哈尔滨、长春、南宁、成都。这些动向都说明我国地方政府作为行政主体参与国际合作已经提上议事日程。全球化对我国地方政府的服务职能提出了更高的要求,迫切要求各级地方政府必须转变管理理念和管理方法,明晰自身角色定位。市场经济条件下,政府部门要按照市场经济体制的要求,把市场能够解决的事情坚决地交给市场去做,作为政府主管部门要真正腾出精力依法履行好政府部门应尽之职能。中国也是《生物多样性公约》和《文化多样性公约》的参加者,地方政府在参与全球化环境治理等活动中,应该将经济合作、社会发展、生态安全和文化多样性保护结合起来。广西作为我国的一个少数民族自治区,又属于我国西部欠发达地区,现在又处于中国与东盟经济交流的前沿地带,承担着发展经济、保护生物多样性和文化多样性等多方面的重要功能。在国际涉外合作中,广西地方政府所具有的权限和承担的责任范围需要法律明确规定,不能完全按照其他地方政府的规则来做,有些还应有所保留和中央干预,从而一方面适应全球化背景下地方自治或地方治理的发展趋势,另一方面充分发挥中国社会主义特色的少数民族区域自治制度的优越性。

# 结　语

　　民国时期,西方国家的地方自治理论和实践是备受国人欢迎的法宝,但其在中国的路径却异常复杂。辛亥革命以独立诠释地方自治,护国、护法以地方自治为"自主"的法理依据,联省自治更是以地方自治来为联邦制找托辞,训政时期地方政府成为地方自治的替代,抗战时期也以地方自治来建国。可以说,地方自治贯穿了民国时期政治建设的整个过程。

　　清晚期,为了延续其封建统治,清政府被迫筹办地方自治,在省一级开设咨议局,在县以下推行城镇乡自治,地方自治成为挽救时局的法宝。但事与愿违,辛亥革命很快结束了目标导向根本错误的"清末改制"。中华民国成立后,北京政府统治时期,地方政府分为省、道和县三级,形式上各省设有议会、各县设议事会等民意机构,但这一时期军阀割据,各地的实权基本掌握在军阀手中。1928年北伐战争结束后,中国初步实现了统一。南京国民政府遵照孙中山先生"军政、训政、宪政"的设想,规定在军政时期结束后,训政时期扶植地方自治,设作为行政机关的政府管理地方事务,待各县完全自治后,实现宪政。抗日战争开始后,南京政府迫于各方压力在各省成立了临时参议会作为咨议机构。在县级层面,通过1939年颁布的《县各级组织纲要》推行"新县制",各县也开始设立参议会作为咨议机构。在乡镇中,国民政府通过"融保甲于自治之中",设立了乡镇民意机构。但是西方的地方自治模式在中国实施时,总是水土不服。中国历史上一直是"大一统"的国家政治体制,中央与地方、地方议决机构和执行机构的关系调整主要是"亲亲、尊尊"的伦理规范和"权力的博弈",而不是保障人权的法律规范,地方自治要么"一统就死",要么"一分就乱"。

　　回顾民国时期广西地方自治的实施过程,启发着我们在地方政权建设方面,不要简单照搬西方的联邦制和宪政体制,而应该根据中国国情,建设有中国特色的社会主义地方制度。同时,地方自治不仅是一个历史性的话题。全球化时代的到来使得各国政府不得不进行分权化改革,地方自治和行政分权再次受到热烈讨论,并且与治理理论密切结合起来,地方自治与地方治理形成了密不可分的关系。这个领域的研究一方面是在国际组织的推动下进行的,如联合国环境规划署、世界银行、国际地方自治联盟(IULA)等。上述组织资助各国学者对不同类型国家的地方治理状况进行研究,形成了大量的研究报告。另一方面,一些著名大学的研究中心和民间学术研究机构、专家学者们从法学、管理学、经济学等不同领域对全球化背景下地方政府的功能定位进行了深入研究,产生了大量的研究成果,论证了地方政府在公共治理中的重要作用,其中包含了对地方自治理论的阐述。例如,在环境保护方面,美国著名政治学家奥斯特罗姆的著作《公共事务的治理之道》针对"公地悲剧"等理论模型进行分析和探讨,为可持续利用公共事务从而增进人类的集体福利提供了多中心治理的制度基础。我国现行立法法对中央立法权和地方立法权进行了划分,其中规定民事、经济基本制度由中央立法,没有将环境保护基本制度纳入中央立法范围。因此,中国现行的环境法律体系,其位阶就不清晰。在我国现有的立法权限分配的框架下,地方政府如何创设地方性环境法规还不明确,这就影响了地方环境治理的效果。

如何促进我国地方政府治理体系和治理能力的现代化,还是个全新的命题,需要我们借鉴国内国际上的成功经验。美国著名的公共行政学家登哈特夫妇认为,转换地方政府角色、构建服务性政府,是实现"善治"的关键。所谓善治,"实际上是一个国家权力向社会回归的过程。在这一过程中,善治不仅要完成还政于民的任务,更要实现在国家与社会、政府与公民之间达成和谐状态的使命。善治离不开公民、公民组织以及其他组织的支持与参与,没有他们的参与和合作,就不会有对权威发自内心的自觉认同,那么所谓的还政于民也只是一种空谈。但是善治也绝不是将政府的引导与治理排除在外的纯粹的公民自治或者社会自治。从全社会范围看,善治的实现离不开政府,没有政府的引导和治理的善治也只是一种虚幻。从本质上讲,善治就是要实现国家与社会或者说政府与公民之间的良好合作,要求政府的治理和社会的自治达成一种和谐状态"。❶ 回顾历史,还要面向未来,社会环境变迁对地方政府的治道变革起着至关重要的作用,全球化背景下中国地方政府的法律主体角色如何定位,还需要今人进行理论创新和制度创新。

---

❶　方雷主编:《地方政府学概论》,中国人民大学出版社 2010 年版,第 218 页。

# 附　　录

一、民国广西军政府临时约法

## 第一章　总　纲

第一条　在中华民国宪法未实施以前,本约法为广西根本法,都督及全体官员共守之。

第二条　广西依旧有土地为其境域,统属于中华民国组织广西政府统辖之。

第三条　广西政府(广义的)以都督及其任命之政务司与议会、法院构成之。

## 第二章　人　民

第四条　凡本国人居住于广西境内者,皆为广西人民。

第五条　人民一律平等。

第六条　人民于法律范围内得自由住居迁徙。

第七条　人民于法律范围内得自由言论、著作、刊行及集会结社。

第八条　人民得自由保有身体,非依法律不得逮捕、审问、监禁、处罚。

第九条　人民得自由保有家宅,非依法律所定,不得侵入搜索。

第十条　人民于法律范围内得自由营业。

第十一条　人民得自由保有财产。

第十二条　人民得自由信教,但以不害安宁秩序,不背人民之义务为限。

第十三条　人民得自由通信,非依法律不得侵其秘密。

第十四条　人民得依法律提起诉讼,请求审判。

第十五条　人民得请愿于议会。

第十六条　人民得诉愿于行政官厅。

第十七条　人民具有法律所定资格,得任文武官吏及就其他公务。

第十八条　人民依法律有选举权及被选举权。

第十九条　人民依法律有纳税之义务。

第二十条　人民依法律有当兵之义务。

第二十一条　本章所定人民之权利,如有认为增进公益、维持公安之必要或非常紧急必要时,得依法律限制之。

### 第三章　都　督

第二十二条　都督由人民公举,任期3年,续举得连任。但连任以1次为限。

第二十三条　都督代表广西政府,总揽政务。

第二十四条　都督有提出法律案于议会及公布法律并执行之权。但对于议会议决之法律及其他事件不以为然时,须与政务部各部长连署于定期内提出理由书付议会再议,以1次为限。

第二十五条　都督为保持公共安全及避其灾危,视为紧急必要,且在议会闭会中得与政务各部长全体连署发布可代法律之制令。但事后须提出于议会。若议会不承诺时,当公布以后此制令失其效力。

第二十六条　都督于法定议会开闭时期外,遇有必要时,得召集临时会议。

第二十七条　都督于议会开会时,得在会或命委员到会发言。但不得加入议决之数。

第二十八条　都督统率全省水、陆军队。

第二十九条　都督制定文武官制、官规。但须得议会之同意。

第三十条　都督依法律任免文武官吏。但任命政务司各司长及高等法院、典试院、法官惩戒院、审议院、行政审判院院长,须得议会之同意。以上各长,若在议会闭会期,任命时,至下期开会,应求其承诺。

第三十一条　都督依法律给予勋章及其他荣典。

第三十二条　都督依法律宣告戒严。

第三十三条　都督得宣告大赦、特赦、减刑、复权。

## 第四章　政务司

第三十四条　政务司由都督任命的各司长组成。各司长依都督之任命,执行政务,发布命令,负其责任。

第三十五条　政务司于其主管范围内与都督连署,得提出法律案于议会,并得到会或派员到会发言,但不得列入议决之数。

第三十六条　政务司编制预算、募集公债及缔结本省公库负担之契约时,须汇呈都督提出议会经其决议。

第三十七条　政务司于都督公布法律及其他有关政务之制令时,就其主管事务须自署名。

## 第五章　议　会

第三十八条　议会由人民选出之议员组织之。

第二十九条　议会议决法律案及预算、募集公债与本省公库有负担之契约。

第四十条　审理决算并预算外之支出,如认为不适当时,得否认。

第四十一条　议定典试院、法院、法官惩戒院、审计院、行政审判院之官制、官规及考试惩戒事项。

第四十二条　得质问都督及政务司求其答辩。

第四十三条　得受理人民之请愿,并公断、和解地方自治团体之争议。

第四十四条　得弹劾一切官吏、公务员之失职违法。

第四十五条　得与都督及政务司共同协议答复中央之咨询或提议事件。

第四十六条　答复本省都督及政务司之咨询事件。

第四十七条　议会于每年法定时期须有总员过半数之出席,始得开议;有出席员过半数之可决,始得议决;可否同数时,议长决定之。

第四十八条　议事须公开之,但有都督之要求及出席议员过半数之决议,得秘密会议。

第四十九条　议员以 10 人以上之连署,得提出议案。

第五十条　关于议员的法律保障规定有:议员在会内之发言、表决、提议,在会外不负责任。但用其他方法发表于会外者,不在此限。

第五十一条　议会议员在会内之发言表决提议,在会外不负责任。但用他方法表于会外者,不在此限。

第五十二条　议员除关于内乱、外患之犯罪及现行犯外,在会期中,非得议会许诺,不得逮捕。

## 第六章　法　院

第五十三条　法院以广西政府之名,依法律审判民刑诉讼,独立不羁。其行政诉讼及特别诉讼,别以法律定之,法院不得受理。

第五十四条　法院以都督任命之法官组织之。但高等法院长官之任命,须得议会之同意。法院之编制及法官之资格,以法律定之。

第五十五条　法官除受刑法宣告及受惩戒处分外,不得免职。

第五十六条　法院之审判须公开之。但有认为妨害安宁秩序、良善风俗者得秘密审判。

## 第七章　附　则

第五十七条　本约法有议会总员四分之三以上之同意,得提议修改,须另组织约法改正会改正之。其组织方法,另以法律规定。

第五十八条　本约法自□□日施行之。

(《民国广西军政府临时约法》拟定和施行时间不明。)

以上资料来源于夏新华、胡旭晟等整理:《近代中国宪政历程:史料荟萃》,中国政法大学出版社,第 631—634 页。

## 二、广西建设纲领

(中华民国二十四年八月十日广西党政军第二十五次联席会议决议修正通过)

△基本认识

（一）总理所创立之三民主义，乃中国革命惟一适当原则，广西党政军同志及全体民众之无上使命，即本此原则以建设广西、复兴中国。

（二）中国现阶段革命运动性质，应为反帝国主义反封建势力的国民革命。而当前革命之中心任务，为争取民族解放，一切普通民权或发展民生，均必须以民族独立斗争之贯彻为先决条件。本省现阶段建设方针，应为此一中心任务所决定。

（三）为促进本省建设及完成中国革命计，当奉行总理遗教，唤起民众，共同奋斗。对于社会生产直接间接有贡献之民众，须加以组织训练，以充实其参与政治之能力。并须遵照总理"三民主义为人民而设"的遗教，一切建设计划，皆以大多数生产民众之利益为基准。

（四）根据上述意义，本省现阶段建设工作，具有如下的性质：

甲、自卫自治自给之三自政策，应为本省建设之总原则，建设广西、复兴中国的革命目标，即由三自政策之推行以达到之。

乙、为贯彻当前中国革命之中心任务计，应以最大努力从事军事建设，充实民族自卫能力。

丙、为适应现阶段中国革命之性质以达到民权主义计，本省政治建设，一方面愿努力使一切行政设施，皆基于生产民众之意志，具足民主化之精神；一方面厉行保障民权，扶植人民自治能力，造成民主政治之基础。

丁、经济建设指导原则为民生主义。即由发展国家资本、节制私人资本与力求生产社会化之途径，以达到民生主义之理想。循此途径，根据本省之特殊环境，现阶段经济建设之特征，在于抵制帝国主义经济侵略，救济农村，发展生产，改善劳苦民众之生活，防止私人操纵独占之弊害，向自给之目标前进。

戊、文化建设，应根据现阶段政治经济军事之需要而定其方针。

基于以上之认识，厘定本省建设纲领如下：

△政治建设

第一条　整饬行政组织，制定本省需要法规，以收因地制宜之效。

第二条　健全政治基层组织，推进建设事业。

第三条　以现行民团制度，组织民众，训练民众，养成人民自卫自治自给能力，以树立真正民主政治之基础。

第四条　发扬公正廉洁之政治风尚,肃清贪官污吏,制裁土豪劣绅,以保障人民生命财产及自由。

第五条　推行卫生行政,发展人民保健事业。

第六条　树立文书制度之基础,提高行政效能。

第七条　实施公务人员训练,以增进其能力。

第八条　厉行预算、会计、审计制度。

△经济建设

第九条　施行社会制策,依法保障农工利益,消弭阶级斗争。

第十条　革新旧式农业,振兴与农业相适应之工业,使农工业互相促进,以达到工业化为目的。

第十一条　开拓土产市场,提倡国货,节制奢侈品之输入。

第十二条　运用金融政策,扶植中小工商企业。

第十三条　适应民生需要,公营重要工商企业。

第十四条　在不违反公众利益之原则下,励奖私人投资,开发各种实业。

第十五条　积极开发矿产,并发展交通事业。

第十六条　改善税捐制度,严禁苛捐杂税及一切有碍生产之征收。

第十七条　用累进税率征收所得税、营业税及遗产税。

第十八条　整理土地,奖励垦荒,振兴水利,以发展农村经济。

第十九条　推行合作事业,并设立农民银行,兴办平民借贷所及农村仓库,严禁一切高利贷。

第二十条　整理各县仓储,调剂民食。

△文化建设

第二十一条　提高民族意识,消弭阶级斗争,创造前进的民族文化。

第二十二条　奖励科学技术之研究发明。

第二十三条　根据政治经济军事之需要,确定教育方针。

第二十四条　改良教育制度,使贫苦青年均有享受高等教育之机会。

第二十五条　国民基础教育一律免费,并限期强迫普及。

△军事建设

第二十六条　厉行寓兵于团、寓将于学政策。

第二十七条　由寓征于募政策,达到国民义务兵役。

（以上资料来源于广西壮族自治区地方志编纂委员会编:《广西通志·政府志》,广西人民出版社1998年版,第471—472页。）

### 三、广西建设计划大纲

（广西省政府委员会第五四一次会议通过,广西省临时参议会第五次会议修正,中华民国三十年八月一日颁布）

宣　言

本省依据国父遗教,制定广西建设纲领,推行三自政策,实施四大建设,行之数载,新政障碍,得以肃清,社会秩序,得以建设。国父手定地方自治开始实行法所到之清户口,立机关,定地价,修道路,垦荒地,设学校之事,亦皆能次第举办,旁及其他。成就唯有差等,基础初已树立。以夙称地瘠民贫之本省,而能于今日抗战建国大业所效力,此皆由于遵奉国父建国之最高指导原则,确定目标,继之以适宜之计划与方法,而按部就班以达成之者也。本省过去建设之所成就,已于桂南光复之后发挥显著之实效,取得光辉之胜利,本省建设之目标,亦自此进入另一新阶段。时移境迁,广西建设纲领已未能适应今日环境之要求,今后对于三民主义之建国理想,应有更切合实际之实现计划,各级建设之中心工作,亦应有分门别类之重新厘定,方能继续前进,计日程功,以期争取抗战胜利,达到建国完成。继广西建设纲领之后,特别颁布广西建设计划大纲,以为今后全省各级建设工作之根据。本省过去建设程序,因环境需要,注重民国之组训,以为一切建设之推动力量,结果,军事建设成就多,而政治经济文化次之。但继此抗战建国之严重时期,增进国力,巩固民生,实对于抗战前途,有决定之意义。而经济问题,已公认为抗战胜利与建国成功之重要因素,经济建设不成功,则其他建设不免受其影响而落于空虚。故本省建设计划大纲,特定经济建设为首要。其次,文化为复兴民族实现三民主义之原动力,一切建设,皆赖其孵育,故文化建设亦为本省今后特别致力之工作。至于政治建设,则为继续以往之实绩,力谋充实,更求进步,加速完成地方自治,以促宪政之开始。军事建设,则为根据已成之基础,发扬光大,以完成警卫与国防之必需。

本广西建设计划大纲分三部分:第一部总纲,揭示建设之准据、层次(分省、县市、基层三级)和部门(仍分经济、政治、军事、文化四部门),以确定建设的最高指导原则和目标;第二部分列举省、县市和基层各级建设的要项,纲举目张,使各级干部知所努力;第三部分为计划执行与考核之建设实施程序,务期计划缜密,执行切实,考核认真。俾斯三项得紧密配合,稳健进行,以求本建设计划大纲之全部实现。我省各级工作干部及全体同胞,尚其然于局势之变化之后,国步之艰难未已,严厉矫正过去之缺点,继续前此苦干之精神,一致奋发,共同努力,以完成建设广西复兴中国之目标,实所愿望。

## 第一部分　总　纲

### 第一节　建设准据

第一条　广西为中华民国之一省,广西省政府为谋领导全省官民,共同努力于复兴中国之任务,在整个建国计划体系之内,积极从事本省之建设。

第二条　中华民国建国之最高指导原理,为国父首创之三民主义。依遗教所示,三民主义之建设理想,分为二个阶段逐步完成之。第一阶段为中华民国之建设,以达到民有民治民享为目的,第二阶段为世界和平之建设,以达到大同之治为目的。

第三条　本计划大纲以前条所示第一阶段之建设为限,而当前之使命,尤置重于训政时期地方建设之完成与宪政开始时期应整齐之工作。

第四条　根据国民政府建国大纲均权之原则,凡事有全国一致之性质划归为中央者,本省地方政府于中央政府法令指导之下,努力奉行,加速完成之;其有因地制宜之性质划为地方者,由本省地方政府分担建设之。

### 第二节　建设层次

第五条　广西建设,总分为省建设,县(市)建设,基层建设三级。

第六条　省建设为工作之主导,县(市)建设为工作之重点,基层建设为工作之基点。

### 第三节　建设部门

第七条　广西建设,横分为经济建设、政治建设、军事建设、文化建设四部门。

第八条　经济建设之最高指导原则,为民生主义。抵制帝国主义之侵略,消减封建社会之剥削,限制私有财产之发展,建立公有制度之基础,改善劳动状况,改进生产方法,调整分配制度,以完成平均地权、节制资本、生产社会化、分配合理化之第一阶段建设之理想。

第九条　政治建设之最高指导原则,为民权主义,训练四权之行使之能力,启示国民应尽之义务,坚定革命主义之信仰,并确立自治制度,调整自治区域,灌输自治智识,培育自治人才,以完成实施民主政治之必具之基本条件。

第十条　军事建设之最高指导原则,为民族主义。实施国民军事训练与兵役法,使武力民众化,以备平时警卫,战时国防之必需,完成民族自卫之要求。

第十一条　文化建设之最高指导原则为三民主义。改进社会教育,发展学校教育,适应各部门建设之需要,培养人才,运用学校力量,协助建设之进行。使全体国民皆有接受完全教育,参与文化创造之均等机会,以达成在三民主义原则指导之下,发展学术,单新社会意识,造就能适应三民主义国家生活之健全国民之目的。

## 第二部分　各级建设要项

### 第四节　省建设要项

第十二条　经济建设

一、推进土地行政,实施土地测量,完成土地陈报,举办地价申报,实行按价征税及自然增值归公。二、公地荒地,由人民租用,停止发卖,并规定私人面积之最高额。三、私有荒地逾限不垦者归公。四、私有土地出卖,尽先由公家承受。五、奖励耕地之合作经营。六、重要及大规模企业,由政府及地方团体公营,但得奖励有经营经验之私人参加,并保障其利益,以促进公营企业之成功。七、调查全省之资源,以为工业建设之根据。八、发展机械工业、电气事业及矿产之探查开发,使经济建设逐渐趋向工业化。九、发展粮食及衣用原料生产,并调整与衣食住行有关之工厂,使省内生产渐能自给,趋向于生产社会化。十、确立与经济建设相适应之财政金融政策。十

一、建立全省金融网、贸易网、仓库网、交通网,使经济结构组织化,经济建设计划化。十二、建立农业工业试验机构及其指导推广系统,以促进生产之发展。十三、发展农田水利,改进林业行政。十四、普遍合作组织,增高人民生产力与消费力;并使分配合理化,生产社会化。十五、训练经济建设干部,以充实其技术及组织智能。

第十三条　政治建设

一、颁布县地方自治完成标准,限期完成地方自治。二、健全各级民意机关之组织,促进人民行使四权之训练,关于政法教育经济诸方面民众组织中,实施训练,联系进行,以加强民众使用民权之习惯。三、按期举行户口普查,并厉行各级公务统计。四、调整各级行政区域,健全各级行政机构。五、提倡廉洁风尚,肃清贪污土劣。六、厉行干部政策,确立人事制度,以提高行政效率。七、厉行统计会计制度。八、完成各级卫生行政机构,发展医事保健事业。九、培养卫生医疗专门人才,适应公医制度之需要。

第十四条　军事建设

一、健全并充实国民军事训练之组织及内容,普及国民军事训练。二、健全兵役行政之设施,使组训征调顺利。三、充实国民军事组训所需之武器,并设置必需之武器修理所。四、调整保安机关及保安部队,使负担地方警卫之责,并成为战时兵役之补充机关。五、设置荣誉军人治疗教养机关,以安顿残疾抗战将士。六、充实优待出征军人家属基金。七、组织全省在乡军人,并指导其活动。

第十五条　文化建设

一、完成国民基础教育。二、扩充师范教育,以健全学校师资。三、适应学生数量之需要,调整与增设中等学校,并奖励私人设立。四、改善国民中学制度,使成为县文化中心。五、修订学校教育改进计划,充实学校设施,促进学生身心健康,改善教学训育方法,实施学生升学职业指导,编印适宜课本,以增强教育效能。六、职业教育,采取建教合一制度,量由事业机关场所举办之。七、订立运用学校力量协助地方建设事业进行办法颁行。八、订立扶助贫苦优良之学生求学办法颁行。九、发展好教育,提高好服务社会能力,培养优良母性,并设计指导改善一般家庭教育。十、成立全省书刊供应流通网,以利文化之传播。十一、改进新闻与广播事业,以辅助政令及社会教育之推行。十二、充实省立图书馆,成立博物馆,艺术馆,以供应自学工具,提高自学风气。十三、适应国防教育,发展国民体育运动,以培养国民强健体格及使用战斗机械习惯。十四、整理并保存本省历史文献,编印年鉴业书,以发展地方文化。十五、改善社会固有文化,对于流行民国之语言、宗教、艺术、礼俗等文化形态,研究其改善办法,指导实施。十六、设置艺术奖金,以提高科学技术之研究发明。

### 第五节　县(市)建设要项

第十六条　经济建设

一、依据省之指示,举办全县土地测量、地价申报及完成垦荒调查,并扶植自耕农。二、按本省需要和可能,举办农田水利及造林事业。三、按本县需要及可能,举办各种公营事业。四、设置县农场,以接受省农场之指导及推广事项。五、依据省之指示,改进手工业及举办轻工业。六、依据省之指示,推进全县合作事业。七、修筑县道,开水道,并使之与铁路省道及邻县县道联络,以发展交通,便利运输。八、提倡农家副业以充实其生活。九、采取量出为入原则,确立与经济建设相适应之县财政政策。

第十七条　政治建设

一、依据地方自治完成标准,参酌本县情形,限期完成本县地方自治工作。二、调整基层行政区域,以便利行政及自治事业之发展。三、健全执行机构与议事机构。四、普遍训练基层干部,并改进其任用办法。五、依据本省之指示,参酌本县情形,成立卫生院,推进医事保健事业。六、厉行审计会计制度。七、举办老弱育婴救济事业。

第十八条　军事建设

一、依据法令规定,实施全县国民军事训练。二、置备必需之武器及登记全县公私武器,并施行检查。三、建置必需之兵舍。四、组织全县在乡军人,并指导其活动。

第十九条　文化建设

一、充实或设置县之国民中学,使成为全县文化之中心。二、设置县之图书馆及书刊流通机构。三、倡导国民体育运动。四、健全收音设备以利政令之传播。五、增修县志并编印年鉴。

## 第六节　基层建设要素

**第二十条　经济建设**

一、乡镇村街,均依据规定组织合作社,以负担公共造产之责任及便利私人生产消费。二、利用公共田地或租用田地,设置乡村农场,举办公耕,并接受省县农事场所之指导及推广事项。三、依据法令规定,充实乡镇仓村街仓,改善管理,树立信用。四、按可能及需要,举办农田水利事业。五、切实施行隙地种树及荒山造林。六、提倡家庭工业及副业。七、提倡适合生产水平之消费,以增加国民之健康。八、按年征工修理乡镇街道及整理沟渠。九、装备乡镇电话,并逐渐推及村街。

**第二十一条　政治建设**

一、依据法令,厉行户籍人事登记。二、清理公产,增加收入,实行岁计会计制度,并使财政完全公开。三、健全乡镇村街公所,按期举办乡镇务会议及村街务会议。四、按期举办村街民会议及乡镇民代表大会,以训练人民行使四权。五、依据法令,成立各种民众组织及民团组织。六、设立村街自治公约。七、依据县之指示,成立乡镇卫生所,设置村街卫生员及置备简易药箱。八、改善居民建筑及增进民族健康。九、禁绝烟赌,取缔游惰。十、设立息讼组织,调解人民纷争。

**第二十二条　军事建设**

一、依据县之指示,实施本乡镇国民军事训练。二、依据法令规定,组织各种团队,负担地方卫生任务。三、依据法令规定,登记本乡镇公私武器,并施行检查。四、设备集会广场。

**第二十三条　文化建设**

一、充实中心国民基础学校及国民基础学校,使能尽量收容应受教育之儿童及成人并力求逐渐达到完全免费教育。二、中心学校及基础学校,依据法令,实行社会服务,协助各种建设,使成为乡镇村街之文化中心。三、公所、学校、合作社、农场等,应随时介绍各处之日常生活用品方式及方法,灌输于本地人员,使之仿效,以改善其生活。四、公所、学校,应购备必需之书报,以供大众阅览。五、就地方节庆庙会社日歌墟等原有习俗,改善其内容,举行适当之娱乐集会及舞狮等体育运动。

## 第三部分　建设实施程序

### 第七节　计　划

第二十四条　本大纲颁布后,省政府、县政府、乡镇公所及各该组织内之部分,均即检讨过去建设之实绩,根据本大纲第二部分之规定,参照人、财、时、地、物各种情形,分别先后缓急拟定各该级各部门实施计划草案,并由主管官厅修正,以成为各该级之整个建设之实施计划。

第二十五条　乡镇建设实施计划,须提经乡镇民代表大会通过,再呈县政府核之。县(市)建设实施计划,须提经县(市)参议会通过,再呈省政府核之。省政府建设实施计划须提经省参议会通过。

第二十六条　本大纲不规定实施完成年限,但各级各部门建设实施计划,必须规定之时日,期定进度,计日程功。

第二十七条　各项计划实施时所需经费,均编入该级机关年度预算内,使计划与预算完全配合。

第二十八条　各级主管部门于各该级整个建设实施计划起草之前及草案完成之后,均需召集有关人员会议详细研讨,以期缜密而免冲突重复之弊。

### 第八节　执　行

第二十九条　已核定之计划,由主管者切实按照执行,非遇意外事故,或者实际情况变动与预定不符合,不得藉故停止或轻率修改。

第三十条　计划执行时,如有与实际情况不甚恰合之处,得另订辅充调整办法,力求贯彻,但不得违反原定计划之目标。

第三十一条　计划书执行时,负责者须切实努力,上级必认真监督,且须随时检查纠正错误。

第三十二条　需要民众热烈参加之建设工作,各级干部应努力宣传,发为运动,不可仅以命令行之。

### 第九节　考　核

第三十三条　每项计划或整个计划之实施,负责执行者应随时记录,按期检讨其工作之成绩,如实施与预定计划有出入时,应寻求其原因,指出其缺点,以积累自己之经验。

第三十四条　上级接到下级执行计划结果之报告后,应即审定其成绩并据以奖惩,以之激励。

第三十五条　同级各部门执行同类计划时,上级应随时将考核所得之各种优点,缺点宣布通知,合彼此观摩,互相竞进,增加工作效率。

(广西省政府委员会民国三十年八月印行,单行未刊本,广西师范大学图书馆馆藏)

# 参考文献

## 一、著作

1.《董必武年谱》编纂组编:《董必武年谱》,中央文献出版社1991年版。

2.《蒋介石日记》,1949年1月1日,美国斯坦福大学胡佛研究院档案馆藏。

3.《居正文集》(上),华中师范大学出版社1989年版。

4.许师慎:《国父当选临时大总统实录》(上),台北"国史"丛编社1967年版。

5.中共中央文献研究室编:《毛泽东文集》第4卷,人民出版社2004年版。

6.张宪文:《中华民国史》,南京大学出版社2005年版。

7.陈定炎:《一宗现代史实大翻案》,香港吴兴记书报社1997年版。

8.程思远:《政海秘辛》,北方文艺出版社1991年版。

9.迟云飞:《宋教仁与中国民主宪政》,湖南师范大学出版社1997年版。

10.段云章、倪俊明:《陈炯明集》下卷,广州中山大学出版社1998年版。

11.广西壮族自治区政协文史资料委员会:《老桂系纪实》,广西人民出版社2003年版。

12.广西建设研究会:《黄旭初先生言论集》,民国三十年出版。

13.高华:《多变的孙科》,香港中和出版有限公司2012年版。

14.何勤华、李秀清主编:《民国法学论文精萃》(宪政法律篇),法律出版社2002年版。

15.胡春惠:《民初的地方主义与联省自治》,中国社会科学出版社 2001 年版。

16.黄继树:《败兵成匪》,文化艺术出版社 2011 年版。

17 黄绍竑:《黄绍竑回忆录》,东方出版社 2011 年版。

18.蒋钦挥主编:《我们没有忘记——辛亥革命广西百年祭》,广西师范大学出版社 2011 年版。

19.中国国家博物馆编、劳祖德整理:《郑孝胥日记》第 2 册,中华书局 1993 年版。

20.雷殷:《地方自治》,桂林建设书店 1939 年版,广西师范大学图书馆馆藏。

21.李达嘉:《民国初年的联省自治运动》,弘文馆出版社 1986 年版。

22.李维汉著:《回忆与研究》,中共党史资料出版社 1986 年版。

23.李希泌、曾业英、徐辉琪:《护国运动资料选编》,中华书局 1984 年版。

24.李宗仁等著:《广西之建设》,广西建设研究会 1939 年版。

25.李宗仁口述,唐德刚撰写:《李宗仁回忆录》,广西师范大学出版社 1980 年版。

26.刘绍唐:《民国大事日志(第一册)》,传记文学出版社 1978 年版。

27.梁漱溟:《北游所见纪略》,载《梁漱溟全集》第 4 卷,山东人民出版社 1991 年版。

28.梁漱溟:《论当前宪政问题》,载《梁漱溟全集》第 6 卷,山东人民出版社 1993 年版。

29.梁漱溟:《我参加国共和谈的经过》,载《梁漱溟全集》第 7 卷,山东人民出版社 1993 年版。

30.罗刚编著:《中华民国国父实录》第 5 册,台北正中书局 1988 年版。

31.莫世祥:《马君武集》,华中师范大学出版社 2011 年版。

32.白崇禧等:《建设研究》第六卷第一期,广西建设研究社 1941 年版,省立桂林图书馆馆藏。

33.《王世杰日记》,1940 年 4 月 6 日,台北"中央研究院"近代史研究所

1990 年影印本。

34.孙科:《宪政要义》,商务印书馆 1945 年版。

35.陶菊隐:《北洋军阀统治时期史话》,山西人民出版社 2013 年版。

36.汪太贤:《从治民到民治:清末地方自治思潮的萌生与变迁》,法律出版社 2009 年版。

37.吴宗慈:《中华民国宪法史后编》,东方印刷局民国十三年二月初版。

38.万仲文:《桂系见闻谈》,广西师范大学历史系、广西师范大学科研生产处,1983 年。

39.汪东林:《梁漱溟问答录》,湖北人民出版社 2004 年版。

40.夏新华、胡旭晟等:《近代中国宪政历程:史料荟萃》,中国政法大学出版社 2004 年版。

41.辛亥革命武昌起义纪念馆、湖北省政协文史委:《湖北军政府文献资料汇编》,武汉大学出版社 1986 年版。

42.许崇德:《各国地方制度》,中国检察出版社 1994 年版。

43.杨天石:《寻找真实的蒋介石——蒋介石日记解读》,三联书店(香港)有限公司 2008 年版。

44.臧运祜:《辛亥独立各省军政府的约法之研析》,载中国社会科学院近代史研究所民国史研究室编:《一九一〇年代的中国》,社会科学文献出版社 2007 年版。

45.张鸣:《辛亥:摇晃的中国》,广西师范大学出版社 2011 年版。

46.张朋园:《中国民主政治的困境 1909—1949 晚清以来历届议会选举述论》,吉林出版集团有限责任公司 2008 年版。

47.张朋园:《梁启超与民国政治》,食货出版社有限公司 1978 年版。

48.张朋园:《梁启超与清季革命》,台北"中央研究院"近代史研究所 1999 年版。

49.张同新、何仲山主编:《从南京到台北》,武汉出版社 2011 年版。

50.张彤、王忍之编:《辛亥革命前十年间时论选集》第一卷(上),三联书店 1960 年版。

51.张知本讲述,陈秀凤记:《中国立宪故事》,大中国图书公司印行 1966 年版。

52.张继才:《中国近代的联邦主义研究》,中国社会科学文献出版社2012年版。

53.中华书局编辑部:《辛亥革命与近代中国》,中华书局1994年版。

54.钟文典:《二十世纪三十年代的广西》,广西师范大学出版社1993年版。

55.周恩来:《周恩来统一战线文选》,人民出版社1984年版。

56.朱浤源:《从变乱到军省——广西的初期现代化,1860—1937》,台北"中研院"近代史研究所1995年版。

57.《孙中山全集》第5卷,中华书局1985年版。

58.周天度、孙彩霞:《沈钧儒传》,人民出版社2006年版。

59.中央档案馆编:《中共中央文件选集》第十六册,中共中央党校出版社1992年版。

60.张宪文:《中华民国史》,南京大学出版社2005年版。

61.《桂政纪实·军事》,广西省政府十年建设编纂委员会1946年版。

62.谭肇毅:《新桂系政权研究》,广西人民出版社2011年版。

63.杨乃良:《民国时期广西经济建设研究》,崇文书局2003年版。

64.丁中江:《北洋军阀史话》,中国友谊出版公司1992年版。

65.来新夏:《北洋军阀史》,东方出版中心2011年版。

二、译著

1.[英]戴安娜·拉里:《地方和国家:中国政坛上的桂系》,陈仲丹译,江苏教育出版社2010年版。

2.[美]乔·萨托利:《民主新论》,冯克利、阎克文译,东方出版社1998年版。

3.[美]任达:《新政革命与日本,中国,1898—1912》,李仲贤译,江苏人民出版社2006年版。

4.[日]山内敏弘:《分权民主论的50年》,载张庆福主编:《宪政论丛》,法律出版社1998年版。

5.[日]杉原泰雄:《宪法的历史》,社会科学文献出版社2000年版。

6.[英]戴维·赫尔德等:《治理全球化——权力、权威与全球治理》,曹荣湘等译,社会科学文献出版社 2004 年版。

### 三、报刊文章

1.《东方杂志》第 8 卷第 9 号《各省响应》。

2.《敬告咨议局初选选举人》(续),载《申报》,宣统元年二月初四日。

3.《南风报》第 1—8 期,广西壮族自治区博物馆馆藏文物。

4.《八团体国是会议开幕记》,《申报》1922 年 5 月 8 日。

5.《议决北省公举都督条件》,《正宗爱国报》1912 年 3 月 24 日。

6.《陈督军宣布宗旨》,《民国日报》1917 年 9 月 16 日。

7.《晨报》1922 年 7 月 13 日。

8.《京津泰晤士报》(Peking&Tientsin Times),1912 年 6 月 19 日。

9.《黎元洪关于如何组织政府致苏州程都督电》,《民立报》1911 年 11 月 15 日。

10.《临时大总统令》(1912 年 3 月 15 日),《正宗爱国报》1912 年 3 月 17 日。

11.《异哉直省会之要求条件》,《申报》1912 年 11 月 1 日。

12.《袁大总统复国民共进会函》,《正宗爱国报》1912 年 3 月 28 日。

13.《袁总统以去就争自举都督》,《申报》1912 年 4 月 13 日。

14.《粤督军之真主张》,《中华新报》1917 年 9 月 17 日。

15.袁谠:《珠江流域之省宪潮》,《省宪周报》1921 年第 3 期。

16.曹裕文:《李任仁与白崇禧的师生谊(下)》,《侨报》2009 年 12 月 30 日。

17.陈大白:《新兴民众学校运动之动向》,《民间半月刊》第 3 卷第 8 期,1936 年 8 月 25 日。

18.胡绳武:《民元南京参议院风波》,《近代史研究》1989 年第 5 期。

19.胡适:《联省自治与军阀割据——答陈独秀》,《努力周报》第 19 期。

20.黄旭初:《八桂忆往录》,载《春秋》杂志 1969 年总第 293 期、《春秋》杂志 1965 年总第 190 期、《春秋》杂志 1965 年总第 196 期、《春秋》杂志 1965 年总第 195 期、《春秋》杂志 1966 年总第 201 期。

21.黄旭初:《抗战的结果与政治演变》,民团周刊社 1938 年版。

22.亢真化:《黄旭初先生之广西建设论》,民团周刊社 1938 年版。

23.王晓军:《权与能之争:抗战时期广西省临时参议会与省政府》,《广西民族师范学院学报》2011 年第 5 期。

24.张东铭:《村政与训政》,《山西村政旬刊》1929 年第 2 卷第 1 期。

25.张君劢:《国宪议》"自序",时事新报社 1922 年版。

26.张玉法:《民国初年的国会》,台湾《近代史研究所集刊》1984 年第 13 期。

27.章太炎:《冬电之主张》,长沙《大公报》1920 年 11 月 7 日。

28.周鲠生:《读广东省宪法草案》,《东方杂志》第 19 卷第 6 号,1922 年。

29.郑贤君:《地方自治学说评析》,《首都师范大学学报(社会科学版)》2001 年第 2 期。

30.谢亮:《近代中国民主自由中的自治、民权之悖论现象分析》,《社会科学论坛(学术评论卷)》2009 年第 6 期。

31.王布衣:《震惊世界的广西农民》,《中国作家》2007 年第 10 期。

32.吴桂龙:《晚清地方自治思想的输入及思潮的形成》,《史林》2000 年第 4 期。

33.刘祚昌:《略论托马斯·杰弗逊的民主思想》,《历史研究》1980 年第 4 期。

34.陈晓原:《国外地方自治对我国地方政府改革的借鉴价值》,《晋阳学刊》2012 年第 6 期。

35.吕峥:《晚清宪政改革夭折始末》,《民主与法制时报》2011 年 1 月 24 日。

36.侯宜杰:《咨议局——中国最早的"省议会"》,《中国人大》2010 年第 3 期。

37.王启勇:《辛亥革命时期广西的〈南风报〉》,《广西民族大学学报(哲学社会科学版)》1984 年第 1 期。

38.谌旭彬:《解读清末首次全国民主选举》,《民主与法制时报》2011 年 10 月 10 日。

39.范福潮:《临时约法为什么会成为废纸》,《南方周末》2007 年 8 月

2 日。

40.邱远猷:《广西临时约法初探》,《法学家》1996 年第 6 期。

41.魏华龄:《李任仁在辛亥革命前后》,《桂林日报》2011 年 10 月 10 日。

42.郭世佑:《清末新政与辛亥革命》,《光明日报》2002 年 4 月 23 日。

43.周绍瑜:《同盟会革命潮涌兵不血刃取得广西独立》,《桂林日报》2011 年 10 月 10 日。

44.任军锋:《托克维尔与中国》,《东方早报》2013 年 7 月 19 日。

45.方平:《地方自治与清末知识界的民族国家想象》,《史林》2012 年第 2 期。

46.郭洛:《立宪派与广西辛亥革命》,《桂海论丛》1991 年第 5 期。

47.廖大伟等:《〈民立报〉对南京临时政府组建的建言与监督》,《安徽师范大学学报(人文社会科学版)》2005 年第 6 期。

48.李琴:《试析民初废省论争》,《贵州文史丛刊》2005 年第 4 期。

49.刘小宁:《共和国运行的初步尝试——南京临时参议会五次行使否决权》,《文史精华》2011 年第 11 期。

50.于鸣超:《省制论争》,《领导文萃》2003 年第 10 期。

51.苏亦工:《中华民国临时约法起草人辨正》,《历史研究》1983 年第 3 期。

52.陈明等:《民国元年都督选任之争》,《安徽史学》2014 年第 6 期。

53.孙彩霞:《护法军政府改组的几个问题》,《"1910 年代的中国"国际学术研讨会论文集》,2006 年 8 月。

54.汪朝光:《南北对峙中的护法运动——兼论护法时期孙中山与西南地方实力派》,《史学月刊》2008 年第 1 期。

55.段云章:《勉为其难的孙中山 1921—1922 年北伐》,《广东社会科学》2000 年第 2 期。

56.熊宗仁:《也论桂系据粤之由来》,《广州研究》1986 年第 7 期。

57.黄宗炎:《护国战争与旧桂系的兴亡》,《学术论坛》1988 年第 3 期。

58.蔡小军:《中国军用钞票史略补正》,《中国钱币》2000 年第 4 期。

59.杨天宏:《曹锟"贿选"控告的法律证据研究》,《历史研究》2012 年第 6 期。

60.白先勇:《白崇禧的广西模范省:中国"斯巴达"》,"网易历史"2009年 5 月 29 日。

61.白贵一:《陈炯明地方自治思想及其评析》,《韶关学院学报》2007 年第 11 期。

62.马勇:《章太炎 1920 年长沙之行考实》,《"1920 年代的中国"国际学术研讨会论文集》,2004 年 7 月。

63.刘建强:《谭延闿追随孙中山动因分析》,《光明日报》2009 年 12 月 8 日。

64.李洁:《无以善后:段祺瑞与孙文的嫌隙》,《南方周末》2011 年 11 月 24 日。

65.张蕴祜:《孙中山与中华民国临时约法关系纵论》,《华中师范大学学报(人文社会科学版)》2012 年第 5 期。

66.郑永福:《"联治"思潮与军阀"联省自治"评析》,《史学月刊》1985 年第 3 期。

67.杨天石:《约法之争与蒋介石软禁胡汉民事件》,《中国社会科学》2000 年第 1 期。

68.刘文俊:《民团体制与抗战时期广西的军事动员》,《学术论坛》2006 年第 5 期。

69.广西地方志编筹委员会:《广西大事记》,《广西地方志》2008 年第 3 期。

70.曾天忠:《新县制政教合一的演进和背景》,《近代史研究》2008 年第 4 期。

71.李晓明:《广西少数民族义务教育的启动》,《河池学院学报(哲学社会科学版)》2005 年第 1 期。

72.付广华:《论新桂系的民族同化政策》,《桂海论丛》2008 年第 5 期。

73.秋浦:《抗战时期蒋介石手令制度评析》,《南京大学学报(哲学人文社会科学版)》2010 年第 3 期。

74.张光宇:《抗战时期国民党战时体制的嬗变》,《广西社会科学》1995 年第 6 期。

75.郭相宏:《沈钧儒地方自治思想探析》,《现代法学》2009 年第 6 期。

76.胡丽娟等:《民国"宪政之父"张君劢对宪法认识的三个转变》,《学术界》2013 年第 2 期。

77.王晓军:《集团内斗与博弈:1946 年广西省参议会议长选举纠纷原因分析》,《广西地方志》2011 年第 1 期。

78.汪朝光:《战后国民党对共政策的重要转折——国民党六届二中全会再研究》,《历史研究》2001 年第 4 期。

79.郑大华:《重评 1946 年中华民国宪法》,《史学月刊》2003 年第 2 期。

80.曹裕文:《李任仁与白崇禧的师生交往》,《百年潮》2007 年第 4 期。

81.杨乃良:《民国时期新桂系村治研究》,《广西社会科学》2003 年第 6 期。

82.戴志勇:《民主是一种现代生活》,《南方周末》2010 年 11 月 25 日。

## 四、转载文章

1.白崇禧:《学校军训的重要》,转引自朱浤源:《从变乱到军省——广西的初期现代化,1860　1937》,台北"中研院"近代史研究所 1995 年版。

2.白崇禧:《三自政策》(1935 年 2 月 26 日讲稿),载李宗仁等:《广西之建设》,广西建设研究会 1939 年版。

3.陈学澧:《广西省参议会议长选举纠纷述要》,载广西壮族自治区政协文史资料委员会编:《新桂系纪实(下)》,广西壮族自治区政协文史办发行,1990 年。

4.冯洗凡:《英法两系地方自治制度及其相对的改造趋势》,载何勤华、李秀清主编:《民国法学论文精萃(宪政法律篇)》,法律出版社 2002 年版。

5.黄旭初:《广西建设之理论与实施》,载李宗仁等:《广西之建设》(合订本),桂林建设书店 1939 年版。

6.雷沛鸿:《国民基础教育的产生》,载韦善美、马清和主编:《雷沛鸿文集》下册,广西教育出版社 1990 年版

7.《陈劭先纪念文集》,载中国人民政治协商会议广西壮族自治区委员会文史资料研究委员会:《广西文史资料选辑(第 23 辑)》1962 年版。

## 五、外文原著

1. Bowman, Pkearney, *State and Local Government*, Wadsworth Publishing Co Inc, 2010.

2. Eugene William Levich, *The Kwangsi Way in Kuomingtang China, 1931-1939*, M.E.Sharpe, 1993.

3. Diana Lary, *Region and Nation: The Kwangsi Clique in Chinese Politics 1925-1937*, Cambridge University Press, 1974.

# 后　记

这些年来,我的研究方向主要是环境权和环境治理。2011 年我从重庆大学环境与资源保护法学专业毕业后,接着到西南政法大学博士后流动站做博士后研究,合作导师是汪太贤教授,他与我的博士生导师陈伯礼都是做宪法学与行政法学研究的,受他们的影响,我关于环境权和环境治理的研究更多是从宪法学与行政法学领域切入的。

在博士后流动站期间,由于得到合作导师的悉心指导和博士后管理办公室人员的热心帮助,我的收益是很大的。继 2011 年获得第 50 批博士后基金二等资助项目"全球化背景下的地方政府行政主体角色研究"后,2012 年我又获得了中国博士后第 5 批次特别资助项目"全球化背景下地方政府环境治理的法制系统工程研究",2012 年重庆市博士后特别资助项目"生态保护区内环境治理法制系统工程研究"。这些课题相互关联,在研究过程中深化了我的理论水平和实践操作能力。我进站时,研究课题是"民国时期广西地方自治实施研究",博士后基金资助的课题看起来似乎与博士后研究报告关联不大,但实际上,正是因为对地方自治的思考引发了我对地方环境治理研究方向的兴趣。"民国时期广西地方自治实施研究"和"全球化背景下的地方政府行政主体角色研究"等博士后课题都将研究方向锁定在地方政府上,二者实质联系紧密。也正是这种跨学科的研究,使我收获颇多。

我一直有这样一个思路,在理论研究上挖掘环境权这一法学基本范畴的内涵和功能,在实践中探索地方环境治理的体制和机制,以期结合自身工作所处的广西壮族自治区的法律实践为我国生态文明法治建设贡献一点微薄的力量。因此我策划写作了《环境法的文化洞察》、《环境权的文化之维》、《与自然保育有关的传统知识法律保护研究》旧三部曲,并基本完成《民国时期广西地方自治实施研究》、《地方环境立法决策研究——以主体功能区划为视角》、《生态保护区内世居民族环境权和发展问题研究》新三部曲的写作。《民国时期广西地方自治实施研究》是我的博士后出站报告,选题的确立得益于合作导师汪太贤教授的指点。我开始拟定的题目是《民国时期广西地方自治制度研究》,汪老师提出不能仅从白纸黑字的法律规范角度来研究民国宪法史,更要从行为上来研究法律。民国时期广西地方自治实施研究,虽然是法制史的话题,但其经验与教训对当今地方治理路径的探索仍有重要的理论和实践意义。可以说,汪太贤老师的点拨使我的研究范式发生了很大的改变。本书虽然是对民国广西地方自治的研究,但也启发着我对环境资源法律问题的研究,不仅应重视环境权的规范性研究,也应重视对环境治理的实践性问题研究。我常常思考我国在自然资源与环境保护过程中,出台的法律不谓不多,可实施效果不尽如人意,原因为何?环境治理较好的国家,如美国,国家环境基本法层面的法律只是很简单的《联邦环境政策法》,而更多的清洁空气法、水法等法律是通过地方治理实施的,因此,我们不能忽视在社会主义生态文明建设过程中地方政府在环境治理中的功能。

为此,我要感谢我的合作导师汪太贤教授,老师渊博的知识、高瞻远瞩的眼光令人佩服,在博士后选题、写作中,老师的指点常使我峰回路转,回味无穷。我还要感谢西南政法大学的许明月教授、王学辉教授、曾哲教授、龙大轩教授、雷勇教授、宋玉波教授、程志敏教授等,他们在我博士后进站、开题、写作过程中给予了莫大的帮助。感谢西南政法大学的林孝文副教授、林国荣副研究员等同学和朋友,感谢他们使我在西政的生活虽然辛苦,但感受了热情。

感谢博后办张英处长、江燕老师、杨雪老师给予我的关心和生活上的照顾。感谢武汉科技大学法学院党支部书记张继才教授专门将他的专著《中国近代的联邦主义研究》赠送给我赏阅,使我受益颇多。感谢我的博士生导师、重庆大学陈伯礼教授对我一如既往的关照,陈老师和重庆大学张晓蓓教授还为我的博士后出站报告做校外专家推荐人,在此一并谢谢他们。

回顾博士后这几年的学术历程,要感谢的人太多。感谢上海交通大学副教授贺明、张宁夫妻俩,以及上海海事大学的王慧副教授在我去美国加州访学收集材料期间,为我提供了良好的生活居住和交通便利。王慧副教授和我共同师从美国加州大学伯克利分校的著名宪法学家、环境法学家Daniel A.Farber,他更是经常开车送我到斯坦福大学等机构采集资料,使我结识了不少国内外朋友。我常常惊叹美国斯坦福大学胡佛研究所、加州大学伯克利分校的东亚图书馆的藏书之丰富、工作人员服务之热情,在我国大学校园图书馆找不到的历史书籍,在他乡却找得到。感谢伯克利英语培训班的同学和UC.VILLAGE,ALBANY的邻居们!他乡的生活是孤独的,但朋友们的相伴使我在美国的生活充满了快乐,让我至今还回味着那里的林荫小道和友人的微笑。

感谢桂林电子科技大学周怀营书记、古天龙校长、覃干超副书记、孙宁副书记、胡泽民副校长、王玫副校长等学校领导和法学院林燕雄书记、高兰英院长、宋志国教授、高清教授、向忠诚教授、廖柏明教授等同事对我一直以来的关心和照顾。受学校领导信任,我作为青干班组长参与了由孙宁副书记主持的学校章程起草活动,这使我受益不少。章程作为学校的自治法,有幸参与这一起草工作对我研究地方自治是有很大帮助的。为此,特别感谢孙宁副书记,组织部丰硕、秦竞芝两位副部长给予我的这次锻炼机会。感谢桂林中院挂职期间陈敏院长、彭卫国常务副院长、政治部主任赵崇燕、民三庭宿健慧庭长等领导和朋友对我的关照。

感谢家乡的父老乡亲。写法制史的著作更容易牵动人的回忆,感谢家乡湖北省文联党组书记程远斌,以及九真镇原财管所所长彭怀星叔叔。他们见证了我从一位中学老师,到司法局公务员,再到大学教师的发展历程,也给予了我不少成长过程中的帮助。感谢余丛斌、余红星、周乐平、文仁军、张善纯、张大平、程远彪、程远哲、余树牛、周新中、余汉志、余汉牛、余守木、余守章、余守田、余千二、余卫红、余红兵等亲朋好友的帮助。我在读博士期间父亲去世,现在家中还有老母,母亲不愿随我到广西生活,我常在外学习也无暇顾及母亲,这些亲朋好友给予了她老人家不少关心,使我能在外安于学习和工作。

感谢人民出版社法律与国际编辑部李春林老师、李媛媛编辑等工作人员,正是他们的关照和精心编辑,本书得以正式出版。

责任编辑:李媛媛

封面设计:肖 辉 欢 欢

责任校对:吕 勇

**图书在版编目(CIP)数据**

民国时期广西地方自治实施研究/余 俊 著. -北京:人民出版社,2015.4
ISBN 978－7－01－014445－0

Ⅰ.①民⋯ Ⅱ.①余⋯ Ⅲ.①地方自治-研究-广西-民国
 Ⅳ.①D693.62

中国版本图书馆 CIP 数据核字(2015)第 019207 号

**民国时期广西地方自治实施研究**
MINGUO SHIQI GUANGXI DIFANG ZIZHI SHISHI YANJIU

余 俊 著

人民出版社 出版发行
(100706 北京市东城区隆福寺街 99 号)

北京市大兴县新魏印刷厂印刷 新华书店经销

2015 年 4 月第 1 版 2015 年 4 月北京第 1 次印刷
开本:710 毫米×1000 毫米 1/16 印张:20.25
字数:307 千字

ISBN 978－7－01－014445－0 定价:52.00 元

邮购地址 100706 北京市东城区隆福寺街 99 号
人民东方图书销售中心 电话 (010)65250042 65289539